종신보험 초강력
세일즈 레시피

100

SALES RECIPE 100

종신보험 영업의 달인이 알려 주는 세일즈 화법 백과사전

스토리셀러 황선찬

종신보험 초강력
세일즈 레시피

100

SALES RECIPE 100

황선찬 지음 · 정경연 그림

좋은땅

"이건 꼭 저희들을 위해 있는 상품 같군요."

종신보험에 가입한 스님이 인자한 미소를 지으며 말씀하셨다. 종신보험이 어떤 보험인가? 돈 있고 가족 있는 사람도 "살아서도 다 못쓸 돈 죽은 다음에 무슨 소용이요?"라고 가입을 꺼리는 보험이 아닌가! 그런데 재산도 없고 가족도 없는 스님이 종신보험이라니?

40대 중년 여성에게 종신보험을 설명했더니 꿈에 나올까봐 무섭다며 자리를 박차고 나간 지 얼마 안 되었는데 말이다. 무엇이 스님을 종신보험에 가입하게 했을까?

《종신보험 아이스오션》 책 출간 후 3쇄를 준비 중일 때 좀 더 구체적이고 케이스별로 적용할 만한 백과사전 같은 책이 있었으면 좋겠다는 이야기를 많이 들었다. 종신보험 세일즈의 끝을 보고 싶었다. 모든 끝은 3에서 완결된다. 전작인 《사하라로 간 세일즈맨》과 《남극으로 간 세일즈맨》 시리즈를 잇는 종신보험 세일즈의 완결판을 내고 싶었다. 내 구상을 들은 동료 세일즈맨은 "제가 찾던 바로 그 책인데 언제 볼 수 있어요?" 하고 성급하게 물었다. 결국 책을 쓰기 전부터 비슷한 내용으로 강의를 시작했다.

이 책은 레시피다. 마치 레시피에 따라 요리를 하듯이 적용할 사례를 찾아서 그대로 따라하면 된다. 아무리 장사가 안 되는 식당도 음식의 고수가 알려준 레시피대로 하면 최소한의 성과가 보장된다. 이 책은 종신보험 세일즈의 골목식당을 위한 책이다. 또한 이 책은 퍼즐이 완성된 그림이다. 세일즈 노하우는 파편화된 퍼즐과 같다. 퍼즐 조각이 산처럼 쌓여 있으면 맞출 엄두가 나지 않는다. 만약 완성된 전체 사진을 보면서 퍼즐을 맞추면 어떨까? 보다 확신을 갖고 훨씬 쉽게 맞출 수 있을 것이다. 이처럼 이 책은 종신보험 세일즈의 레시피이자 완성된 퍼즐 그림이다. 무려 100개로 이루어진 구체적인 노하우가 담긴 퍼즐이다.

나는 650권의 책을 이미 팔았다. 그리고 쓰기 시작했다. 세일즈맨을 대상으로 한 강의에서 650권이 사전예약 되었다. 그만큼 종신보험 세일즈맨들의 염원이 간절했음을 의미한다. 그들의 간절함 때문에라도 나는 결코 길을 잃거나 중단하지 않을 것이다. 이 책은 사전처럼 읽어야 한다. 사전을 처음부터 끝까지 교과서 공부하듯이 읽는 사람은 없다. 35세 여자 미혼 회계사를 만날 경우 '30대 여자', '전문직', '미혼녀', '혼수목록'을 찾아보고, 도구로는 '마술링'을 활용하고, 40대 맞벌이 남자를 만난다면 '맞벌이', '40대 남자', '뚫어뻥'을 찾아보면 된다. 이처럼 궁금한 것이 있을 때마다, 무언가 막힐 때마다 사전처럼 찾아보아야 한다. 그리고 답을 얻고 그대로 실행에 옮겨야 한다. 이 책은 이론서가 아니라 실용서임을 명심하자.

이 책을 읽으면 답을 얻을 수 있다. 한 세일즈맨은 내 20분 강의를 듣고 한의사에게 20억 원 종신보험을 판매했다. 또 다른 사람은 점심 먹으면서 이야기한 아파트 레시피로 5억 원 종신보험을 한 달에 5건 판매했다. 어떤 분은 은퇴한 50대에게 적용할 레시피대로 따라했더니 정리하려던 종신보험을 오히려 증액했다. 21세의 여학생이 눈물을 글썽이며 죽어야만 나오는 종신보험 1억 원이 필요하다고 한 사례도 있다. 이 모두가 레시피대로 따라만 하면 여러분도 얻게 될 기적 같은 결과의 예시다.

많은 세일즈맨이 거절의 두려움과 싸운다. 나 역시 그랬다. 이 책에 나온 100개의 사례는 하나하나 숱한 거절들이 모여 만들어진 스토리이다. 상품을 팔지 말고 스토리를 팔아라! 그러면 스님도 종신보험에 가입할 것이다.

우주로 갈 스토리셀러

황선찬

3

콘셉트: 설명이 많을수록 실적은 줄어든다

4
직업: 스님에게도 종신보험은 필요하다

5
연령: 나이에 맞는 세일즈 화법은 따로 있다

6

역할: 역할은 달라도 보험은 하나다

7

거절: 거절을 거절하라

8

프로세스: 프로는 프로세스로 판다

— 1 —

이유:
왜 종신보험인가

100
SALES RECIPE 100

종신보험은
보람을 느낄 수 있다

● 뜨거운 정

오성은 어려서 대장간에 놀러 다니면서 대장장이가 만들어 놓은 정(釘)을 하나씩 궁둥이에 끼어다가 모아 놓았다. 정이 하나씩 없어지자 대장장이는 오성의 장난인 줄 알고 불에 달군 정을 맨 위에 놓아 오성의 볼기짝을 데게 하였다. 뒷날 대장장이가 곤궁하게 되자 오성은 모아놓았던 정을 도로 주어 곤궁을 면하도록 하였다. 그제야 대장장이는 오성에게 고마워했다. 종신보험도 지속하는 기간은 불에 달군 정을 엉덩이에 대는 것처럼 고통스러울 수 있다. 그러나 여유 있을 때 미리 대비하지 않으면 곤궁한 일이 닥쳤을 때 헤쳐 나갈 도리가 없다. 당장의 고통은 미래의 보람으로 돌아온다.

● 자녀에게 보내는 편지

　보험세일즈 업계에 발을 들여놓았을 무렵의 이야기다. 전 직장 동료의 소개로 디자인 업체 사장을 강남에서 만나서 계약했다. 사장은 계약서에 사인한 후 자신의 아내도 가입하는 것이 좋을 것 같다고 했다. 만난 자리에서 사장의 아내가 물었다. "은행에서 인정받고 잘 나간다고 들었는데 왜 이런 일을 하세요?" 아무래도 안정적인 직장보다는 험한 일이라고 생각했던 것 같다. 나는 주저하지 않고 "그야 보람이 있어서지요."라고 대답했다. 절차에 따라 계약을 한 후 자녀에게 남기는 편지를 작성하라고 했다. 이것이 왜 필요한지, 어떤 가치를 가지고 있는지 보장의 의미를 제대로 전달하기 위해서였다. 그분은 펜을 들고도 한참을 쓰지 못했다. 자기가 없을 때의 아이들을 생각해 보니까 눈물이 난다는 것이었다. 계약을 마친 그 분이 배웅하면서 말했다. 처음에는 왜 이 일을 하는지 몰랐지만 이제는 어렴풋이 알 것 같다고.

● 엄마가 되어서 알게 된 엄마의 마음

　부모가 되어 보기 전까지는 부모의 마음을 알 수 없다. 예전에 20대 후반의 여성과 계약한 적이 있다. 본인의 의사로 가입한 것이 아니라 엄마가 나중에 결혼하면 필요하다며 소개해서 가입한 것이다. 딸의 반응은 부정적이었다. "죽어서 나오는 걸 왜 가입하느냐? 난 저축이나 투자가 아니면 관심 없다"며 볼멘소리를 했다. 엄마가 그럼 작게라도 계약을 하라고 설득한 후에야 마지못해 가입을 하게 되었다. 그리고 훗날, 딸도 나이가 들어 결혼을 하고 엄마가 되었다. 그제야 엄마의 깊은 뜻을 알게 된 딸은 추가 가입을 했다. 엄마가 되고 나니 아이들을 위해서 처음에 좀 더 제대로 가입을 하지 않은 것이 아쉽다는 것이었다. 종신보험은 가치를 느끼기 전에는 자신과는 상관없는 것처럼 느껴진다. 그러나 나중에 가치를 느끼면 추가로 가입하고 싶어진다. 처음부터 가치를 아는 것보다 이렇게 반전이 될 때 더 절실히 가치를 느끼게 되는 경우도 많다. 보험을 세일즈하는 입장에서는 당장 상대가 관심이 없다고 해서 포기하면 안 된다. 끈기 있게 시도하고 반드시 가치가 있다는 확신을 가지고 이야기해야 한다. 고객이 가치를 느낄 때 세일즈맨은 보람을 느낀다.

● 가족의 인생을 지켜 주는 경찰관

　다음은 회사 동료의 보험금 지급사례이다. 고객은 혼자 벌어서 자녀

두 명을 키우고 어머니까지 모시면서 살고 있는 경찰관이었다. 공무원이라 월급이 많지 않아서 형편은 넉넉하지 못했다. 그러나 가족에 대한 막중한 책임감으로 어려운 형편에서도 2억 원 보장의 종신보험에 가입하고 8년 동안 힘겹게 유지하고 있었다. 그러던 어느 날, 고객은 음주단속을 하던 중 도주 차량을 추격하다가 반대편에서 오는 버스에 치여 사망했다. 사망 당시 고객은 50대 초반이었다. 지금까지 열심히 살아오고 자식들에게도 돈 들어갈 일이 많이 남은 상황이었다. 남겨진 가족들은 앞이 막막한 지경이었다. 그러나 그때 어렵게 유지해 온 종신보험이 빛을 발했다. 사망보험금 2억 원이 지급된 것이다. 평생을 경찰관으로서 남을 지키는 일을 해 온 고객과 남겨진 가족에게 사망보험금이 든든히 지켜 주는 경찰관 역할을 해 주었다.

정리

대장간 주인에게 그동안 모았던 정을 돌려주던 순간, 오성은 어떤 생각을 했을까? 그동안 불에 달군 정을 준 대장간 주인에 대한 미움? 쫄딱 망해서 고소하다는 통쾌함? 아마도 그것은 '보람'이었을 것이다. 뜨겁게 달군 정보다도 모진 수많은 거절을 당하는 보험세일즈맨이 보람을 느끼는 순간도 마찬가지다. 앞이 막막한 가족들에게 가장의 사랑이 담긴 보험금을 전달하는 순간 세일즈맨은 말로 설명할 수 없는 보람을 느낀다. 지구에 태어나서 정말 어려운 몇 가정을 구하고 지구를 떠난다 해도 지구에 온 보람은 있는 것 아닌가?

종신보험은
경쟁이 없다

● 한 그루의 사과나무

조철선 작가의 《성공은 경쟁하지 않는다》라는 책을 보면 다음과 같은 예화가 나온다. 어느 마을의 사람들이 사과나무를 향해 달려가고 있었다. 사과나무는 한 그루인데 마을 사람은 많다 보니 경쟁이 치열했다. 넘어지거나 다치는 사람이 속출했다. 이를 지켜보던 나그네가 혀를 끌끌 차며 말했다. "사과나무가 저리 많은데 왜 저 나무만 향해 달려가려고 난리일까?" 나그네의 눈에 보이는 수많은 사과나무가 정작 마을 사람의 눈에는 보이지 않았던 것이다. 이처럼 지나친 경쟁은 시야를 좁게 하고 불필요한 소모를 가져온다. 혹시 우리도 한 그루의 사과나무를 향해 뛰고 있는 것은 아닌가? 주위를 넓게 한 번 돌아볼 필요가 있다.

● 나와 싸워 이겨라

버진 그룹의 창시자 리처드 브랜슨은 학교 공부를 잘하지 못했다. 난독증 증세가 있어서 아무리 노력해도 읽기와 쓰기가 늘지 않았다. 한국이었다면 학업을 포기하고 일찍 노동자가 되어야 할 판이었다. 그러나 그는 자신의 약점을 무기력하게 인정하기보다 정면으로 맞서는 쪽을 선택했다. 저널리스트가 되기로 결심한 그는 자신만의 방식으로 읽기와 쓰기를 향상시켰고, 결국 학교에서 개최한 에세이 대회에서 우승을 차지할 수 있었다.

리처드 브랜슨은 내 인생의 멘토이다. 내가 우주여행의 꿈을 품게 된 것도 그의 '버진 갤럭틱' 프로젝트의 영향을 많이 받았다. 리처드 브랜슨은 약점을 극복하기 위해 자기 자신과 싸워서 결국 이겼다. 종신보험 세일즈 역시 결국 나 자신과의 싸움이다. 만약 다른 세일즈맨과 경쟁하려 했으면 중간에 포기했을 것이다. 종신보험은 죽어야만 받는다는 부정적인 이미지가 있어서 팔기 힘들다. 약점을 가지고 있는 것이다. 그래서 나는 죽음 뒤에 숨어 있는 가족사랑에 대한 가치에 집중하는 방법을 연구했다. 그 결과 약점을 극복하고 종신보험을 팔 수 있었다. 내면에서 경쟁력이 생긴 이후로는 어떤 상황에서도 흔들리지 않게 되었다.

● 정상에는 눈보라가 없다

나는 여행을 가도 남들이 다 가는 곳에는 안 갔다. 대신 사하라 사막, 히말라야, 남극, 북극 등 남들이 흔히 가지 않는 곳만 골라서 갔다. 유럽 비행기표는 조금이라도 싼 값에 끊으려고 경쟁해도 사하라나 남극을 먼저 가려고 경쟁하는 사람은 없다. 경쟁이 없는 곳에 가야 남들이 볼 수 없는 것을 볼 수 있다. 히말라야의 정상은 눈과 구름 때문에 평소에 보기 힘들다. 하지만 비행기를 타고 6,000m 이상 구름 위로 올라가면 산봉우리가 섬처럼 구름 위로 솟아서 펼쳐져 있다. 정상이 구름보다 높기 때문이다. 그래서 히말라야의 정상은 날씨의 영향을 받지 않는다. 항상 맑다. 세일즈도 마찬가지다. 레벨이 낮을 때는 경쟁 때문에 하루도 편할 날이 없다. 그러나 일단 어느 레벨 이상으로 올라가면 경쟁이 없는 차원으로 진입한다. 히말라야의 정상에 오르는 것은 힘들지만 일단 오르고 나면 날씨의 영향을 받지 않는 것과 같은 이치다.

● 한 줄짜리 종신보험

"한 줄짜리 종신보험의 달인 일사 황선찬입니다."

2009년, 부산 벡스코 MDRT 행사에서 나를 소개한 멘트였다. 나의 호인 '일사'는 '일반사망'의 줄임말이다. 종신보험에서도 사망보장 한 줄, 즉 일반사망에 집중하다 보니까 붙여진 이름이다. 나는 가장 팔기 힘들다는 종신보험 중에서도 주계약인 일반사망 위주로 세일즈를 했다. 가장 힘든 것을 지속적으로 했더니 다른 세일즈는 쉽게 느껴졌다. 일반사망을 판다는 것 자체가 경쟁력이 되어서 다른 사람과 비교되지 않는 위치에 오르게 되었다. 누구나 가기 힘든 남극의 동토나 북극의 얼음바다 속에는 무수한 생명체가 살고 있다. 이처럼 경쟁이 치열한 레드오션과 경쟁이 적은 블루오션을 넘어서 경쟁이 없는 차원을 ICE 오션이라고 한다. 내가 예전에 쓴 책《종신보험 아이스오션》에서 'ICE' 란, 종신보험을 재미있고(Interesting), 명확하고(Clear), 쉽게(Easy) 판매하는 방법을 말한다. 그래야 경쟁이 없는 차원에 진입할 수 있다.

● 비교되면 끝난다

20세 여학생에게 부모가 있는 자리에서 종신보험을 설명한 적이 있다. 나는 우선 사랑하는 사람이 누구냐고 물었다. 종신보험은 사랑하는 사람을 위한 배려의 마음이 있어야 선택할 수 있다. 여학생은 부모님을 생각할 때마다 고마움을 느낀다고 했다. 기회가 된다면 지금까지 받은 것을 보답하고 싶다고 약속했다. 나는 그 약속을 지키기 어려울 때 대신 해 주는 것이 종신보험이라고 말했다. 계약이 끝난 후 나는 가족들에게 다른 회사의 종신보험과 비교했을 때 어떻게 생각하느냐고 물었다. 그러자 입을 모아 "이것을 어떻게 비교해요?"라고 대답했다. 비교가 되는 순간 모든 것은 끝난다. 비교할 수 있는 것은 인공지능이나 컴퓨터가 더 잘한다. 미래에는 비교할 수 없는 경쟁력을 갖춘 사람만이 생존할 수 있다.

● 경쟁하지 않는 경쟁력

주변 사람들에게 보험세일즈를 한다고 하면 긍정적으로 생각하는 사람이 많지 않다. 직장에서 해고를 당하거나 사업이 망해서 선택했다고 생각한다. 특히 사망했을 때 받는 종신보험을 판다고 하면 곧 죽을 사람을 대하듯 불쌍하게 쳐다본다. 내가 저승사자도 아닌데 말이다. 보험세일즈는 불확실한 일이다. 그러나 누구나 하고 싶어 하는 일은 성공하기 힘들다. 공자님의 말씀 중에 "할 수 없는 일을 해야 이를 수 없는 길에 이를 수 있다."는 말이 있다. 아무나 할 수 없는 일을 해야 아무나 이를 수 없는 곳에 이를 수 있다. 불황이 와도 내가 흔들리지 않는 이유는 남들과 경쟁하지 않고 종신보험으로 내면의 경쟁력을 키웠기 때문이다.

살아서 혜택을 보는 특약이나 저축성보험에 집중하면 고객은 상품에만 관심을 갖는다. 하지만 사망 이후 가족들의 삶을 지켜 주는 보장에 집중하면 고객은 사람에게 관심을 갖는다. 내가 죽으면 그 이후의 일은 알 수 없다. 그래서 사소한 조항 몇 가지보다 우선 사람을 믿을 수 있어야 한다. 경쟁심을 버리고 경쟁력을 갖춰라. 남들이 팔 수 없는 것을 팔아야 남들이 가지지 못한 경쟁력을 가질 수 있다. 그것이 바로 종신보험이다.

종신보험은
비전이 있다

● 감춰진 보화

마태복음 13장에서 예수는 천국을 밭에 감춰진 보화에 비유한다. 만일 당신이 금은보화가 묻힌 땅을 알게 되면 어떻게 할 것인가? 집의 모든 재산을 팔아서라도 그 땅을 살 것이다. 수많은 사람들이 주식투자에 실패하는 이유도 이 때문이다. 반드시 오른다는 확신 때문에 대출을 받아서라도 주식에 투자하는 것이다. 종신보험은 일종의 저평가된 주식이다. 그것도 앞으로 오를 일은 있어도 폭락할 위험이 없는 안전한 주식이다.

● 가격 상승이 확정된 증권

종신보험 3천만 원을 유지하고 있는 70세가 넘은 고객이 있었다. 3천만 원이지만 3억 원 집을 소유한 것과 비슷한 든든함을 느낀다고 했다. 70세가 넘어서면 사는 것보다 죽는 것에 관심이 많아진다. 종신보험은 인간답게 죽을 수 있도록 도와준다. 죽음을 앞두고 중환자실 병원비가 늘어날수록 가족들의 걱정도 늘어난다. 이럴 때 종신보험이 있으면 그만큼 가족들의 걱정은 줄어든다. 종신보험 3천만 원은 고객 옆에서 죽을 때까지 고객을 지켜 준다. 그래서 나이가 많아지고, 건강이 나빠지면서 사망보장의 가치는 점차 증가한다. 종신보험에 가입하는 것은 가격상승이 확정된 주식을 사는 것과 같다. 그래서 종신보험 세일즈에 불황은 없다.

● 죽기 직전 희망 보장금액

결혼을 두 번 해서 자녀가 5명인 남자가 유방암에 걸렸다. 남자는 암이 나은 후 5명의 자녀를 생각해서 최고 한도의 종신보험에 가입하고 싶어 했다. 그 전에 남자가 가입했던 종신보험은 몇 천만 원에 불과했다. 젊고 건강했을 때 생각했던 보장금액과 죽음을 한 번 경험하고 난 후에 생각하는 보장금액은 차이가 크다. 특히 자녀가 있을 때는 더욱 그렇다. 남자는 결국 암 발병전력 때문에 가입을 하지 못했다. 안타깝게도 몇 년 후 유방암이 재발하여 보험에 가입하지 못하고 세상을 떠났다. 사람들은 죽을 때가 다가오면 보장이 큰 보험에 가입하려고 한다. 시간이 경과할수록 니즈는 증가한다. 니즈가 증가할수록 종신보험의 가입조건은 까다로워지고 보험료도 늘어난다. 시간이 우리 편인 이상 종신보험의 전망은 밝다.

● 자녀와 함께 성장하는 세일즈

30대 후반의 부부가 종신보험에 가입했다. 10년이 지난 후 다섯 살이었던 아들이 15세가 되자 아들도 종신보험 1억 원에 가입했다. 또다시 15년이 흘러 아들이 30세가 되었다. 아들은 결혼 전인데도 스스로 종신보험을 증액했다. 결혼 후 아들의 배우자도 고객이 되었다. 손자, 손녀는 아직은 어리다. 그러나 금방 크고 나이 들면 직장에도 다니고 결혼도 할 것이다. 시간이 지날수록 고객은 늘어난다. 고객의 나이가 늘어나면서 사망보험금 지급 사례가 점점 늘어날 것이다. 보험금을 수령한 가족들은 종신보험의 가치를 제대로 느끼고 추가계약 가능성도 높아진다. 이처럼 시간이 갈수록 종신보험 세일즈의 기회는 많아진다.

평범한 땅도 그 안에 보물이 숨겨져 있다는 사실을 아는 사람의 눈에는 다르게 보인다. 어떤 상품과 상황에서도 보물은 숨어 있다. 중요한 것은 보물을 찾아내는 것이다. 남들이 찾아놓은 보물은 자신과 맞지 않을 수도 있다. 남이 찾지 못하는 보물을 찾아야 비전이 된다. 종신보험은 누구나 가입하기를 꺼린다. 가입한다 해도 유지도 못하고 팔았다가 나중에 후회하기도 한다. 하지만 확신을 가지고 세일즈를 하면 명확한 비전이 보인다. 죽어서 받는 보험이 무슨 소용이냐고? 나는 이렇게 말해 주고 싶다. 죽어야 받을 수 있기에 고객들은 발 뻗고 잘 살고 있다.

종신보험은
수익성이 높다

● 직업선택의 10계명

하나, 월급이 적은 쪽을 택하라.

둘, 내가 원하는 곳이 아니라 나를 필요로 하는 곳을 택하라.

셋, 승진 기회가 거의 없는 곳을 택하라.

넷, 모든 조건이 갖추어진 곳을 피하고 처음부터 시작해야 하는 황

무지를 택하라.

다섯, 앞을 다투어 모여드는 곳은 절대 가지 마라. 아무도 가지 않은 곳으로 가라.

여섯, 장래성이 전혀 없다고 생각되는 곳으로 가라.

일곱, 사회적 존경 같은 건 바라볼 수 없는 곳으로 가라.

여덟, 한가운데가 아니라 가장자리로 가라.

아홉, 부모나 아내나 약혼자가 결사반대를 하는 곳이면 틀림이 없다. 의심치 말고 가라.

열, 왕관이 아니라 단두대가 기다리고 있는 곳으로 가라.

- 거창고등학교 직업선택 10계명

● 좁은 문으로 가라

종신보험은 보험세일즈 중에서도 난이도가 가장 높다. 보험세일즈에 뛰어들겠다고 하면 죽어서 나오는 걸 어떻게 팔 거냐고 주변에서 말린다. 그렇기 때문에 가장 많은 보상을 얻을 수 있다. 꼭 필요하지만 아무나 팔 수 없는 것이 종신보험이다. 요즘은 고객들이 더 똑똑하고 많은 정보를 가지고 있다. 저축성 보험의 경우, 수익이 어느 정도 났는데 왜 환급금이 이렇게 적냐고 묻는 경우가 많다. 장기상품은 관리 비용이 들어간다고 설명하면 관리는 내가 할 테니까 관리하지 말고 환급금을 더 달라고 말한다. 그래서 저축성 보험은 쉽게 팔 수 있지만 세일즈맨은 경제적으로 어려워진다. 하지만 종신보험은 고객이 케어할 수 없을 때 고객과 고객 가족을 돌보아 준다. 사망보장의 가치를 확신하고 제대로 니즈환기를 하지 않고는 팔 수 없다. 그래서 수익성이 높은 것이다.

● 사회초년생의 무자본 유망사업

대학을 졸업하자마자 이 일을 시작한 동료가 있다. 대학 때도 보험 세일즈를 위해 관련 자격증을 따고 여러 가지를 준비해서 세일즈를 시작했다. 처음에는 어려웠지만 몇 년이 지난 지금은 일반회사 신입직원보다 급여가 많고 앞으로 점점 더 좋아질 것이다. 제대로만 하면 종신보험 세일즈는 큰 자본이 필요하지도 않고 부도가 날 염려도 없다. 속도는 느릴지언정 꾸준히 전진한다. 나는 화려한 직업을 구하려고 방황하는 젊은 친구들에게 종신보험 세일즈를 권하고 싶다. 젊은 사람의 마음은 젊은 사람이 잘 안다. 젊은 사람들은 종신보험보다 저축이나 투자 상품을 선호한다. 만약 젊은 세일즈맨이 철저하게 준비해서 가치를 잘 전달한다면 젊은 사람에게도 종신보험을 팔 수 있을 것이다. 물론 그 과정은 쉽지 않지만 그 몇 배의 수익을 얻을 수 있다.

● 1주일에 1건만 팔아도 먹고 산다

보험회사에 있다가 퇴사한 동료의 이야기이다. 그는 남들이 부러워하는 명문 대학을 졸업했다. 시골에서는 대학에 합격했을 때 잔치를 했을 정도다. 퇴사 후 외국계 항공사에 몇 년을 근무하다 회사 일을 도와달라는 선배의 부탁으로 선배 회사에 근무했다. 회사가 어려워져 월급도 못 받고 선배와 관계는 나빠져서 결국 각자의 길을 가기로 했다. 그 후 헤드헌팅회사에서 몇 년을 근무했는데 거의 돈을 받지 못했다. 오랜 기간 공을 들여 입사시킨 인재가 몇 달 만에 퇴사를 하곤 했다. 지금은 새벽 막노동 인력시장에 나간다. 확률을 높이려고 서울에서 경기도로 나갔는데도 며칠째 허탕을 치기 일쑤라고 한다.

이에 비하면 종신보험 세일즈가 훨씬 낫다. 종신보험 세일즈는 항상 만날 사람이 있고 돈을 못 받을 염려도 없다. 상품이 없어서 못 파는 경우도 없으며 재고가 쌓이거나 상품이 상할 걱정도 없다. 일주일에 10만 원 정도의 종신보험 1건을 팔면 기본 생활이 가능하다. 종신보험 세일즈는 꼭 필요하고 가치가 있는 일이다. 판매에 필요한 도구, 화법, 콘셉트 등의 모든 것을 다 알려 주고 제공한다. 이런데도 일주일에 10만 원짜리 1건도 팔지 못한다면 다른 무엇을 할 수 있겠는가?

암초를 피해서 배를 정박시키는 기술자인 도선사는 최고 수준의 수입을 보장 받는다. 아무나 할 수 없는 일을 하기 때문이다. 고객은 자신이 케어할 수 없는 리스크가 높은 일을 처리해 주는 사람에게 기꺼이 높은 비용을 지불한다. 세상에 쉬우면서 큰 수익을 얻을 수 있는 것은 없다. 쉽게 팔 수 있는 저축성이나 투자성 상품 위주로 접근하면 보험세일즈를 오래 하지 못한다. 큰 어려움을 이겨 내면 큰 수익률이 보인다. 보험세일즈는 승진의 기회가 없고 처음부터 시작해야 하는 황무지이다. 부모와 배우자가 결사적으로 반대하는 길이다. 그래서 어쩌면 거창고등학교의 직업 선택 10계명에 가장 어울리는 직업일지도 모른다.

종신보험은
유행을 타지 않는다

● 가장 오래된 잔소리

한 아버지가 철이 안 든 아들에게 훈계를 했다.

"철 좀 들어라. 공공장소에서 서성거리거나 거리를 배회하지 말아라. 학교에 가서 과제물을 암송하고, 선생님 앞에서는 예의를 갖추어라."

요즘 인터넷 게시판에 있는 글이 아니다. 지금으로부터 3,700여 년 전, 점토판에 새겨진 수메르인들의 이야기다. 어른들의 눈에 젊은이가 못마땅한 것은 예나 지금이나 같은가 보다. 삶의 근본적인 문제는 항상 반복되고 유행을 타지 않는다.

● 대체불가능한 대비책

"선배님은 '어떤 일'에 대한 대비를 하셨나요?"

종신보험을 나에게 판매하며 후배가 물었다. 당시의 나는 종신보험 세일즈에 뛰어들기 전이었다. 생각해 보니 내가 아프거나 사망할 때의 대비가 전혀 되어 있지 않았다. 20여 년이 흐른 지금, 누군가에게 같은 질문을 던졌을 때 자신 있게 대답할 수 있는 사람은 얼마나 될까? 앞으로 또다시 20년이 지나도 마찬가지다. 가족에 대한 사랑, 가족을 지켜주고 싶은 마음은 변치 않는다. 무엇보다 누구나 언젠가는 죽는다는 사실은 유행을 타지 않는다. 유행을 타는 것처럼 보이는 것은 착각일 뿐이다. 나는 자녀들에게 "아빠가 어떤 일이 있어도 지켜 줄 테니 너희는 공부만 열심히 해라." 하고 약속했다. 내가 종신보험 세일즈를 시작한 계기도 바로 이 때문이다.

● 100년 전이나 100년 후에도

100년 전에 쓰여진 유명한 세일즈 책이 있다. 프랭크 베트거가 지은 《실패에서 성공으로》라는 책이다. 나도 여러 번을 읽고 지금 세일즈에서 활용을 한다. 100년 전의 이야기인데도 당장 세일즈 현장에서 활용할 수 있는 꿀 같은 노하우들이 많다. 삶의 근본적인 문제는 유행을 타지 않는다는 것을 나타내는 대표적인 사례다. 유행을 따라가는 세일즈맨은 주식시장이 활황이면 투자 상품으로 갔다가, 저축에 관한 유행이 불 때는 저축성 상품으로 이동한다. 결국 다시 종신보험으로 돌아온 적은 없다. 돌아오려고 해도 오래 버티지 못한다. 한번 단맛을 보면 '백 투더 베이직'을 하기 힘들기 때문이다.

● 유행 따라 집으로

'백 투더 베이직'을 하려면 자신의 이익보다 고객의 이익을 우선시해야 한다. 종신보험은 내가 받는 보험이 아니다. 그래서 자신보다 고객을 위한 마음을 가진 세일즈맨이 종신보험 세일즈와 코드가 맞는다. 연극은 언젠가 끝난다. 일시적으로는 고객을 위하는 척할 수 있지만 장기간 하기는 힘들다. 많은 세일즈맨들이 종신보험의 시대는 지났다고 이야기한다. 요즘 누가 종신보험에 가입하느냐고 비웃기도 한다. 그러나 유행을 탄다는 말은 고객들이 만들어 낸 말이 아니다. 쉬운 길을 찾는 세일즈맨들이 고객에게 인식을 시킨 것이다. 그런 말을 입에 달고 살던 세일즈맨들은 지금 현장에 없다. 중간에 그만두고 집에 가 있다.

● 시어머니가 권하는 보험

얼마 전 연금보험만 가입한 부부고객에게서 연락이 왔다. 시어머니가 사망보장을 준비하라고 했다는 것이다. 아이들도 어린데 무슨 일이라도 있으면 어떻게 할 거냐고 물었다고 한다. 사망보장을 권했을 때는 연금보험에만 가입하면서 종신보험에 가입할 여유는 없다고 했던 부부였다. 이것이 40대의 아들 부부에게 가지는 70대 부모의 생각이다. 40대의 아들 부부도 나이가 들면 자기 자녀들에게 똑같은 이야기를 할 것이다. 죽는 것은 유행과 관련이 없다. 죽을 때 어려움을 겪는 것도 바뀌지 않는다. 수명이 늘어나는 것은 영원히 사는 것이 아니라 사망이 연기되는 것에 불과하다.

> **정리**
>
> 길이 막힐 때면 항상 옆 차선의 주행이 빨라 보인다. 그러나 그 차선으로 끼어들면 원래 차선이 뚫리는 경우가 많다. 그래서 또 원래 차선으로 끼어들면 아까 막혔던 차선이 뚫린다. 결국 뒤차에게 욕은 욕대로 먹고 기름만 더 쓰면서 목적지에 도달하는 시간은 비슷하다. 보험도 마찬가지다. 당장 유행하는 상품을 쫓아 이리저리 차선을 바꾸면 해지하고 다시 가입하는 과정에서 돈만 더 들고 남는 것이 없다. 절대적인 가치를 가진 것은 유행을 타지 않는다. 가족 사랑이야말로 절대적인 가치를 지닌 삶의 문제이다.

종신보험은
능력을 키울 수 있다

● 개구리 삼키기

《톰 소여의 모험》의 작가 마크 트웨인에게는 엽기적인 습관이 있었다. 아침에 일어나자마자 살아 있는 개구리 한 마리를 먹었던 것이다. 이 얼마나 역겨운 일인가? 마크 트웨인은 그날 최악의 일을 해냈다는 생각에 남은 일들은 여유 있게 해낼 수 있었다고 한다. 자기계발의 권위자 브라이언 트레이시에 의하면 '개구리 삼키기'는 그날 해야 할 일

중 가장 힘든, 그래서 가장 미루고 싶은 일이다. 가장 어려운 일을 가장 먼저 해치우면 나머지 일들이 상대적으로 쉽게 느껴진다.

● 세일즈맨이 된 치과의사

한 의사가 치과개업을 했다. 그런데 워낙 경쟁이 치열하다 보니 환자가 없어서 운영이 어려웠다. 결국 그는 친구의 소개로 종신보험 세일즈를 시작했다. 워낙 사람 만나는 것을 좋아하는 성격이라 세일즈를 재미있어 했고 3년간 많은 성과도 냈다. 세일즈를 하는 틈틈이 의료봉사도 했다. 그러면서 환자를 위해 봉사하는 의사라는 직업의 가치를 새롭게 정립할 수 있었다. 지금은 치과를 다시 개업해서 잘 운영하고 있다. 어려운 종신보험 세일즈를 하고나니까 치과 운영은 식은 죽먹기라고 한다. 가장 크고 아름다운 꽃은 높은 절벽 위에 피어 있다. 그 꽃에 도달하기 위해 악전고투하는 사이에 자신도 모르게 근력과 정신력이 향상된다. 앞의 치과의사는 그 힘들다는 종신보험 세일즈를 통해 병원 운영의 영업력을 향상시켰던 것이다.

● 선인장이 낙타를 강하게 만든다

낙타는 사막에서 6개월 동안 물과 음식 없이 버틸 수 있다. 낙타는 유사시에 대비해 필요한 에너지와 수분을 혹에 보충한다. 그렇다면 낙타는 모래와 선인장밖에 없는 사막에서 어떻게 수분, 에너지를 섭취할 수 있는 것일까? 아라비아 낙타는 다른 동물들에 비해 단단한 혀를 가지고 있다. 약 15cm 길이의 뾰족한 가시가 달린 선인장도 녀석들은 아무렇지도 않게 씹어 먹는다. 사막이라는 척박한 환경에서 살아남으면서 낙타는 단련되고 진화된 것이다.

죽어야 받는 종신보험을 파는 일은 선인장을 먹는 일처럼 두려운 일이다. 그러나 두려움은 피할수록 커진다. 꿰뚫고 지나가야 한다. 나는 종신보험을 팔 때 일부러 더 강하게 "제가 파는 보험은 죽어야만 받아요!", "제가 파는 보험은 본인이 받을 수 있는 보험이 아닙니다!"라고 힘주어 말했다. 낙타가 선인장의 가시를 삼키듯 종신보험의 죽음이라는 긴 가시를 삼키면서 나의 영업력은 낙타의 혀처럼 단련되었다. 해가 거듭될수록 세일즈 노하우는 낙타의 혹처럼 차곡차곡 쌓였다. 그 결과 나는 사막처럼 척박한 보험세일즈 업계에서 지금까지 살아남을 수 있었다.

● 내가 가는 곳이 길이다

사막 마라톤 전날, 모래산 옆으로 가야겠다고 생각하고 다음날 자리에서 일어났다. 그랬더니 이게 웬걸, 하룻밤 사이에 산이 없어졌다. 사막에서는 바람이 모래산을 이리저리 옮긴다는 사실을 그때는 몰랐다. 사람 발자국이 모두 지워진 사막에서 나는 나침반에 의지해 길을 찾아갔다. 세일즈를 하다 보면 '기댈 언덕'이 사라지는 경험을 누구나 하곤 한다. 나 역시 초창기에는 누구를 어떻게 만나야 할지 막막할 때가 많았다. 아무 말이나 해 보자는 심정으로 고혈압과 당뇨 합병증으로 입원해 있는 60대 환자에게 종신보험을 이야기했다. 사실 그 환자가 가입할 확률은 없었다. 그런데 내 설명을 들은 환자는 본인 대신 며느리와 손자를 소개해 줘서 가입했다. 막막했던 세일즈의 사막에서 새로운 길이 열린 놀라운 경험이었다. 사막에 길이 없다는 것은 모든 곳이 길이라는 의미다. 내가 가는 곳이 곧 길이다.

● 전화번호부를 들어라

어느 날 영업을 시작한 지 얼마 안 된 후배가 하소연을 했다. 더 이상 전화할 곳이 없다는 것이다. 내가 전화할 리스트를 주겠다고 하니까 후배는 뛸 듯이 좋아했다. 나는 상가 전화번호부를 복사해서 주고 전화를 해 보라고 했다. 후배는 내가 장난을 하는 줄 알고 당황해했다.

"이유를 달지 말고 그냥 해 봐. 하루만 해 보면 이유를 알게 될 거야."
후배는 내 이야기를 믿고 전화번호부를 보고 전화를 시도했다. 그리고 모든 문제가 해결되었다. 세일즈맨은 전화 걸기를 두려워한다. 자기 머릿속의 상상으로 바쁜 사람, 부정적인 사람, 아픈 사람 등등 전화를 하지 말아야 할 온갖 명분을 만든다. 실제로 상가 전화번호로 전화를 하면 온갖 거부와 비난의 목소리를 듣게 된다. 이것을 혹독하게 겪고 나면 자신이 머릿속으로 지웠던 리스트가 다시 떠오른다. 전화기를 잡고 누구에게라도 전화를 걸 수 있는 용기가 생기는 것이다. 무거운 것을 들어야 큰 근육이 생기는 법이다.

정리

세일즈에서 성공한 사람들에게는 공통점이 있다. 남들이 싫어하는 것을 가장 먼저, 그리고 즐겨한다는 점이다. 귀찮다고 피해 다니는 사람들에게 전화하고 싶은 사람이 어디 있겠는가? 아프거나 죽는 이야기를 고객들에게 하고 싶은 사람이 어디 있겠는가? 남들이 꺼리는 것들을 즐겁게 할 수 있다면 어떤 것도 잘 팔 수 있다. 가장 어려운 일을 먼저 하면 나머지는 쉬워진다. 당신이 내일 아침 삼켜야 할 개구리는 무엇인가?

종신보험은
만기가 정해진 적금이다

● 이상한 신하

알렉산더 대왕의 아버지 필립 2세에게는 이상한 신하가 있었다. 그 신하는 다른 일은 전혀 하지 않고 아침마다 왕의 침실 옆에서 "대왕이여! 당신은 죽어야만 한다는 사실을 잊지 마시기 바랍니다."라는 말만 했다. 우리 인생에서 죽음보다 확실한 것은 없다. 죽음을 인식할 때 삶은 충실해진다. 종신보험은 이상한 신하처럼 우리에게 죽음을 일깨워 준다. 그래서 매 순간 더욱 가치 있게 살아갈 수 있다.

● 가는 데 순서가 없다

지금까지 7명에게 사망보험금을 지급했다. 3명이 췌장암이었고 나머지 4명은 폐암, 유방암, 심장마비, 당뇨였다. 나이대로 보자면 50대가 3명, 40대가 3명, 30대가 1명이었다. 이 중 한 사람도 예정되었던 시기에 떠난 사람은 없었다. 인생이라는 운전대를 잡는 순간, 오는 데는 순서가 있어도 가는 데는 순서가 없다. 다행히도 종신보험은 일찍 가든, 늦게 가든 유지만 되면 반드시 지급된다. 심지어 2년 이상 유지되면 자살을 해도 보험금이 지급된다. 본인은 세상이 싫어서 떠났어도 가족들은 보호받아야 하기 때문이다. 누구나 죽음은 확실하다. 그러나 언제 어떻게 죽을지는 불확실하다. 다른 보험은 예외 조항이 많다. 암보험에 들었는데 다른 병으로 사망하면 지급되지 않는다. 그러나 종신보험금은 언제, 어떻게 죽어도 반드시 지급된다. 불확실한 두려움에 확실하게 대비할 수 있다.

● 히틀러도 가입한 종신보험

1천만 명 이상을 학살한 히틀러 역시 생명보험에 가입했다. 히틀러는 항상 암살의 위험에 노출되어 있었다. 장례식에 갔다 오다가 기관총 세례를 받은 적도 있었고 자신의 친위대원이 쏜 총에 맞은 적도 있다. 이러한 히틀러를 위해서 독일의 실업가가 보험료를 대납하고 있었다. 히틀러가 암살될 경우 발생할 테러와 혁명으로 독일이 혼란에 빠질 것을 우려했기 때문이다.

간디도 젊었을 때 불안정한 자신의 미래에 걱정이 많았다. '이미 아내의 몸치장 도구는 다 팔지 않았는가. 만약 나에게 어떤 일이 일어나면 아내와 아이들을 부양하는 무거운 짐은 가난한 형에게 넘어가지 않겠는가'라는 생각이 들자 간디는 1만 루피(3천700달러)짜리 생명보험에 들었다. 이탈리아의 철권 통치자 무솔리니 역시 보험에 가입했다. 그가 암살에 대비해 가입한 보험료는 3개월 동안 보장금액 500달러당 20달러였다고 한다. 이처럼 간디와 같은 성인군자는 물론 히틀러, 무솔리니와 같은 독재자도 자신의 죽음을 받아들이고 생명보험으로 이에 대비했다.

● 만기가 돌아오는 적금증서

강남에 사는 40대 주부에게 종신보험을 설명했다. 종신보험의 납입기간은 자유롭게 정하면 되고 납입기간이 길수록 유리한 점이 많다. 납입을 다하지 않고도 사망할 수 있고 경제력을 상실할 경우 납입면제를 받을 수도 있다. 내 설명을 들은 주부는 납입 기간이 긴 3억 원 보험에 가입하며 말했다. "언젠가 만기가 돌아오는 3억 원 적금하고 같네요." 많은 사람들이 수익률을 따지며 종신보험을 부정적으로 생각한다.

그러나 종신보험은 수익률이 높을수록 불행하고 수익률이 낮을수록 행복하다. 수익률이 낮다는 것은 죽을 때까지 건강하게 오래산 것이기 때문이다. 부자들이 사용하는 은행의 대여금고에는 달러, 금, 땅이나 집문서 등이 보관된다. 가장 가치 있다고 생각되는 것들이다. 여기에는 종신보험증서도 포함된다. 종신보험은 만기가 정해지지 않은, 그러나 언젠가는 만기가 돌아오는 적금이다. 그래서 금이나 집문서와 같은 수준의 가치로 인정받는다.

정리

러시아의 대문호 톨스토이는 "행복한 가정은 비슷하지만 불행한 가족은 저마다 다른 이유로 불행하다."라고 말했다. 나는 이 말을 사망에 적용해서 "사유는 갖가지, 죽음은 한 가지"라는 말로 바꾸고 싶다. 병, 사고, 자연사 등등 사유는 얼마든지 다양할 수 있다. 그러나 한 가지 확실한 점은 누구에게나 죽음은 찾아온다는 것이다. 종신보험은 언젠가는 반드시 만기가 돌아오는 가장 확실한 적금이다.

종신보험은
확장성이 있다

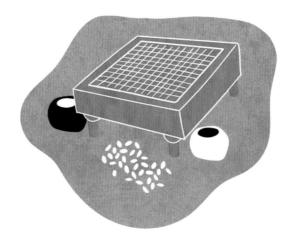

● 바둑판과 쌀알

옛날 어느 왕국의 공주가 병에 걸렸다. 여러 신하가 나섰지만 아무
도 공주의 병을 못 고쳤다. 왕은 공주의 병을 못 고친 사람은 사형에 처
하고, 고쳐준 사람에게는 소원을 들어주기로 했다. 드디어 한 남자가
나타나서 공주의 병을 고쳤다. 왕이 소원을 묻자 남자는 바둑판을 가
져다 달라고 했다. 그리고 첫 번째 점에는 쌀 한 알, 그 다음 점에는 두

알, 그 다음 점에는 4알……. 이렇게 2의 배수로 쌀을 달라고 말했다. 왕은 겨우 그런 소박한 소원이냐며 흔쾌히 수락했다. 결과는 과연 어떻게 되었을까?

● 은행은 3년 근무, 보험사는 종신 근무

나는 보험세일즈를 하기 전 은행에서 12년 동안 근무했다. 은행은 보통 한 지점에 3년 정도 근무한다. 3년 동안 고객과 좋은 관계를 만들어도 다른 지점으로 발령이 나면 고객을 그 지점에 놔두고 가야 한다. 그래서 지금까지 기억에 남거나 지금까지 만나는 고객은 없다. 그런데 보험세일즈는 내가 그만두지 않는 한 고객은 나와 항상 연결되어 있다. 시간이 지나면서 고객의 가족이 늘어난다. 고객이 새로운 인간관계를 넓혀 가면 나의 인간관계도 따라서 넓어진다. 은행의 확장성은 3년이면 끝이지만 보험세일즈의 확장성은 평생이다. 더구나 고객의 성장과 함께 인간관계도 계속 확장된다.

● 핏줄로 연결된 종신보험

종신보험 세일즈는 기존 고객의 영향력이 강력하다. 보이는 상품은 사용해 보고 결정할 수 있지만 종신보험은 미리 경험할 수 없기 때문에 기존 가입자의 추천이 절대적일 수밖에 없다. 게다가 종신보험은 장기간 유지되고 관리되어야 하는 상품이다. 50대의 부모가 계약을 하면서 20대 후반의 아들을 소개했다. 고객인 아들이 결혼하면서 배우자도 고객이 되었다. 배우자의 소개로 배우자의 두 자매가 또 계약을 했다. 시간이 흐르면 손자·손녀 세대가 다시 종신보험에 가입할 것이다. 가족은 계속 늘어나기 때문에 종신보험은 끝없이 확장된다. 눈에 보이는 상품은 머리에 기억된다. 그러나 눈에 보이지 않는 종신보험은 가슴에 기억된다. 가슴에는 심장이 있다. 그래서 종신보험은 핏줄을 타고 연결되고 확장된다.

● 종신보험은 고객이 영업을 한다

은행 동료에서 시작된 소개트리가 6번째 동네사람의 자녀로까지 이어진 사례도 있다. 처음에는 은행 동료가 가입했는데 동료가 자주 가던 병원의 수간호사를 소개했다. 수간호사가 가입하자 같은 병원의 간호사가 줄줄이 가입했고, 그 간호사의 중학교 친구도 소개했다. 중학교 친구는 자신의 아버지를 가입시켰고, 아버지는 동네 사람을 소개했다. 동네 사람은 다시 자신의 자녀들을 가입시켰다. 하버드 대학의 스탠리 밀그램 교수가 주장한 '6단계 분리 이론'에 따르면 단 6명만 거치면 1억8천만 명의 누구와도 연결될 수 있다고 한다. 또 자동차 영업왕 조 지라드의 장례식장 통계에 의하면 한 사람 뒤에는 평균 250명이 있다고 한다. 소개에 의해서 계속 확장이 되기 때문에 한 사람의 소개자로 인해서 50명, 60명도 계약을 한다. 나중에는 어디서 출발했는지 찾을 수 없는 경우가 많다. 1명의 고객을 만족시키면 100명의 고객이 따라온다. 고객의 소개를 통하면 그 누구라도 종신보험에 가입시킬 수 있다.

● 소개의 기술

세일즈 프로세스를 잘 지키는 후배가 친동생에게 종신보험을 권유했다. 동생은 깊이 생각하지도 않고 10만 원짜리로 아무 종신보험이나 하나 짜달라고 했다. 그러나 후배는 동생이 설명을 제대로 듣지 않았다며 보험을 팔지 않았다. 1년이 지나서야 동생은 다시 설명을 제대로 듣고 가입했다. 그런 후 동생이 한 달에 30명을 소개해 주었다. 아마 동생이 형을 도와주겠다는 심정으로 월보험료 10만 원을 계약했다면 본인 보험 하나 유지하기도 힘들었을 것이다. 이 후배처럼 프로세스를 지키며 정직하게 세일즈를 하기는 힘들다. 나중이야 어떻든 당장 눈앞의 계약과 돈에 흔들리는 것이 사람이다. 하지만 일단 제대로 신뢰를 얻으면 쉽게 소개받을 수 있다. 특히 보험에 부정적인 사람일수록 키맨으로 발전할 가능성이 높다.

사망보험은 언젠가 반드시 지급되는 보험금이다. 주변에서 보험금을 받았던 사례를 들은 사람은 보험에 관심을 가지게 된다. 씨앗을 뿌리면 언젠가 열매를 거두듯 시간을 견디면 보험금 지급 사례는 반드시 나온다. 그러면 소개에 소개를 거쳐 주변사람들이 확장되며 가입하게 된다. 자, 이쯤에서 옛날이야기의 결말을 말해야겠다. 바둑판 한 칸 당 2배씩 놓았던 쌀알은 마지막 점에 가자 2의 360제곱이 되었다. 이는 나라를 모두 팔아도 갚지 못할 어마어마한 양이었다. 결국 약속을 지키지 못한 왕은 공주를 남자와 결혼시키고 왕위를 물려주었다. 그 정도 지혜가 있는 남자라면 딸과 나라를 맡기기에 충분하다고 생각하지 않았을까.

종신보험의 역할은
시대에 따라 변한다

● **지팡이와 우산**

  한 할아버지가 편의점으로 들어갔다. 무릎이 불편했던 할아버지는
지팡이를 사려고 했지만 편의점에 지팡이가 있을 리 없었다. 그러자
점원은 우산을 내밀었다. "이건 우산이 아니오?" 할아버지의 말에 점
원이 대답했다. "평소엔 지팡이로 쓰시다가 비가 오면 우산으로 쓰셔
도 돼요. 햇볕이 너무 뜨거우면 양산으로 쓰셔도 되고요." 할아버지는

만족해하며 우산을 샀다.

● 종신보험은 삶의 다목적댐

댐은 내리는 비를 가두어 둔 물로 농업용수나 공업용수로 사용될 수도 있고, 홍수가 났을 때 적절하게 조절하기도 하고, 댐 주변을 관광지로 활용하기도 하고, 댐 위에서 어부들이 어로작업을 할 수도 있다. 이렇게 댐이 다양한 역할을 하는 것처럼 종신보험도 치료비로 쓰이기도 하고, 유산으로 물려주기도 하고, 소중한 재산을 지키는 용도 등 다양하게 사용될 수도 있다.

● 아빠의 사망, 아빠의 사랑

친한 친구의 사례다. 친구는 경기도에 소재한 회사가 구조 조정을 하자 스트레스를 받아 직장을 나왔다. 당뇨합병증으로 치료를 받게 되면서 생활이 힘들어진 아내는 아이들과 함께 행방불명되었다. 친구는 생활보호대상자가 되어 시골요양원에서 외로이 요양을 하면서 아이들을 간절히 보고 싶어 했지만 형편상 자녀들을 찾아서 만나는 것이 소용없음에 체념하고 있었다. 한편 아내는 아이 둘을 데리고 통영에 가서 식당일을 했다. 아이들이 경기도에 살다가 통영으로 내려가니까 그곳 아이들한테 사투리 쓴다고 놀림과 괴롭힘을 당했다. 경기도로 다시 이사 가는 것이 아이들의 소원이었는데 돈이 없어서 그럴 수 없었다. 아빠가 사망하면서 어렵게 가족을 찾아서 장례를 치르고 보험금을 지급했다. 보장은 대출방식으로 어렵게 유지되고 있었다. 사망보험금 덕분에 아이들은 소원대로 경기도로 다시 이사를 왔다. 종신보험으로 전달된 아빠의 사랑을 느끼면서 자녀들은 꿈을 이루며 살아갈 것이다.

● 여명급부

은행에 다니는 딸이 50세 엄마 앞으로 종신보험 5천만 원에 가입했다. 엄마는 괜히 딸에게 부담을 주기 싫어 처음에는 가입을 거부했으나 언젠가는 종신보험이 딸의 부담을 덜어줄 수 있으리라는 것을 이해한 후 가입했다. 가입 5년 후 엄마는 췌장암 진단을 받았다. 딸에게 치료비 부담을 주기 싫어 입원을 꺼리자 딸은 여명급부를 신청했다. 여명급부란 시한부 판정을 받을 경우 사망보장금을 선지급 받을 수 있는 것을 말한다. 치료비를 보험회사에서 받았다고 하니까 엄마는 돈 걱정 없이 편하게 치료를 받을 수 있었다. 췌장암 판정을 받으면 6개월 이상 살기 힘들다. 엄마는 마음이 편해서인지 그 후로도 2년을 더 살았다. 가족의 돈으로 치료받는 것은 누구나 마음이 편치 못하다. 보험에서 받는 돈으로는 편하게 치료를 받을 수 있다. 물론 나이가 들어서 가입하는 종신보험은 보험료가 비싸다. 하지만 이는 의료비를 보험회사에 저축하는 것과 같다.

● 보장자산

43세 남자 회계사가 종신보험 5억 원에 가입했다. 이미 30억 원 자산을 가지고 있었고 월수입이 1천만 원 정도였다. 선진국의 경우를 생각하면 자산의 30% 정도를 금융자산으로 보유하는 것이 적정한데 고객은 부동산 비중이 80%가 넘었다. 고객도 종신보험의 사망보장이 죽을 때 남겨 주는 금융자산이라는 것에 공감했다. 이럴 경우 금융자산의 비중을 늘리고 부동산 자산의 비중을 줄여야 한다. 그러나 고객은 부동산을 매각하는 것은 망설였다. 그래서 방법을 제시했다. 부동산에서 발생하는 수입으로 종신보험에 가입하라는 것이다. 그렇게 하면 보장 금액만큼 금융자산이 증가하기 때문에 상대적으로 부동산 비중이 낮아진다. 부동산 26억 원(87%)대 금융자산 4억 원(13%)이었는데 종신보험으로 금융자산을 5억 원 늘리니까 부동산 26억 원(74%)대 금융자산 9억 원(26%)이 되었다. 종신보험은 보장자산으로서 간편하게 자산 비중을 조절하는 데 효과적이다.

정리

'방류시키다'라는 뜻의 drain에는 비(rain)가 들어 있다. rain 앞에 있는 d는 dam으로 생각해 보라. 댐은 내리는 빗물을 가둬 필요할 때 방류하기 위함이다. 비(rain)를 모아 잘 이용하기 위해 만든 댐(dam)의 물을 잘 방류시켜 (drain) 다양하게 활용시키는 것이다. 이처럼 평소에 빗물을 가두어 두었다가 가뭄이 닥쳤을 때 방류시키는 인생의 댐이 종신보험이다.

끝에서 봐야
전체가 보인다

● **스티브 잡스의 깨달음**

창의적인 천재 스티브 잡스는 암(癌)에 시달려 왔다. 그것도 완치율이 낮다는 췌장암이었다. 수술을 받은 이듬해 그는 스탠퍼드대 강연에서 "곧 죽을 거란 사실을 안다는 것은, 인생에서 커다란 선택을 내리는데 도움을 주는 가장 중요한 도구"라고 말했다. 죽음 앞에서는 외부의 기대나 자부심, 좌절과 실패 등은 덧없이 사라지고 정말로 중요한 것만 남는다는 것이다. 어쩌면 그가 짧은 생애 동안 그토록 많은 업적을 남길 수 있었던 이유는 항상 삶의 끝에서 삶을 바라보았기 때문인지도 모른다.

● 돈에 사랑을 담는 방법

쇼펜하우어는 산을 오를 때는 죽음이 보이지 않는다고 말했다. 삶은 산이다. 꼭대기에 올라가야 죽음이 보인다. 지하철에서 화재사고가 발생했다. 당시 열차에 타고 있던 남편은 삶의 끝에서 아내에게 전화해서 단 두 마디만 남겼다. 그 두 마디는 "사랑한다"와 "미안하다"였다. "사랑한다"는 말 그대로 가족에 대한 사랑의 표현이다. "미안하다"는 아내에게 가족을 부양해야 할 부담을 남겨두고 떠나는 미안함을 의미한다. 상환하지 못한 주택 관련 대출금, 아이들의 교육비, 가족들의 생활비 등등. 시간이 지나면 사랑한다는 감정은 옅어지지만, 경제적인 미안함은 하나씩 현실로 나타난다. 대출금을 갚지 못하면 이사를 가야 하고, 교육비가 없으면 자녀들은 꿈을 접어야 하고, 생활비가 없으면 아이들 목에 열쇠를 걸어 주고 아내는 일하러 나가야 한다. 돈으로 사랑을 대신할 수는 없다. 하지만 돈에 사랑을 담을 수는 있다.

● 목표, 비전, 미션

목표와 비전은 현재 위치에서 보이지만 미션은 보이지 않는다. 목표는 현재의 위치에서 노력하면 바로 손에 잡히는 것들이다. 비전(vision)은 한자로 '飛前'으로 표현할 수도 있다. 날아오르기(飛) 전(前)에 미리 봐야 하는 것이 비전이다. 미션은 내가 이 세상에 존재하는 이유를 말한다. 비행기의 존재 이유는 하늘을 나는 것이다. 물론 아무리 높이 날아도 하늘에 도달할 수는 없다. 그러나 이러한 꿈 너머 꿈은 현실을 살아가는 원동력이 된다. 학생들에게 10년 후, 20년 후, 30년 후의 삶을 적어보라고 하면 10년 후는 목표에, 20년 후는 비전에, 30년 후는 미션에 가까운 내용을 적는다. 현재에서 멀어질수록 나보다 남을 생각하고 베푸는 내용이 많아진다. 삶의 끝에서 생각하는 종신보험은 목표나 비전이 아니라 미션에 가깝다. 자기 잘났다고 자랑만 하는 사람도 죽음을 진정으로 받아들이면 미션이 생긴다. 미션을 가슴에 품을수록 삶의 안목은 넓어진다.

● 죽을 때 길러지는 삶의 안목

14억 중국인을 울린 위지안이라는 여인이 있다. 그녀는 서른 살이 채 되기도 전에 중국 명문대 강단에 섰고, 사랑하는 남편과 이제 막 걷기 시작한 아들이 있었다. 인생의 정점에 오른 순간, 유방암 말기 판정을 받고 그녀의 삶은 나락으로 떨어졌다. 온몸에 전이된 암세포 때문에 매일 뼈가 녹아내리는 고통이 이어졌다. 그런 고통 속에서 그녀는 신을 원망하는 대신 삶의 끝에 와서야 알게 된 것을 《오늘 내가 살아갈 이유》라는 책으로 썼다. 그녀는 마지막으로 다음과 같은 말을 남겼다.

"만일 나에게 허락된 생이 여기까지라면, 그것만으로도 의미가 있을 것이다. 부모로부터, 남편으로부터 그리고 친구들로부터 인간이 받을 수 있는 가장 위대한 사랑을 받고 그것을 오롯이 껴안은 채 떠날 수 있는 최고의 행복을 누렸으니까……."

삶의 끝에서 바라본 삶은 얼마나 아름다운가.

정리

스티브 잡스는 말했다. '죽음은 삶이 만든 최고의 발명품'이라고. 삶이 바닥에 쌓일수록, 눈높이가 올라간다. 눈높이가 올라갈수록, 보는 시야가 넓어진다. 10년이 넘어가니까 10년의 계획을, 20년을 넘어가니까 20년 미래를 보게 된다. 죽는 시점에서는 훨씬 넓은 관점에서 인생을 보게 될 것이다. 그러나 삶에서 중요한 것을 죽는 시점에 가지는 것은 의미가 없다. 삶을 아름답게 바꿀 시간이 부족하기 때문이다. 죽는 시점의 관점을 지금, 여기에서 미리 가져야 한다. 종신보험 세일즈는 고객과 함께 가상의 타임머신을 타고 죽는 시점으로 가서 인생을 보는 연습을 하는 것이다.

도구:
마음을 열어 주는
뚫어뻥

SALES RECIPE 100

뚫어뻥

● 변기 물을 마신 쇼호스트

미국의 한 쇼호스트가 TV 홈쇼핑에서 변기 세척제를 팔고 있었다. "이 변기 세척제는 세균과 곰팡이를 박멸하는 것은 물론이고, 환경오염도 전혀 없습니다." 말을 마친 쇼호스트는 갑자기 변기 물을 한 컵 떠서 마셨다. 방송을 보던 시청자는 모두 경악을 할 수밖에 없었다. 하지만 그 순간 상품은 순식간에 5,100개나 팔려나갔다. 사람들은 말로만 하는 것은 믿지 않는다. 실제로 눈앞에서 보여주어야 비로소 믿는다.

종신보험은 눈에 보이지 않는 상품이기 때문에 눈에 보이는 물건으로 고객을 설득해야 한다. 그 물건이 상식을 깨는 충격적인 것이면 더욱 좋다. 대표적인 것으로 뚫어뻥을 들 수 있다.

● 뚫어뻥, 막힌 영업을 뚫다

세일즈를 시작한 지 얼마 안 된 시점이었다. 당시 나는 실적이 오르지 않아서 어찌할 바를 모르고 있었다. 어떻게든 한 명이라도 보험에 가입시켜야 하는 절박한 상황이었다. 그때 두 아들을 둔 30대 중반의 남자를 만났다. 그 남자는 아버지의 암 투병 때문에 어린 시절을 힘들게 보내야 했다. 힘들게 마련한 집도 아버지의 암 치료비 때문에 팔아야 했다. 그러나 그렇게 많은 돈을 들였음에도 아버지는 사망했다. 그 후 남자는 인생이 막막해지면서 의욕을 잃었다고 했다. 남자의 스토리를 들은 나는 남자에게 뚫어뻥을 활용해서 종신보험을 설명했다.

혐오스러울 수도 있는 뚫어뻥을 꺼내든 순간 남자는 '이게 지금 뭐하는 거지?' 하는 미심쩍은 표정을 지었다. 그러나 이야기를 시작하자 곧 무언가에 빨려들 듯이 내 이야기를 경청하기 시작했다. 설명이 모두 끝났을 때 남자의 표정은 결심을 굳힌 듯이 보였다. 다음에 다시 만났을 때 그는 종신 5천만 원에 정기특약 5천만 원을 부가하여 가입했다. 얼마 후 그의 아내도 고객이 되었고, 15년이 지난 후 대학생인 아들 2명도 고객이 되었다. 꽉 막힌 영업을 뚫어뻥이 '뻥' 뚫어 주었던 것이다.

무언가 꽉 막혔을 때 긍정적인 마음으로 방법을 찾다 보면 의외로 길이 열리는 수가 있다. '궁즉변', '변즉통' 이라는 말이 있다. '궁'과 '통' 사이에 '변'이 있다. 궁하면 통하는 것이 아니라 변해서 통하는 것이다. 꽉 막힌 궁지에서 벗어나려면 무언가 변화를 주어야 한다. 늘 하던 방식으로 보험을 설명해서는 변화가 일어나지 않는다. 목표 지점까지 공을 던져야 하는데 중간에 장애물이 있을 때 직구 대신 변화구를 던져야 한다. 이때 '뚫어뻥'이라는 일종의 변화구를 사용하면 꽉 막힌 듯이 보이는 종신보험 판매의 활로를 찾을 수 있다.

● 험한 일을 막아주는 뚫어뻥

세일즈맨: (뚫어뻥을 들어 보이며) 이것이 무엇처럼 보이나요?

고객:　　뚫어뻥이요.

세일즈맨: 혹시 집에 하나 가지고 있나요?

고객:　　화장실에 하나 있어요.

세일즈맨: 뚫어뻥을 왜 가지고 계세요?

고객:　　변기가 막혔을 때 험한 일 안 당하려고요.

세일즈맨: 그렇죠. 만약 손님들을 초대했는데 밤에 갑자기 변기가 막힌다면 상당히 곤란하겠죠. 변기 물은 넘치는데 너무 늦어서 사람을 부를 수도 없으면 정말 난처할 겁니다. 그럴 때 뚫어뻥이 있으면 간단하게 해결이 됩니다. 그런데 뚫어뻥을 살 때 사람의 생각은 똑같습니다. '언제 한 번 뚫어뻥을 제대로 한번 사용해 봐야겠다'는 기대감

을 가지고 사는 사람은 없습니다. 오히려 '제발 쓸 일이 없었으면 좋겠다'는 생각으로 구입합니다. 보험도 마찬가지입니다. 암보험 가입하면서 암에 걸려서 치료 후 남는 보험금으로 여행 좀 가야겠다는 생각을 하는 사람은 없습니다. 종신보험 가입하면서 빨리 죽어서 가족들에게 경제적으로 도움을 주겠다는 사람도 없습니다. 사람들은 화장실에서 일어나는 험한 일에 대비하기 위해 뚫어뻥을 준비하는 것은 당연하게 생각합니다. 하지만 삶에서 일어나는 험한 일에 대해서는 대비를 하지 않습니다. 만약 부모의 병원비 때문에 자녀가 어렵게 마련한 집을 팔아야 한다면 어떻게 해야 할까요? 험한 일을 막아주는 삶의 뚫어뻥인 종신보험 준비는 왜 망설이십니까?

● **뚫어뻥**

- 화장실에서 험한 일 방지
- 구입할 때 생각
- 암, 종신보험 가입시도 같은 생각
- 화장실에서의 위험은 당연히 뚫어뻥으로 준비
- 삶의 험한 일에 대한 대비는?

외국 속담에 'Seeing is believing(보는 것이 믿는 것)'이라는 말이 있다. 동양 속담에 '백문이 불여일견'이라는 말도 있다. 보이지 않는 상품은 보이는 것으로 팔아야 한다. 사람들은 화장실에서의 험한 일을 방지하는 뚫어뻥의 역할에 대해 깊이 공감한다. 나는 종신보험을 삶의 뚫어뻥으로 설명한 후 미니어처로 만든 뚫어뻥을 고객에게 기념품으로 준다. 그러면 고객의 주위 사람들은 반드시 그것에 대해 묻게 된다. 그 고객이 뚫어뻥을 받게 된 이유를 설명하면 자연스럽게 종신보험 이야기를 꺼낼 수밖에 없다. 자연스럽게 이야기가 확산되면서 소개로 이어지는 것이다. 물론 처음에 고객 앞에서 뚫어뻥을 꺼내는 것이 망설여질 수 있다. 그러나 변기물을 마시는 것보다야 낫지 않을까?

마술링

● 마술의 비밀

　마술사 후디니는 큰 금고나 수조 속에 단지 수영복만 입고 들어가서 마술에 성공하는 쇼로 관객들에게 놀라움을 선사했다. 언뜻 불가능해 보이는 마술의 비밀은 너무나 간단했다. 마술에 사용할 금고의 잠금장치 스프링을 미리 부드러운 스프링으로 교체하고 위조 열쇠를 따로 준비해 두었던 것이다. 또한 그는 트릭을 검사하는 사람 중 한 명을 매수했다. 후디니는 마술을 시작하기 전 악수를 할 때 매수인을 통해 자연스럽게 위조 열쇠를 받을 수 있었다.

● 아들을 매혹시킨 마술

50대 여성 고객이 상담 자리에 아들과 함께 나왔다. 오랜 유학생활을 한 아들은 경제에 관심이 많았다. 종신보험에 대한 설명을 함께 들으며 경제관념이 생기기를 기대했던 것이다. 나는 고객에게 마술링을 보여주며 자산을 안전하게 지키기 위해서는 총자산의 30% 수준의 종신보험이 필요하다고 설명했다. 이 설명을 듣고 100억 원 상당액의 상가를 가진 고객은 10억 원인 보장수준을 30억 원으로 증액했다. 아들 역시 처음에는 지루해했지만 마술링이 떨어지다 중간에 딱 걸리는 순간 호기심을 가지고 집중해서 듣기 시작했다.

위 고객은 원래 월 보험료 부담을 줄이고자 했다. 그래서 납입기간을 늘렸더니 상당히 부담스러워했다. 그때 옆에서 마술링 연습을 하던 아들이 자기가 돈을 벌면 대신 납입하면서 보장을 인수하겠다고 해서 계약이 성사되었다. 마술링이 없었다면 아마 계약이 흐지부지되었을 확률이 높다. 자칫 추락할 뻔했던 계약이 마술링이 중간에 줄에 걸리듯 반전되면서 성사된 사례였다.

● 자신과 가족을 지켜 주는 마술링

세일즈맨: (마술링 목걸이를 들어 보이며) 이것이 뭔지 아세요?

고객: 목걸이인가요?

세일즈맨: 마술링입니다. 링을 줄을 따라서 위로 올렸다가 놓으면 바닥으로 떨어지지 않고 마술처럼 걸리죠. 링이 줄을 따라 올라가는 것은 지금까지 살아오면서 몸값을 올려 왔다는 것을 나타냅니다. 몸값을 올리기 위해서 본인도 노력했지만 물심양면 가족들이 도와줬기 때문에 가능했죠. 연봉 5천만 원인 사람이 30년간 경제활동을 하면 벌 수 있는 총 수입은 얼마일까요?

고객: 15억 원이요.

세일즈맨: 물론 30년간 아무 일이 없으면 15억을 벌 수 있겠죠. 하지만 5억을 벌고 10년 시점에 갑자기 사망하면 10억 원의 몸값은 사라집니다. 이런 경우 몸값이 제로(0)로 떨어지는 것이 아니라 마이너스가 됩니다. 대부분 병원에서 사망하는데 치료비를 남기고 가기 때문이죠. 이런 안타까운 일을 방지하려면 수입의 10%를 미리 떼어서 안전장치를 마련하면 됩니다. 그러면 몸값이 바닥으로 떨어지지 않고 이렇게 중간에 걸립니다.

(*이때 실수로 마술링이 줄에 걸리지 않고 바닥으로 떨어졌다)

물론 이렇게 담당을 잘못 만나면 바닥으로 떨어지는 경우도 있습니다. 그만큼 보험도 중요하지만 좋은 담당자를 만나는 일은 더욱 중요합니다. 인생이 크게 성공하지는 못하더라도 실패하지만 않으면 행복하게 살 수 있습니다. 만약 안전장치를 마련하지 않은 상태에서 문제가 발생하면 본인이 제대로 치료를 못 받을뿐더러 가족들에게 그 부담이 넘어갈 수가 있어요. 10%의 적은 금액으로 든든한 안전장치를 마련해서 본인과 가족의 삶을 안전하게 지키시기 바랍니다.

● 마술링

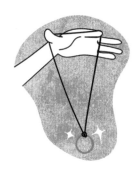

- 몸값을 고려해서 준비
- 바닥으로 추락하는 것 방지
- 몸값의 30%가 적정수준
- 수입의 10% 투자
- 자신과 가족을 지키는 안전장치

정리

만일 후디니가 사전 준비가 없이 수조 속에 들어갔다면 어떻게 됐을까? 아마 생명을 보장하기 힘들었을 것이다. 모든 놀라운 마술에는 이중, 삼중의 안전장치가 있다. 우리의 삶이라는 놀라운 마술에도 튼튼한 안전장치가 필요하다. 그것이 바로 종신보험이다. 자칫 마술링을 유치하다고 생각할 수도 있다. 그러나 마술링은 고객의 호기심을 끌고 보험의 안전성을 시각적으로 보여 줄 수 있는 좋은 도구이다. 더구나 마술링 목걸이를 선물로 주면 주변에 소개를 통해 확산될 수도 있다. 보험의 중요성을 말로만 해서는 소용이 없다. 아무리 간단한 것이라도 고객은 직접 눈으로 보아야 공감을 한다는 점을 잊으면 안 된다.

보장의 삼각탑

● 비행기 사고의 사망확률

비행기 사고로 사망할 확률과 자동차 사고로 사망할 확률 둘 중에 어느 쪽이 더 높을까? 비행기 사고로 사망할 확률은 고작 0.0009%이다. 반면 자동차 사고로 사망할 확률은 0.03%나 된다. 그러나 사람들은 자동차보다 비행기가 훨씬 위험하다고 생각한다. TV에서 비행기 사고를 큰 비중으로 보도하기 때문이다. 또 비행기 사고는 자동차 사고보다 발생 빈도는 훨씬 적지만 한 번 발생하면 탑승자 대부분이 사망한다. 이처럼 리스크의 발생 빈도로 따져보면 비행기는 자동차보다 안전하다. 반면, 위험의 크기로 보면 비행기는 자동차보다 위험하다. 그렇기 때문에 안전장치도 그에 걸맞게 준비해야 한다. 자동차 사고는 저축으로 해결할 수 있지만 비행기 사고는 저축으로 해결할 수 없다. 이럴 때 종신보험이라는 낙하산이 필요하다.

● 건강특약 대신 일반사망

48세 남자 고객에게 종신보험 1억 원을 권했다. 고객은 건강검진에서도 이상이 없고 운동을 열심히 하고 있어서 건강에는 자신이 있다고 장담했다. 그래서 주계약 일반사망보다 암, 상해, 수술, 입원 등의 건강특약에 관심이 많았다. 그래서 나는 지금 당장 문제가 발생했을 때 본인뿐만 아니라 가족들에게 가장 충격을 주면서 해결할 수 없는 리스크가 무엇일까를 물었다. '사망'이라는 결론에 이르자 고객의 자세가 달라졌다. 건강 특약을 삭제하고 그 보험료로 일반사망을 2천만 원 올려서 1억2천만 원을 가입했다. 가족을 위험하게 하는 것은 빈도수가 아니라 심각성이다. 사망은 비행기 사고처럼 단 한 번 발생해도 모든 것을 무너뜨린다.

입원보험금을 못 받아서 생활이 어려워진 경우는 없다. 그러나 사망은 한 번만 발생해도 본인은 물론 가족 전체의 생활을 위협한다. 저축과 보험의 경계에 있는 입원보험금은 사실상 보험의 역할을 못한다. 3

만 원의 보험료로 입원 시 5만 원씩 받는 입원특약을 준비한 경우 총 납입보험료는 1년에 36만 원, 2년이면 72만 원이다. 입원비로만 2년에 72만 원의 혜택을 받기는 힘들다. 의술이 발달해서 2~3일 안에 대부분의 치료가 끝난다. 암의 경우도 10일 이상 입원하는 경우는 드물다. 입원특약 보험료 3만 원을 차라리 저금통에 넣어놨다가 쓰는 것이 낫다. 보험은 저축으로 해결하기 힘든 리스크에 대비해 준비한다. 보험은 경제적 손실의 위험이 큰 순서부터 더 많은 비중을 두고 준비해야 한다.

● 사망보장만 없는 고객

세일즈맨: 자녀들을 생각할 때 고객님께 절대 일어나서는 안 될 것이 무엇일까요?

고객: 실직이요?

세일즈맨: 실직해도 됩니다. 재취업하면 되니까요. 그것 말고 정말 일어나면 큰일 나는 것은 무엇일까요?

고객: 암 같은 불치병에 걸리면 큰일 날 것 같습니다.

세일즈맨: 암에 걸려도 요즘은 치료하면 됩니다. 그것보다 정말 심각한 한 가지가 뭘까요?

고객: 죽는 건가요?

세일즈맨: 맞습니다. 살아만 있으면 어떻게든 헤쳐 나갈 수 있습니다. 그러나 죽으면 모든 것이 끝납니다. 치료할 수도 없고 다시 살아날 수도 없어요. 고객님은 이런 리스크를 감당 할 수 있으신가요?

고객: 어휴, 감당이 안 되죠.

세일즈맨: 지금 고객님의 보장은 어떻게 되어 있나요?

고객: 다른 건 다 있는데 사망보장만 없네요.

● 거꾸로 보험을 준비한 고객

세일즈맨: 고객님은 보험에 왜 가입하세요?

고객: 돈이 없을 때 큰 돈 들어갈까 봐 가입하는 거죠.

세일즈맨: 고객님이 돈을 못 벌면 대신 돈 벌 사람 있나요?

고객: 없어요. 아내가 일하는 것은 알바 수준이죠.

세일즈맨: 국민건강보험에서 지원해 주고 병원비가 조금 들더라도 다시 일할 수 있으면 어느 정도의 치료비는 금방 원상회복되겠죠?

고객: 그러네요. 일을 다시는 못하는 경우가 문제네요.

세일즈맨: 사망에 대한 보장이 얼마나 준비되어 있으세요?

고객: 그런 보장은 없고 암보험과 입원 수술 시 보장 받는 건강보험만 있어요.

세일즈맨: 위험의 크기와 빈도수를 삼각탑으로 보여 드릴게요. (삼각탑을 보여주며) 이것이 보장의 삼각탑입니다. 밑 부분이 넓은 것은 빈도수가 많은 것을 의미하고 위로 올라갈수록 좁아지다 끝부분은 빈도수가 거의 없어서 뾰족하죠. 맨 끝에 해당하는 사망은 단 한 번인데 치명적이고 복구 불가능합니다. 지금까지 보험을 어떤 기준으로 준비하셨죠?

고객:　　　지금까지 보험가입 순서를 거꾸로 했네요. 그럼 어떻게 해야 되죠?

세일즈맨:　보험의 삼각탑으로 해법을 알려 드릴게요.

● 보장의 삼각탑

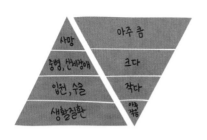

- 보장받고 싶은 순서

- 걱정되는 순서

- 빈도수/위험의 크기

- 감기몸살/사망, 고도장해

- 빈도수보다 치명적인 것부터

> **정리**
>
> 탑의 꼭대기는 전체 크기에서 차지하는 비중은 미미하다. 그러나 뾰족한 그 위에 한 번 떨어지면 치명상을 입는다. 위험의 크기와 빈도를 삼각탑으로 표현했을 때 탑의 마지막 꼭대기에 해당되는 것이 사망이다. 이 삼각탑의 꼭대기에 에어백을 설치하는 것이 종신보험의 일반사망이다. 일반사망은 니즈환기도 힘들고 유지도 어렵다. 그렇기 때문에 삼각탑을 활용해서 시각적으로 보여 주어야 한다.

집 그리기

● 목수의 집 그리기

신영복 교수가 노인 목수를 만났다. 목수는 무언가를 설명하면서 땅
바닥에 집을 그리기 시작했다. 그런데 목수가 집을 그리는 순서는 신
영복 교수가 그리던 순서와 전혀 달랐다. 지붕부터 그리는 일반 사람
들과 달리 먼저 주춧돌을 그린 다음, 기둥, 도리, 들보, 서까래, 지붕의
순서로 그리는 것이었다. 완전히 거꾸로였다. 신영복 교수는 세상에
지붕부터 지을 수 있는 집은 없다는 당연한 사실을 깨닫고 큰 충격을

받았다. 어쩌면 우리도 인생의 우선순위를 지붕부터 그리고 있는 것은 아닐까?

● 귀촌맨이 그린 집

귀촌맨에게 집을 그려 보라고 이야기했더니 큰 원을 먼저 그린 다음에 집을 짓는 순서로 집을 그렸다. 신기해서 내가 물었다.

"집을 짓는 순서로 그리시네요! 그런데 큰 원은 무엇인가요?"

그러자 귀촌맨은 대답했다.

"남의 땅에 집을 짓나요? 우선 집지을 부지를 구입해야죠. 저는 제가 사는 집을 직접 지었는데 집 지을 부지를 구입하는 데 2년 반이 걸렸어요."

실제로 경험한 것은 숨길 수가 없다. 집을 지어 봐야 집을 그리는 순서가 제대로 된다. 종신보험도 어려움을 겪은 가정은 제대로 된 순서로 보험을 준비한다. 잘못 지은 집은 다시 지을 수 있지만 죽은 사람은 다시 살릴 수 없다.

● 초등학생도 지붕부터

'목수의 집 그리기'에 감명을 받은 나는 고객의 초등학생 자녀에게 집을 그려보라고 했다. 아니나 다를까 지붕부터 그리기 시작했다. 커서 뭐가 되고 싶으냐고 물었더니 판사가 되고 싶다고 대답했다. 판사가 하는 일이 뭐냐고 물었더니 나쁜 사람 벌 주는 일이라는 대답이 돌아왔다. 사실 판사의 근본적인 역할은 일의 순서를 바로 잡는 것이다. 일을 하고 돈을 가져와야 하는데 돈 먼저 가져오면 죄가 된다. 나는 집을 그리는 과정을 보여주며 순서의 중요성을 설명했다. 그러자 옆에서 지켜보던 엄마와 할머니도 지금까지 보험의 우선순위가 뒤바뀌었음을 이해했다. 엄마는 그 자리에서 일반사망보장 1억 원을 증액하고 딸이 언제부터 종신보험 가입이 가능한지를 물었다. 그로부터 5년이 지난 후 15세가 된 딸도 종신보험에 가입했다.

모든 일에는 순서가 있다. 인생도 집을 짓듯이 살아야 한다. 보험의 예를 들자면 주춧돌은 종신보험, 기둥은 연금보험, 지붕은 주택자금이나 교육자금 등의 목적자금에 해당된다. 가족의 보장도 아빠 → 엄마 → 자녀들 보장 순으로, 종신보험의 비중도 사망보장 → 암이나 CI보장 → 입원이나 수술보장 순으로 해야 한다. 반면 지붕부터 그리듯 인생을 거꾸로 살게 되면 모든 것이 뒤죽박죽이 된다. 우선순위가 뒤섞이면서 결국 다 허물고 처음부터 다시 지어야 한다. 인생이라는 큰 집을 주춧돌부터 그릴 것인가? 지붕부터 그릴 것인가?

● 보장의 준비는 집을 짓는 순서로

세일즈맨: (백지를 내밀며) 여기에 집을 그려보실래요?

고객:　　집이요? 그림을 잘 그리지 못하는데.

세일즈맨: 모양을 보려는 것이 아니니까 편하게 한번 그려보세요.

고객: (지붕을 그리고 기둥을 그린 다음 밑바닥을 그린다) 다 그렸어요.

세일즈맨: 제일 먼저 무엇을 그리셨어요?

고객: 지붕을 그리게 되네요.

세일즈맨: 그런데 지붕부터 짓는 집은 없습니다. 주춧돌 위에 기둥을 세우고 기둥 위에 지붕을 얹죠.

고객: 생각해 보니 그렇네요.

세일즈맨: 보장준비도 집을 짓는 순서로 하면 리스크가 발생해도 생각한 대로 대처가 가능합니다. 시간이 지나도 문제가 발생하지 않죠. 그런데 집을 그리는 순서로 준비하면 여러 가지 문제가 발생합니다. 나중에 처음부터 다시 준비해야 하는 경우도 많습니다.

고객: 집을 짓는 순서로 한다는 것이 어떻게 준비하는 것을 말하죠?

세일즈맨: 가족 중에서 누구에게 어떤 문제가 발생할 때 가장 경제적 타격이 올까요?

고객: 가장인 제가 없을 때겠죠.

세일즈맨: 아빠 다음은요?

고객: 그 다음은 엄마겠네요.

세일즈맨: 그럼 제일 먼저 누구의 어떤 보험을 준비해야 할까요?

고객: 가장의 사망보장이겠네요.

세일즈맨: 그 다음은요?

고객: 엄마의 사망보장이죠.

세일즈맨: 집에 비유하면 주춧돌과 기둥은 누가 될까요?

고객:　　　가장의 사망보장이 주춧돌, 엄마의 사망보장이 기둥, 애들의 보장
　　　　　이 지붕이겠네요.

세일즈맨: 맞습니다. 그런 순서 즉, 집을 짓는 순서로 준비하시면 됩니다.

● 집 그리기

· 지붕부터 그린다

· 건축업자는 주춧돌부터

· 교수님 입은 주춧돌, 손은 지붕

· 귀촌맨은 부지부터

· 보험도 집을 짓는 순서로

정리

지붕부터 짓는 집은 움집이다. 지붕을 짓는 건 쉽지만 그 다음부터 힘들다. 거꾸로 땅을 파내려가며 흙을 퍼내고 기둥을 세워야 한다. 1층 이상 파내려가기도 힘들다. 하지만 기초를 다지고 기둥을 세운 후에 지붕을 올리면 처음에는 힘들지만 뒤로 갈수록 쉬워진다. 나중에 2층, 3층도 쉽게 올릴 수 있다. 보험의 집을 지을 때도 마찬가지다. 처음에 힘들어도 순서에 맞게 지어야 한다. 종신보험 세일즈맨은 상품을 파는 것이 아니라 삶을 파는 것이다. 집도 지붕부터 지으면 안 되는 판에 하물며 삶을 지붕부터 지을 수 있겠는가.

돈과 꿈

● 인디언들의 원숭이 사냥법

인디언들은 원숭이를 잡을 때 독특한 방법을 사용한다. 우선 손이 겨우 들어가는 항아리에 도토리를 잔뜩 넣고 원숭이를 유인한다. 원숭이가 항아리 속에 손을 집어넣어 도토리를 움켜쥔 순간 사냥꾼들이 나타난다. 원숭이는 비명을 지르며 손을 빼려고 하지만 도토리를 잔뜩 움켜쥔 손은 빠지지 않는다. 생사의 순간에도 도토리에 대한 욕심을 버리지 못하는 것이다. 결국 원숭이는 사냥꾼에게 잡혀서 산 채로 가

죽이 벗겨지고 골이 빨린다. 진정한 용기란 가장 중요한 것을 위해서 두 번째로 소중한 것을 포기하는 것이란 말이 있다. 종신보험도 가장 소중한 자녀들의 꿈을 위해 움켜쥐고 있는 도토리를 놓을 수 있는 용기가 필요하다. 사랑에는 돈이 든다.

● 학원비로 가입한 종신보험

전업주부인 아내와 자녀 3명을 둔 고객의 사례다. 부부가 정이 깊고 자녀들도 표정이 밝은 행복한 가정이었다. 종신보험의 가치를 설명하는데 모두 눈시울이 붉어지면서 공감했다. 그러나 재정 상태를 파악해 보니 몇 만 원의 여유도 없어서 내가 도와주고 싶을 정도로 알뜰하게 살고 있었다. 300만 원도 안 되는 수입을 쪼개서 5명이 생활하려니 어쩔 수 없는 형편이었다. 아쉬운 마음을 뒤로하고 늦은 밤 집을 나왔는데 한 달 반 후에 남편에게서 전화가 왔다. 가족끼리 회의한 결과 가족의 행복을 위해 아이들 학원비를 줄이기로 했다는 것이다. 결국 남편은 사망보장 1억 원, 아내는 5천만 원에 가입했다.

자녀들에게 좋은 음식 먹여 주고, 좋은 옷 사주고, 좋은 학원 보내 주는 것보다 중요한 것이 무엇인가? 자녀들의 꿈을 지켜 주는 것이다. 위고객은 자녀들 전체의 가장 소중한 꿈을 위해 학원비라는 도토리를 내려놓았다. 현명하고 용기 있는 결단이었다. 부모가 힘들게 살면서도 행복할 수 있는 이유는 자녀의 꿈을 지켜 줄 수 있다는 희망 때문이다.

종신보험은 어떤 경우에도 자녀의 꿈을 지켜 주는 최후의 보루이다. 일단 그 가치를 알면 어떤 상황에서도 선택하게 되어 있다.

● 돈을 쓰면 꿈으로 바뀐다

세일즈맨: 제가 고객님의 꿈을 이루어 드릴까요?

고객: 정말로요?

세일즈맨: 물론 공짜는 아닙니다. 약간의 돈이 필요합니다.

고객: (미심쩍은 듯) 얼마나요?

세일즈맨: 우선 종이에 '돈'이라는 글자를 제가 읽기 편하게 써서 주시면 됩니다.

고객: (안도하며) 그거야 어렵지 않죠. (종이에 '돈'이라는 글자를 쓴다.)

세일즈맨: 제가 고객님의 돈을 가지고 머리로 고민하고 발품을 팔아서 원하시는 꿈을 이뤄드리겠습니다. (윗부분 'ㄱ'을 그리고 밑 부분 '그'를 'ㅁ'으로 그린다.)

고객: 아하 이렇게 하면 돈이 꿈이 되는군요!

세일즈맨: 고객님에게 가장 소중한 것은 무엇인가요?

고객: 가족이죠.

세일즈맨: 자녀들이 어떻게 살았으면 좋겠어요?

고객: 원하는 것을 하면서 살았으면 합니다.

세일즈맨: 가족 다음으로 소중한 것은 무엇인가요?

고객: 돈이 중요하죠.

세일즈맨: 가장 소중한 자녀들의 꿈을 위해서 두 번째 소중한 약간의 돈이 필요합니다.

고객: 알겠습니다.

● 돈과 꿈

- 약간의 돈으로 꿈을
- 머리를 쓰고 발품 팔아서
- 가장 소중한 가족
- 두 번째 소중한 돈
- 꿈을 위해 돈을 버리기

> **정리**
>
> 원숭이에게 가장 소중한 것은 무엇일까? 두말할 필요도 없이 목숨이다. 일단 목숨을 건지면 도토리는 나중에 얼마든지 모을 수 있다. 그런데 어리석은 원숭이는 눈앞의 도토리를 포기하지 못해서 결국 죽임을 당한다. 세상에 공짜는 없다. 꿈을 이루는 데는 돈이 필요하다. 그것이 바로 보험료 납입이다. 보험세일즈맨이 하는 일은 고객의 돈을 꿈으로 바꾸어 주는 일이다.

부채

● 하로동선

  하로동선(夏爐冬扇)이란 말이 있다. 여름의 화로와 겨울의 부채처럼 아무 소용없는 것을 이르는 말이다. 그러나 여름의 화로도 요리를 하거나 젖은 옷을 말릴 수 있다. 겨울의 부채도 아궁이에 불씨를 살리는데 사용할 수 있다. 세상에 쓸모없는 물건은 없다. 어떻게 사용하느냐에 따라 애물단지도 보물이 될 수 있다.

● 부채 대체플랜

월수입이 350만 원인 30대 초반 부부의 사례이다. 평균 연봉 5천만 원으로 남편이 60세까지 일할 수 있다고 계산하면 총수입은 15억 원이다. 가족들은 총수입과 같은 수준인 몸값만큼 지출을 계획하고 기대치를 가진다. 즉 가장은 가족들에게 15억 원의 부채를 지고 있는 것이나 마찬가지다. 만일 그 기대치를 다 채우지 못하고 떠나면 가족들에게 빚을 남기는 것과 같다. 내 설명을 들은 남편은 몸값의 30% 정도를 보장으로 준비하는 데 동의했다. 우선 목표 금액을 4억~5억 원으로 잡고 상황에 따라 조정하기로 했다. 남편은 종신 5천만 원, 정기 1억 원, 가족수입 1억 원, 아내는 남편 보장의 절반 정도로 준비했다. 보험료는 월수입의 10% 정도로 했다.

빛이 밝을수록 그림자는 어둡다. 수입이 늘어나면 기대치가 상승하고 씀씀이도 그에 맞게 늘어난다. 만약 불의의 사고로 수입이 중단되어도 기대치는 내려오지 않는다. 가족들의 기대치의 합은 결국 가장에게 부채로 남는다. 종신보험은 가장이 없을 때 이러한 부채를 대신 해결해 주는 대체플랜이다.

● 부채가 크면 무게도 무겁다

세일즈맨: (부채를 펴서 부치면서) 부채의 용도는 무엇일까요?

고객: 더울 때 바람을 일으켜서 시원하게 해 주는 것 같은데요.

세일즈맨: 맞습니다. 그런데 그런 기능 외에 비와 따가운 햇볕을 막아주기도 합니다. 고객님도 혹시 부채를 가지고 계시다는 사실을 알고 계십니까?

고객: 부채요? 집 어딘가에 찾아보면 있을 겁니다.

세일즈맨: 여기서 말하는 부채는 그 부채가 아니라 상환해야 할 부채를 말합니다. 고객님의 연봉이 5천만 원인데 앞으로 30년을 일할 수 있다면 15억 원의 부채를 갖고 있는 셈이죠.

고객: 난 은행 대출 3억 원 외에는 대출이 없는데 무슨 말씀을 하시는 거죠?

세일즈맨: 아무 일이 없이 연봉 5천만 원씩 30년 동안 일을 하시면 15억 원을 벌 수 있으시니까 몸값 15억 원이 맞는 거죠?

고객: 그렇겠네요.

세일즈맨: 본인이나 가족들의 삶에 대한 기대치, 즉 생활, 교육, 자녀 결혼, 여가, 노후, 의료 등의 기대를 충족시키는 비용을 합치면 자신의 몸값이 됩니다. 준비해 놓은 자산이 없다면 기대치만큼의 부채를 본인이 해결해야 합니다. 그 부채를 해결하지 못하고 갑자기 사망하면 무책임하다고 욕을 먹습니다.

고객: 욕을 먹다니요?

세일즈맨: 최소한 부채의 30% 정도를 종신보험으로 준비해야 죽어서도 욕을 먹지 않습니다. 일본 은행에서 대출을 받을 때 대출 금액만큼 보험증서를 준비해야 대출 승인이 나는 보장도 있습니다. 특별한 문

제가 없으면 벌어서 해결하고, 만약 갑자기 사망할 경우엔 생명보험 증서로 대출금을 해결해야 하니까요. 매우 합리적인 방법이 아닌가요? 가족들에게도 마찬가지입니다. (부채를 펴 보이면서) 부채가 클수록 비바람 또는 따가운 햇볕을 막을 수 있고 더우면 바람을 많이 일으켜 시원하게 할 수 있죠. 부채가 크면 안전하고 혜택이 큰 만큼 부담도 크게 됩니다. (부채를 접으면서) 하지만 미처 준비를 못하고 부채를 접는 순간 혜택은 사라지고 가족들은 위험해집니다.

고객: 부채가 커야겠네요.

● 부채

- 부채와 바람/비/햇볕
- 몸값만큼 부채
- 기대치의 합
- 몸값의 30%가 적정수준
- 부채의 해결책 종신보험

어떤 사람은 죽어서 받는 종신보험이 무슨 소용이 있냐고 묻는다. 그러나 겨울 부채가 불씨를 살리는 데 꼭 필요하게 쓰이는 것처럼 종신보험도 삶의 불씨를 살리는 부채역할을 충분히 할 수 있다. 넉넉한 부채처럼 사랑하는 가족들을 보호해 줄 것인가? 아니면 감당하기 힘든 부채를 남겨 주고 갈 것인가?

무거운 돌

● 돌을 들고 강 건너기

아마존에 사는 원주민들은 무거운 돌을 하나씩 들고 강을 건넌다.
그들은 왜 굳이 무거운 돌을 들고 건너는 것일까? 거센 물결에 휩쓸려
떠내려가지 않기 위해서이다. 돌을 드는 것은 힘든 일이다. 그러나 그
무게만큼 안정감이 있기 때문에 물살이 거센 강을 무사히 건널 수 있
다. 우리가 인생이라는 거센 물살이 흐르는 강을 건너갈 때도 무거운
돌 하나가 필요하다. 그것이 바로 종신보험이다.

● 부담이 줄면 혜택도 준다

인쇄업을 하는 49세 남성 고객의 사례다. 그는 세 자녀의 아빠였는데 10년 전에 자녀 1인당 1억 원, 총 3억 원의 종신보험에 가입한 상태였다. 자녀들이 성장한 후에는 아내의 몫으로 2억 원을 추가로 가입했다. 그러나 회사 사정이 어려워지면서 종신보험을 해지하려고 했다. 보장 내용과 의미를 다시 설명했지만 설명을 들은 후에도 보장을 절반으로 감액하려고 했다. 나는 또다시 설득을 했고 결국 힘들지만 그대로 유지하기로 했다. 몇 년이 지난 지금은 언제 그랬냐는 듯이 잘 유지하고 있다. 일시적인 어려움 때문에 종신보험을 해지하는 것은 전쟁터에서 덥다고 철모를 벗는 것과 같다.

힘들게 생활하면서 보험을 유지하는 것은 무거운 돌을 들고 강을 건너는 것처럼 어렵다. 가족의 생활비, 교육비, 대출금, 자녀 결혼자금, 노후자금으로 각각 1억 원씩 준비하면 총 5억 원의 보장이 필요하다. 매달 내야 하는 보험료가 50만 원이라면 50kg짜리 돌을 들고 인생의 강을 건너는 셈이다. 그러나 힘들다고 돌을 놓아 버리면 자칫 무방비 상태로 급류에 휩쓸릴 위험이 있다. 위 고객은 가장으로서 기꺼이 그 무게를 이겨냈기에 사업도, 가족도 안전하게 지켜낼 수 있었다.

● 무거운 돌을 안고 가라

세일즈맨: 아마존 원주민들이 강을 건널 때 왜 무거운 돌을 들고 건너는지 아세요?

고객: 물살에 떠내려가는 것을 막을 목적 아닌가요?

세일즈맨: 맞습니다. 고객님은 물살이 거센 인생의 강을 건너는 것 맞죠?

고객: 그러겠네요.

세일즈맨: 잘 건너고 계신가요?

고객: 위태위태하죠. 애들 키우는 것이 힘들지만 애들 생각하면 힘이 나기도 하죠.

세일즈맨: 제가 하는 일이 뭔지 아세요?

고객: 보험 세일즈 아닌가요?

세일즈맨: 맞습니다. 그런데 제가 하는 세일즈는 단순한 보험세일즈가 아니라 고객님들이 들고 갈 돌을 골라주는 역할을 합니다. 너무 무거우면 중간에 놓칠 수 있고 너무 가벼우면 물살에 떠내려가겠죠.

고객: 어떤 돌을 말하는 거죠?

세일즈맨: 종신보험이라는 돌인데요 보장이 너무 크면 보험료 부담 때문에 유지하기 힘들죠. 보험료가 부담된다고 너무 작은 보장을 가져가면 고객님께 문제가 생겼을 때 가족들은 제대로 보호 받을 수 없습니다.

고객: 그렇겠네요.

세일즈맨: 이 플랜은 인생의 긴 계곡을 건널 때 들고 건너야 할 적당한 돌을 하나 고르는 것과 같습니다. 돌이 너무 무거우면 들지 못할 수도 있

고 크기가 너무 크면 놓칠 수도 있습니다. 그렇다고 너무 가벼우면 물살에 몸이 떠내려갈 수도 있습니다. 천재지변으로 계곡을 건너지 못할 수도 있습니다. 그러나 이 플랜은 홍수가 나거나 산사태가 나서 언덕이 무너져 내린다 해도 건너편으로 무사히 건너게 해 드리는 플랜입니다. 고객님께 딱 맞는 돌을 골라 드릴까요?

고객: 제가 어떻게 하면 될까요?

● **무거운 돌**

- 보장의 크기
- 보험료 부담/보장의 유지
- 맞춤형
- 종신보험이 가족을 보호하는 돌

강의 상류에는 커다란 바위들이 있다. 중류에는 자갈이 많고, 하류로 갈수록 모래의 비중이 높아진다. 왜 그럴까? 무거운 돌일수록 물살에 떠내려가지 않기 때문이다. 인생도 마찬가지다. 아무것도 책임지지 않는 홀가분한 삶은 자유로워 보이지만 약한 물살에서 모래처럼 떠내려간다. 그러나 책임질 것이 많은 가장의 삶은 힘들어 보이지만 그 무게감 때문에 삶의 거센 물살을 묵묵히 견뎌낼 수 있다. 무거울수록 힘들다. 그러나 무거울수록 흔들림이 없다.

'바위처럼 살아가보자. 모진 비바람이 몰아친대도
어떤 유혹의 손길에도 흔들림 없는 바위처럼 살자꾸나'
(노래 '바위처럼' 중에서)

로또

● 클로버의 꽃말

    네잎 클로버의 꽃말은 행운이다. 수많은 세잎 클로버 사이에서 네잎 클로버를 찾는 일은 쉽지 않다. 그러나 세잎 클로버의 꽃말은 행복이다. 세잎 클로버는 우리 주변 어디에나 널려있다. 즉 행복은 우리 주위에서 흔하게 찾을 수 있다는 뜻이다. 그러나 사람들은 자기 주변의 행복을 즐기지 못하고 먼 곳의 행운만 찾아 돌아다닌다.

● 당신의 몸값은 얼마입니까?

자녀 2명과 배우자가 있는 45세 가장의 사례다. 고객의 평균 연봉은 6천500만 원으로 앞으로 15년 정도 일을 하면 향후 10억 원의 수입이 예상되었다. 몸값은 미래 수입의 합이니까 고객의 몸값(?)은 10억 원인 셈이었다. 10억 원을 어떻게 쓸 계획이냐고 물었더니 생활비 3억5천만 원, 교육비 1억5천만 원, 주택자금대출 2억 원, 노후자금 3억 원 순으로 쓰겠다고 대답했다. 그러나 그것은 어디까지나 고객이 건강하게 끝까지 일할 수 있을 때의 계획이었다.

세금을 공제한 로또 1등의 평균 당첨금은 10억 원 정도다. 몸값 10억 원과 같은 수준이다. 중간에 아무 일 없이 살 수 있다면 로또에 당첨된 것과 다름없다. 그러나 중간에 사망하면 로또는 꽝이다. 로또는 꽝이어도 다시 사면 되지만 한 번 끝난 인생은 다시 살 수 없다. 그렇다면 10억 원에 대한 안전장치로 얼마가 필요할까? 대부분의 고객은 10억 원을 말한다. 그러나 그 상태에서 70%를 깎아서 최소한 30% 수준의 보장이 필요하다고 말하면 고객들은 상대적으로 부담을 가지지 않는다. 결국 이 고객은 아내의 노후자금용으로 종신 1억 원, 교육자금과 대출금 용도로 정기특약 2억 원, 생활비로 매월 150만 원씩 지급되는 가족수입특약 1억5천만 원의 계약을 했다. 총 보장금액은 일시금 기준 5억 원 정도로 몸값의 50% 수준이었다.

● 당신은 당첨된 로또

세일즈맨: 로또에 당첨되면 어떻게 하고 싶으세요?

고객: 놀면서 행복하게 살고 싶죠.

세일즈맨: 고객님이 로또라는 것을 아내가 인정하시나요?

고객: 내가 로또라고요?

세일즈맨: 평생 수입을 합하면 로또 당첨금 정도는 벌어 오시잖아요.

고객: 맞아요. 100% 확실한 로또인데 아내는 고마운 줄 모르는 것 같아요. 아마 조금씩 나눠서 가져오니까 그런 것 같아요.

세일즈맨: 방금 100% 확실한 로또라고 하셨는데 진짜 그렇게 생각하세요?

고객: 확률이 높을 뿐이지 100%는 아니겠죠. 친한 후배도 몇 년 전에 갑자기 심장마비로 세상을 떠났으니까요.

세일즈맨: 고객님께 문제가 생겨도 가족들은 생활하고, 자녀들은 교육을 받아야 하고, 대출금도 갚아야 하고, 아내의 노후자금도 필요하지 않나요?

고객: 당연히 다 필요하겠네요.

세일즈맨: 만약 10억 원의 로또에 당첨되면 어떤 용도로 쓰여질까요? 우선순위 3가지만 꼽아주세요.

고객: 생활비, 교육자금, 주택자금이겠네요.

세일즈맨: 10억 원을 큰 통에 넣어서 사용하다 보면 사망이나 질병, 사고와 같은 돌멩이가 끊임없이 날아옵니다. 만약 통이 깨지고 수입이 끊기면 어떻게 될까요?

고객: 그래도 생활하면서 애들은 학교 가야 하고 대출이 있으면 대출금을 갚아야겠죠.

세일즈맨: 그런 경우를 대비해서 예비 물통을 준비한다면 어느 수준으로 준비하시겠어요?

고객: 10억 원 수준의 물통이 필요하겠는데요.

세일즈맨: 10억 원은 비용의 부담이 많이 되기 때문에 현실적으로 불가능합니다. 적정수준은 몸값의 30%인 3억 원 정도의 물통만 준비하면 됩니다.

고객: 3억 원 정도라고 생각하니 마음이 한결 가볍네요.

● **로또**

- 로또 당첨금 10억 원
- 3개 목적자금 물통의 크기와 순서
- 물통이 깨진다면
- 나눠서 받는 로또 당첨금
- 예비 물통의 크기가 보장수준

몇 십 년에 걸쳐 서서히 가져오는 당신은 로또 당첨금이나 다름없다. 그러나 이 로또 당첨금이 온전하게 쓰이기 위해서는 안전장치가 필요하다. 안전장치가 없으면 당첨 확률 100%가 물거품이 될 수도 있다. 재정안정플랜은 행복을 보장하는 시스템이다. 아무리 보험료가 비싸도 보험 때문에 가난해지지는 않는다. 그러나 보험을 들지 않아서 한 순간에 가난해질 수는 있다. 네잎클로버를 찾기 위해 세잎 클로버를 밟아서는 안 된다.

나사못

● 기둥의 못 자국

　습관이 잘못 든 아들을 둔 한 농부가 있었다. 농부는 아들이 나쁜 짓을 할 때마다 기둥에 못을 하나씩 박고, 좋은 일을 할 때마다 못을 하나씩 뽑았다. 얼마 안 가 기둥은 완전히 못으로 뒤덮였다. 그 모습을 보고 충격을 받은 아들은 착한 소년이 되기로 결심했다. 아들이 착한 일을 할 때마다 박혔던 못들이 하나씩 뽑혔고 드디어 마지막 남은 못을 뽑았다. 아들은 못이 다 뽑힌 기둥을 보며 하염없이 눈물을 흘렸다. 못은 사라졌지만 못이 박혔던 자국은 그대로 남아 있었기 때문이다.

● 미안함을 해결해 주는 종신보험

종신보험에 가입한 아빠 고객이 대학생 딸을 소개해 주었다. 사망보장 1억 원에 건강특약을 부가해서 가입시켜 달라고 했다. 계약을 하기 위해 딸을 만나러 커피숍에 갔더니 엄마가 함께 나왔다. 엄마는 남편과 이혼하고 딸과 살고 있었다. 엄마는 자리에 앉자마자 죽어서 받는 보험은 싫다고 했다. 그래서 나는 드라마 〈도깨비〉의 '망각의 차'를 통해서 종신보험의 중요성을 설명했다. 누구나 갑자기 사망하면 남겨진 가족에게 미안함을 느낀다. 그 미안함을 해결해 줄 수 있는 것이 종신보험이다. 사망보험금이 못 드린 용돈을 대신할 수 있고 못 보내드렸던 해외여행의 자금이 될 수도 있다. 결국 엄마의 동의를 얻은 딸은 종신보험에 가입할 수 있었다.

● 미안함의 나사못

세일즈맨: 혹시 〈도깨비〉라는 드라마 보셨나요?

고객: 예. 몇 번 봤어요.

세일즈맨: 갑자기 사망하면 멋진 찻집에서 저승사자와 만납니다. 저승사자가 차를 권합니다. 그 차는 이승에서의 모든 기억을 잊는 망각의 차입니다. 권유받은 사람들은 대부분 망설입니다. 잊을 수 없는 사람이

있기 때문이죠. 고객님에게는 그 사람이 누구일까요?

고객: 당연히 애들이겠죠.

세일즈맨: 대개 자녀는 부모를, 부모는 자녀를 이야기합니다. 그때 저승사자가 다시 묻습니다. 혹시 그 사람에게 전해 주고 싶은 말이 있느냐고요. 고객님이라면 어떤 말을 전해 주고 싶으세요?

고객: 가족이니까 사랑한다, 태어나 줘서 고맙다, 먼저 가서 미안하다, 이런 말 아닐까요?

세일즈맨: 그럼 왜 차를 못 마실까요? 사랑해서일까요? 고마워서일까요? 미안해일까요?

고객: 미안해서겠네요.

세일즈맨: 망각의 차가 올려져 있는 차받침은 나사못으로 고정되어 있습니다. 나사못의 숫자는 미안한 사람의 숫자이고 나사못의 깊이는 미안한 마음의 정도입니다. 나사못이 다 빠져야 망각의 차를 마시고 잊을 수가 있습니다.

고객: 그럼 미안하지 않은 사람은 없겠네요.

세일즈맨: 그 미안함을 해결해 줄 수 있는 것이 죽은 후 나오는 종신보험입니다.

나사못

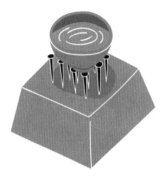

- 빼기 힘든 나사못
- 잊을 수 없는 사람
- 사랑해요! 고마워요! 미안해요!
- 나사못의 숫자와 깊이
- 미안함의 나사못을 빼주는 종신보험

정리

누구나 살면서 가까운 사람들의 가슴에 미안함의 못을 박고 있다. 평소에는 모르고 살다가 삶의 끝에 이르러서야 그 사실을 알게 된다. 그때는 이미 어떻게 할 수가 없다. 종신보험 세일즈는 고객들을 죽는 시점으로 이동시켜서 현재의 삶을 돌아보고 준비하게 한다. 그러면 못을 박기 전에 한 번 더 자신을 돌아보게 된다. 미안함의 나사못은 언젠가 뽑아내야 한다. 그러나 더 좋은 것은 애초에 못을 박지 않는 것이다. 힘들게 뽑아낸다고 해도 못자국은 남기 때문이다.

퍼즐벽화

● 운동장에 선 긋기

학교 다닐 때 체육시간에 축구경기를 하기 위해서는 운동장에 선을 그어야 했다. 당시에는 요즘과 달리 시설이 열악했기 때문에 노란색 주전자에 물을 담아서 선을 그었다. 그러나 표지가 없는 운동장에서 똑바로 선을 긋기란 쉬운 일이 아니다. 발밑을 보고 그으면 선이 뱀 꼬리처럼 요동친다. 선을 그을 때는 발밑이 아니라 먼 곳을 바라봐야 한다. 멀리 보고 걷다 보면 어느새 라인 끝 지점에 다다르고 뒤를 돌아보면 반듯한 선이 그어져 있음을 알 수 있다.

● 인생의 퍼즐은 종신보험부터

32세 사회 초년생인 남자가 종신보험 1억 원 계약을 했다. 처음에 상담을 하고 종신보험을 제안했을 때는 대화가 겉도는 느낌이었다. 내가 한 이야기가 공감이 되냐고 물었더니 몇 년 뒤도 모르는데 죽음을 이야기하니까 와닿지 않는다고 했다. 나는 퍼즐 맞추기의 예를 들었다. 바짝 붙어서 맞추면 퍼즐이 제대로 맞지 않는다. 멀리 떨어져서 큰 틀을 잡아가면서 맞춰야 퍼즐벽화를 완성할 수 있다. 인생도 마찬가지다. 멀리 떨어져서 봐야 전체가 보이고 불안한 것들이 해소된다.

인생은 퍼즐과 같다. 어릴 땐 좋아하는 장난감이 퍼즐의 중심을 차지한다. 학창시절엔 공부를 잘하고 좋은 대학을 가는 것이 퍼즐의 중심에 있다. 세월이 흘러갈수록 중심에 있던 퍼즐은 주변으로 밀려나고 새로운 가치가 퍼즐의 중심을 차지한다. 결국 완성된 인생의 퍼즐 전체를 보기 위해서는 멀리 떨어져서 바라보아야만 한다. 자신의 삶이 그려진 벽화를 가장 멀리서 바라볼 수 있는 것이 종신보험이다.

● 멀리서 봐야 전체가 보인다

세일즈맨: 주먹을 눈에 대 보세요! 어떤 것이 보입니까?

고객: 주먹밖에 안 보이는데요?

세일즈맨: 맞습니다. 너무 가까이 있는 것만 보면 나머지 것들이 안 보이죠. 고객님은 퍼즐을 맞추어 보셨나요? 벽에 걸린 큰 퍼즐을 흩트려서 산처럼 쌓아놓고 맞추라고 하면 어떨 것 같으세요?

고객: 막막하겠죠?

세일즈맨: 벽화가 커질수록 가끔씩 떨어져서 벽화 전체를 보고 퍼즐의 위치를 찾아 맞춰 가면 어떨까요?

고객: 그렇게 하다 보면 감을 잡을 수 있겠는데요.

세일즈맨: 완성된 퍼즐벽화를 상상하면서 맞추면 좋겠죠? 그런데 완성된 벽화를 상상할 때 바로 앞에서 볼까요? 아니면 뒤로 물러나서 볼까요?

고객: 뒤에서 봐야겠죠.

세일즈맨: 맞습니다. 바로 앞에서 찍으면 일부가 자세히는 보이겠지만 전체를 볼 수 없으니까요. 인생은 삶이라는 퍼즐로 이루어진 벽화 같지 않나요?

고객: 그럴 수 있겠네요.

세일즈맨: 고객님의 인생벽화의 중심에는 무엇이 있나요?

고객: 가족이 있죠.

세일즈맨: 저는 고객님의 인생퍼즐이 가족을 중심으로 제대로 쉽게 맞춰질 수 있도록 도와드리고 싶습니다.

고객: 제가 어떻게 하면 좋을까요?

세일즈맨: 고객님이 정보를 주시면 제가 고객님이 생각하시는 멋진 벽화를 완성해 가는데 도움이 될 제안서를 드리겠습니다. 진찰 날짜를 언

제로 잡을까요? 그리고 이 그림은 아내와 같이 맞춰가는 퍼즐이기 때문에 아내와 같이 만나야 하는데 괜찮으신가요?

고객: 같이 만날 수 있는 날짜를 잡아야겠네요.

● **퍼즐벽화**

- 소중할수록 못 떨어져
- 자신의 퍼즐벽화
- 뒤로 가서 봐야 제대로
- 꼭 있어야 할 것
- 가장 멀리서 보는 것이 종신보험

정리

멀리 보이는 망원경일수록 비싸다. 종신보험은 인생을 멀리서 바라보는 망원경이다. 끝이 보이지 않는 삶은 항상 우왕좌왕하고 불안하다. 그러나 종신보험이라는 망원경을 통해 삶의 끝을 보면 아무리 복잡한 인생의 퍼즐도 쉽게 맞출 수 있다. 벽화가 크면 클수록 멀리 떨어져 보아야 한다. 당신은 인생이라는 거대한 퍼즐에서 몇 걸음 떨어져 있는가?

3

콘셉트:
설명이 많을수록
실적은 줄어든다

시작

● 우공이산(愚公移山)

옛날 중국에 우공이라는 노인이 살고 있었다. 노인의 마을에는 큰 산이 있어서 어디를 갈 때마다 빙 돌아서 가야 했다. 노인은 가족회의를 열고 온 가족이 힘을 합쳐 산을 옮기로 의견을 모았다. 다음 날부터 우공의 가족들은 곡괭이를 들고 산을 옮기기 시작했다. 그렇게 해서 어느 세월에 산을 옮기겠냐고 주위에서 빈정거리자 우공이 대답했다. "내가 죽더라도 자손들이 있으니 일하는 손이 끊이지 않을 것이오.

산이 지금보다 커지지는 않을 테니 언젠가는 산을 다 옮길 수 있지 않겠소?"

● 150명 리스트의 힘

후배:　　MDRT가 되고 싶은데 어떻게 해야 되나요?

선배:　　고객에게 전화부터 해.

후배:　　몇 명에게 해야 돼요?

선배:　　일주일에 몇 건을 하고 싶은데?

후배:　　MDRT를 하려면 일주일에 최소한 3건은 해야죠.

선배:　　몇 명을 만나야 3건 계약을 할 수 있지?

후배:　　15명은 만나야죠.

선배:　　일주일에 전화를 50명에게는 해야겠네.

후배:　　50명에게 전화하려면 무엇부터 시작해야 해요?

선배:　　전화할 리스트 150명을 확보해야지. 지금 당장 전화할 명단 150명을 확보하고 전화기를 들면 MDRT를 달성하게 되지. 큰 목표일수록 잘게 쪼개서 지금 당장 할 수 있는 작은 조각부터 시작하는 거야.

● 뭉치면 죽고 쪼개면 산다

수능에서 수리 1등급을 받으려면 1년에 1천 문항의 문제를 풀어야 한다. 그것이 엄두가 나지 않는다면 하루에 30문제씩 1년 동안 풀면 된다.

하루에 30문제도 엄두가 나지 않는다면 오전에 10문제, 오후에 10문제, 저녁에 10문제로 쪼갤 수 있다. 목표는 내가 실행할 수 있을 만큼 잘게 쪼개고 실행은 지금 당장 할 수 있는 것부터 시작해야 한다. 천리 길도 한 걸음부터다.

MDRT를 달성하는 것도 마찬가지다. 1년에 100건을 계약하는 것이 힘들다면 목표를 잘게 쪼개면 된다. 한 달에 10건, 한 주에 2건, 2일에 1건, 이런 식으로 잘게 쪼개면 해볼 용기가 생긴다. 중요한 것은 마음속에 MDRT라는 목적지를 먼저 설정하는 것이다. 계획은 역순으로 세우고 실행은 정순으로 한다. MDRT를 달성하는 과정을 간단하게 설명하면 다음과 같다.

〈목표 : 나는 MDRT가 된다〉 ← 〈연간 1억2천만 원의 수입을 달성한다〉 ← 〈매월 1천만 원씩 수입을 달성한다〉 ← 〈매주 250만 원 수입을 달성한다〉 ← 〈매주 3건 이상을 계약한다〉 ← 〈매주 3건을 하기 위해 매주 15명을 만난다〉 ← 〈15명을 만나기 위해 50통의 전화를 한다〉 ← 〈50통의 전화를 하기 위해 매주 150명의 전화할 명단을 확보한다〉 ← 〈통화 리스트를 백지에 적는다〉 ← 〈지금 당장 시작한다〉

● 10억 원 보장도 1천만 원부터

세일즈맨: 제가 1천만 원을 현찰로 고객님께 드린다면 뭘 하고 싶으세요?

고객:　　　하고 싶은 것 많죠. 산티아고 여행, 오디오 구입, 랍스타 요리 등 등…….

세일즈맨:　지금까지 1천만 원의 수십 배를 버셨을 텐데 왜 그 흔한 1천만 원이 통장에 없을까요? 저는 그 1천만 원을 오늘 당장 만들어 드릴 수 있습니다.

고객:　　　정말요?

세일즈맨:　고객님은 5년 전에 1억 원 보장을 가지고 계셨습니다. 살고 있는 집을 기준으로, 5년 전과 지금을 비교해 보면 어떻게 변하였나요?

고객:　　　그때는 1억 원 전셋집이었는데 지금은 3억 원 하는 우리 집에서 살고 있죠.

세일즈맨:　지금 가지고 계신 1억 원 보장이면 충분하다고 생각되시나요?

고객:　　　그때는 크다고 느꼈는데 지금 기준으로는 적은 금액이죠. 의료비, 물가도 올랐는데 언제 아플지 몰라서 걱정돼요. 집값 수준의 보장은 되어야 할 것 같네요. 2억 원을 증액하고 싶은데 그만큼 여유가 없어요.

세일즈맨:　보장의 가치를 느끼시는데 여유가 없다면 여유가 있는 만큼만 하시면 됩니다. 1천만 원 정도는 증액하실 수 있나요?

고객:　　　그 정도는 할 수 있죠. 그럼 이번에는 5천만 원을 증액할게요.

● 나는 오늘 무엇을 했나

종신보험 세일즈를 밑에서부터 한다는 것은 작은 금액 즉, 1천만 원

보장부터 전달하는 것이다. 10년 동안 천명에게 천만 원의 보장을 전달하는 세일즈맨은 살아남는다. 그러나 10년 동안 100명에게 1억 원의 보장을 전달하는 세일즈맨은 살아남기 힘들다. 우선 1천만 원의 보장부터 전달한 후 점차 증액해 나가도록 하는 것이 보험세일즈라는 농사를 짓는 방법이다. 다음은 작자미상의 〈오늘 나는 무엇을 했나?〉라는 시이다.

앞으로 평생 동안 많은 일을 해야지.
그러나 오늘은 무엇을 했나?
나의 부를 관대하게 기부해야지.
그러나 오늘은 무엇을 기부했나?
하늘에 저택을 지어야지.
그러나 오늘은 무엇을 지었나?
게으름에 젖어 꿈을 꾸는 것은 달콤하지.
그러나 내가 하지 않았다면 누가 할까?
맞아 이것은 모든 이가 던져보아야 하는 질문.
오늘은 무엇을 했나?

원대한 꿈도 오늘 당장 행동으로 옮겨야 결실을 볼 수 있다.

우공의 기개에 감탄한 옥황상제는 하룻밤 사이에 산을 딴 데로 옮겼다. 서두르지 않고 작은 노력을 반복하다 보면 기적이 일어난다. 성을 쌓을 때도 작은 돌로 쌓다가 중간중간에 큰 돌이 들어가면 성은 오래 간다. 큰 돌로만 쌓은 성은 포탄을 맞으면 쉽게 무너진다. 그래서 지휘를 하는 성의 망루는 절대 큰 돌을 쓰지 않는다. 종신보험 세일즈도 마찬가지다. 작은 보장을 소중히 여기며 세일즈를 하다 보면 중간중간 큰 보장을 만나게 된다. 좋은 하루가 좋은 한 달이 되고, 좋은 한 달이 좋은 1년이 되고, 좋은 1년이 좋은 인생이 된다.

끝

● 죽음에서 살아난 청년

병사들은 28세의 젊은이를 향해 일제히 총구를 겨누었다. 젊은이의 눈에서는 하염없이 뜨거운 눈물이 흘러내렸다. "나는 왜 지나온 세월을 귀중하게 쓰지 못했던가!" 병사들이 방아쇠를 당기려는 찰나 마차한 대가 사형장으로 질주해 들어왔다. 관리가 마차에서 내리자마자 큰소리로 말했다. "사형집행을 중단하라! 피고는 감형되어 4년간 시베리아 유형에 처한다!" 가까스로 목숨을 건진 28세의 젊은 사형수는 이후

《죄와 벌》, 《카라마조프가의 형제들》, 《백야》 등 수많은 걸작을 남긴 세계적인 대문호 도스토옙스키였다.

● 보험세일즈의 시작과 끝

세일즈맨: 만일 고객님께서 부산까지 운전해서 가야 한다면 제일 먼저 할 일이 무엇일까요?

고객: 초행길이라면 우선 내비게이션에 목적지를 입력하죠.

세일즈맨: 맞습니다. 삶이라는 여행에서도 마찬가지입니다.

고객: 인생의 내비게이션에는 뭘 입력해야 하나요?

세일즈맨: '죽음'을 입력해야 합니다.

고객: 네? 죽음이요?

세일즈맨: '삶'이라는 글자 위에는 죽을 '사(死)'자가 있습니다. 죽음이 항상 짓누르고 있기 때문에 죽음이 해결되지 않으면 삶이 두렵고 힘들죠. 어떻게 죽음을 맞이할 지를 미리 정확하게 입력할 수 있다면 삶이라는 여행이 편안해집니다.

고객: 죽음이 해결된다는 것은 어떤 의미죠?

세일즈맨: 돌아가신 제 어머니께서도 나이가 드셔서는 '잘 죽어야 될 텐데'라는 말씀을 많이 하셨어요. 죽는데도 돈이 듭니다. 결국은 돈 문제가 해결되어야 합니다.

고객: 자식들에게 부담 줄까 봐 그러시겠죠.

세일즈맨: 맞습니다. 잘 죽는다는 것의 끝을 따라가 보면 결국 죽을 때에 돈이

있어야 한다는 뜻입니다. 그래야 나중에 치매에 걸리거나 간병 상태가 되어도 자식들에게 부담이 가지 않습니다.

고객: 결국 죽을 때 돈이 있어야겠네요. 죽을 때 돈을 가져다주는 보험이 있나요?

● 끝에서 시작하라

'우리의 생은 다만 시간이 끝난 지점에서 되돌아보고 있는 것뿐이다.'

영성에 관한 최고의 책으로 꼽히는 《기적 수업》에 나오는 말이다. 인생의 끝에서 현재를 되돌아보면 허무한 생각이 들 수도 있다. 하지만 인생의 끝을 진지하게 생각하고 받아들이면 죽는 게 별로 무섭지 않다. 아등바등하며 살기보다는 소중한 사람들에게 무엇을 더 줄 수 있을까를 고민하게 된다. 그 사랑의 표현이 바로 종신보험이다. 종신보험은 끝에서부터 시작한다. 살아서 지급되는 다른 보험과 달리 죽을 때 돈을 가져다준다. 편안하게 살기 위해서는 죽어서 받는 보험을 제일 먼저 준비해야 한다.

● 죽다 살아나도 못 받은 보험

남편: 제가 뇌를 다쳐서 중환자실에 입원했다가 나왔어요. 그런데도 아무 혜택이 없다고 아내의 불만이 엄청나요. 보험료는 월 50만 원 가까이 내는데 어떻게 보험금을 한 푼도 못 받죠?

세일즈맨: 죄송합니다. 고객님께서는 가입 시에 아주 심각한 보장 위주로 해 달라고 하셨어요. 그 대신 아내가 전업주부이니까 사망보장을 크 게 원하셨죠.

고객: 중환자실에 한 달 있었고 입원한 지 두 달 가까이 되었는데 보장되 는 것이 정말 없나요?

세일즈맨: 수술특약이 있는데 고객님은 뇌를 다치셨지만 수술은 하지 않으셔 서요.

고객: 그럼 입원비는 어떻게 되는 거죠?

세일즈맨: 가입 시에 입원특약을 설명드렸더니 입원특약 보험료만큼 사망보 장을 더 늘려 달라고 하셨어요.

고객: 제가 그랬었나요? 만약 제가 그때 영영 못 깨어났으면 아내에게는 보험금이 얼마나 지급됐을까요?

세일즈맨: 4억5천만 원이 지급됩니다.

남편: 그 정도면 충분하네요. 비록 입원비는 못 받았지만 남겨질 가족들 을 생각하니 보험에 잘 들었다는 생각이 듭니다.

● 흔들리지 않고 피는 꽃은 없다

만약 위 사례의 고객이 건강특약 위주로 가입했다면 몇 백만 원의 입원 보험금을 받을 수는 있었을 것이다. 그러나 회복 불가능한 상태 가 되었을 때는 어떨까? 남겨질 아내에게 보험금 4억5천만 원이 지급 된다. 홀로 두 명의 자녀를 키워야 하는 전업주부에게 단비와도 같은 돈이다. 위 스크립트의 설명을 듣고 난 후 처음에는 불만이던 아내도 사망보장의 가치에 공감했다. 결국 아내와 아들, 딸도 종신보험에 가입했다. 끝에서 시작하면 일시적으로 비난을 받을 수 있다. 그러나 그 가치를 설명하면 결국 고객들은 공감한다. 나도 사망보장 위주로 팔면서 비난을 받을 때면 '편하게 타협해서 건강보험을 팔까'라는 고민을 하곤 했다. 그때마다 나는 '흔들리지 않고 피는 꽃이 어디 있으랴'라는 도종환 시인의 시구를 떠올린다. 당장의 비난에 흔들리지 않고 나아가면 결국 종신보험의 꽃을 피울 수 있을 것이다.

> **정리**
>
> 남극에 여행을 갔을 때 32세의 청년을 만난 적이 있다. 청년의 꿈은 세계일주라고 했다. 그리고 그 첫 여행지가 남극이라고 했다. 보통 세계일주라고 하면 유럽이나 미국 여행부터 갈 텐데 어째서 남극부터 왔는지 궁금했다. 청년은 웃으며 대답했다. "남극이 가장 오기 힘들 것 같아서 제일 먼저 왔어요." 남극을 다녀온 청년이 유럽이나 미국을 여행하는 일은 쉽게 느껴질 것이다. 도스토옙스키는 삶의 끝에서 살아난 경험이 있었기에 삶의 소중함을 깨닫고 수많은 걸작을 남길 수 있었다. 종신보험은 죽어야 받을 수 있는 보험이다. 하지만 그렇기에 오히려 삶의 소중함을 더욱 크게 느낄 수 있다.

선택

● 한 우물만 파기

"일단 우물을 파기 시작했으면 더욱 열심히, 그리고 꾸준히 파라고 말하고 싶어요. 결과가 좋지 못해도 상관없어요. 한 곳만 파다 보면 물은 안 나와도 내 몸 하나 숨길 수 있는 웅덩이 하나쯤은 생기지 않겠어요? 얼마나 좋아요. 속에 들어가 있으면 바람도 피할 수 있고 따뜻할 테니." 대중음악가 신중현의 말이다. 선택과 집중이 없이 한 분야에서 일가를 이루는 일은 불가능하다.

● 가장 고민되는 것 한 가지는?

고객: 수입은 정해져 있는데 대출, 자녀교육, 노후준비, 보험 등 준비할 것이 너무 많아요.

세일즈맨: 그것들 중에서 가장 고민되는 한 가지는 무엇인가요?

고객: 대출을 우선 해결해야죠.

세일즈맨: 대출을 못 갚으면 누가 갚아야 하죠?

고객: 대출을 애들에게 물려줄 수는 없죠.

세일즈맨: 대출을 빨리 갚는 것이 중요한가요? 아니면 확실하게 갚는 것이 중요한가요?

고객: 좀 늦더라도 확실하게 갚아야죠.

세일즈맨: 아빠의 수입이 끊기면 대출 갚기가 힘들겠네요?

고객: 돈을 버는데도 어려운데 수입이 끊기면 큰일이죠.

세일즈맨: 아빠는 건강한가요?

고객: 지금은 건강한데 앞으로 어떻게 될지 모르죠.

세일즈맨: 먼저 아빠에 대한 안전장치가 필요한 것 아닌가요?

고객: 그렇긴 한데 여유가 없어요.

세일즈맨: 여유만 만들어 드리면 종신보험엔 가입하시겠네요?

고객: 여유만 있으면 당연히 가입하죠.

세일즈맨: 대출 상환기간을 아빠의 퇴직시점으로 연장하면 여유자금이 생깁니다. 퇴직 시까지 아무 일이 없으면 일을 해서 상환하고 중간에 사망하면 사망보험금이 대출금을 상환하니까 자녀들에게 전혀 부담

이 될 일은 없습니다.

고객:　　　그렇겠네요.

● 질문이 답이다

지식도 풍부하고 스킬도 완벽한데 성과가 나지 않는 세일즈맨이 있다. 질문을 하지 않아서이다. 질문하지 않으면 우선순위를 세일즈맨이 정한다. 세일즈맨이 세 번째로 중요한 문제를 해결할 때 고객의 마음은 첫 번째 문제에 머물고 있다. 힘들게 고객의 문제를 해결해 주지만 세일즈에서는 실패한다. 반면 고객에게 질문하면 고객이 우선순위를 정한다. 세일즈맨은 고객이 가장 중요하게 생각하는 문제만 해결해 주면 된다. 그러면 만족도와 신뢰가 높아진 상태에서 출발할 수도 있고 또 성과도 좋다.

● 하나면 충분하다

어떤 세일즈맨이 그림 100개로 구성된 책을 팔 때 대표적인 것 10개를 골라서 1분씩 설명한다. 고객은 하나하나 좋다고 생각하는데 정작 사지는 않는다. 다른 세일즈맨은 가장 좋은 그림 하나를 10분 동안 가슴에 와닿게 설명한다. 그리고 나머지 그림 99개가 다 그렇다고 말한다. 그러면 고객은 안 살 수가 없다. 그림 하나도 정말 좋은데 그런 그림이 99개나 더 있다니 말이다. 벽이 높고 두꺼울수록 도구는 한 가지를 써야 벽을 뚫을 수 있다. 나는 종신보험 하나를 선택하고 그것에 집중해서 세일즈의 높은 벽을 넘었다.

종신보험 한 가지를 제대로 하면 다른 보험도 같은 원리로 판매하기 때문에 쉽게 팔 수 있다. 검지 하나를 펴면 한 가지에 집중하겠다는 다짐이다. 욕심이 나서 나머지 4개의 손가락을 펴는 순간 손에 쥐고 있는 것까지 떨어뜨린다. 한가지 목표를 위해서는 4가지 작은 목표를 포기해야 한다. 설령 엉망이 되더라도 그냥 놔둬야 한다. 한 가지를 완벽하게 한 후에 그 자신감으로 엉망이 된 네 가지를 수습하는 데는 시간이 별로 걸리지 않는다. 고객의 여러 가지 고민을 해결해 주었으나 딱 하나의 결정적인 고민을 해결해 주지 못하는 세일즈맨은 살아남지 못한다.

● 차와 맞바꾼 보험

세일즈맨: 지금까지 종신보험에 대해 설명드렸는데 어떠셨나요?

고객: 우리처럼 자녀가 많은 경우 꼭 필요하겠네요.

세일즈맨: 자녀들에게 가장 좋은 선물은 뭘까요?

고객: 아무 일없이 공부할 수 있게 도와주는 거죠?

세일즈맨: 맞습니다. 그 아무 일이 없도록 할 수는 없지만 어떤 일이 일어나더라도 자녀들의 꿈이 지켜지도록 도와주는 역할을 제가 합니다. 비가 오는 것을 막을 수는 없지만 우산은 되어 드릴 수 있습니다.

고객: 필요한 것은 알겠는데 지금은 전혀 여유가 없어요.

(한 달 후)

세일즈맨: 전혀 여유가 없던데 어떻게 보험료를 마련하셨나요?

고객: 차를 팔았어요. 차가 있으면 편하기는 한데 가족의 불행을 막을 수 없고, 차를 포기하면 불편하기는 한데 가족의 불행을 막을 수 있으니까요.

세일즈맨: 암, 수술, 입원이 보장되는 특약은 어떻게 할까요?

고객: 사망보장 위주로 해 주세요.

위 고객은 자녀 3명을 둔 외벌이 40대 가장이었다. 보장내용은 주계약 일반사망 1천만 원, 정기특약 2억 원, 가족수입특약 1억 원으로 보험료는 저렴했다. 부양가족이 많아서 부담이 된다며 사망보장을 선택하고 건강특약을 포기했다. 그리고 보험료를 마련하기 위해 종신보험보다 덜 중요한 차를 포기했다. 고객도 나도 가장 소중한 한 가지를 위해 나머지를 포기한 것이다. 삶은 선택의 연속이다. 무협지에 등장하는 무술의 고수는 잡다한 무기와 기술을 쓰지 않는다. 오직 칼 한 자루와 필살기로 강력한 적들을 한 번에 제압한다. 온갖 화려한 잡기들을 자랑하는 사람들은 곧 사라진다. 보험세일즈도 마찬가지다. 이것저것에 손대기보다는 한 가지 아이템을 선택해서 끝까지 파는 것이 좋다. 그 한 가지 우물로 종신보험을 추천한다.

'한 줄짜리 종신보험의 달인 일사 황선찬'

2009년 MDRT 부산 행사에서 나를 강사로 소개할 때의 멘트였다. 보험 업계에 뛰어든 이래 종신보험이라는 한 우물만 팠기에 가능한 일이었다. 우물을 팔 때 1미터씩 100군데를 파면 어디를 파도 물이 나오지 않는다. 차라리 한 곳을 정해서 100미터를 파면 반드시 물이 나온다. 만에 하나 물은 안 나와도 내 몸 하나 숨길 수 있는 웅덩이 하나쯤이야 생기지 않겠는가?

집중

● 안 닮은 초상화

프랑스 여행을 갔을 때의 일이다. 길거리 화가들이 모여 있기로 유명한 몽마르트르 언덕에서 한 화가에게 초상화를 그려달라고 했다. 화가는 한참 동안 나를 꼼짝도 못하게 앉혀두고 자세하게 그림을 그렸다. 그런데 막상 그림을 받고 보니 내 모습이 아니었다. 돈은 돈대로 내고 결국 쓰레기통에 버리고 말았다. 차라리 특징만 몇 군데 잡아서 대충 그린 캐리커처가 나와 더 비슷했다. 종신보험을 팔 때는 초상화처럼 하지 말고 캐리커처처럼 해야 한다. 처음부터 끝까지 종신보험의 모든 것을 설명하면 듣는 사람은 그만 지쳐버린다. 차라리 핵심만 몇 군데 잡아서 알기 쉽게 설명하는 것이 낫다.

● 바위도 뚫는 집중력

사마천의 《사기》에 보면 '이광 열전'이 있다. 이광은 한나라의 장수로 말 타기와 활쏘기에 능했던 명 장군이었다. 어느 날 이광 장군이 어두운 밤길을 가다가, 무성한 수풀 사이에 늙은 호랑이 한 마리가 앉아 있는 것을 보았다. 깜짝 놀란 장군은 황급히 활을 당겨 호랑이를 명중시켰는데, 가까이 가서 보니 호랑이 모습을 한 바윗덩어리였다. 고도로 집중을 해서 쏘았더니 바위를 뚫어 버린 것이다. 종신보험 한 가지에 집중하면 보험세일즈의 단단한 돌도 뚫을 수 있다.

● 한 가지 프로세스에 집중하라

종신보험 세일즈 프로세스 7단계에서 한 가지 프로세스에 집중하면 나머지 프로세스가 다 해결된다. 소개 하나에 집중하면 고객은 만족을 넘어서 세일즈맨을 도와주고 싶은 마음이 들게 된다. 소개를 받을 수 있으면 계약은 당연한 것이다. 대학 졸업과 동시에 세일즈를 시작해서 3년차인 동료 세일즈맨은 PC 한 가지에 집중했다고 한다. 고객 풀이 빈약하다 보니 한 사람을 만나면 반드시 계약을 해야 했다. 그래야 자기가 세일즈를 계속할 수 있다고 생각해서 완벽한 PC가 준비되지 않으면 고객을 만날 수가 없었다고 한다. 고객이 시간을 얼마나 줄지 모르기 때문에 1시간, 30분, 15분 분량을 따로 준비해서 연습을 했다고 한다. PC 한 가지에 집중하니까 부족하다고 생각했던 지식이나 스킬들도 자연스럽게 해결되었다고 한다.

● 남극으로 가는 가장 빠른 길

사장:	너 여행하고 싶은 곳이 어디야?
알바생:	남극이요.
사장:	가장 좋아하는 동물은?
알바생:	남극에 사는 펭귄이요.
사장:	너 왜 돈벌려 하니?
알바생:	저는 남극에 가야 하기 때문에 돈 벌어야 해요.
사장:	너 여기 알바 끝나면 다른 데 가서 또 알바 하니?
알바생:	예. 남극 가려면 돈이 많이 필요해서 또 알바해야 돼요.
사장:	그렇구나. 너 알바 구하다 못 구하면 여기 와서 일 더 해도 돼.

한 가지에 집중하면 집중하는 내용을 반복하게 된다. 반복은 다른 사람의 가슴에 와닿게 한다. 가슴에 와닿아서 기억된 것은 쉽게 잊히지 않는다. 이렇게 가슴 속 깊이 기억되면 불가능을 가능케 한다. 그때부터는 온 우주가 도와준다. '저는 5년 후에 남극 가요!'를 3년 정도 계

속 외치고 다니던 사람이 남극에 가지 않으면 모든 사원들이 불편하다. 자기 마음이 불편해서 어떻게든 도와주고 싶어진다. 한 가지에 집중하면 이렇게 주위의 도움으로 경제적 여유와 시간적 여유가 만들어진다.

● 승부는 초반 3분에 달렸다

고객: 자, 저에게 종신보험에 대해서 3분 안에 설명을 하세요.

세일즈맨: 원장님 왜 3분이죠?

고객: 지금 밖에는 많은 환자들이 기다리고 있습니다. 저는 환자 1인을 진료하는 데 평균 3분 정도밖에 쓸 수 없어요, 저에게는 환자가 가장 중요합니다. 내 환자보다 덜 중요한 당신에게 3분 이상의 시간을 쓸 수 없습니다.

세일즈맨: 알겠습니다. 그러나 원장님의 질문으로 시간이 길어지는 것은 제 책임이 아닙니다.

고객: 알았어요. 어서 얘기해 봐요. 만약 당신이 3분 안에 설명을 못하면 당신은 그 내용을 모르는 것입니다.

나는 3분 안에 종신보험을 설명했다. 선택과 집중 덕분이다. 1시간 동안 설명하고 싶은 분량 중에서 57분 분량을 과감하게 버려야 가능하다. 특히 종신보험 세일즈는 보이지 않는 상품을 위해 긴 기간 큰 보험료를 부담해야 하기 때문에 핵심으로 정곡을 찔러 탄성을 자아내야 클로징이 된다. 정확하게 알고 있는 것은 1시간 설명할 것을 10분 또는 3분 안에 설명 할 수 있어야 한다. 심지어 한 문장으로도 설명할 수 있어야 한다. 고객은 자신의 밥줄인 환자에 집중했다. 나는 의사를 대체할 종신보험의 일반사망에 집중했다. 그래서 종신보험을 3분 만에 설명했고 다음에 만나 계약했다.

정리

쿵푸 액션 스타 브루스 리는 만 가지 발차기를 구사하는 사람을 두려워하지 않았다. 그가 두려워하는 사람은 오직 한 가지 발차기만 집중적으로 연마한 사람이었다고 한다. '집중하다'라는 뜻의 concentrate에는 신기하게 '한번에'라는 뜻을 가진 once가 들어 있다. 하나에 집중하면 결국 그 분야의 전문가가 될 수밖에 없다. 초상화를 그릴 때는 구석구석 똑같이 그리려고 하면 오히려 닮지 않게 된다. 나머지는 버리고 특징적인 몇 가지에 집중해서 그려야 그 사람의 특징이 살아난다. 종신보험도 마찬가지다. 캐리커처를 그리듯이, 단 하나로 전체를 설명할 수 있어야 한다.

질문

● **달을 따다 준 광대**

옛날, 한 왕국의 공주가 있었다. 공주의 소원은 달을 가지는 것이었다. 그러나 신하들은 '달은 너무 멀리 있어서 불가능하다', '너무 커서 따올 수 없다'는 등의 이유를 들어 공주를 설득하려 했다. 그러자 한 광대가 공주에게 물었다. "달은 어떤 모양인가요?" 공주는 동그랗다고 대답했다. 이어서 광대는 공주에게 달의 크기와 색깔을 물었다. 공주는 엄지손톱만한 크기에 황금색이라고 대답했다. 그러자 광대는 공주에게 황금색의 손톱만한 동그란 달을 가져다주었고, 공주는 기뻐했다.
광대는 큰 상을 받을 수 있었다.

● 답은 고객이 가지고 있다

고객: 　　어떤 일이 있어도 가족을 보호할 확실한 방법이 있나요?

세일즈맨: 제가 가지고 있습니다.

고객: 　　어떻게 보호하죠?

세일즈맨: 100% 확실하게 보호합니다.

고객: 　　언제까지 보호하죠?

세일즈맨: 고객님이 죽을 때까지요.

고객: 　　무엇을 보호하죠?

세일즈맨: 고객님이 가족들에게 약속한 내용이요.

고객: 　　제가 원하는 거네요.

세일즈맨: 그것이 무엇일까요?

고객: 　　종신보험 아닌가요?

● 앞서지 마라, 찾도록 하라

세일즈맨이 찾은 답은 세일즈맨의 답일지는 몰라도 고객의 답은 아
니다. 예전에는 고객이 질문하고 세일즈맨이 대답했다. 그러나 요즘은
인터넷을 통해 고객이 더 많은 정보를 가지고 있다. 세일즈맨은 질문을

하고 고객이 스스로 답을 찾도록 유도해야 한다. 절대 앞서가면 안 된다. 고객을 믿고 고객이 답을 찾도록 도와주며 나란히 걸어가야 한다. 세일즈맨이 고객을 앞서가는 순간 고객은 다른 방향으로 갈 것이다.

● <u>워런 버핏과의 질문식 상담</u>

세일즈맨: 10년 후에 선생님이 이루고자 하는 것은 어떤 것인가요?

워런 버핏: 지금 관리하는 회사 규모를 10배로 키우고 싶어요.

세일즈맨: 생각하신대로 된다면 기분이 어떨 것 같으세요?

워런 버핏: 뿌듯할 것 같아요.

세일즈맨: 이루어진 후의 하루를 생각해 보신다면 어떨까요?

워런 버핏: 행복하고 편안한 하루가 상상되는군요.

세일즈맨: 목표를 성공적으로 이룬 모습을 보면 가족이나 친구들은 어떻게 생각할까요?

워런 버핏: '역시 당신이야. 해낼 줄 알았어.'라고 이야기할 것 같아요.

세일즈맨: 생각하신 목표가 선생님의 인생에 어떤 의미가 있을까요?

워런 버핏: 인생에서 중요한 전환점이 될 수 있겠죠.

세일즈맨: 목표를 이루는 데 선생님만의 강점이 있다면 어떤 것이 있을까요?

워런 버핏: 논리적으로 설득을 잘하는 편입니다.

세일즈맨: 왜 그렇게 생각하세요? 최근 그것을 활용한 경험은 있으신가요?

워런 버핏: 최근에 어려운 회사 M&A를 성사시켰죠.

세일즈맨: 목표를 이루는 데 도움을 줄 사람은 누가 있을까요?

워런 버핏: 증권회사에 유능한 친구가 있어요.

세일즈맨: 목표를 이루기 위해 지금 해야 할 일이 있다면 어떤 것이 있을까요?

워런 버핏: 자금문제를 해결해야 해요.

세일즈맨: 목표를 이루는 데 가장 어려운 장애물이 있다면 어떤 것이 있을까요?

워런 버핏: 시장상황이 급변하는 것이 문제네요.

세일즈맨: 시장상황을 어떤 방법으로 극복할 계획이세요?

워런 버핏: 전문가의 조언을 받아야죠.

세일즈맨: 오늘 저와 이야기를 나누면서 어떤 것을 느끼셨나요?

워런 버핏: 10년 후가 구체적으로 그려지고 내가 해야 할 것과 장점들을 알게 되니 좋네요.

세일즈맨: 목표를 이루는 데 제가 도움을 드릴 것이 있을까요?

워런 버핏: 금융 관련 정보를 주면 좋겠네요.

세일즈맨: 도움을 드릴 만한 정보를 정리해서 다음 주 수요일 오전에 찾아 봬도 될까요?

워런 버핏: 수요일 오전 10시에 잠깐 보죠.

위 스크립트는 주식갑부 워런 버핏과의 대화를 가상으로 구성한 것이다. 세일즈맨은 질문만 했을 뿐인데 고객은 다음에 다시 보고 싶어 한다. 고객이 답을 말할 수 있도록 배려했기 때문이다. 답은 고객이 가지고 있다. 답을 말해 주려 하면 나보다 수준이 높은 사람은 만날 수가 없다. 워런 버핏보다 금융에 관한 지식이 많은 세일즈맨이 어디 있겠는가. 답을 주려하면 머리가 복잡해지고 가방은 무거워진다. 얕잡히면 안 된다는 스트레스에 대화하는 순간이 시험 보는 것만큼이나 고통스럽다. 그러나 답을 줄 필요가 없다고 생각하면 머리가 맑아지고 가방은 가벼워진다. 그 다음부터는 누구를 만나도 두려움이 없다.

● 종신보험과 저축 관련 질문식 상담

고객: 저는 종신보험보다는 저축을 해야 할 것 같아요.

세일즈맨: 왜 그렇게 생각하세요?

고객: 돈이 없으면 불안하고 서럽기도 해서요.

세일즈맨: 가장 서러웠던 때가 언제였나요?

고객: 아플 때 자신을 걱정하는 것이 아니라 병원비를 걱정할 때였어요.

세일즈맨: 친한 친구가 똑같은 고민을 할 때 어떻게 조언할 것 같으세요?

고객: 글쎄요. 항상 건강하다는 보장을 할 수 없으니까 저축만 하라고 할 수는 없겠네요.

세일즈맨: 앞으로 가장 걱정되는 경우는 어떤 경우인가요?

고객: 가장인 남편이 실직하거나 아플 때죠.

세일즈맨: 그런 걱정을 줄일 수 있는 한 가지를 생각한다면 어떤 것이 있을까요?

고객: 저축은 시간이 걸리고……. 역시 보험이겠네요.

고객의 생각에 답을 제시하지 않고 계속 질문만 한다. 질문을 계속

하면 고객이 자신의 진짜 생각을 이야기한다. 자신의 생각을 말했으니 정답일 수밖에 없다. 그러나 중간에 세일즈맨이 자기 생각을 이야기하면 고객의 생각과 다를 수 있다. 그러면 오답이 되고 고객은 더 이상 세일즈맨을 신뢰하지 않는다.

정리

세상에 나쁜 질문은 없다. 무(無) 질문이야말로 가장 나쁜 질문이다. 만약 광대가 공주에게 질문을 하지 않았다면 달을 가져다주는 것은 불가능했을 것이다. 그러나 광대는 공주의 눈높이에 맞는 질문을 했기 때문에 니즈를 파악하고 충족시킬 수 있었다. 하버드 경영대학원 조교수 앨리슨 우드 브룩스는 수년간 '대화'를 연구한 후 다음과 같은 결론을 내렸다. "사람들은 필요한 만큼 질문하지 않는다." 질문을 하지 않으면 의문이 생길 수밖에 없다. 당신은 질문을 하는가? 아니면 의문을 품는가?

해결

● 한 겨울에 잔디 심기

6.25 전쟁이 끝난 직후 유엔묘지는 풀 한 포기 없이 황량한 풍경이었다. 겨울에 한국을 방문한 아이젠하워가 유엔묘지에 파란 잔디를 덮어달라고 하자 모든 사업가들이 손사래를 쳤다. 한겨울에 잔디를 어디서 구할 수 있겠는가? 그때 오직 한 사람, 정주영 현대그룹 회장이 자신이 해 보겠다며 나섰다. 정주영은 잔디 대신 보리 싹을 구해다가 묘지를 치장했고, 그 이후 미 8군 공사는 모두 정주영 회장이 맡아서 했다.

● 병은 돈이 고친다

선배: 요즘 얼굴이 왜 어두워?

후배: 세 살 딸이 심장에 문제가 있어서 여러 번 수술을 해야 하고 수술해도 건강해진다는 보장이 없대요. 수술비도 많이 든대요.

선배: 일이 손에 안 잡히겠는데.

후배: 그래서 거의 병원에만 붙어 있어요.

선배: 그럴수록 일을 더 열심히 해야 하는 것 아니야?

후배: 일이 손에 잡혀야 하죠. 치료 잘하는 의사도 알아봐야 하고 아이 옆에도 있어 줘야 해서요.

선배: 아이 엄마가 있지 않나?

후배: 아내가 있지만 같이 해야죠.

선배: 병원비가 많이 든다는데 그 돈은 어떻게 준비해?

후배: 모아 놓은 돈도 없고 제가 다 해결해야죠. 걱정이에요.

선배: 그냥 좋은 의사만 찾는 것이 중요한 것이 아니라 치료비를 충분히 준비해야 좋은 치료를 받을 수 있을 것 같은데...

후배: 아는데 방법이 없어요.

선배: 이렇게 방황하고 일을 못하면 지금 하는 일도 그만두게 되고 좋은 의사가 있는데도 치료비 때문에 치료를 포기해야 하는 것 아닌가?

후배: 그렇겠네요. 일에 집중하는 것이 딸을 위한 것이겠네요.

● 걱정은 걱정을 부른다

동료의 세 살짜리 딸이 심장 수술을 받아야 했다. 비용도 많이 들지만 아이가 어린데다 위험한 수술이어서 큰 걱정이었다. 그러나 세일즈맨은 새벽부터 저녁까지 열심히 일에 집중했다. 중간중간 아내에게 연락해서 상황을 체크하고 도와줄 일을 물었다. 고객들이 왜 열심히 일하는지를 물으면 아이 수술비를 마련해야 하기 때문에 열심히 일해야 한다고 했다. 이후 평상시의 실적보다 몇 배 높은 실적을 달성했다. 다행히 최고 실력의 의사를 소개받아 수술은 무사히 끝났고 아이는 건강해졌다. 보통 아이가 아프면 일이 손에 잡히지 않는다. 병원비나 수술의 위험성 등을 걱정하면서 시간을 보낸다. 그 결과 세일즈는 소홀해지고 병원비 걱정은 점점 더 커진다. 고객과 대화할 때도 걱정거리만 반복해서 털어놓으니까 고객도 불편해 한다. 결국 치료비 문제와 세일즈 문제가 그대로 남는다.

● 걱정 없는 종신보험 가입

세일즈맨: 건강검진은 자주 받나요?

고객:　　2년에 한 번씩 받는데 건강에 이상이 있다는 멘트가 점점 늘어나요. 동료 중 한사람이 담낭암 진단을 받았어요. 건강해 보였는데요.

세일즈맨: 그 동료는 자녀도 있나요?

고객:　　자녀가 둘이고 아직 어려요. 그걸 보니까 저도 애들이 있는데 불안

해요.

세일즈맨: 고객님에게 그런 일이 발생해서 자녀들을 지켜 주지 못할 때 누가 대신해 줄 수 있나요?

고객: 부모님은 못하고 다른 가족들도 자기가족 지키기에 바쁘죠.

세일즈맨: 어떻게 준비하고 계세요?

고객: 건강관리를 잘 해야죠.

세일즈맨: 암 걸린 동료는 건강관리를 안 했나요?

고객: 건강관리를 잘 한 것으로 알고 있어요.

세일즈맨: 건강관리로 다 되지는 않죠. 어쩔 수 없을 때 확실한 대안이 있어야 안심이 되겠죠.

고객: 어떤 대안이 있나요?

세일즈맨: 종신보험으로 대비하면 됩니다. 비용이야 열심히 일해서 그 돈을 벌면 되지 않을까요?

고객: 글쎄요.

세일즈맨: 오늘 결정하지 않으시면 걱정이 계속 따라다니고 자녀들은 위험 속에 방치해 두는 것이죠. 오늘 결정하면 머리가 맑아지고 자녀들은 어떤 상황에서도 보호받을 수 있습니다. 또 열심히 일할 수 있으니 돈도 더 벌 수 있어요.

고객: 그렇겠네요. 어떻게 하면 되죠?

햇불로 저글링을 할 때 햇불을 보면 저글링은 불가능하다. 햇불에 손이 델까 두려워지는 것이다. 그러나 손잡이만 보면 햇불을 자유자재로 가지고 놀 수 있다. 햇불은 문제이고 손잡이가 해결방법이다. 햇불처럼 어려운 문제를 다룰 때는 해결방법에 집중해야 한다. 문제에 집착하면 변명만 떠오르고, 해결에 집중하면 해답이 떠오른다. 종신보험에서도 문제에 집중하는 사람은 종신보험은 팔기 힘든 상품이라는 변명만 떠오른다. 그러나 해결에 집중하는 사람은 종신보험은 반드시 팔아야 할 가치 있는 상품이라는 해답에 도달한다.

가치

● 세상에 한 장뿐인 우표

세상에 두 장밖에 없는 희귀한 우표가 있었다. 너무나 희소했기 때문에 우표의 가격은 1억 원에 책정이 되었다. 그중 한 장을 가진 남자가 다른 한 장을 가진 사람을 찾아가서 1억 원을 주고 우표를 샀다. 그리고 라이터를 꺼내서 방금 산 우표를 불태우며 말했다.

"이제 남은 우표는 세상에 한 장밖에 없으니 가격은 제가 정하기 나름이죠."

가격은 여러 개 중 하나이기 때문에 비교해 봐야 한다. 그러나 가치는 다른 무엇과 비교할 수 없다. 종신보험 세일즈는 가치를 팔아야 한다.

● What에서 출발할 경우

세일즈맨: 여기 고객님께 꼭 필요한 보험이 있습니다. 고객님이 갑자기 사망하면 일시금 3억 원과 매월 200만 원이 지급됩니다.(What)

고객: 보험료가 얼마인가요?

세일즈맨: 매월 수입의 10%를 지불하시면 됩니다.(How)

고객: 그런데 사망 시 그런 준비가 왜 필요하죠?

세일즈맨: 가족 생활비로 매월 200만 원, 교육비 각 5천만 원씩 2명분 1억원, 결혼자금 지원으로 1억 원, 배우자의 노후자금으로 1억 원으로 활용됩니다. 이 정도 준비하지 않으면 무책임하다고 욕먹습니다.(Why)

고객: 그 정도 보장으로 비싼 것은 아닌가요? 다른 회사 상품도 그런가요?

● Why에서 출발할 경우

세일즈맨: 저는 사람들이 편안하고 행복한 삶을 사는 데 집중할 수 있도록 도와드리는 일을 하고 있습니다. 고객님께서는 가족의 일상생활, 자녀교육, 자녀결혼, 배우자의 노후생활 등 모든 것을 어깨에 짊어지

고 계신 것 같아요. 가끔은 이 짐을 누군가가 대신 들어 주면 좋겠다는 생각을 하시나요? 그리고 어떤 일이 있더라도 지키고 싶은 가족의 꿈과 사랑이 있나요?(Why)

고객: 지켜 주고 싶은 마음은 간절한데 부담되고 걱정만 하게 돼죠.

세일즈맨: 그런 부담과 걱정을 해결해 드린다면 어떨 것 같으세요?

고객: 정말 삶이 편하고 행복하겠죠.

세일즈맨: 제가 제안드리는 것은 부담과 걱정을 해결할 수 있는 내용입니다. 관심 있으세요?

고객: 제가 어떻게 하면 되나요?(How)

세일즈맨: 이런 고민을 해결해 드린다면 수입의 몇 %를 투자할 수 있으세요?

고객: 10% 정도요.

세일즈맨: 저는 그 10% 비용으로 매월 200만 원과 3억 원의 안전장치를 마련해 드리겠습니다. 이 안전장치는 고객님께 문제가 발생했을 때만 활용할 수 있습니다.(What)

고객: 구체적으로 어떻게 쓰여지나요?

세일즈맨: 가족의 생활비로 매월 200만 원, 교육비 각 5천만 원씩 2명분 1억 원, 결혼자금 지원으로 1억 원, 배우자의 노후자금으로 1억 원이 활용될 예정입니다.

고객: 어디에 서명하면 되죠?

● 300억 원 가치의 5억 원 종신

세일즈맨: 재산이 많으신데 5억 원 종신보험을 왜 가입하시죠?

사장님: 5억 원의 보장에는 가격을 매길 수 없는 가치를 지니고 있거든요.

세일즈맨: 어떤 가치인데요?

사장님: 내 전 재산 300억 원에 5억 원 통장을 물려주면 305억 원을 물려 주는 셈이죠. 그런데 전 지금까지 돈만 물려주다가 불행하게 된 경우를 많이 보았어요. 5억 원의 생명보험 증서에는 300억 원과 비슷한 가치의 의미가 담겨 있습니다. 소중한 가족에 대한 사랑은 물론 아들들이 앞으로 어떻게 살았으면 하는 소망도 담겨 있거든요.

만약 종신보험이 없었다면 고객의 진심을 알아내지 못했을 것이다. 단순한 세일즈 기술은 시간이 지나면 소멸된다. 하지만 삶의 철학에 기반을 둔 세일즈는 시간이 지나도 사람들의 마음속에 기억된다. 종신보험은 단지 눈앞에 닥칠지도 모르는 사고나 질병 때문에 가입하지 않는다. 내가 살아갈 일에 대한 대비가 아니라 내가 없을 때 소중한 사람들이 살아갈 일에 대한 것이다. 죽음에 대한 근원적 통찰만이 종신보험을 바르게 이끌 수 있다.

세상에 2장뿐인 우표는 가격을 매길 수 있어도, 세상에 1장뿐인 우표는 가격을 매길 수 없다. 비교할 대상이 없기에 가치를 측정할 수 없기 때문이다. 사람의 생명도 비교할 대상이 없다. 마치 남은 우표를 불태우듯 죽음이 다가올수록 생명의 가치는 더욱더 높아진다. 그래서 종신보험은 사망에 가까울수록 가치가 높아진다. 종신보험에 남들보다 일찍 가입한다는 것은 세상에 1장뿐인 우표를 저렴한 가격에 사는 것과 마찬가지다. 만약 당신이 죽음 직전에 사망보험에 가입할 수 있다고 하면 당신은 어느 정도 금액에 가입하겠는가?

시간

● 장롱 뒤의 금덩어리

자수성가한 큰 부자가 있었다. 하루는 동네 사람이 부자에게 어떻게 그렇게 큰돈을 모았는지 물었다. 부자가 대답했다.

"나는 돈이 생길 때마다 금을 사서 검은 비닐봉지에 담아 장롱 뒤로 던져 놓았다오."

돈이 필요해서 금을 팔려고 할 때마다 장롱을 옮겨야 해서 그냥 참다 보니 금값이 올라서 부자가 되었다는 것이다. 종신보험은 장기간 지속해야 되는 상품이다. 그 과정에 해지에 대한 유혹은 끊임없이 발생한다. 그 유혹을 견뎌내고 끝까지 유지하기 위해서는 긴 시간을 견뎌야 한다. 그래야 나중에 장롱을 치웠을 때 수북이 쌓인 금덩어리를 발견할 수 있을 것이다.

● 종신보험은 장기투자 상품이다

종신보험은 가입보다 유지가 중요하다. 인생은 한 번뿐이다. 크게 성공하지 못해도 괜찮다. 그러나 크게 실패하면 안 된다. 특히 부양해야 하는 가족이 있는 경우는 더욱 그렇다. 종신보험은 다음 세대를 생각해서 장기간 시간에 투자하는 상품이다. 유대인들의 종신보험은 한 세대를 뛰어 넘는 장기투자로 유명하다. 많은 사람들이 유대인들의 삶을 공부하지만 유대인처럼 행동하지는 않는다. 종신보험은 가족을 사망의 리스크로부터 지켜 줄 장기상품이다. 더구나 충동적 소비를 막아준다. 납입이 장기간 분산되어 물가상승의 부담이 완화되고 비과세 상품이라 세금 부담도 없다.

● 시간을 견디는 모래시계

세일즈맨: 현재 수입이 어느 정도입니까?

고객: 5천만 원 정도 됩니다.

세일즈맨: 언제까지 일할 수 있으세요?

고객: 30년 정도는 하겠죠.

세일즈맨: 수입이 늘겠지만 보수적으로 계산해도 총수입이 15억 원 정도는 되네요.

고객: 큰 금액이네요.

세일즈맨: 15억 원으로 세금 3억 원, 생활비 3억 원, 교육비 3억 원, 주택자금 3억 원, 노후자금 3억 원으로 사용하면 15억 원입니다. 필요한 다른 용도가 있나요?

고객: 아니오. 그런 용도로 쓰이겠네요.

세일즈맨: 15억 원이면 다 되는데 왜 사람들이 나중에는 통장에 남는 돈이 없다고 할까요?

고객: 새는 돈이 많아서겠죠.

세일즈맨: 맞습니다. 돈을 모으는 것은 사막에서 모래를 모으는 것과 같은데 바람이 불면 모래는 흩어지죠. 돈도 마찬가지입니다. 긴 시간 동안 수많은 바람을 이겨내야 합니다.

고객: 그렇겠네요.

세일즈맨: 모래시계를 엎어놓으면 위의 모래가 아래로 그대로 내려오죠. 15억 원을 모래시계 위에 놓고 밑으로 내리면서 쓰면 풍족하게 하고 싶은 것을 다하면서 살 수 있습니다. 왜 그렇게 될까요?

고객: 모래시계가 바람을 막아주어서 그렇겠네요.

세일즈맨: 흩어지게 하는 바람은 아프거나 사망할 수 있는 리스크, 충동적 소비, 물가, 세금일 수 있습니다.

고객: 그것만 막아주면 되겠네요.

세일즈맨: 종신보험이 아주 유용한 긴 시간을 지켜 주는 바람막이입니다.

고객: 어떻게 바람막이가 되죠?

세일즈맨: 종신보험은 보장도 길고 납입기간도 깁니다. 마라톤으로 생각하면 종신보험은 풀코스 마라톤이고 반환점이 없습니다. 온갖 어려움이 닥쳐도 긴 시간을 달려야 하죠.

● 1억 원 현금성 다목적 통장

세일즈맨: 온 가족이 쓸 의료비 통장을 만든다면 얼마짜리 통장을 만들어야 할까요?

고객: 1억 원 정도는 있어야죠.

세일즈맨: 통장에 1억 원이 있나요?

고객: 없는데요.

세일즈맨: 어떻게 만들어야 할까요?

고객: 모아야겠죠.

세일즈맨: 굉장히 긴 시간이 필요한데 통장이 꼭 필요할까요?

고객: 당연히 필요하죠.

세일즈맨: 그런 의료비 통장을 갖고 싶다면 제가 확실하게 도와드리겠습니다. 매달 50만 원씩 적금을 넣고 있는데 은행에서 전화가 옵니다. 2달분의 적금이 밀렸다는 내용입니다. 당뇨합병증으로 한쪽 눈이 실명되어서 더 이상 일을 못한다고 대답했더니 은행원이 계약내용을 살펴보면서 "잠깐만요, 고객님! 이 적금은 일을 못할 정도의 장

해 상태가 되면 은행에서 만기까지 적금을 대신 납입해 드립니다. 고객님은 한쪽 눈 실명이 이 조건에 해당됩니다. 단 끝까지 기다리셨다 20년 만기 시점에만 찾으실 수 있습니다."라고 알려줍니다. 그런 상황이면 어떤 생각이 들까요?

고객: 좀 더 크게 들 걸 하는 아쉬움과 중간에 사망하는 것에 대한 두려움이겠죠.

세일즈맨: 20년간 1억 원을 납입하고 이자 1천만 원을 더해서 받는 1억1천만 원 적금과 이 적금에 비해 이자 1천만 원은 못 받지만, 장해상태로 일을 못하거나 사망을 해도 1억 원을 반드시 지급하는 플랜 중 어느 것을 선택하시겠어요?

고객: 가족들 생각하면 이자 1천만 원보다 어떤 일이 있어도 1억 원이 필요하죠.

세일즈맨: 종신보험이 그렇습니다.

● 시간이 흐르면 더 커지는 종신보험의 가치

세일즈맨: 지난번 만났을 때 수입이 늘었다고 하셨는데 요즘은 어떻게 운용하고 계세요?

고객: 매월 150만 원 정도 여유가 있지만, 요즘 금리가 너무 낮다 보니 뭘 할지 망설이고 있네요.

세일즈맨: 어느 정도 금리면 만족하세요?

고객: 5% 정도만 되면 좋겠어요.

세일즈맨: 만약 7%를 보장한다면 어떨 것 같으세요?

고객: 그 정도는 꿈같은 수익률이죠.

세일즈맨: 만약 10년을 견딜 수 있으면 수익률로 매년 7%를 보장해 줍니다. 10년을 기다릴 수 있나요?

고객: 그 정도 수익률을 보증한다면 당연히 10년을 기다릴 수 있습니다. 어떻게 그게 가능하죠?

세일즈맨: 산양산삼을 키우는 방법은 산에 종자를 흩뿌리고 흙과 낙엽으로 덮어두면 됩니다. 산삼 종자 300g을 약 20만 원에 사서 7년에서 10년을 기다리면 1뿌리에 약 1만5천 원의 가치를 갖게 됩니다. 물론 이 기간의 관리 비용은 추가 지출해야죠. 만약 고객님이 연간 1천500만 원 정도 여윳돈이 있는데 그 중 1천만 원을 필요한 곳에 사용하고, 남은 돈 500만 원을 묻어두고 10년 후에 찾아 쓴다고 생각해 보세요.

고객: 산삼농사를 짓는 것과 비슷하네요. 뿌리고 10년 후에 찾는 것이니까요.

세일즈맨: 바로 그 얘기입니다. 매년 2%의 이자를 주는 은행에 맡겨둔다면 10년 후에는 약 22%의 수익이 납니다. 기다리는 10년 동안은 매년 1천만 원만 사용하시겠지만, 10년 후부터는 맡겨두었던 500만 원 +이자의 돈을 함께 사용하게 됩니다.

고객: 이해했습니다.

세일즈맨: 네. 산삼농사처럼 첫 10년은 아무런 이익이 없지만 11년째가 되면 1천500만 원이 아닌 1천600만~1천700만 원을 활용하게 되고, 12

년째도 2년째 투자한 수익이, 13년째는 3년째 투자한 것이 더해져서 수익률은 매년 7~13% 정도를 유지할 수 있게 됩니다. 시간은 마치 마술처럼 불가능을 가능으로 바꿔줍니다. 시간을 극복하면 마술처럼 종신보험의 가치는 훨씬 더 커집니다.

정리

종신보험을 끝까지 유지하는 사람은 많지 않다. 복리가 마법을 발휘하려면 시간의 흐름을 견뎌야 한다. 뉴욕 맨해튼은 지구촌에서 가장 땅값이 비싼 지역 중 한 곳이다. 이런 맨해튼을 17세기에 인디언이 단돈 24달러에 미국인에게 팔았다. 만일 인디언이 24달러를 매년 8% 복리로 은행에 저축했더라면 지금쯤 약 95조 달러, 한화로 11경 원이라는 천문학적인 돈이 되었을 것이다. 24달러가 95조 달러가 될 수 있는 것이 복리의 엄청난 위력이다. 종신보험은 나이가 들수록 보험료가 가파르게 올라간다. 조금이라도 일찍 종신보험에 가입하는 일은 복리저축을 일찍 시작하는 것과 같다. 남은 것은 금덩어리를 장롱 뒤로 던지듯 시간의 유혹을 견디는 일이다.

삶

● 삶을 파는 세일즈

미국의 보험세일즈 왕 프랭크 베트거는 《실패에서 성공으로》라는 책에서 영업이란 '사람을 만나는 일'이라고 정의했다. 그는 그 책에서 '밖에 나가서 하루에 네다섯 명의 사람들에게 자신의 이야기를 정직하게 할 수 있는 평범한 사람이라면 그 사람은 영업에서 성공할 수밖에 없다.'고 말했다. 고객은 보험에 관심이 없다. 오직 삶에만 관심이 있다. 세일즈맨이 자신의 삶을 이야기하면 고객도 자신의 삶을 이야기한다.

세일즈맨이 자식 이야기를 하면 고객도 자식 이야기를 하고, 재테크 이야기를 하면 고객도 재테크 이야기를 한다. 이렇게 삶을 이야기하다 보면 그 끝에는 보험 이야기가 나올 수밖에 없다. 보험세일즈는 보험을 팔지 않고 삶을 파는 일이다.

● 사람의 80년

신이 소를 만들고 나서 소에게 60년을 살라고 했다. 소는 "나는 일만 하면서 사는 60년은 지겹다!"며 반만 달라고 해서 소의 평균 수명은 30년이 되었다. 그 다음 개에게는 수명을 30년을 줬다. 그런데 개가 "개 같은 생을 30년이나 살 필요가 있느냐!"고 반만 달라고 해서 개의 수명이 15년이 되었다. 원숭이에게는 사람들에게 즐거움을 주면서 20년을 살라고 했더니 "난 놀림감으로 20년을 살기 싫다"며 역시 절반만 달라고 해서 원숭이의 수명은 10년이 되었다. 그러고 나서 신은 사람에게는 25년을 살라고 했다. 그런데 욕심 많은 인간이 그 정도로는 부족하니 소, 개, 원숭이가 반납한 수명을 다 살겠다고 했다. 그래서 사람은 본래의 수명 25년에 소의 30년, 개의 15년, 원숭이의 10년을 합해 총 80년을 살게 되었다.

80년 동안 사람이 사는 것을 살펴 보면, 태어나서 25세까지는 부모가 밥 해 주고, 돈 대주어서, 하고 싶은 것 하면서 사람답게 산다. 그러다가 26~55세까지 30년 동안은 열심히 소처럼 일을 하면서 소가 반납한 인생을 산다. 55세 은퇴 후 56~70세까지의 15년은 개처럼 집을 지키면서 왔다갔다 이것저것 간섭하면서 자식에게 용돈을 받아쓰며 산다. 나머지 71세부터 80세까지 10년은 원숭이처럼 손자 손녀들 앞에서 재롱을 떨면서 원숭이가 반납한 인생을 산다. 요즘은 수명이 20년 정도 늘어난 100세 시대인데, 81~100세까지 20년은 신의 손을 떠난 삶이다. 신의 손을 떠난 20년을 책임질 수 있는 것이 종신보험이다.

● 백세인생 종신보험

세일즈맨: 요즘 100세 시대라고 하는데 100년을 어떻게 사는지 아세요?

고객: 글쎄요.

세일즈맨: 25세까지는 정말 사람답게 살고, 26세부터 55세까지 30년은 소처럼 열심히 일한답니다. 은퇴 후 70세까지 15년은 개의 삶이라 집을 지키면서 살고 71세부터 80세까지 10년은 손자 손녀 앞에서 재롱을 피우면서 원숭이의 삶을 삽니다.

고객: 나머지 100세까지 20년은 어떻게 살죠?

세일즈맨: 원래 80세까지 사는 것인데 덤으로 얻는 20년은 신의 손을 떠난 삶이죠.

고객: 이런 삶과 종신보험이 무슨 관련이 있나요?

세일즈맨: 우리의 삶은 보험을 떠날 수 없습니다. 자녀들을 25세까지 지켜 주기 위해서는 부모의 종신보험이 필요하죠. 소처럼 일하는 30년은 본인들이 짊어진 책임을 다하기 위해서 본인의 종신보험이 필요합

니다.

고객: 은퇴 후에는 종신보험이 필요 없는 것 아닌가요?

세일즈맨: 삶이 이어지는 한 종신보험은 언제나 필요하죠. 종신보험은 경제
활동기에만 유용한 것이 아닙니다. 경제적 가치가 소멸되고 치료
비가 들어갈 때 미리 당겨서 쓸 때도 종신보험은 필요하죠.

고객: 신의 손을 떠난 80세 이후는요?

세일즈맨: 대부분의 보험이 80세까지 보장되고 그 이후에 보장되지 않습니
다. 종신보험은 죽을 때까지 종신토록 보장합니다. 죽는 데도 돈이
필요한데 죽을 때 돈을 가져다주는 종신보험은 잘 죽는 데 필요합
니다. 잘 죽어야 잘 산 것입니다.

● 삶을 말하면 보험을 묻는다

고객: 우리 아들은 하고 싶은 것이 많아요.

세일즈맨: 어떤 것을 하고 싶어 하는데요?

고객: 축구도 하고 싶고, 세계여행도 하고 싶고, 어려운 사람 도와주고도
싶다네요.

세일즈맨: 그렇게 해 주면 되잖아요.

고객: 그놈의 돈이 문제죠.

세일즈맨: 돈을 많이 버셔야겠네요.

고객: 그래야 하는데 직장도 불안하고 건강도 예전 같지 않아 걱정입니다.

세일즈맨: 어떤 일이 있어도 아들의 꿈을 지켜 주고 싶으세요?

고객: 당연히 그러고 싶죠.

세일즈맨: 그런 방법이 있는데 관심 있으세요?

고객: 어떻게 하면 돼요?

● 보험을 물으면 삶을 말한다

세일즈맨: 보험 상품에 대한 설명을 드릴게요.

고객: 에고, 보험이고 뭐고 요즘 사는 것이 힘들어서요.

세일즈맨: 왜 힘드신데요?

고객: 남편 월급은 안 오르는데 물가도 오르고 교육비도 점점 늘어나요.

          그리고 요즘 남편 직장도 불안해요.

세일즈맨: 불안할수록 보험이 더 필요하죠.

고객: 열심히 산다고 사는데도 점점 더 힘들어져요.

세일즈맨: 제가 소개할 상품이 해결해 드릴 수 있어요.

고객: 사는 것이 재미도 없고 희망도 없어요.

세일즈를 못 하는 사람은 삶을 이야기하지 않고 보험을 이야기한다. 그러나 세일즈를 잘 하는 사람은 보험 이야기를 하지 않고 삶을 이야기한다. 성공하는 세일즈맨은 사람들과 1시간 중 50분 동안 삶을 이야기하고, 실패하는 세일즈맨은 반대로 삶을 10분 이야기하고 50분 동안 상품 이야기를 한다. 가족에 대한 사랑, 자녀들의 소중한 꿈, 그리고 삶을 통해 죽음의 가치를 이야기하는 세일즈맨이 고객의 마음을 움직일 수 있다. 종신보험은 상품을 판매하는 것이 아니라 삶을 공유하는 것이다. 그 삶 속에 종신보험이 녹아 있다. 당신은 하루에 몇 사람과 당신의 삶을 공유하고 있는가?

유머

● 처칠의 유머

윈스턴 처칠은 위트 있는 언변으로 유명한 정치인이다. 하루는 처칠이 의회에서 어느 여성 의원과 심한 논쟁을 벌였다. 화가 잔뜩 난 여성 의원은 차를 마시는 처칠에게 말했다. "당신이 내 남편이었다면 나는 틀림없이 그 찻잔에 독약을 넣었을 거예요." 그러자 처칠은 조금도 당황하지 않고 웃으며 답했다. "당신이 만약 내 아내였다면 나는 주저 없이 그 차를 마셨을 거요." 유머는 아무리 심각한 상황에서도 숨 쉴 여유를 만들어 준다. 죽음을 직접적으로 다루는 종신보험만큼 심각한 이야기는 없다. 종신보험을 설명할 때 적절한 유머를 가미한다면 좀 더 여유 있게 고객을 설득할 수 있을 것이다.

● 회장님 만나기

한 종신보험 세일즈맨이 대기업 회장을 만나기 위해 무던히도 애썼지만 비서실에서는 전혀 반응이 없었다. 마지막 수단으로 그는 회장에게 편지를 썼다. 그러자 바로 다음 날 비서실에서 연락이 왔다. 세일즈맨은 회장과 면담하고 거액의 보험계약을 체결할 수 있었다. 편지 내용은 간결했다.

'저는 하나님도 매일 아침저녁으로 만난답니다. 그런데 회장님은 영원히 만날 수 없군요.'

세일즈맨의 재치 있는 유머는 완고한 회장의 마음도 돌려놓았던 것이다.

● 간디의 유머

간디는 영국에서 대학을 다니던 시절 영국인에게 고개를 숙이지 않았다. 그런 간디를 아니꼽게 여기던 피터스라는 교수가 있었다. 그는 대학 내에서도 철저한 인종차별주의자로 유명했다. 하루는 간디가 식당에서 점심을 먹고 있는 피터스 교수 옆에 앉았다. 피터스 교수는 간디에게 얘기했다.

"간디, 자네가 잘 모르는 모양인데……. 원래 돼지와 학이 함께 앉아서 식사를 하는 경우는 없다네."

그러자 간디가 대답했다.

"아, 죄송합니다. 교수님. 그럼 제가 다른 곳으로 날아가지요."

더욱 화가 난 교수는 매번 시험마다 간디를 골탕 먹이려 했지만 간디는 매번 만점에 가까운 점수로 시험을 통과했다. 결국 교수는 수업 때마다 간디에게 곤란한 질문을 던지곤 했다.

"만약 자네가 길을 걷고 있다가 지혜가 가득 든 자루와 돈이 가득 든 자루를 발견했다 치자. 둘 중 하나만 가져갈 수 있다면 자네는 어느 쪽을 택하겠나?"

간디가 곧 바로 대답했다.

"그야 당연히 돈 자루죠."

그러자 피터스 교수가 한심하다는 듯이 비웃었다.

"쯧쯧, 나라면 지혜가 가득 든 자루를 택했을 거네."

그러자 간디가 말했다.

"각자 자기가 부족한 걸 선택하는 법이니까요."

약이 바짝 오른 교수는 간디의 기말고사 시험지에 'idiot(멍청이)'라 적은 후 돌려줬다. 시험지를 받은 간디가 교수에게 다가가 말했다.

"교수님, 제 시험지에는 점수는 안 적혀 있고 교수님 서명만 적혀 있는데요."

● 우환 있는 설계사의 승리

다음은 내가 보험세일즈를 처음 시작했을 무렵 소개받은 의사 아내와의 사례이다.

고객: 다른 회사 설계사는 세련되고 표정이 참 밝던데 설계사님은 얼굴 표정이 어두우세요. 혹시 집안에 우환 있으세요?

세일즈맨: 잘 보셨네요. 우환은 없는데 어렵게 성장하다 보니 표정이 어두워요. 이런 표정으로 영업을 오랫동안 하는 것이 신기하지 않으세요? 저 같이 악조건 속에서도 포기하지 않고 열심히 하는 설계사가 잘 되어야 하지 않을까요?

우환 있냐는 말을 들었을 때 표정이 굳어지고 더 심각하게 대했으면 상황은 어려워졌을 것이다. 우환을 여유있게, 재미있게 받아들이니 오히려 상황이 긍정적으로 변했다. 반전의 힘은 유머에서 나온다. 보험도 우환처럼 어두운 상황 때문에 필요한 것이다. 유머는 어두운 상황을 정반대로 변화시키는 마술 같은 힘을 가졌다.

● 결정을 미루는 고객 클로징

세일즈맨: 제가 3시간 동안 종신보험에 대해 자세하게 사례까지 곁들여서 설명드렸는데 어떠셨어요?

고객:	설명 잘 들었고 잘 이해했습니다. 좀 더 고민해 보고 다음에 결정하
	겠습니다.
세일즈맨:	어떤 것이 망설여지시나요?
고객:	전반적으로 여러 가지가 다 고민 돼요.
세일즈맨:	그러시군요. 제 설명이 부족한 것 같으니 처음부터 다시 설명을 드
	리겠습니다.
고객:	아! 설명 충분합니다. 첫 번째 안이 좋네요. 어디에 서명하면 되죠?

특별한 이유 없이 미루는 경우에는 가볍게, 그러나 절박하게 클로징한다. 지나고 나서 생각하면 입가에 미소가 머무는 경우이다.

> **정리**
>
> 누군가 종신보험에 가입하는 남자에게 말했다. "당신이 죽으면 당신 아내는 재혼할텐데 누구를 위해 그렇게 큰 사망보험에 가입하세요?" 그러자 남자가 대답했다. "좀 더 좋은 조건으로 재혼하겠죠." 누군가 링컨을 향해 '두 얼굴을 가진 이중인격자'라고 공격했다. 링컨은 침착하게 맞받아쳤다. "만일 제게 또 다른 얼굴이 있다면 이 얼굴을 하고 있을 거라고 생각하십니까?" 종신보험을 설명하는 것은 고객으로 하여금 부정적인 정서를 불러일으킬 수밖에 없다. 그래서 종신보험 세일즈가 힘들다. 계약의 성사 여부는 고객이 얼마나 마음의 여유를 가지느냐에 달려 있다. 유머는 부정적인 감정을 희석시키는 힘을 가지고 있다.

직업:
스님에게도
종신보험은
필요하다

SALES RECIPE 100

자산가

● 살아서 주는 젖소

어느 날 돼지가 젖소에게 하소연을 했다.

"너는 고작 우유만 주는데도 사람들의 귀여움을 받지. 그런데 나는 내 목숨을 바쳐 고기를 주는데도 사람들은 나를 좋아하지 않아."

젖소는 잠시 생각에 잠겼다가 말했다.

"나는 비록 작은 것일지라도 살아 있는 동안 해 주고, 너는 죽은 뒤에 해 주기 때문일 거야."

자산을 자식들에게 남겨 줄 때도 죽어서 주는 것은 의미가 없다. 살아서 주어야 고마운 줄을 안다. 살아 있을 때 자산을 자식들에게 남겨 줄 수 있는 합법적이고도 합리적인 방법이 종신보험이다.

● 세금 없이 40억 원을 물려준 자산가

서울 강동구에 사는 300억 원 자산가가 있었다. 그는 대학생인 아들 두 명에게 자산을 물려주고 싶어 했다. 아파트를 물려주고 싶어 했지만 아파트는 시가로 계산되기 때문에 세금 부담이 많았다. 그래서 고민 끝에 오래된 12층 상가 1개를 분할해서 두 아들에게 증여했다. 상가 보증금, 대출금을 제외하고 기준시가로 계산하니까 증여세는 크지 않았다. 상가에서 발생하는 수입이 월 1천200만 원이니까 둘이 600만 원씩 매월 수입이 생겼다. 두 아들의 고정 수입을 확보한 자산가는 계약자, 수익자, 납입자를 두 아들로 해서 20년 납으로 20억 원씩 총 40억 원의 종신보험을 계약했다. 그리고 상가 수입으로 보험료를 납입했다. 이런 방식으로 20년간 총 24억 원을 납입하고 40억 원을 세금 없이 자녀에게 물려줄 수 있었다.

자산가가 사망하고 갑자기 남겨 주는 자산은 자녀에게 득이 아니라 독이 된다. 자녀들이 아직 그릇이 안 되는데 큰 자산을 한꺼번에 물려받으면 인생이 망가진다. 갑자기 로또에 당첨되어서 인생이 나락으로 떨어진 사람들의 사례를 보면 이를 잘 알 수 있다. 하지만 미리 자산을 남겨 주면 자녀는 자산을 운용할 수 있는 훈련을 할 수 있고 그 과정에서 자산을 담을 그릇이 넓어진다.

또 종신보험은 세금을 절약할 수 있다. 자산가가 자산을 남겨 줄 때 내야 하는 세금은 크게 2가지 종류가 있다. 바로 증여세와 상속세이다. 죽어서 자산을 물려줄 경우 상속세를 최고 50%나 내야 한다. 그러나 위 사례처럼 살아생전에 종신보험을 남겨 주면 상가와 관련된 증여세만 납부하면 된다. 그 밖의 세금은 모두 면제된다. 24억 원을 납입하고 40억 원을 받으면 16억 원의 불로소득이 발생하는데 이는 상속의 개념이 아니다. 두 아들이 본인들 명의로 가입하고 본인들이 받은 것이기 때문에 두 아들의 자산이다. 초기에 상가와 관련된 미미한 증여세만 내면 보험금에 대한 상속세와 소득세는 모두 비과세다. 이처럼 종신보험은 세금 없이 큰 자산을 자녀에게 합법적으로 물려 줄 수 있는 매우 합리적인 방법이다.

● 상가 vs 종신보험

다음은 50억 원 상당의 부동산을 소유한 52세 임대업자의 사례이다. 그는 추가로 30억 원 상당의 상가를 구입하려고 했다. 자금은 본인 돈 10억 원, 상가 보증금 10억 원, 대출 10억 원으로 충당하려 했다. 지금 가지고 있는 상가는 관리가 잘 되고 있느냐고 물었더니 사실 어렵다고 했다. 상가수도 많고, 장사도 잘 안 되고, 수리도 해야 한다고 볼멘소리를 했다. 그렇게 골치 아픈 상가를 왜 또 구입하려고 하느냐고 물으니 부동산 말고는 마땅히 자금을 운영할 방법을 모른다고 했다. 그래서 나는 이렇게 제안했다.

"그러지 말고 부동산과 비슷한 자산에 투자하시는 건 어떨까요? 이 자산은 상가처럼 관리할 필요도 없고, 가치가 떨어지지도 않죠. 또 위급할 때는 기존에 있던 상가를 유지할 수 있도록 지켜 주기도 합니다. 어차피 고객님께서는 빚을 남기는 게 아니라 자산을 남기실 거잖아요? 남겨지는 자산으로 보면 상가나 현찰이나 종신보험이나 차이가 없습니다. 괜히 상가를 하나 더 사서 골치 아픈 것보다 제가 권하는 자산을 선택하는 것이 더 현명한 선택 아닐까요?"

내 설명을 들은 그는 상가를 구입하는 대신 10억 원의 종신보험에 가입했다.

● 자산가의 특성

자산가들은 경제적으로는 풍요롭지만 자산을 관리하느라 마음의 여유가 없다. 또 자산가들은 항상 자식들에게 어떻게 자산을 물려줄까 고민한다. 고민의 핵심은 결국 세금이다. 자식과 본인 사이에는 세금이라는 커다란 벽이 있기 때문이다. 과세표준 금액이 30억 원을 초과하면 무려 50%를 상속세로 납부해야 한다. 그렇다고 어렵게 모은 자산을 사회에 환원하기도 쉬운 일이 아니다. 자산가들은 부동산 임대업이나 땅 부자인 경우가 많아서 부동산 이외의 수단으로 자산을 물려주는 방법을 잘 모를 수 있다. 따라서 이들에게 종신보험은 좋은 대안이 될 수 있다. 자산가들은 자산의 크기가 크기 때문에 보험료나 보장 사이즈도 크다. 1억~2억 원이 아니라 경우에 따라서 10억 원, 100억 원이 될 수도 있다.

● 접근방법

자산가들에게 접근하기 위해서는 부자들의 심리상태를 파악해야 한다. 부자들은 자산을 물려주는 시기에 대해 일종의 딜레마를 갖고 있다. 세금을 절약하려고 빨리 물려주자니 자녀 교육적인 측면에서 자생력을 떨어뜨리지 않을까 불안하다. 그렇다고 죽고 나서 물려주자니 막대한 상속세가 부담이 된다. 그럴 때 자산을 빨리 물려주면서 자식에게 돈에 대한 교육도 시키고, 세금도 절약할 수 있는 방법으로 종신보험을 추천하면 부자들은 마음속의 딜레마가 사라지고 기꺼운 마음으로 계약할 확률이 높아진다.

자산가들에게는 일반적으로 많은 설계사가 접근한다. 이미 많은 설계사와 이야기를 해 보았기 때문에 신뢰를 주지 않으면 두 번 다시 만나지 못할 수도 있다. 우선 정확한 정보를 전달해야 한다. 조금이라도 사실과 다른 정보를 전달하면 자산가들은 다시는 안 보려고 한다. 왜냐하면 정보를 검증하는 데에도 많은 시간과 에너지가 들어가기 때문이다. 또 진정성을 가지고 접근하되 자신의 것만 옳다고 일방적으로 주장해서도 안 된다. 그런 욕심이 엿보이면 진정성이 의심받기도 한다.

또 워낙 보장금액이 크다 보니까 경쟁모드로 들어가면 지금까지 공을 들여온 다른 세일즈맨들이 훼방을 놓기도 한다. 따라서 혼자서 다 가지겠다는 욕심을 내려놓을 필요가 있다. 적절하게 양보하면서 계약을 성사시키는 것이 중요하다. 자산가는 전체가 아니라 일부만 내 계약으로 가져와도 그 금액이 상당히 크다. 오히려 자기하고만 계약하지 말고 여러 군데에 분산시키는 것이 안전하다고 말해 주면 자산가에게 신뢰를 줄 수 있어서 계약에 유리하다.

자산가들은 비슷한 재력을 지닌 사람들끼리 모이는 경향이 있다. 그래서 일단 한 명에게 신뢰를 얻으면 소개를 통해 확장될 가능성이 커진다. 너무 큰 덩어리를 혼자서 다 먹으려고 하면 결국 배탈이 난다. 욕심을 버리고 차근차근 신뢰를 쌓아서 확장성을 노리는 것이 현명하다. 한편, 자산가와 계약하는 일은 득이 큰 만큼 위험하기도 하다. 다른 자잘한 계약은 시시해 보이는 것이다. 오랫동안 큰 건을 성사시키지 못하면 상실감만 커진다. 결국 이런 감정의 기복을 이겨내지 못하고 세일즈를 그만두는 경우도 많다. 작은 계약을 소중히 여기고 꾸준히 하다 보면 큰 계약은 보너스처럼 주어진다.

● 1%로 내는 세금

세일즈맨: 고객님은 자산이 100억 원이나 되니 걱정이 없으시겠어요.

자산가: 요즘 잠이 잘 안 와요. 두 눈 똑바로 뜨고 있는데 내 돈을 바로 앞에서 빼앗기는 기분 아세요?

세일즈맨: 세금 때문에 그러시는군요.

자산가: 맞아요. 묘안이 없을까요?

세일즈맨: 세금을 전혀 안 내겠다는 것은 아니죠?

고객: 그럴 수야 있나요.

세일즈맨: 그렇다면 좋은 방법이 있습니다. 자산 소득률이 평균 5% 정도 되는데 맞나요?

자산가: 그 정도 되죠.

세일즈맨: 1%만 양보하시면 세금 문제는 제가 해결해 드리겠습니다. 그래도 4%는 고객님 것입니다.

자산가: 1%로 해결된다면 괜찮은데요.

세일즈맨: 100억 원의 1%는 연 1억 원이죠. 이 돈으로 종신보험에 가입하면 국세청 몫의 세금을 해결할 수 있습니다. 나이가 많아질수록 비용은 늘어나죠. 그래서 국세청에서 발행한 절세가이드에서도 상속세 재원을 마련하는 방법으로 종신보험에 가입할 것을 권장하고 있습니다. 1%를 양보하고 편하게 주무시는 것이 좋지 않나요?

자산가: 듣고 보니 일리가 있네요.

자산가들이 자녀들에게 자산을 주지 못하는 것은 2가지 이유 때문이다. 자녀 교육과 세금이다. 너무 일찍 주면 자녀들이 망가질까 걱정한다. 그리고 언젠가 내야 할 세금을 금액이 크다 보니 아까워한다. 그렇다고 죽고 난 뒤에 주면 갑자기 막대한 세금을 납부해야 한다. 종신보험은 자산을 미리 남겨 주되 자녀 교육에도 도움을 줄 수 있는 방법이다. 무조건 자산을 끼고 있다가는 자칫 살아서 대접받지 못하는 돼지와 같은 신세가 될 수 있다. 자산가들은 젖소처럼 작은 자산이라도 미리 남겨 주어야 살아서 자녀들에게 존경받고, 죽어서도 자녀들이 살아나갈 수 있는 자생력을 길러줄 수 있다. 보험만 팔려고 하지 말고 자산가들의 고민을 해결해 주어라. 그러면 보험은 자연스럽게 팔린다.

사업가

● 숨겨둔 아들

어느 날 100억 원 자산을 가진 사업가가 갑자기 사망했다. 가족들은 회의를 통해 자산을 배분했다. 40억 원 상당의 땅과 상가, 주택은 엄마에게, 나머지 재산은 아들, 딸에게 각각 30억 원씩 상속되었다. 며칠 후 한 젊은이가 숨겨진 자식이라며 나타나서 자신의 몫을 요구했다. 유전자 검사를 해도 친자가 확실했다. 결국 그동안 얼굴도 보지 못했던 젊은이는 30억 원을 자기 몫으로 받아 갔고 가족은 풍비박산이 났다. 그

숨겨진 아들의 이름은 바로 국세청이다. 한 사람이 사망하면 국세청은 보통 자녀 한 사람 몫의 돈을 세금으로 요구한다. 문제는 이를 법적으로 피할 방법이 없다는 것이다. 사업은 돈을 버는 것뿐만 아니라 돈을 지키는 것도 중요하다. 종신보험은 국세청으로부터 돈과 가족 그리고 자산을 지킬 수 있는 가장 확실한 방법이다.

● 10억 원 vs 600만 원

한 회사 대표가 월 300만 원으로 노후 생활비를 위한 연금보험과 가족들을 위한 10억 원 종신보험을 두고 고민했다. 평소 건강했던 그는 연금보험에 가입했다. 그런데 6개월이 지난 후 갑자기 살이 빠지고 등이 아프기 시작했다. 병원에 갔더니 췌장암 진단이 나왔다. 몇 달 후 그는 사망했고 장례식장에 참석한 회사 직원들이 수군거렸다. "그래도 우리 사장님은 보험료를 많이 내니까 가족 분들께 보험금이 많이 나오겠지?" 그러나 안타깝게도 연금 상품의 사망보험금은 600만 원과 적립금이 전부이다. 연금보험은 경제활동기의 리스크를 커버해 주지 못한다. 하지만 종신보험은 저축기능이 있어 쌓여 있는 환급금을 연금재원으로 쓸 수 있다. 또 보장금액의 일부를 노후에 병원비로 할인해서 쓸 수 있다. 약간의 환급금을 더 받기 위해 가족에게 닥칠 엄청난 리스크를 감수할 필요가 있을까?

● 사업가의 특징

컵에 1%의 독이 들어 있다는 것을 알면 아무도 마시지 않는다. 그런데 사업은 90% 이상 망한다고 해도 너도나도 시작한다. 자신만은 다르다는 착각에 빠져 있기 때문이다. 사업은 기복이 심해서 10년 이상 유지되는 기업이 드물다. 10년 이상을 버텼어도 언제 어떻게 될지 아무도 장담 못한다. 사업가 시장을 위주로 영업했던 세일즈맨들도 이런 기복을 견디지 못하고 시장을 전환하기도 한다. 그러나 사업가 시장은 큰 계약들이 잘 나오기 때문에 외면할 수 없다. 사업가는 위험을 감수하면서 성장하려고 노력해야 겨우 제자리에 머물 수 있다. 그래서 본인들과 비슷하게 부지런하고 열정적인 세일즈맨들을 선호한다.

● 접근방법

사업에서 오랜 기간 성공한 사업가들은 보통 2중, 3중의 대비책을 마련한다. 사업가를 설득할 때는 가족에 대한 안전장치도 같은 수준으로 해야 한다고 말해야 한다. 사업가가 성공하면 자연스럽게 자산가가 된다. 그때부터는 자산가를 상대하는 것과 똑같다. 자산의 30% 정도를 종신보험으로 준비해야 어떤 상황에서도 회사나 자산이 지켜질 수 있다고 강조한다.

● 세금의 장벽을 넘어라

세일즈맨: 요즘 사업은 잘 되시나요?

사업가: 항상 전쟁터죠. 상황이 유리하게 되는 경우는 없는 것 같아요. 이런 삶을 언제까지 유지해야 하는지 걱정이 돼요.

세일즈맨: 한치 앞이 안 보이는 전쟁터에서 오랫동안 회사를 유지해온 비결이 있으신가요? 열심히 하신 것은 기본이지만 그것 외에 다른 것이 있을 것 같은데요.

사업가: 예측한 대로 되는 것이 없기 때문에 항상 2중, 3중의 안전장치로 대비했던 것이 비결이랄까요?

세일즈맨: 회사에서처럼 가정에서도 없어서는 안 되는 중요한 위치에 있으신데 그것에 대한 안전장치는 잘 되어 있으신가요?

사업가: 회사일밖에 모르고 살아서 다른 것은 준비 못했죠.

세일즈맨: 자녀들이 회사를 이어받을 수도 있나요?

사업가: 아직은 잘 모르겠지만 그럴 수도 있겠죠.

세일즈맨: 그렇다면 사장님 개인에 대한 안전장치가 회사가 안전하게 상속되는 방법으로도 활용됩니다.

사업가: 무슨 뜻이죠?

세일즈맨: 100억 원 가치의 회사가 상속될 때 30%인 30억 원 정도의 세금이 필요합니다. 세금재원이 없으면 회사 지분을 매각해서 마련해야 합니다. 그럴 경우 회사의 소유권이 바뀔 수도 있습니다. 상속이 아니더라도 사장님께 문제가 발생하면 회사의 유동성에도 빨간불이

켜질 수 있죠. 그때 안전장치로 준비한 종신보험이 유동성을 해결합니다. 종신보험은 사장님이 회사를 운영하면서 준비했던 안전장치와 같은 것입니다.

사업가: 하지만 저는 바로 현금화할 수 있는 금융자산이 있어요.

세일즈맨: 많은 분들이 그렇게 생각들을 하는데 대부분 병원에서 사망하면서 현금은 병원비로 다 쓰게 되죠.

사업가: 그렇겠네요.

정리

한 나그네가 호랑이를 피해서 산길로 도망을 갔다. 절벽으로 굴러 떨어지기도 하고, 나무에 긁히기도 하면서 한참을 도망친 나그네는 풀밭에 주저앉아 잠시 쉬었다. '이제는 따라오지 못하겠지.' 하고 한시름 놓는 순간 뒤에서 부스럭거리는 소리가 나더니 호랑이가 뛰어나왔다.

"어디 갔다 왔어? 여기로 올 줄 알고 미리 와서 한참 동안 기다리고 있었지!"

결국 나그네는 호랑이에게 잡아먹히고 말았다. 사업가들에게 세금은 어떻게든 피하고 싶은 호랑이와 같다. 죽음과 세금은 피할 수 없다. 세금을 적게 내는 유일한 방법은 세금과 공존하는 것이다. 종신보험은 국세청에서도 추천하는 합법적인 세금 재원 마련의 한 방법이다.

의사

● 의사와 편의점 주인

한 동네에 의사와 편의점 주인이 있었다. 둘은 취미로 함께 낚시를
즐기는 둘도 없는 친구였다. 그러던 어느 날 두 사람이 낚시를 갔다가
둘 다 파도에 실종되었다. 3년 후에 편의점을 하던 집은 그럭저럭 원
래 생활을 유지하고 있었다. 그러나 의사의 집안은 매우 가난해져 있
었다. 편의점 일은 누구나 할 수 있다. 주인이 없더라도 아내나 자식이
대신 일해도 큰 차이가 나지 않는다. 반면 의사는 고소득 전문직종이

다. 의사가 죽으면 빈자리를 아내나 자식이 대신할 수 없다. 이미 커진 지출은 줄이기 어려운데 수입은 끊겼으니 집안이 기우는 것은 당연한 이치다. 따라서 몸이 자산인 전문직은 유사시에 자신의 역할을 대신할 분신 같은 존재가 필요하다.

● 의사도 자기 미래는 못 고친다

의사 부부가 종신보험에 가입했다. 아내의 친한 후배의 설명을 듣고 아내가 먼저 가입했다. 남편은 종신보험 이야기를 꺼내면 "난 안 아파! 의사인 친구들이 많은데 무슨 걱정이야."라며 거부했다. 정상속도로 모범운전을 하기 때문에 자동차 보험도 필요 없다고 할 정도였다. 결국 몇 번의 설득 끝에 1억 원의 기본보장만 가입했다. 남자는 보험가입 1년 후 고속도로에서 무리하게 끼어들던 화물차의 과실로 사고가 나서 사망했다. 개업 5년차라 개업할 때 진 부채도 그대로 남은 상태였다. 그토록 믿어 의심치 않았던 의사 친구들이 도와준 것은 부의금 정도다.

아무리 본인이 안전운전을 해도 상대편의 불법운전을 막을 수는 없다. 질병이 의사라고 무서워서 비껴가지 않는다. 친구가 의사라도 치료비를 무료로 해 주고 자기의 소득을 대체해 줄 수는 없다. 그래서 의사들이 갑자기 사망하면 두 갈래로 나뉜다. 아무 준비도 없는 경우 가족들의 눈치를 보면서 자신을 위해서 모든 의료비를 지출한다. 재산을 모두 써버리고 떠나면 남은 가족들이 경제적으로 어려워진다. 반면 이럴 때를 대비해서 큰 보장을 준비한 경우 최고의 의료서비스를 받으면서 편안히 삶을 마무리할 수 있다. 물론 남겨진 가족들도 기대했던 안전한 삶을 살 수 있다. 사람들은 의사라는 전문직을 믿고 자신의 몸을 맡긴다. 마찬가지로 의사도 보험전문가를 믿고 보험설계를 맡겨야 한다.

● 저도 똑같이 해 주세요!

자녀가 둘인 40세 내과 의사를 만났다. 옆 건물 의사가 소개했다. 한 명당 교육비 예상액을 물었더니 자녀 한 명당 5억 원이라고 답했다. 그러고 나서 내심 불안했는지 옆 건물 의사는 얼마나 준비했냐고 넌지시 물었다. 옆 건물 의사도 자녀가 두 명이었는데 10억 원을 준비했다고 하니 이 말을 들은 내과 의사는 자기도 10억 원으로 해달라고 했다. 의사는 본인이나 가족의 기대치가 높다. 당연히 자녀 교육에 대한 기대치도 일반인보다 높은 수준이다. 자기 주관이 뚜렷한 반면 의사 동료 집단의 영향을 쉽게 받는다. 항상 바빠서 객관적인 정보를 수집하고 연구할 시간이 부족하기 때문에 동료의 선택을 그대로 믿고 따라하는 것이다.

● 미래로 가서 대비

월 소득 4천만 원인 부부의사와 상담한 적이 있다. 초등학생 아들이 하나 있었고 자산은 40억 원 정도였다. 자산이 많다 보니 이미 보험, 펀드와 같은 대부분의 금융상품에 가입한 상태였다. 대출도 없이 주택과 상가, 그리고 땅을 소유하고 있었다. 매월 300만 원 정도의 여유 자금이 있는데 어떻게 하면 좋겠냐고 물었다. 그래서 나는 현재 40억 원의 자산이 100억 원이 되었을 때를 가정하고 30억 원의 종신보험에 가입할 것을 제안했다. 결국 부부는 각각 10억 원씩 종신보험에 가입했다.

눈앞의 월 300만 원에만 집중했으면 아마 이렇게 큰 계약을 못했을 것이다. 나는 눈앞의 금액이 아니라 두 사람의 매년 수입과 현재 가진 자산소득을 감안한 미래 자산수준에 주목했다. 몇 십 년 후 미래 시점에서 준비해야 할 것을 이야기하니까 신뢰를 얻을 수 있었다. 자산가들의 자산관련 준비는 현재가 아니라 미래를 위한 것이다. 그래서 세일즈맨도 현재시점이 아닌 미래시점을 기준으로 제안을 해야 한다.

● 의사의 특징

의사들은 대부분 직업에 대한 자부심이 강하고 사회생활의 범위가 좁다. 매일 같은 공간에서 생활하다 보니 자연스럽게 부부의 연을 맺는 경우도 많다. 처음에 신뢰를 얻기는 힘들지만 일단 신뢰를 얻으면 많은 것을 맡긴다. 인맥으로 다른 의사를 소개받을 수도 있다. 전문직이라 아무리 아파도 진료를 해야 하고 모르는 것이 있어도 물어볼 사람이 없는 데서 오는 스트레스가 크다. 또한 자녀들도 전문직이 될 때까지 교육을 시켜야 한다는 생각 때문에 교육의 기대치가 높다. 의사들은 대부분 초등학교 때부터 회장, 전교수석 등을 하면서 선생님들과 주위의 사랑과 관심을 독차지하면서 자랐다. 그래서 항상 최고의 대접을 받는 것이 당연하다고 생각한다. 그것을 인정하지 않으면 의사들과 깊이 있는 대화를 하기는 불가능하다.

● 접근방법

의사들은 원치 않는 강요로 본인의 삶이 방해받는 것을 극도로 싫어한다. 관심과 배려와 공감을 얻을 때까지 시간을 견디며 차근차근 접근해야 한다. 몸값이 높은 만큼 가족들의 기대치가 높다. 그 기대치를 충족시키지 못하고 갑자기 사망하면 열심히 살았는데도 오히려 욕을 먹을 수 있다. 따라서 본인들의 의료비 기대치를 충족시키는 것이 중요하다고 강조해야 한다. 요즘은 의료기술이 발달하고 정보가 오픈되어 있기 때문에 경제적 여유가 되면 오래 살 수 있다. 그 경제적 기대치를 충족시키는 방법이 종신보험이다. 의사에게는 돈을 달라는 사람들이 너무 많다. 가족, 간호사, 건물주, 의료기기회사, 국세청, 은행, 증권회사, 자동차 세일즈맨 그리고 보험세일즈맨이다. 모두들 의사의 삶에는 관심이 없고 돈에만 관심이 있다. 그래서 의사들의 삶에 관심을 가져야 한다. 한번 의사의 마음을 열면 얼마든지 새로운 의사를 소개받을 수도 있다.

● 의사에게 가장 큰 리스크는?

세일즈맨: 귀중한 점심시간 내주셔서 감사합니다. 소개해 주신 박 원장님과는 친하신가요?

원장: 마음이 맞고 편해요.

세일즈맨: 박 원장님 말씀으로는 원장님 학교 다닐 때 대단했다고 하시던데요.

원장: 어디 나만 그런가요?

세일즈맨: 원장님은 어려서부터 의사가 되려고 하셨어요?

원장: 원래부터 의사가 되려는 사람이 몇 명이나 되겠어요.

세일즈맨: 지금은 잘 선택한 것 같으세요?

원장: 중간에 고민도 많이 했고 지금도 갈등이 있죠.

세일즈맨: 경영자처럼 병원관리와 사람관리 그리고 진료도 해야 하고 정신없겠어요?

원장: 나만 그런 것도 아니고 방법이 없잖아요. 박 원장하고는 무슨 얘기한 거죠?

세일즈맨: 박 원장님의 가치를 지키고 앞으로의 삶이 편안해질 방법에 대해 얘기했어요.

원장: 어떤 얘긴데요?

세일즈맨: 원장님은 자녀 두 명 있죠?

원장: 맞아요.

세일즈맨: 아무 것도 모르는 어린 자녀에게 가장 큰 리스크는 무엇일까요?

원장: 글쎄요. 내가 없을 때인가요?

세일즈맨: 맞습니다. 원장님은 가치가 높기 때문에 가족들의 기대치도 그만 큼 높습니다. 그것에 대한 안전장치를 제대로 마련하면 마음이 편 하실 겁니다.

원장: 어떻게 하면 되는데요?

● 요점만 빨리 얘기해 봐요!

세일즈맨: 원장님 중요한 정보가 있어서 왔습니다.

원장: 뭔데요? 빨리 얘기해봐요.

세일즈맨: 첫째는 요즘 부자들이 달러로 자산을 확보한다는 것이고, 둘째는 지난번 말씀드렸던 종신보험을 달러종신으로 준비하시면 자산의 안정성과 가족의 안전을 동시에 지킬 수 있다는 것입니다. 마지막 은 원장님이 관심을 가졌던 히말라야에 관련된 내용입니다. 어떤 것부터 말씀드릴까요?

원장: 지금은 환자들이 많아서 더 이상 이야기하기 힘드니까 담에 봐요.

세일즈맨: 다음 주 수요일이나 목요일 점심이나 진료 끝나고 잠깐 뵐 수 있을 까요?

원장: 그래요.

세일즈맨: 미리 문자드리고 찾아뵙겠습니다. 다음에 뵙겠습니다.

● 병원에서 가장 소중한 자산

세일즈맨: 원장님 병원에 갑자기 불이 났을 때 가장 가치 있는 한 가지만 가지고 나갈 수 있다면 무엇을 가지고 나가시겠습니까?

원장: 글쎄요.

세일즈맨: 원장님만 빈 몸으로 빨리 나가시면 됩니다. 금고의 돈, 고가의 장비, 환자장부 다 필요 없습니다. 원장님만 건강하시면 돈, 장비 다시 구입할 수 있고 환자는 다시 생깁니다. 원장님 몸이 가장 가치 있으니까요. 저는 원장님의 그 가치를 안전하게 지켜드리는 이야기를 하는 것입니다.

원장: 그건 맞는데 우린 몸이 아무리 아파도 쉴 수가 없죠. 그것이 스트레스예요. 내가 일을 안 해도 나 대신에 돈을 벌어 주는 누군가가 있었으면 좋겠어요.

세일즈맨: 얼마 정도 벌어 주면 좋겠어요?

원장: 월 1천만 원 정도만 벌어 주면 만족이죠.

세일즈맨: 30억 원 정도 상가 건물이면 그 정도 되지 않나요?

원장: 관심이 있어서 알아봤는데 지금은 그럴 돈이 없어요.

세일즈맨: 1년에 1억 원씩 모아도 30년 걸리고, 보증금과 대출로 절반을 충당한다고 해도 15년을 모아야 되는데 그 사이 원장님께서 문제가 생기면 어떻게 하죠?

원장: 그래서 걱정이죠.

세일즈맨: 제가 바로 그런 상가를 마련해 드릴까요?

원장:　　　어떤 방법으로 그런 것이 바로 가능한가요?

세일즈맨:　종신보험 30억 원을 지금 준비하시면 원하시는 것이 바로 실현됩니다.

원장:　　　무슨 얘기예요?

세일즈맨:　우선 원장님은 현재 30억 원 건물의 2~3개를 가진 수준의 수입이 있으십니다. 만약 아무 준비가 없는 상태에서 원장님에게 문제가 발생하면 어떻게 될까요? 모든 수입이 끊기겠죠. 그런데 종신보험 30억 원이 있다면 그 돈으로 건물을 살 수 있습니다. 그 건물이 원장님을 대신해서 매월 1천만 원의 수입을 보장하죠.

원장:　　　그 얘기를 듣고 보니 굳이 골치 아프게 지금 건물을 구입할 필요가 없겠네요.

정리

의사들은 유사시에 자신의 수입만큼 자신을 대신해 줄 수 있는 존재를 필요로 한다. 그런 의미에서 종신보험은 의사들에게 분신과도 같다. 의사들은 종신보험 보장금액이 크고 가입비율도 높다. 하지만 폐쇄적이고 진입장벽이 높아서 접근이 어렵다. 따라서 의사들을 계약할 때는 세일즈에 앞서서 먼저 마음을 얻어야 한다. 의사들은 수입이 높고 안정적인 대신 스트레스도 많이 받는다. 우선 그들의 가치를 인정해 주고 그 가치를 대신할 대안을 마련해줘야 한다. 종신보험이 그 문제를 해결해 줄 수 있다는 확신만 주면 큰 계약을 성사시키는 것도 어렵지 않다.

펀드매니저

● 튤립 파동

17세기 네덜란드에서 벌어진 튤립 파동(Tulip mania)은 역사상 최초의 거품 경제 현상이다. 당시 황금기를 맞이한 네덜란드에서 튤립의 구근은 엄청난 가격에 팔렸다. 튤립 구근 하나가 숙련된 장인이 버는 연간 소득의 10배보다 더 많은 값으로 팔려 나갔을 정도다. 그러다가 어느 날 갑자기 튤립이 팔리지 않으면서 가격이 폭락했다. 결국 호황을 누리던 튤립 농가는 줄줄이 도산하고 말았다. 펀드매니저는 대표적인 고소득 직종이다. 그러나 한때 고소득을 올린다고 해서 계속 지속되리라는 보장은 없다. 언젠가 튤립 파동처럼 닥쳐올 위기에 충분한 대비를 해야 한다.

● 월가 펀드매니저의 자살

2017년 3월 〈월스트리트 저널〉에 '돈의 노예가 된 월가 펀드매니저의 자살'이라는 기사가 났다. 찰스 머피는 월스트리트에서 성공한 헤지펀드 매니저이자 백만장자였다. 하지만, 그가 쌓아올린 성공과 부는 오히려 그에게 그 모든 것을 잃을 수 있다는 공포만을 가져왔다. 결국 우울증에 시달린 머피는 자살로 생을 마감했다.

대개 돈에 관한 2가지 착각이 불행을 부른다. 첫째는 쉽게 돈을 벌 수 있다는 착각이고, 둘째는 돈을 많이 벌면 모든 것이 해결된다는 착각이다. 돈을 쉽게 벌려는 욕심을 가지고 있으면 사기를 당하거나 사업에서 실패할 확률이 높다. 운이 좋아 쉽게 돈을 벌면 그것 때문에 삶이 힘들어진다. 로또 당첨자들의 삶이 그것을 증명한다. 두 번째는 위의 사례가 증명한다. 돈을 버는 과정이 의미가 있어야 돈을 번 결과도 의미가 있다.

● 실패한 30대 펀드매니저

32세의 펀드매니저를 만났다. 그는 40세 전에 30억 원의 자산을 확보할 자신이 있다고 했다. 비싼 10억 원의 종신보험 주계약과 저렴한 10년 정기보험 10억 원을 제안했지만 둘 다 거절당했다. 자녀가 있는 상황에서 특별한 거절 이유도 없었다. 정기보험은 저렴하기 때문에 투자에 영향을 줄 정도가 아니었다. 몇 년 후 만났는데 투자에 실패해서 풀이 죽어 있었다. 더 이상 투자에도, 보험에도 관심을 보이지 않았다. 의욕은 앞서는데 안전장치도 준비되지 않은 투자가 성공하겠는가? 그런 펀드매니저에게는 아무도 돈을 맡기려 하지 않는다. 투자가 실패해도 원인을 반성하지 않기 때문에 삶의 방향이 달라지지 않는다.

● 낭떠러지 높이만큼 튼튼한 안전망

이번에는 36세 펀드매니저의 사례다. 늦게 결혼해서 두 살 아들을 두고 맞벌이를 하고 있었다. 경제관념이 투철해서 몇 천 원도 새는 것을 용납하지 않을 정도로 정확하게 자금을 관리하고 있었다. 그래서 종신보험도 비싼 주계약은 최소로 하고 정기성 특약으로 설계했다. 최초 5년 동안은 12억 원 보장, 10년까지는 7억 원이 보장되고, 15년 후에는 3천만 원이 보장된다. 자산이 증가하는 만큼 보장이 감소되도록 설계했고 비용은 최소화했다.

펀드매니저들은 자신의 실력만 믿고 안전장치를 소홀히 할 수 있다. 그런데 이 고객은 안전장치까지 빈틈없이 준비했기 때문에 어떤 경우에도 실패하지 않을 것이다. 펀드매니저가 성공하려면 우선 자신의 자산부터 제대로 관리해야 한다. 가급적 최소의 비용으로 가장 큰 보장을 받는 것이 최선의 플랜이다. 그래서 세일즈맨은 보험료보다는 보장금액에 초점을 맞춰야 한다. 현명한 펀드매니저라면 기꺼이 이러한 설계에 동의할 것이다.

● 펀드매니저의 특징

펀드매니저는 모든 것을 투자의 대상으로 생각한다. 지금 살고 있는 아파트도 항상 기회비용을 생각한다. 투자 관련 공부를 많이 해서 단기간에 많은 돈을 벌 수 있다는 자신감을 가지고 있다. 그러나 펀드매니저 중에서 본인들이 생각한 만큼 성공한 경우는 드물다. 투자 이외에 돈이 새나가는 것을 용납하지 못하기에 안전장치를 소홀히 한다. 대문을 활짝 열어놓고 돈 벌러 나가는 사람처럼 돈을 버는 것에는 관심이 많은데 돈을 지키는 것에는 관심이 없다. 돈을 지킨다는 말이 머리로는 이해가 되어도 가슴으로 느껴지지 않는 것이다.

● 접근방법

펀드매니저에게 접근할 때는 투자를 하지 말라고 해서는 안 된다.

안전하게 투자하도록 도와준다고 이해시켜야 한다. 최소의 비용으로 큰 보장을 일정기간 집중적으로 보장하는 제안을 하는 것이 좋다. 보험세일즈는 리스크에 대비하는 것이다. 반면 펀드매니저는 적극적으로 리스크를 받아들이는 직업이다. 그래서 처음에는 공감대를 형성하기 힘들다. 처음에는 적은 금액이라도 시작을 하는 것이 중요하다. 목표금액은 크게 제시하고 목표를 향해 조금씩 늘려나가야 한다.

● 10년간 10억 원

고객: 저에게 보험은 의미 없어요. 지금 같은 상태라면 10년 후면 경제적인 모든 문제는 해결될 겁니다.

세일즈맨: 어떻게 단기에 가능하다고 확신하시죠?

고객: 안전하고 확실한 방법이 있어요.

세일즈맨: 경제적 문제가 해결될 때까지 어린 자녀와 아내를 지켜 줄 안전장치는 있나요?

고객: 그것이 조금 걱정이 되긴 해요. 그런데 지금은 자금을 분산시킬 수가 없어요. 투자에 집중해야 하니까요.

세일즈맨: 한 번 가정을 해 보겠습니다. 이 땅 밑에 100억 원 어치의 엄청난 기름이 묻혀있습니다. 시추공 하나를 뚫는 데 10억 원이 듭니다. 그런데 시추를 성공할 가능성이 10% 밖에 안 됩니다. 지금 20억 원을 갖고 계시다면 고객님은 시추를 시도해 보시겠습니까?

고객: 글쎄요.

세일즈맨: 저에게 1억 원을 주시면 실패해도 10억 원을 돌려드리겠습니다. 저에게 1억 원을 주시겠습니까?

고객: 당연히 1억 원을 드리겠죠. 성공하면 100억 원, 실패해도 10억 원을 돌려받을 수 있으니까요.

세일즈맨: 맞습니다. 그런데 실패하면 1억 원이 날아간 돈이 되지만, 10억 원을 받기 때문에 다시 시도할 수 있습니다.

고객: 성공하면 100억 원에서 시공비 10억 원과 1억 원을 뺀 89억 원을 받겠네요.

세일즈맨: 맞습니다. 저는 고객님에게 큰 성공보다는 어떤 경우에도 실패하지 않도록 제안을 하는 것입니다. 저에게 1억 원을 주지 않고 시도하면 두 번 시추할 수 있어서 20%의 성공 가능성이 있습니다. 그런데 매번 1억 원을 제게 주시면 최대 10번을 시도할 수 있고 이건 100%의 성공을 보장할 수 있습니다.

고객: 구체적으로 방법이 무엇인가요?

세일즈맨: 종신보험을 준비하는 것입니다.

고객: 종신보험은 비싸고 10년 정기보험으로 알아보았는데 그렇게 비싸진 않더군요.

세일즈맨: 보장수준은 어느 정도로 생각하세요?

고객: 30억 원까지는 필요 없을 것 같고 1/3 수준인 10억 원으로 10년 보장 정기보험이 적정할 것 같아요.

공무원이 회전목마라면 펀드매니저는 번지점프와 같다. 233m의 마카오 번지점프에는 안전망과 안전을 지켜 주는 줄이 연결되어 있다. 그래서 얼핏 위험해 보이지만 누구라도 마음 놓고 뛰어내릴 수 있다. 그래도 아무도 무모하다고 비난하지 않는다. 그러나 아무런 안전장치도 없이 인생을 설계하는 것은 줄도 없이 번지점프를 하는 것과 같다. 그걸 지켜보는 가족과 주변 사람들의 마음은 어떨까? 펀드매니저는 모든 자산을 투자와 연결시키는 성향이 있다. 따라서 펀드매니저를 설득할 때는 보험을 저축기능으로 설명하면 안 된다. 최소 비용으로 최대 보장을 해 주는 일종의 투자 개념으로 설명하는 것이 좋다.

소방관

● **불나방의 희생**

"그 남자를 사랑하지 마세요. 그는 소방관입니다. 당신의 작은 어려움에도 달려가 도울 수 없어 혼자 마음 아파할 소방관입니다. 그에게 당신의 모든 것을 주지 마세요. 불 속을 뛰어드는 불나방처럼 언제든지 불 속으로 뛰어들 준비가 되어 있는 세상에서 유일한 바보니까요."

위 글은 9·11 테러 당시 숨진 343명의 소방관의 추도사 중 일부이다. 소방관은 항상 위험에 노출되어 있는 직업이다. 재해에 대한 준비는 하지만 일반사망에 대한 준비는 일반적으로 하지 않는다. 하지만 소방관에게는 눈에 보이지는 않는 일반사망에 대한 보장이 훨씬 더 필요하다.

● 1억 원의 소화기

고객으로부터 소방관을 소개받아 종신보험 1억 원을 계약했다. 사랑하는 두 아들의 꿈을 지켜 주겠다는 마음으로 종신보험에 가입한 것이다. 소방관에 대한 직업적 자부심 또한 대단했다. 몇 년 후 신장투석을 받게 되자 보험료 납입면제를 신청했다. 일주일에 세 번씩 투석하는 것을 몹시 고통스러워했다. 사람들을 지키는 소방관이 이제 자기 자신도 못 지키는 신세가 되었다고 한탄했다. 그러면서도 아들 둘을 위해서 가입한 종신보험 1억 원이 없었으면 큰일 날 뻔했다고 가슴을 쓸어내렸다.

진정한 사랑은 변하지 않는다. 해 줄 수 있을 때 해 주고, 지킬 수 있을 때 지켜 주는 것은 진정한 사랑이 아니다. 해 줄 수 없을 때도 해 주고 안 보이는 곳에서도 지켜 줘야 진정한 사랑이다. 위 고객은 자녀들을 위해 가입한 1억 원의 보장이 없었다면 신장투석의 힘든 삶을 이겨내기도 힘들 것이다. 종신보험이 있었기에 힘든 상황에서도 웃음을 잃지 않고 행복을 느낄 수 있었다.

● 늦었다고 생각하면 이미 늦는다

예전에 소방관인 친구를 상담한 적이 있다. 당시 그 친구는 근무 중에 허리를 다쳐서 고생하고 있었다. 보험가입에 대한 니즈는 높았으나 치료가 종료되지 않아서 문제였다. 주계약 1억 원과 가족수입특약 5천만 원의 계약을 시도했으나 거절되었다. 건강이 좋아지면 위험한 현장에 투입되고 다시 병원에 입원하는 생활의 반복이었다. 신입 소방관일 때 다른 세일즈맨이 종신보험 1억 원을 권했었는데 거절한 게 크게 후회된다고 했다.

젊고 건강할 때는 보험료 부담이 없지만 니즈도 없다. 나이가 들고 약을 먹는 상황에서는 니즈는 높은데 보험료가 비싸고 가입이 어렵다. 그래서 어떤 경우에도 보험세일즈는 어렵다. 항상 위험 속에서 생활하는 경우 위험에 대한 준비가 잘 되어 있을 것으로 착각한다. 그러나 위험에 무감각해져서 오히려 준비가 부족한 경우가 많다. 위험을 경험하지 못한 고객들에게는 위험을 간접 체험하게 해 주는 것이 중요하다. 반면 위험 속에서 사는 고객들에게는 위험에서 벗어나서 위험을 볼 수 있도록 하는 것이 세일즈맨의 역할이다. 더 나아가 위험 속에서 위험을 보게 할 수 있다면 가장 좋다.

● 소방관의 특징

소방관은 위험한 환경에서 열악한 장비로 일하는 직업이다. 위험에 대한 대비가 잘 되어 있을 것 같지만 실상은 그렇지 않다. 사소한 위험은 무시할 정도로 위험에 무감각해지는 경우가 많다. 공무원이니까 신분은 안정적이지만 박봉으로 경제적 여유가 없다. 보장에 대한 니즈가 있어도 여유가 없어서 제대로 된 보장을 준비하기 힘들다. 최소한의 대비로 재해에 대한 준비는 하지만 일반사망에 대한 보장은 미미하다. 직업적인 특성상 사고가 많을 것으로 착각하기 때문이다. 그러나 사고로 사망하는 소방관보다 병이나 다른 이유로 사망하는 소방관이 훨씬 많다. 종신보험은 누구나 죽음을 피할 수 없다는 지점에서부터 출발해야 한다.

● 접근방법

소방관에게는 객관적인 관점에서 보험을 준비해야 한다고 설득해야 한다. 필요하다면 재해와 일반 질병의 통계치를 준비하는 것도 좋다. 의사가 교통사고로 사망하고, 교통순경이 암으로 사망하는 것처럼, 소방관 역시 전혀 예상치 못한 이유로 사망할 수 있음을 일깨워 주어야 한다. 소방관은 경제적 여유가 많지 않기 때문에 큰 금액보다는 적게라도 중요한 보장위주로 제안하는 것이 좋다. 다른 사람들 집의 화재는 진압하는데 막상 자신의 가정에 닥칠 위험에 무방비해서야 되겠는가?

● 작은 소화기만 있었어도……

세일즈맨: 혹시 차에 소화기 있으세요?

소방관: 없는데요.

세일즈맨: 실제 사례를 한 가지 말씀드릴게요. 시골의 한적한 도로에서 졸음
운전으로 가드레일에 차가 부딪쳐서 멈췄어요! 4명의 가족이 타고
있었는데 차의 앞 보닛에서는 연기가 나더니 불이 붙기 시작했습니
다. 운전을 했던 아빠는 다리가 끼여서 나올 수가 없었어요. 엄마와
자녀들은 발을 동동 구르며 어쩔 줄을 몰라 했죠. 결국 아빠가 나오
지 못하고 죽어가는 것을 가족들은 지켜볼 수밖에 없었답니다.

소방관: 참 가슴 아픈 일이네요.

세일즈맨: 충분히 살릴 수 있었는데 무엇이 문제였을까요?

소방관: 휴대용 소화기 하나만 있었어도 구조하러 올 때까지 버틸 수 있었
을텐데 아쉽네요.

세일즈맨: 불보다 위험한 것이 있을까요?

소방관: 암이 더 위험하죠. 건강했던 손위 동서가 췌장암으로 1년 만에 사
망했어요. 조카들은 힘들어했고 가족모임도 없어졌죠. 가족이지만
도와줄 수 있는 것이 별로 없었어요.

세일즈맨: 갑자기 불이 난 것과 비슷한 상황이군요.

소방관: 화재와 사람의 삶이 똑같다는 생각을 했어요.

세일즈맨: 동서의 가족들을 보면서 동서가 가족들을 위해서 준비했어야 할
것은 뭐라고 생각하세요?

소방관: 결국은 돈이예요. 처형이 알바로 마트에서 일을 했는데 그 돈으로는 자녀 둘을 키우는 게 불가능하죠. 동서는 건강관리를 잘해서 병원 한 번 간 적 없으니까 보험도 재해위주로만 들어서 사망보험금을 1천만 원 받았어요. 1천만 원이 그렇게 큰 줄 몰랐어요. 처형이 그러더군요. "1천만 원이요. 10년을 모아도 못 모아요" 그 말이 계속 마음에 남아 있어요.

세일즈맨: 1천만 원이 그렇게 크게 느껴지는군요.

고객: 동서가 살아 있을 때는 천만 원은 별것 아니었는데 1년에 100만 원도 모으기 힘들다는 거죠. 사망보장 1억 원, 아니 5천만 원만 준비했어도 상황은 전혀 달랐을 거예요. 열심히 살았는데도 무책임하게 갔다고 원망을 듣고 있죠.

세일즈맨: 참 마음 아프시겠어요. 갑작스런 삶의 화재를 진압할 소화기를 소방관님은 얼마짜리를 준비하고 계신가요? 이제 점검하셔야 할 때가 되지 않았나요?

소방관: 그래야겠네요.

정리

소방관들은 자기 목숨을 걸고 불꽃 속에서 사람들을 구하는 용기를 가지고 있다. 그들은 타인의 생명을 구하기 위해 살지만 그 때문에 자신의 생명을 장담하기 어렵다. 종신보험은 화염으로부터 소방관의 가족들을 보호해 주는 방화복과 같다. 소방관들이 진정 필요한 것은 재해보험이 아니라 자신의 삶에서 일어날 화재로부터 가족의 행복을 지켜 줄 종신보험이다.

간호사

● 내겐 너무 친절한 그녀

한 노인이 서비스가 좋기로 유명한 병원에 입원했다. 하루는 노인이 몸을 왼쪽으로 기울인 채로 불편하게 의자에 앉아 있었다. 그 모습을 본 간호사는 왼쪽 옆구리 쪽에 베개를 받쳐 주었다. 다음날, 노인이 이번에는 오른쪽으로 몸을 기울이고 앉아 있었다. 그래서 이번에는 오른쪽 옆구리에 베개를 받쳐 주었다. 비슷한 일이 반복되자 간호사는 노인을 의자에 바른 자세로 묶었다. 가족들이 면회를 와서 병원은 마음에 드시냐고 묻자 노인이 대답했다.

"참 친절하고 좋은데 딱 한 가지, 방귀를 못 뀌게 해."

● 수술실은 베이스캠프

강남에 있는 병원 수술실에 근무하는 간호사 3명과 계약했다. 수술실에 근무했던 수간호사 소개로 각각 1억 원의 주계약에 특약을 부가해서 같은 내용으로 계약했다. 수술실 간호사들이라 보험이 많을 것으로 생각했는데 준비된 보험이 거의 없었다. 항상 접하는 사람이 의사 아니면 환자인지라 아프면 치료비가 필요하다는 사실을 절실히 느끼고 있었다. 그래서 유지 중인 중간에도 약간씩 계속 증액을 했다.

간호사는 힘든 직업이지만 안정적이다. 직업적인 특성상 같은 나이의 다른 직업 근무자보다 사망보장의 니즈가 높다. 평소에는 위험에 무감각해져 있지만 위험을 인식하는 순간 보험에 대한 니즈가 높아진다. 또 선배의 영향력이 커서 선배의 소개가 중요한 역할을 하며, 밀착해서 근무하기 때문에 영향력과 전파력이 강하다. 보통 1년에 1~2명이 새로 오고 그만큼의 인원이 다른 병원으로 간다. 남은 간호사는 새로 온 간호사들을 소개하고, 다른 병원으로 간 간호사들도 그 병원의 간호사들을 소개한다. 나의 경우 첫 번째 병원의 수술실이 소개의 베이스캠프가 되었다.

● 암에 걸리면 2억 원도 적다

국민연금에서 장해판정 관련 일을 하는 간호사 고객의 사례다. 부부가 각각 2억 원의 보장을 가지고 있었다. 남편은 운송업을 해서 재해에 대한 보장 니즈가 높았고 간호사인 아내는 질병 관련 니즈가 높았다. 보장수준을 정하느라 여러 번 상담을 했고 계약 시까지 많은 시간이 걸렸다. 둘 다 사망보장보다는 살아서 받는 보장에 관심이 많았다. 초등학생인 딸이 독립할 때까지는 보장기능으로, 그 이후에는 노후보장 기능으로 활용하고 싶어했다.

일정수준 이상에서 근무하면 수입도 많고 할 수 일는 일도 다양하다. 보장의 혜택에 대한 이해가 빠르고 준비도 적극적이다. 종교가 영혼이 추락하는 것을 막는 안전장치라면 보험은 가족이 경제적으로 추락하는 것을 막는 안전장치다. 그래서 보험은 종교 다음으로 힘든 삶을 사는 사람들을 지켜 주는 위대한 발명품이라고 한다. 위 사례에서 간호사 아내가 암수술을 받았으나 잘 치료되었다. 죽을 고비를 넘기고 나니 종신보험 2억 원의 가치가 크게 느껴진다고 했다. 증액을 권할 때 어렵더라도 권고를 받아들일 걸 그랬다며 부부는 아쉬워했다.

● 간호사의 특징

간호사는 실직은 없는데 이직은 잦다. 근무시간이 불규칙적이고 업무 강도가 높다. 아픈 환자들을 상대하다 보니 정신적으로 여유가 없다. 스트레스를 많이 받아서 항상 신경이 예민하다. 이처럼 의사 못지 않게 고생하는데 그만큼의 대접은 받지 못한다는 현실을 불만스러워하기도 한다. 또 사람의 목숨과 관련된 업무라서 상하관계가 엄격하고 군대조직처럼 선배의 후배에 대한 영향력이 절대적이다. 폐쇄적인 조직이라 접근이 힘들지만 한번 신뢰가 형성되면 이직이 잦고 영향력이 커서 소개받는 데 유리하다.

● 접근방법

간호사들은 신경이 예민해서 면담 시간과 상황을 잘 고려해야 한다. 교대시간(보통 오전 7시, 오후 3시, 저녁 11시)을 미리 파악해서 접근하는 것이 좋다. 고강도의 업무를 하다 잠깐 쉬는 점심시간을 방해해서는 안 된다. 간호사는 급여수준은 높은데 바빠서 돈 쓸 시간이 없다. 경제적으로 여유가 있어서 니즈환기만 잘하면 된다. 환자를 돌보는 간호사도 언젠가는 환자가 될 수 있다. 아픈데 여유조차 없으면 서럽다. 종신보험은 아파서 일도 못하는데 치료비가 필요할 때 도움을 준다고 설명한다. 무엇보다도 간호사들의 어려움을 공감하고 위로하는 마음을 전달하는 것이 중요하다.

● 맑은 날 우산하나 준비하시죠!

세일즈맨: 왜 간호사가 되셨어요?

간호사: 빨리 취업해서 돈을 벌어야 해서요.

세일즈맨: 돈 버는 것 외에 다른 이유는 없나요?

간호사: 어려운 사람들을 도와줄 수 있다는 것에 가치를 느껴서죠. 그런데 현실은 아픈 것 치료해 줘도 당연하다고 생각하는 경우가 많아요. 조금만 맘에 안 들어도 화를 내거나 무시하죠. 그럴 때는 참 견디기 힘들어요.

세일즈맨: 응급실에서 근무한 적이 있으신가요?

간호사: 예전에 몇 달 근무한 적이 있어요.

세일즈맨: 응급조치를 하면 대부분 회복되나요?

간호사: 회복되는 경우도 있지만 너무 늦게 온 경우에는 심각한 후유증이 남거나 사망하는 경우도 있죠.

세일즈맨: 종신보험도 마찬가지 같아요. 미리 준비하면 유리한 조건으로 보장이 가능합니다. 그런데 문제가 발생한 다음에 검토하면 거절되는 경우가 많죠.

간호사: 응급실 환자들하고 똑같네요.

세일즈맨: 사람들이 아플 때 가치를 느끼듯 보험도 문제가 생길 때 가치를 느끼죠. 맑은 날 우산을 준비하라고 하면 비 올 일이 없다고 하죠. 그런데 구름이 몰려오면 생각이 달라지죠. 그때는 우산을 구하려 해도 이미 구할 수 없어요. 비가 올 것을 걱정하면서 집을 나서는 사

람들의 손에 우산을 쥐어 주는 것이 저의 역할입니다. 들고 다니기는 약간 불편하지만 비 맞을 걱정은 안 하잖아요. 간호사님도 우산 하나 준비하시죠? 후회하지 않으실 겁니다.

간호사: 어떻게 하면 되나요?

┌─ 정리 ─

간호사는 상당히 고된 직업이다. 하지만 간호사만한 일이 없다는 자부심을 가지고 있다. 간호사를 상대할 때는 간호사의 가치를 인정하고 간호와 보험이 같다는 쪽으로 니즈를 환기시켜야 한다. 둘 다 사람의 목숨과 밀접한 관련이 있고, 평소에는 가치를 인정받지 못한다. 그러다가 큰일을 겪고 나서야 가치를 인정받는 공통점이 있다. 간호사는 환자의 위험에는 매우 민감하다. 하지만 정작 자신의 위험에는 무딘 경우가 많다. 그것을 깨닫고 객관적으로 자신을 바라볼 수 있게 해 주는 사람이 보험세일즈맨이다.

교사

● **저도 학교 가기 싫어요**

"아들! 학교 가야지?"

이른 아침 엄마가 아들을 흔들어 깨웠다.

"싫어요. 아이들이 절 얼마나 싫어하는데요."

아들은 침대에 누워서 볼 멘 소리를 했다.

"아이들뿐만 아니라 선생님들까지도 다 저를 싫어 한다구요!"

그러자 엄마가 한숨을 내쉬며 말했다.

"그래도 넌 교장이잖니."

어쩌면 교사야말로 학생보다 더 학교를 가기 싫어하는 존재일지 모른다. 공부나 일보다 더 피하고 싶은 것이 죽음이다. 교사는 교육 공무원으로서 은퇴 후에도 연금을 받고 안정된 삶을 살 수 있다. 그러나 죽음까지 나라에서 지켜 주는 것은 아니다. 따라서 죽음이라는 가장 큰 리스크에 대한 니즈환기가 필요하다.

● 3억 원씩 자산 승계

3억 원 종신보험 2건을 20년납으로 가입한 48세 여교사의 사례이다. 58세에 명퇴하면서 계약자를 자녀들로 변경해서 보험을 자녀들에게 넘겨주었다. 엄마가 이미 절반을 납입했기 때문에 나머지 금액만 자녀들이 납입하면 언젠가 3억 원을 받는다. 그리고 3억 원 한도 내에서는 엄마로부터 오는 위험은 걱정할 필요가 없다. 안전장치를 물려주는 것인데 그 안전장치가 투자자산이다.

엄마의 보장내용을 알고 난 딸도 3억 원 보장에 가입하고 싶어 했다. 1억 원도 안 되는 금액으로 3억 원 보장이 가능하니까 적금 가입보다 낫다고 했다. 그러나 엄마가 보험료 부담이 너무 크다고 반대해서 1억 원 보장만 가입했다. 이처럼 안전을 추구하는 교사가 다음 대까지 이어지는 한 단계 더 높은 안전장치를 준비하니까 앞으로 어지간한 리스크에는 흔들릴 일이 없다.

● 키맨 배우자를 남겨준 고마운 동료

은행에서 근무할 때의 일이다. 당뇨가 심했던 동료가 스트레스로 힘들다고 은행을 그만뒀다. 얼마 후 만났는데 사업을 한다고 했다. 사업을 하면서 은행에서 받았던 스트레스의 몇 배를 더 받는다고 했다. 결국 얼마 못가 당뇨합병증으로 초등학생 아들 두 명을 남겨두고 사망했다. 다행히 동료의 아내는 초등학교 교사였다. 사망하기 전에 아내를 소개해 줘서 아내가 종신보험에 가입했다. 아내는 가입 후에 동료 교사들을 많이 소개해 줬다.

교사는 대부분 여자들이 많고 안정된 삶을 원한다. 안전을 지켜 줄 남편이 그 역할을 못하면 자신이 자식들을 지켜야 한다는 생각을 가지고 있다. 일단 종신보험의 중요성을 실감하면 확신을 가지고 동료 교사들을 소개해 준다. 소개받은 동료들 또한 대부분 배우자까지 같이 고객이 되었다.

● 교사의 특징

교사는 학교를 위주로 생활하다 보니 인간관계가 동료 교사로 한정된다. 예의가 바르고 자존심과 자부심이 강하지만 세상 물정에는 어두운 경우가 많다. 오죽하면 교사, 군인, 은행원의 돈은 먼저 보는 사람이 주인이라는 농담도 있다. 은행원은 장밋빛 정보들만 잘못 입력되고,

교사와 군인은 조직이 폐쇄적이라 바깥의 정보에 어두워 결국 사업에 성공하지 못한다. 여교사의 비율이 높은데 대부분 맞벌이라 경제적으로 여유가 있다. 발령으로 이동이 잦아서 키맨을 만들면 소개로 확장 가능성이 크다.

● 접근방법

교사에게 접근할 때는 예의를 갖춘 정중한 자세가 중요하다. 미리 학교 수업시간표를 알아보고 전화나 방문 계획을 짜야 한다. 초등학교는 오후 3시에서 4시 반 사이가 좋고, 중고등학교는 점심시간이나 3시 이후에 접근하는 것이 효율적이다. 사소한 보장들은 공무원 복지카드로 준비한 경우가 많기 때문에 인생의 큰 리스크 위주로 제안한다. 사망에 준하는 문제만 없으면 교사들은 대부분 안정적이다. 일반사망이 보장하는 리스크는 본인뿐만 아니라 자녀들에게 영향이 가기 때문에 그 내용을 중점적으로 설명해야 한다.

● 가장 안전한 것이 가장 불안하다

세일즈맨: 선생님은 정년도 보장되고 연금도 있으니까 노후 걱정이 없으시겠어요.

교사: 학생들은 나이 많은 교사를 싫어해요. 그리고 직업병 때문에 정년을 채우기 쉽지 않아요.

세일즈맨: 어떤 것이 가장 힘드세요?

교사:	한참 어린 학생들이 무시할 때 그 학생들과 싸우다 보면 자괴감이 들죠. 누구와 상의할 수도 없는 문제죠. 저도 애들을 키우지만 학부모들이 자기 자녀만 소중하다고 생각하니까 교사는 안중에도 없어요. 애들 말만 듣고 교사 말은 무시해요.

세일즈맨: 보람을 느낄 때도 있을 것 같은데요?

교사:	직장 생활하는 다른 친구나 후배들 보면 더 힘들고 무시 당하는 경우가 많더라고요. 제자들이 잘 성장해서 잊지 않고 찾아주거나 고맙게 생각할 때죠. 나는 월급 받고 당연히 해야 할 일을 했을 뿐인데 그런 대접을 받는 직업이 별로 없잖아요?

세일즈맨: 건강하기만 하면 안정적인 삶이 보장되시겠네요?

교사:	상대적으로 그렇죠. 충분하지는 않지만 욕심만 부리지 않는다면 살 만하죠.

세일즈맨: 하지만 건강에 문제가 생기면 모든 계획이 헝클어지죠. 가족들에게 부담까지 줄 수 있어요. 어떤 경우에도 안전한 삶을 보장하는 플랜이 있는데 관심 있으세요?

교사:	그렇게 불안하지 않은데요.

세일즈맨: 지진이 생활화된 일본에서는 약간의 흔들림에 삶이 흔들리지는 않죠. 우리나라는 지진 안전지대라고 생각하기 때문에 일어나는 작은 지진에도 민감하죠. 선생님들의 삶도 비슷합니다.

교사:	뭐가 우리 삶을 불안하게 하죠?

세일즈맨: 저는 선생님의 작은 문제에는 관심이 없어요. 그런 것들은 이미 다

준비해 놨을 테니까요.

교사: 그럼 어떤 것에 관심이 있죠?

세일즈맨: 제가 아는 선생님은 명퇴 후에 안정적인 노후를 즐기다가 갑자기 발병한 암으로 중환자실 입퇴원을 반복하면서 자녀들에게 큰 부담을 남기고 세상을 떠났습니다. 중병으로 중환자실에 몇 년을 있게 된다면 지금 준비한 것으로 충분할까요?

교사: 그런 것까지 생각은 못했죠.

세일즈맨: 선생님은 이런 것들만 준비하면 정말 안전하겠는데요.

교사: 어떤 것을 어떻게 준비하면 되는데요?

정리

교사 시장은 폐쇄적이기 때문에 진입하기가 어렵다. 하지만 일단 진입하면 장점이 많다. 수입이 규칙적이어서 보장을 안정적으로 유지할 수도 있고 동료들의 소개를 통한 확장성도 크다. 이때 주변 동료들에게 영향력을 미칠 수 있는 확실한 키맨을 확보하는 일이 무엇보다 중요하다. 또한 안정된 교사의 삶을 부정하는 식으로 접근하면 오히려 역효과가 날 수 있으니 주의해야 한다. 교사들은 안정된 환경 속에서 어린 제자들과 생활하기 때문에 평소 죽음에 대해 잘 생각하지 않는다. 그러나 죽음에 대한 대비가 확실할 때 비로소 안정된 삶을 살아갈 수 있음을 설득해야 한다.

자영업자

● 자영업자의 비애

　자영업자들이 포장마차에서 술을 마시며 장사가 안 된다고 투덜거렸다. 스포츠용품 점포 주인이 말했다. "난 88올림픽 이후 최대 불황이야." 그러자 주유소 주인이 대답했다. "말도 마. 난 1970년대 석유파동 이후 최대 불황인걸." 이에 질세라 전자대리점 주인도 나섰다. "뭘 그 정도 가지고 그래? 난 일제강점기 이후 최대 불경기라고" 그러나 서점 주인의 한 마디에 모두 입을 다물 수밖에 없었다. "서점은 한글 창제

이래 최대 불황이라고…."

● 50대 자녀사랑 종신보험

자영업을 하는 50대 부부의 사례이다. 아내는 건강원을 하고, 남편
은 근처 다른 곳에서 지압을 하면서 아내를 도왔다. 다행히 큰 병은 없
었지만 아파도 일을 쉬면 안 될 정도로 사정이 좋지 않았다. 딸은 대기
업에 취직했고 아들은 아직 공부 중이었다. 불안하게 사는데 큰 문제
가 생기면 자녀들에게 짐이 될 것 같다며 남편은 7천만 원, 아내는 3천
만 원을 각각 계약했다.

자영업자는 사장이라 마음대로 할 것 같은데 현실은 그렇지 않다.
자영업자는 아파도 안 되고 돈을 까먹으면서도 일을 그만둘 수가 없
다. 다른 것을 마땅히 할 것이 없기 때문이다. 직장인은 은퇴 없이 오래
일할 수 있는 자영업자를 부러워한다. 그러나 정작 자영업자는 은퇴할
수 없어서 은퇴가 없는 현실을 서글퍼한다. 이런 막막한 현실에서 종
신보험이 부담도 되지만 버팀목 역할도 한다. 위 부부는 늦게 가입해
서 납입기간도 길고 보험료 납입이 부담됨에도 잘 유지하고 있다.

● 끝까지 가족을 지킨 아빠

소개로 만난 슈퍼를 운영하는 부부의 이야기다. 부부는 적은 수입으

로 자녀 둘을 힘들게 키우고 있었다. 남편이 매일 술을 마시다 보니 아내는 걱정이 많았다. 30대 후반의 남편은 처음에는 보험에 부정적이었지만 몇 번을 만난 후에 종신보험에 관심을 가졌다. 본인이 없을 때 초등학생, 중학생인 자녀의 장래가 걱정된다는 것이었다. 자녀 1인당 1억 원씩 2억 원이 필요하다고 했으나, 보험료 부담 때문에 결국 절반인 1억 원의 보장을 전달했다.

부부는 지금까지 보험료 부담이 적으면서 환급금을 많이 주는 보험을 주로 가입했다. 그래서 가장 중요한 일반사망이 전혀 없었다. 가족을 지키는데 종신보험이 어떤 역할을 하는지 설명했더니 크게 공감하고 본인들 기준에서는 큰 금액의 보험을 선택했다. 보험가입 후 남편은 간경화 진단을 받고 1년 투병생활을 하다가 사망했다. 아빠의 사망보험금 중 절반은 본인 치료비로 사용되었고 나머지는 가족들에게 돌아갔다. 슈퍼에서는 순수입이 한 달에 100만 원도 안 되기 때문에 5천만 원은 10년을 노력해도 모으기 힘든 큰돈이었다. 종신보험 덕분에 가족이 해체되지 않고 큰 딸이 엄마를 도우면서 잘 살고 있다.

만약 종신보험이 없었다면 본인이 치료를 받는 중에도 치료비 부담을 많이 가졌을 것이다. 사망 후에 슈퍼를 계속 운영할 수도 없었을 것이고, 자녀들의 학업도 계속 어려웠을 것이다. 어려운 가정일수록 종신보험은 작은 금액이라도 큰 역할을 한다. 보험금 지급 후에는 좀 더 크게 전달했더라면 좋았을 걸 하는 미련이 남는다. 보험은 건수와 보험료가 중요한 것이 아니라 중요한 보장이 얼마나 준비되어 있는지를 파악하는 것이 중요하다.

● 자영업자의 특징

자영업자들은 사장으로 대접받는다. 그러나 우리나라 자영업자들의 실질 소득은 급여생활자보다 훨씬 적은 경우가 많다. 그러나 그러한 현실은 잘 받아들이지 못한다. 그러다 보니 실수입 대비 보험료 비중이 높다. 니즈환기만 잘되면 자영업자는 어떻게 하든 여유를 만들어낸다. 자영업자들의 생활은 불규칙적인 반면, 규칙적으로 운동을 하거나 정기적으로 검진을 받지 못한다. 그래서 건강이 안 좋은 경우가 많다. 동네 자영업자들은 상부상조하는 식으로 보험에 가입한 경우가 많아서 니즈환기가 쉽지 않다. 특히 외부에서 온 보험세일즈맨에게는 거부감을 갖는다. 소개에 의하지 않고는 진입에 시간이 많이 걸린다.

● 접근방법

자영업자들은 사업에서 어려울 때를 대비해서 안전장치가 필요하다는 사실에 공감한다. 사업과 마찬가지로 가족에 대해서도 안전장치를 준비해야 한다고 설득해야 한다. 빨리 시작해야 빨리 납입이 끝나서 은퇴 시 부담이 없다고 하면 호기심을 가진다. 많은 자영업자들이 은퇴 후의 여유로운 생활을 꿈꾸기 때문이다. 또 자영업자 중 건강 때문에 거절된 사례를 들어서 설명하면 클로징을 이끌어 낼 확률이 높아진다. 경제적으로 어려운 경우 목표 보장금액을 제시한 후 저렴한 보장으로 적게 순차적으로 보장을 전달한다.

● 종신보험은 사업의 필수품

세일즈맨:　보험에 많이 가입했는데도 보험세일즈맨이 계속 찾아오지 않나요?

고객:　　　계속 오죠.

세일즈맨:　슈퍼에도 손님들이 자주 오지 않나요?

고객:　　　거의 매일 오죠.

세일즈맨:　왜 그럴까요?

고객:　　　일상생활에 매일 필요한 것들을 파니까 그렇죠.

세일즈맨:　보험세일즈맨들이 왜 그렇게 매일 찾아올까요?

고객:　　　보험을 팔려고 그러겠죠.

세일즈맨:　맞습니다. 요즘은 보험이 선택이 아니라 필수품으로 생각하는 사람들이 많죠. 사장님은 왜 자영업을 시작하셨어요?

고객:　　　직장생활을 오래할 수 없어서요.

세일즈맨:　월급 받으실 때보다 어떠세요?

고객:　　　시간도 없고 돈도 안 벌려요.

세일즈맨:　운동하시고 건강검진도 정기적으로 받으시나요?

고객:　　　여유가 있어야 건강을 챙기죠.

세일즈맨:　만약 아파서 일도 못하고 치료비가 들어가는 상황이 되면 어떻게

될까요?

고객: 안 아파야죠. 아프면 대책이 없어요.

세일즈맨: 저는 아파서 여유가 없을 때 여유를 만들어 드리죠.

고객: 그런 방법이 있어요?

정리

대기업의 명퇴 발표가 나면 닭고기 판매회사의 주가가 상승한다. 퇴직을 하고 나면 너도 나도 치킨집을 차리기 때문이다. 자영업은 창업은 쉽지만 유지가 어렵다. 직원은 병가를 내도 월급이 나온다. 하지만 사장은 일을 하지 않으면 돈을 벌 수 없다. 본인이 일을 할 수 없으면 자신은 물론 가족도 보호할 수 없다. 힘든 삶을 가족에게 대물림하지 않으려면 종신보험이라는 최소한의 안전장치가 필요하다. 단, 위험성은 인식시키되 너무 강압적으로 설득해서는 안 된다.

목사

● 응답받은 기도

한 마을에 큰 홍수가 났다. 마을의 목사는 지붕 위에 올라가 신에게
간절히 기도했다. 그때 마을 사람이 통나무를 붙들고 물에 둥둥 떠 있
었다. "물이 계속 불어나고 있으니 이 통나무를 잡고 구조대가 올 때까
지 같이 기다립시다." 그러나 목사는 신께서 구해 주실 거라며 계속 기
도만 했다. 물은 점점 불어났고 결국 목사는 물에 휩쓸려 죽고 말았다.
죽어서 신을 만난 목사는 왜 자신을 구하지 않았느냐며 신을 원망했다. 그러자 신이 대답했다.

"내가 그 기도를 듣고 너에게 통나무를 보내지 않았느냐?"

● 신사들의 품위 종신보험

1700년대 중반 현재의 종신보험과 비슷한 상호부조 조직이 스코틀랜드에서 생겨났다. 스코틀랜드 교회의 목사들이 보험료를 내고 그들이 죽으면 남아 있는 처자식에게 연금 형식의 보험금을 지급하는 방식이었다. 그 기금은 보험료 수입과 보험금 지급, 기금의 운영수익과 운영경비 등을 모두 감안해 지속 가능하도록 설계되었다. 스코틀랜드 목사들의 기금은 270여 년 전에 수백 명 성직자들의 처자식을 지원하기 위해 만들어졌다. 그리고 1800년대 들어 종신보험의 가입은 가족의 안전을 지키는 신사들의 품위 있는 행동으로 받아들여졌다.

목사들의 가족들을 보호하기 위한 종신보험 역사는 오래되었다. 목사가 자기 가족을 보호하기 위해 노력하는 것을 하나님도 좋게 생각할 것이다. 하늘은 스스로 돕는 자를 돕는다는 말이 있다. 사람이 할 수 있는 것을 먼저 준비하는 것은 당연하다. 그러나 성직자가 보험에 가입하는 것을 신앙심이 약하다고 오해하는 사람도 있다. 그러나 생각해보면 모든 것을 하나님께서 다 해 주신다면 힘들여 전도할 필요가 없는 것 아닌가?

● 하나님께 가기 전 종신보험부터

중형 교회의 부목사를 소개로 만났다. 자녀가 3명이고 행복하게 사는 가정이었다. 종신보험의 보장내용과 가장의 역할을 일반 가장들에게 하는 것처럼 똑같이 했다. "하나님이 언제 데려가실지 모르고 거역할 수도 없으니 애들을 생각해서 준비해야겠네요."라고 쿨하게 이야기하면서 본인 7천만 원, 배우자 3천만 원을 10만 원 이내의 보험료로 가입했다. 박봉에 자녀 3명을 키우려니 아내가 고생이 많아서 크게 할 수 없다고 미안해했다. 나는 부모로서 할 수 있는 것을 다하고 그 다음 하나님에게 의존한다는 생각에 큰 감동을 받았다. 인간이 만든 시스템을 부정하지 않고 자연스럽게 받아들일 줄 아는 목사였다. 자녀들도 밝고 따뜻했다. 화목한 가정에 전달되는 종신보험은 더욱 따뜻하게 느껴졌다.

● 교회에 피뢰침이 있는 이유는?

50대 목사를 만나 종신보험을 설명하려 했다. 그러자 하나님을 섬기는 사람에게 보험이 무슨 소용이 있냐고 말도 못 꺼내게 했다. 가장의 역할도 하나님께 맡기면 다 알아서 해 준다고 했다. 그래서 내가 그러면 왜 교회 십자가에 피뢰침이 있냐고 물었더니 선뜻 대답을 하지 못했다. 하나님이 다 알아서 해 주신다면 번개도 피하게 해 주시지 않을까? 목사들도 각자 생각이 다르다. 가족들을 생각해서 준비해야겠다는 목사도 있고, 그저 모든 것을 하나님께 맡긴다는 사람도 있다. 은총에는 두 가지 종류가 있다. 일반 은총은 햇볕이나 공기와 같이 누구나 공평하게 받는 은총이다. 특별 은총은 믿는 사람들만 받는 구원의 은총이다. 종신보험은 일반 은총에 해당한다. 사람이 할 수 있는 것을 한다음에 하나님을 찾는 것이 하나님에 대한 예의다. 그것이 교회 지붕에 피뢰침이 있는 이유다.

종신보험은 가족을 위해 준비했다가 수익자 변경을 통해 교회나 고아원이나 양로원을 도와줄 수도 있다. 목사와 종신보험 세일즈맨의 공통점은 둘 다 보이지 않는 것을 믿는다는 것이다. 죽어야 하나님을 만날 수 있듯이 종신보험도 죽어 봐야 그 가치를 알 수 있다. 다른 사람의 죽음을 보고 간접적으로는 알 수 있지만 내가 직접적으로 그 가치를 느낄 수는 없다. 천국에 가서 하나님을 만난 사람이 현실에 생존해 있을 수 없는 것과 같다.

● 목사의 특징

대형 교회를 제외한 대부분의 목사들은 경제적으로 여유가 없다. 생각보다 안전장치가 되어 있지 않아서 사망할 경우 가족들의 생계가 어려워진다. 게다가 심리적인 장벽도 존재한다. 보험가입이 신앙심이 약하기 때문은 아닌가 하는 내적 갈등도 있고, 가입을 하더라도 되도록이면 신도인 세일즈맨을 통해 가입하고 싶어 한다. 목사는 크게 모든 것을 하나님께 의지해야 한다고 강하게 보험을 거부하는 경우와 인간의 도리를 다하고 하나님께 의지해야 한다고 생각하는 부류로 나누어진다. 담임목사들은 전자에 가깝고, 보조목사들은 후자에 가깝다.

● 접근방법

목사의 신앙심을 존중하면서 논쟁하지 말고 쿨하게 접근해야 한다. 교회 설교가 대부분 비유로 설명하기 때문에 비유를 들어서 설명하는 것이 좋다. 대부분의 목사는 경제적인 여유가 없기 때문에 적은 비용으로 큰 보장을 해 주는 것을 선호한다. 신도 중에 보험세일즈맨이 있다면 그에게 양보하자. 목사도 사람인지라 신도에게 보이고 싶지 않은 부분이 있을 수 있다. 양보하는 모습이 오히려 신뢰를 주고 좋은 결과로 이어질 가능성이 높다. 담임목사는 계약할 때도 여러 가지를 고려하다 보니 계약이 쉽지 않고 소개받기는 더욱 어렵다. 하지만 목회를 도와주는 다른 보조목사들은 니즈만 느끼면 감당할 수 있는 범위에서 쉽게 계약을 하고 소개도 잘해 준다. 목사들의 소개는 믿음을 주기 때문에 성공확률이 높다.

● 하나님이 보낸 세일즈맨

세일즈맨: 목사님은 신앙적인 것 외에 가족들을 위해서 준비하신 것이 있나요?

목사: 그저 하나님의 뜻대로 할 뿐입니다.

세일즈맨: 목사님에게 갑자기 문제가 발생해서 가족들의 경제적 문제를 해결할 수 없을 경우 교회에서 모든 것을 책임지나요?

목사: 그렇지는 않죠.

세일즈맨: 그럼 누가 책임지죠? 그냥 가족들이 감수해야 하나요? 아니면 하나님의 뜻인가요?

목사: 하나님이 길을 내어주시겠죠.

세일즈맨: 인간으로서 할 수 있는 것은 다 해 보고 하나님께 의지해야 하는 것 아닌가요?

목사: 보험에 의지하는 것보다 하나님께 의지하는 것이 낫죠.

세일즈맨: 종신보험은 사람이 할 수 있는 여러 가지 중의 하나죠. 모든 것을 하나님이 케어해 주신다면 왜 교회의 십자가에 피뢰침이 있죠? 그리고 하나님이 어떤 모습으로 오실지 모르지 않나요?

목사: 그렇죠.

세일즈맨: 홍수로 고립되어 있는 사람이 하나님이 보내 주신 통나무를 거부하면서 기도만 하는 경우를 어떻게 생각하세요?

목사: 하나님은 어떤 모습으로 오실지 모르죠.

세일즈맨: 잘 모르지만 하나님이 저를 보냈을 수도 있지 않을까요?

정리

사실 목사들이 종신보험 가입을 꺼리는 데에는 신앙적인 이유보다 경제적인 이유가 크다. 극소수의 대형교회를 제외한 목사들의 수입은 많지 않다. 개척교회와 같은 경우 최저생계비도 벌기 어려운 경우도 많다. 종신보험에 대한 목사들의 니즈도 일반인과 크게 다르지 않다. 그러나 많은 세일즈맨들이 선입견을 갖고 있어서 접근하지 못하는 경우가 많다. 목사들은 신도들을 설득하는 프로세스에 익숙하기 때문에 프로세스대로 잘 설명하면 오히려 설득이 쉽다. 적극적으로 시도하면 좋은 가망고객풀이 될 확률이 높다. 어쩌면 당신이야말로 목사를 위험에서 구하기 위해 하나님이 보내신 통나무일지도 모른다.

스님

● 스님에게 머리빗 팔기

한 회사가 신입 영업사원들에게 스님에게 나무빗을 파는 미션을 냈다. 열흘이 지나 신입사원 세 사람이 돌아왔다. 영업부장이 어떻게 팔았느냐고 물었다. 머리빗 1개를 판 사원이 대답했다. "머리가 가려워서 긁는 스님에게 팔았습니다." 다음으로 10개를 판 사원이 대답했다. "예불을 드리기 전에 신자들의 머리를 단정하게 빗으려면 절에 비치해야 한다고 설득했습니다." 하고 대답했습니다. 마지막으로 100개를 판 사원이 대답했다.

"저는 주지 스님을 만나서 스님의 필체로 '적선소'(積善梳: 선을 쌓는 빗)를 새겨 주시면 더 많은 신자가 찾아올 것이라고 말했습니다."

● 종신보험은 스님들을 위한 보험

48세 비구니 한 분이 5천만 원 종신보험에 가입했다. 누구에게도 폐를 끼치지 않겠다고 늘 이야기했고 수익자는 남동생으로 했다. 스님은 7년 후에 폐암으로 6개월 만에 사망했다. 암이 뇌까지 전이되어서 24시간 간병을 받아야 해서 2명의 간병인이 필요했다. 암 특약으로 병원비는 해결되었고, 사망 후에 49재 천도재 비용 등을 종신보험 사망보험금으로 충당했다. 수익자인 남동생은 스님이 폐를 안 끼치고 이 세상을 떠나겠다고 말했는데 그 약속을 종신보험이 지키게 도와주었다고 했다.

종신보험은 기본적으로 가족에 대한 사랑을 바탕으로 존재한다. 그래서 많은 사람들이 나에게 어떻게 가족도 없는 스님에게 종신보험을 팔 수 있느냐고 묻는다. 그러나 스님들에게 종신보험의 내용을 설명하면 '종신보험은 스님들을 위한 보험이네!'라고 말한다. 스님은 재산이든 빚이든 남기는 것을 업이라 생각한다. 바람처럼 왔다가 흔적 없이 떠나는 삶을 원한다. 그러나 우리가 사는 세상은 그렇게 살기 어렵게 되어 있다. 세상을 떠나는 시점에 여러 용도로 쓸 수 있는 종신보험만이 그 니즈를 맞춰 줄 수 있다. 스님의 관점에서 스님들을 도와주겠다는 마음으로 설명하면 스님들도 종신보험의 필요성을 공감한다.

● 세월은 잊지만 보험료는 기억하는 스님

45세에 7천만 원 종신보험에 가입한 스님이 있다. 업을 쌓지 않기 위해서 가입했는데 시간이 지날수록 든든하다고 한다. 지금은 혈압약과 당뇨약을 복용하고 있어 증액도 어렵다. 산중에 있으니 찾아올 필요도 없고 세월을 잊고 지내니 달력 같은 것도 보내 줄 필요가 없다고 한다. 돈 쓸 일도 많지 않으니 연체도 안 되고 소개해 줄 스님 있으면 본인이 연락하겠다고 한다. 정말 좋은 고객 아닌가?

스님들은 물과 공기만으로 살지 않는다. 음식도 먹고 몸이 아프면 약도 먹는다. 잘 죽기 위해 종신보험도 필요하다. 대부분의 세일즈맨들이 종신보험과 가장 거리가 먼 대상이 스님일거라고 생각한다. 그러나 나는 스님이야말로 종신보험이 가장 필요한 사람이라고 생각한다. 스님의 종신보험 가입은 다른 사람들에게 큰 울림을 준다. 가장 어려운 문제를 해결하면 다음 문제들은 쉽게 해결된다. 스님이 종신보험에서 가장 어렵다는 가망고객 발굴의 문제를 해결해 주었다.

● 스님의 특징

스님들이 빚도, 재산도 남기지 않고 세상을 떠나는 것을 가장 명예롭게 생각한다. 그래서 모든 것을 순리대로 하려고 하고 현실을 극복하기보다 그대로 받아들인다. 그러나 이 세상에서 그것은 뜻대로 되지 않는다. 속세는 떠났지만 여전히 가족들과 연결되어 있고 속세의 문제들이 붕어 똥처럼 따라다닌다. 아프면 병원에 가야 하고 병원비도 든다. 탁발을 해서 생활한다고 생각하는 통념과 달리 대부분의 스님들은 월급을 받는다. 아무리 아파도 본인이 준비하지 않으면 도와줄 사람이 없다.

● 접근방법

먼저 세상에 업보를 남기지 않으려면 미리 준비해야 한다는 사실을 일깨워야 한다. 대부분의 스님들은 산이 아닌 병원에서 사망한다. 병원에 입원하면 병원비가 든다. 종신보험에 가입하지 않으면 병원비를 누가 대신 내주지 않는다는 사실을 알려준다. 재산이 있으면 사망 전에 나눠주면 되지만 재산이 없는데 병원비가 들면 누군가에게 어쩔 수 없이 빚을 지게 된다. 종신보험은 침대에서 재산을 정리할 수 있게 도와준다. 담당자가 찾아가서 수익자를 변경할 수도 있다. 빚을 청산하고 남은 금액은 사망 후 종교의식 비용으로 활용할 수도 있음을 강조한다.

● 업을 면해 주는 종신보험

세일즈맨: 스님, 사람들은 대부분 어디에서 사망하죠?

스님:　　병원에서겠죠.

세일즈맨: 목사님은 어디서 돌아가실까요?

스님:　　교회요?

세일즈맨: 그럼 스님은 어디에서 돌아가세요?

스님:　　절에서요.

세일즈맨: 저 같은 일반 사람들, 목사님, 스님 대부분 병원에서 돌아가십니다. 맞지 않나요?

스님:　　생각해 보니 그러네요. 본인 의사와 관계없이 위급하면 구급차 불러서 병원으로 가니까요.

세일즈맨: 병원에서 사망하면 병원비가 나옵니다. 죽는 데도 비용이 듭니다. 유명한 법정스님이 모든 것을 정리하고 세상을 떠나셨습니다. 어디서 돌아가셨는지 아세요?

스님:　　글쎄요.

세일즈맨: 강남의 큰 병원에서 돌아가셨습니다. 돈이 없으셔서 불교신자였던 대기업 회장의 사모님이 병원비 6천만 원을 내셨습니다. 이런 업을 남기셨다는 것을 아셨다면 벌떡 일어나셨을 지도 모릅니다. 아프시거나, 나이 들어서 간병을 받아야 할 상태가 되면 스님들을 간병할 사람 있나요? 병원에 입원하면 병원비 누가 부담해 주죠?

스님:　　아무도 없죠.

세일즈맨: 요즘은 돈만 있으면 정중히 모셔다 잘 보살피고 치료해 드립니다. 돌아가신 후 종교행사까지 책임져 줍니다. 그런 것을 대신해 주는 것이 종신보험입니다. 업을 쌓지 않고 "공(空)"한 상태로 떠날 수 있게 도와드리는 것이 종신보험입니다.

> **정리**
>
> 일반적인 상식으로는 머리카락이 없는 스님에게 빗을 파는 일은 불가능에 가깝다. 그러나 발상을 전환하면 얼마든지 스님에게 빗을 팔 수도 있다. 대부분의 스님은 병원에서 사망한다. 아무리 깨끗하게 떠나려고 해도 간병비나 장례비가 들어갈 수밖에 없다. 뿐만 아니라 불교에서 중요한 의식인 천도재를 지내는 비용도 만만치 않다. 잘 살기 위해서는 물론 잘 죽기 위해서도 돈은 필요하다. 이러한 경비를 누군가에게 빌려서 해야 한다면 스님들이 그토록 벗어나고 싶어 하는 업보를 쌓는 것이다. 이러한 스님들의 심리를 잘 파악한다면 머리카락이 없는 스님에게 빗을 팔 수 있듯이, 자식이 없는 스님에게도 종신보험을 팔 수 있을 것이다.

연령:
나이에 맞는
세일즈 화법은
따로 있다

100

SALES RECIPE 100

10대

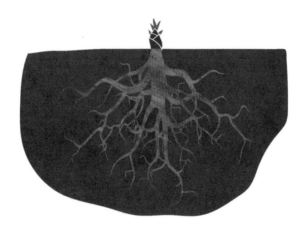

● 대나무의 성장

중국에는 대나무 중 최고로 치는 '모죽'이라는 품종이 있다. 모죽은 씨를 뿌린 후 5년 동안은 아무리 물을 주어도 싹이 나지 않는다. 그러나 5년이 지난 후부터는 하루에 80cm씩 쑥쑥 자라서 30m까지 성장한다고 한다. 그렇다면 싹이 나지 않은 5년 동안은 대체 무슨 일이 있었던 것일까? 학자들이 땅을 파 보았더니 모죽의 뿌리가 사방 4km가 넘도록 땅 속에 넓게 퍼져 있었다고 한다. 5년간 튼튼하게 내실을 다졌기에 때가 되었을 때 모든 영양분과 수분을 빨아 당겨 급속도로 성장할 수 있었던 것이다.

● 종신보험 가입은 어릴 때부터

청소 일을 하며 혼자서 삼남매를 키우는 한 엄마의 사례다. 여자 혼자서 삼남매를 돌보는 일은 만만치 않았다. 그나마도 5년 전에 남편이 사망하면서 남겨 준 6천만 원이 없었다면 삶을 포기했을지도 모른다. 그 후 종신보험의 가치를 깨달은 엄마는 본인도 1억 원 보장의 정기보험에 가입했다. 뿐만 아니라 자녀 3명도 앞으로 닥칠지 모르는 리스크에 대비해서 최소 비용으로 종신보험에 가입했다. 당시 자녀들의 나이는 각각 15세, 18세, 22세였다.

여유가 있어서 종신보험에 가입하는 사람은 없다. 아무리 돈이 많아도 가치를 느끼지 못하면 가입하지 않는다. 혼자서 청소일을 하며 어렵게 자녀 3명을 키우는 엄마도 가치를 느끼면 가족이 모두 가입하는 것이 종신보험이다. 아빠가 삼남매에게 남겨 준 것은 사망보험금 6천만 원이 전부가 아니다. 종신보험의 가치를 느끼게 해 준 것이 더 큰 자산이다. 한 번의 성공으로 인생이 바뀌는 경우보다 한 번의 실패로 인생이 바뀌는 경우가 더 많다. 이럴 때 실패를 막는 안전장치로 종신보험은 반드시 필요하다. 엄마는 청소일로 어렵게 살지만 다음 대부터는 점점 더 생활이 안정될 것이다.

10대 때 종신보험에 가입하는 것은 엄청난 수익률을 보장하는 투자와 다름없다. 아이와 천장 사이의 거리를 생각해 보자. 아이가 성장할수록 거리는 점점 짧아지다가 어른이 되면 더 이상 줄어들지 않는다. 이 거리가 바로 같은 금액으로 준비할 수 있는 종신보험 보장의 크기라고 생각하면 된다. 즉, 어릴 때 가입하면 같은 비용으로 큰 보장을 받을 수 있지만 어른이 되어서 가입하면 최소한의 보장밖에 받지 못한다. 종신보험은 15세부터 가입이 가능하다. 10대 자녀를 종신보험에 가입시키는 것은 집 한 채를 남겨 주는 것보다 더 든든한 보호 장치가 될 수 있다.

● 엄마에서 시작된 종신보험

보험세일즈를 시작한 지 몇 달이 지났을 때의 일이다. 고등학교 동창의 부인이 둘째 아들을 출산했다며 좋아서 어쩔 줄을 몰라 했다. 그런데 그로부터 불과 며칠 후 친구의 부인이 사망했다는 연락을 받았다. 병원에서 퇴원하기 전날, 빈혈기가 있어서 수혈을 받았는데 얼마 후 갑자기 사망했다는 것이다. 세 살 된 아들과 이제 막 태어난 핏덩이를 두고 세상을 떠나다니 이렇게 야속한 일이 있을까? 숨이 멈추는 그 순간까지 얼마나 생명의 끈을 붙잡고 싶었을까? 무엇보다도 갓 태어난 아이가 성장하면서 자기 때문에 엄마가 죽었다는 죄책감에 시달리지 않을까 걱정이 되었다.

그로부터 15년이 지나서 아이를 만나게 되었다. 핏덩이였던 아이는 잘 성장해서 중학교 3학년 학생이 되어 있었다. 아마 하늘나라에서 엄마가 보고 있다면 이렇게 잘 자라 주었구나 하며 기특하게 여겼을 것이다. 마침 생일 무렵이라 생일 케이크를 사가서 아빠와 함께 간단한 파티를 했다. 조심스럽게 아내 이야기를 꺼내니, 아내가 세상을 떠난 후 심리적으로나 경제적으로 많이 힘들었다고 했다. 다행히 아내가 가입한 종신보험금의 사망보험금 8천만 원 덕분에 자녀 둘을 무사히 키울 수 있었다는 말도 덧붙였다. 종신보험으로 무사히 성장한 아이는 15세가 되던 그날 종신보험에 가입했다.

종신보험은 전염되고 상속된다. 엄마의 사망보험금으로 성장한 자녀는 가입 가능 연령이 되어 본인도 종신보험에 가입했다. 누구보다도 그 가치를 실감하기 때문이다. 비록 엄마는 세상을 떠났지만 아이를 생각하는 마음만은 엄마가 남기고 간 종신보험금을 통해서 아이에게 전해진다. 만약 경제적으로 어려워서 자신의 꿈을 접어야 한다면, 아이가 먼저 떠난 엄마를 얼마나 원망했을까? 그러나 엄마가 남겨 준 사랑 덕분에 아이는 미래를 꿈꾸며 밝게 자랄 수 있었다. 비록 엄마가 아이와 함께한 시간은 짧았지만 그 진한 사랑만은 대를 이어 전해지고 있다.

● 10대의 특징

10대는 종신보험에 관심이 없다. 어찌 보면 당연한 일이다. 죽는 것보다 사는 것에 더 관심이 많은 시기다. 자기가 죽은 후의 일을 걱정할 10대가 어디 있겠는가? 아무리 가치를 설명해도 남의 일처럼 생각될 뿐이다. 이처럼 10대는 니즈가 아주 약하지만 그 대신 매우 유리한 조건으로 가입할 수 있다. 희소성의 가치 때문이다. 누구나 관심을 가지는 시기가 되면 가격이 오르게 된다. 10대는 누구나 관심이 없는 시기이기 때문에 씨앗처럼 아주 작은 금액으로 가입할 수 있다. 그러나 상수리 한 알이 상수리나무가 되듯, 그 씨앗이 나중에 얼마나 커다란 나무로 성장할지는 아무도 모른다. 10대들은 그 시기에 종신보험의 가치를 모르기 때문에 선견지명이 있는 부모들이 들어 주는 경우가 많다. 나이가 들면 그 가치를 제대로 알게 된다.

● 접근방법

자녀가 아프면 그 치료비를 부모가 부담해야 한다. 종신보험은 부모가 자식에게 선물처럼 해 준다고 생각한다. 그러나 이는 부모에게 도움이 되기도 한다. 보장이 없다면 고스란히 부담해야 할 치료비로 미리 사용할 수도 있다. 요즘은 어린 나이에도 성인병이 오고 난치병이 많다. 니즈만 있다고 모두 가입할 수 있는 것이 아니다. 미리 가입하면 투자 효과가 크다. 10대를 종신보험에 가입시키려면 먼저 부모에 대한 니즈환기가 이루어져야 한다. 성경에 보면 "너희 중에 누가 아들이 떡을 달라 하는데 돌을 주며, 생선을 달라 하는데 뱀을 줄 사람이 있겠느냐(마태복음 7:9)"라는 구절이 있다. 자기가 좋다고 느끼면 자식에게도 해 주고 싶은 것이 부모 마음이다. 또한 고입, 대입 등에서 자녀들이 좋은 결과를 얻었을 때 접근을 하면 자녀에게 선물을 주고 싶은 마음이 들기 때문에 효과적이다.

● 일찍 하면 오래 보장

세일즈맨: 요즘 가장 힘든 것이 무엇인가요?

고객: 애들 키우는 거죠. 교육비로 돈이 많이 들어요.

세일즈맨: 굳이 좋은 대학에 보내려는 이유가 뭘까요?

고객: 대학이 애들의 미래를 결정하니까요.

세일즈맨: 좋은 대학엘 가려면 공부를 언제 해야 할까요?

고객: 고3 때 열심히 해야죠.

세일즈맨: 맞습니다. 그런데 고3 때는 누구나 열심히 하지 않나요?

고객: 대학 갈 생각이면 누구나 열심히 하겠네요.

세일즈맨: 그래서 빠르면 초등학교, 늦어도 중학교 때부터 열심히 해야 합니다. 모든 학생들이 열심히 하는 고등학교 때 노력해서는 승부가 나지 않습니다. 종신보험도 마찬가지입니다. 누구나 준비하는 시기에는 보험료도 비싸고 가입조건도 까다롭죠.

세일즈맨: 한 차원 높은 대학 또는 좋은 직장을 위해서 부모도 고생하지만 자녀들도 하고 싶은 것을 참아가며 고생을 합니다. 가능하다면 자녀들에게 미리 뭔가 보상해 주면 좋지 않을까요?

고객: 교육시키는 것도 힘든데 자기들 보험은 본인들이 알아서 해야죠.

세일즈맨: 자녀들의 보험을 대신 부담한다는 의미보다 자녀 명의의 종신보험 통장에 저축한다고 생각하셔도 됩니다. 일찍 시작하기 때문에 가능한 이야기죠. 통장을 넘겨줄 때 자녀들에게 입금한 금액만큼 돌려받아도 되죠. 그렇게만 해도 서로에게 유리합니다. 작게 시작하지만 자녀들이 삶을 한 차원 높이는 데 큰 힘이 됩니다.

고객: 과연 애들이 우리가 냈던 돈을 순순히 돌려줄까요?

세일즈맨: 돌려받을 수 있게 제가 도와드릴게요. 지금이라도 자녀들이 아프거나 다쳐서 치료비가 들어가면 모두 부모님들이 부담해야 합니다. 여유가 없는데 생각지 못했던 큰돈이 갑자기 들어가면 그 부담이 오래가고 자녀들도 미안함을 느낄 겁니다. 자녀들을 위한 것 같지만 부모님들의 부담을 덜어 주는 역할을 합니다.

고객: 그렇군요.

세일즈맨: 제가 아는 사람의 아들이 20세에 임파선 암에 걸렸어요. 그 아버지가 보험을 별 것 아닌 것으로 생각했는데 선택할 수 없는 상황이 되니까 보험이 정말 중요하게 느껴진다고 하더군요.

고객: 그렇군요.

세일즈맨: 나이가 들어 준비하면 코스트가 너무 높아서 안 되는데 미리 선택해서 좋은 조건으로 자리를 잡아주면 가능하죠.

고객: 아이들도 종신보험이 가능할까요?

세일즈맨: 물론입니다. 학생 때 선택하면 보장비용이 아주 적으니까 언젠가 필요한 노후 자금까지 묶어 놓는 것입니다.

고객: 가입하려면 어떻게 하면 되나요?

유대인들은 자녀들의 종신보험을 대부분 10대에 가입시킨다. 저렴한 비용으로 큰 보장을 받을 수 있기 때문이다. 종신보험은 한 세대를 넘어서 다음 세대까지 생각해서 장기간 투자하는 상품이다. 따라서 자녀의 생각보다는 부모의 경제관이 크게 작용한다. 부모를 설득할 때는 마치 지렛대 효과처럼 일찍 가입할수록 많은 보장을 받을 수 있음을 납득시켜야 한다. 그러기 위해서는 먼저 부모의 보장을 제대로 설명해서 부모가 종신보험의 가치를 제대로 느낄 수 있어야 한다. 그래야 좋은 것을 자녀에게도 주고 싶어 한다. 10대가 당장은 가치를 모르더라도 모죽처럼 시간을 견디고 나면 언젠가 그 뿌리가 그물처럼 튼튼히 얽혀서 자신을 보호해 주고 있음을 느끼게 될 것이다.

20대

● 개미와 베짱이

　이솝 우화 중에 '개미와 베짱이'가 있다. 1년 내내 열심히 일한 개미는 곡식을 쌓아 놓고 안정적으로 겨울을 보내지만, 노래를 부르며 놀기만 했던 베짱이는 겨울이 되어 추위와 배고픔을 이기지 못한 채 결국 개미의 집을 찾아가 구걸을 한다는 내용이다. 요즘 20대를 흔히 욜로족이라고 한다. 욜로(YOLO: You Only Live Once)란 '한 번뿐인 인생'이라는 뜻이다. 즉 현재 자신의 행복을 가장 중시하고 소비하는 라이프

스타일을 말한다. 이들은 돈의 맛을 알지만 그걸 위해 오랫동안 참고
견디지 못한다.

● 너무 적은 5천만 원

　29세 남자가 결혼 전에 5천만 원 종신보험에 가입했다. 처음에 1억
원을 제시했으나 수많은 거절 끝에 절반 수준으로 결정했다. 결혼 전
까지 해지 위기를 몇 번 넘기면서 부가된 건강특약 때문에 겨우 유지
했다. 그러나 결혼하고 자녀가 생기면서 종신보험에 대한 니즈를 크게
느꼈다. 그제야 고객은 1억 원 보장을 그대로 할 것인데 괜히 절반만
했다고 후회했다. 그래서 증액을 하고 싶어 했으나 건강 상태가 좋지
않아서 증액하지 못했다. 결국 고객은 15년 후 44세에 췌장암으로 사망
했다. 초등학생, 중학생인 자녀 둘을 두고 떠나면서 처음에 보장금액
을 더 크게 했어야 했다고 아쉬워했다. 보험금은 병원비로 대부분 쓰
였지만 다행히 종신보험 덕분에 빚을 물려주지는 않았다.

　20대 때는 종신보험 가입 시 5천만 원과 1억 원의 보험료 차이는 크
지 않다. 그러나 나중에 보험금 수령 시 보험금의 차이는 아주 크다. 고
인도 그것을 알고 보장금액을 너무 적게 한 것을 후회했다. 자신이 떠
난 후 자녀들과 배우자가 견뎌 가야 할 힘든 삶을 생각하면 얼마나 괴
로웠을까? 아마 마지막 순간까지 제대로 눈을 감지 못했을 것이다. 보
험이 정말 필요하다고 느낄 때는 보험가입이 어려울 때인 경우가 많

다. 고인이 남기고 간 5천만 원이 충분한 보장은 못되었지만 가장이 없는 상태에서 가뭄의 단비와도 같은 큰 금액이었다.

● 유대인들이 현명한 이유

전 세계 부자들 중 유대인이 가장 많다는 것은 누구나 다 알고 있는 사실이다. 세계적으로 돈 관리 능력이 뛰어나다고 인정받는 유대인들은 어떻게 부를 늘리고 대물림하고 있을까? 유대인들은 자손들의 미래를 위해 종신보험에 가입한다. 그들에게 있어서 보험은 사후에 집안을 다시 일으켜 주는 소중한 보물이다. 가난했던 유대인 할아버지는 적은 돈으로 보험에 들어 아들에게 물려줬다. 아들은 그 돈을 다시 보험에 넣어 보험금 규모를 키웠고, 손자는 더 많은 보험금을 받았다. 그렇게 세대가 이어지면서 유대인 할아버지의 자손들은 보험금만으로도 세계적인 부자가 됐다.

현명한 유대인들은 열심히 일해서 번 돈으로 우선 보험에 가입하고 저축한 후에 나머지 돈은 즐기는 데 사용한다. 그러다 상황이 어려워지면 노는 것을 자제하고 저축한 돈을 쓴다. 그래서 유대인들은 재산을 축적할 때 'WISE' 원칙을 지킨다. W: 열심히 일하고(Work), I: 리스크를 대비하여 보험에 가입하고(Insurance), S: 저축하고(Saving), E: 즐긴다(Enjoy)는 의미이다. 어떠한 급박한 상황에서도 보험은 최후의 보루로 남겨놓는다. 도와줄 사람도 돈도 없는 상황에서도 나의 어려움을 다음 대가 겪어서는 안 되겠다는 생각으로 준비했기에 유대인의 신화는 가능했다.

이처럼 유대인들은 경제적으로 다른 사람들과 출발점부터 다르다. 유대인들의 보험료 재원은 부모의 사망보험금이다. 그래서 자녀가 일정한 나이가 되면 부모는 생명보험을 넘겨준다. 그 후 자녀들은 스스로 남은 보험료를 납입해서 재산을 만들어 나간다. 유대인들은 언젠가 필요하다면 빨리 하는 것이 낫다고 생각한다. 1만 불의 보험금을 받으면 안 받았다고 생각하고, 그 돈으로 일찍 10만 불 보장의 종신보험에 든다. 10만 불의 보험금을 받아서 또 100만 불의 종신보험에 가입한다. 이런 식으로 남들보다 일찍 시작해서 시간을 견딘 수익률은 누구도 이길 수 없다.

● 20대의 특징

20대는 아프거나 죽는 것을 남의 일처럼 생각한다. 가족들은 성인이 된 20대를 아직 어린 학생처럼 여기고 돌봐주려고 한다. 아직 학교에 다니느라 경제적으로 자립하지 못한 20대는 대부분 부모의 관리에 순응한다. 그러나 경제활동을 막 시작한 20대는 수입은 적은데 하고 싶고, 사고 싶은 것들이 많아서 지출에 민감하다. 그래서 자기 돈이 들어갈 경우 확실하게 숫자로 보여 주어야 납득한다. 고된 경제활동을 시작하는 20대는 서서히 부모에 대한 고마움, 미안함을 느끼기 시작한다.

● 접근방법

20대는 자기가 좋아하는 것에 미쳐 있는 시기이다. 우선 종신보험이 좋은 것이라는 긍정적인 인상을 심어 주어야 한다. 그러나 생활이 다소 불안정해서 직장을 언제 그만둘지 모르기 때문에 무리한 금액에 가입시키면 안 된다. 부모가 가입해 주는 경우 20대가 이를 거부할 이유가 없다. 유리하다고 생각하면 넘겨받아서 유지하면 되고, 아니다 싶으면 넘겨받지 않으면 된다. 받아서 잠깐 유지하다가 해지해도 환급금은 본인이 받는다. 어떻게 생각해도 이익이다. 20대는 보험을 본인이 짊어지고 가야 할 짐이다. 하지만 50대 이후의 보험은 자기를 태우고 가는 자동차다. 20대에 미리 마련할 수만 있다면 넓고 편안한 자동차를 매우 저렴한 비용으로 준비할 수 있다.

본인이 취업해서 돈을 벌고 있거나 아직 독립하지 않았더라도 모두 니즈환기가 필요하다. 독립하지 않은 경우도 예비 취업자이다. 아직 경제적으로 부모의 도움을 받을 경우에는 부모와 함께 상담을 해야 한다. 또한 이제 인생의 주인공으로 살아야지 꼭두각시로 살아서는 안 된다고 설득한다. 지금까지 돌보아 준 부모에게 효도하는 방법은 더 이상 부모에게 폐를 끼치지 않는 것이다. 그리고 그 방법 중 하나로 종신보험을 제시한다. 종신보험에 일찍 가입하면 보장기능, 저축기능, 투자기능을 다 가질 수 있지만 늦게 가입하면 불리해진다고 설득한다.

● 주인공과 주인

세일즈맨: 김 대리님, 앞으로 결혼도 하셔야 하는데 미리 뭔가를 준비해야 하지 않을까요?

고객: 결혼하고 나서 생각해 보죠.

세일즈맨: 언젠가 할 거라면 미리 하는 것이 유리한 점이 많아요.

고객: 어떤 것이 유리한데요?

세일즈맨: 몇 가지 정보를 추가로 주시면 고객님께 맞는 플랜을 구체적으로 설명드릴 수 있어요.

고객: 돈은 엄마가 관리해요. 엄마에게 물어봐야 해요.

세일즈맨: 김 대리님이 큰 수술을 받는다고 하면 누가 보호자가 되죠?

고객: 부모님이 되겠죠.

세일즈맨: 맞습니다. 당연히 부모님이 되겠죠. 그럼 어머니가 큰 수술을 하신다면 누가 보호자가 되죠?

고객: 제가 될 수도 있죠.

세일즈맨: 맞습니다. 이제는 대리님이 부모님의 보호자가 될 수 있는 시기가 되었어요. 보험관련 문제를 언제까지 부모님과 상의할 계획이세요?

고객: 언젠가는 제 스스로 해야겠죠.

세일즈맨: 언젠가는 스스로 결정해야 된다고 하셨는데 그때가 언제쯤 될 것 같으세요?

고객: 글쎄요. 몇 년 후쯤….

세일즈맨: 영화 슈퍼맨의 주인공은 누구일까요?

고객: 슈퍼맨이요.

세일즈맨: 그럼 그 영화의 주인은 누구일까요?"

고객: 제작사인가요?

세일즈맨: 네. 맞습니다. 영화의 주인인 제작사는 영화를 만들지 안 만들지, 누구에게 슈퍼맨 역할을 맡길지 결정할 수 있잖아요? 김 대리님은 인생이라는 영화의 주인공으로 살고 싶으세요, 주인으로 살고 싶으세요?

고객: 주인이요.

세일즈맨: 부모님은 김 대리님이 어떤 역할로 사는 것을 원하실까요?

고객: 주인이면서 주인공이겠죠.

세일즈맨: 맞습니다. 주인공이면서 주인으로 사셔야죠. 부모님께서도 김 대리님이 주인으로 사는 삶을 원하실 겁니다. 그런데 언제부터 그런 삶을 살았으면 하고 바라실까요? 지금 결정할 수 있나요?

고객: 그래야겠네요.

● 가족들의 결사반대

세일즈맨: 김 대리님 본인과 가족을 위한 현명한 선택입니다. 후회하지 않을 거고 이번 결정이 김 대리님의 인생에 중요한 전환점이 될 수도 있습니다. 그런데 추가로 말씀드릴 내용이 있습니다.

고객: 뭔데요?

세일즈맨: 이 내용을 부모님이나 가족 분들께 말씀 드려야겠죠?

고객:　　　상황을 봐서 해야 할 것 같아요.

세일즈맨:　지금 당장 말씀드려도 좋고, 나중에라도 꼭 말씀드려서 가족 분들
　　　　　이 이 내용을 알고 있는 것이 중요합니다.

고객:　　　잘 알겠습니다.

세일즈맨:　그런데 이 내용을 가족 분들께 말씀드리면 잘했다고 칭찬하시는
　　　　　분들은 거의 없을 것 같아요. 왜 그럴까요? 김 대리님!

고객:　　　글쎄요?

세일즈맨:　첫 번째는 아끼고 사랑하는 김 대리님이 아프거나 사망하는 부정
　　　　　적인 상황 자체를 생각하기조차 싫어서입니다. 두 번째로 금융상
　　　　　품은 스마트폰과 다르게 부모님이 주변에서 이야기를 많이 듣고
　　　　　잘못 결정했던 경험이 있기 때문입니다. 김 대리님이 구체적인 내
　　　　　용도 모르고 성급하게 결정한 것은 아닐까 걱정이 되실 겁니다. 김
　　　　　대리님은 지금 이해되지 않은 것을 성급하게 결정한 건가요?

고객:　　　그건 아니죠.

세일즈맨:　세 번째는 가족을 위하는 내용이 포함되어 있다 보니 가족들 입장
　　　　　에서는 본인만 잘 되면 되지 우리까지 생각할 필요 없다는 김 대리
　　　　　님을 위하는 마음이 있기 때문입니다. 이제 왜 가족들이 반대할 수
　　　　　밖에 없는지 공감되세요?

고객:　　　알겠어요.

세일즈맨:　긍정적으로 말씀하시면 다행이지만 반대하시더라도 김 대리님을
　　　　　사랑하고 배려하는 마음 때문이라고 받아들이시면 됩니다. 나중에
　　　　　는 대부분 이해하시고 대견스러워하십니다. 부모님께 말씀드리면

어떤 반응을 보이실까요?

고객: 반대하실 수도 있겠네요.

세일즈맨: 미리 생각해 보고 말씀드리면 좋을 것 같습니다. 그래도 너무 반대가 심하시면 억지로 싸우면서 하려고 하지 말고 때를 기다렸다가 나중에 하시는 것이 좋습니다. 저는 김 대리님하고 같은 생각이니까 저한테 도움을 요청하셔도 좋습니다.

정리

요즘 젊은이들은 'N포 세대'라고 불린다. 결혼, 연애, 취업 등 수많은 것을 포기하고 살아야 하기 때문이다. 그러나 그들이 'N포 세대'가 아니라 희망, 소망, 열망 등을 현실로 만들어줄 수 있는 'N망 세대'라는 것을 가슴에 새겨 주어야 한다. 자기 생각을 가지고 판단할 수 있는 가장 어린 나이가 20대이다. 종신보험이 20대에 멀리서 인생을 바라볼 수 있는 시각을 가지는 데 도움을 준다. 요즘 현명한 욜로족 20대는 개짱이(!)로 산다. 개짱이란 '개미+베짱이'라는 뜻이다. 현재를 즐기는 것은 물론이고 부지런히 미래까지 대비하는 현명한 세대이다.

30대 남자

● **캥거루족**

　미국 뉴욕 주의 한 부부가 아들을 집에서 쫓아내기 위해 송사를 벌였다. 아들은 8년 넘게 무직 상태로 부모집에 얹혀살고 있었다. 이들 부부는 아들에게 다섯 차례 편지를 통해 '2주 안에 집에서 나갈 것'을 요구했다. 또한 퇴거 조건으로 '독립자금 1,100달러를 지원하겠다'고 제안했다. 하지만 아들이 나갈 기미를 보이지 않자 결국 부모가 아들을 고소했다. 법원은 누구 편을 들었을까? 당연히 부모다. 20대의 생기발랄한 시기를 거쳐 30대에 오히려 의존적인 삶을 사는 사람들이 많다. 사회는 이처럼 부모에 의존해서 살아가는 세대를 '캥거루족'이라고 한다.

● 가장의 쓸쓸한 죽음

35세에 종신보험 1억 5천만 원에 가입하고 7년 뒤에 췌장암 진단을 받은 고객의 사례다. 갑작스런 복통으로 한밤중에 응급실에 실려 간 고객은 췌장암 진단을 받았다. 그때부터 걱정의 차원이 달라졌다. 혹시 큰 병이면 우리 아이들은 어떻게 되지? 대출금은? 우리 가족은 이제 어떻게 살아가야 되지? 출근 걱정, 여름휴가, 차를 바꾸는 것들은 전혀 떠오르지 않았다. 고객은 온몸에 황달이 퍼진 후에도 치료비를 아끼기 위해 낚시터를 전전했다. 결국 누울 수도 앉을 수도 없는 고통을 견디다가 42세를 일기로 세상을 떠났다. 사랑스러운 두 아들과 아내를 둔 평범한 가장의 짧은 일생이었다.

본인이 언제 어떤 사유로 사망하는지는 아무도 예측할 수 없다. 위고객의 사례처럼 건강하다가도 갑자기 어떤 일이 닥칠지 모른다. 본인이 가장 아프면서도 직장 걱정, 가족과 집안일 걱정으로 편할 날이 없다. 무엇보다도 아픈데 치료비 때문에 치료를 꺼릴 때가 가장 안타깝다. 종신보험은 선택이 아니라 필수품이다. 가족이 없는 경우는 자신을 끝까지 지켜 주는 동반자 역할을 한다. 죽을 때 돈이 있으면 케어 받는 것이 가능하지만 돈이 없으면 부모님이나 다른 가족들에게 부담이 넘어간다. 모두가 살기 힘들고 여유가 없을 경우 경제적으로 큰 부담이 될 수 있다.

● 32세 미혼의 종신보험료 50만 원

한 고객은 학생 때 부모의 니즈로 자신의 종신보험 1억 원에 가입했다. 조정경기 심판이었던 아버지는 갑자기 심장마비로 사망했다. 아버지의 죽음으로 종신보험의 필요성을 절감한 아들은 본인 스스로 2억 원을 추가로 가입했다. 죽어서 나오는 종신보험의 보험료를 매월 50만 원씩 낸다고 하니 주변 사람들은 다들 미쳤다고 했다. 다른 세일즈맨도 결혼도 안한 사람이 종신보험료로 50만 원씩 지출하는 것은 지나치다고 이야기했다. 나는 만약 주변의 말 때문에 흔들릴 것 같으면 추가 계약을 하면 안 된다고 말했지만 본인이 신중하게 결정한 일이라고 했다.

미혼인 30대 남자는 대부분 종신보험에 관심이 없다. 내가 하고 싶은 걸 즐기며 살겠다는 사람들이 대부분이다. 그러면서도 열심히 일하기는 싫어한다. 위 고객의 경우 아빠의 사망보험금을 수령했기 때문에 종신보험에 니즈를 느낄 수 있었다. 30대 미혼의 경우는 종신보험은 죽어서 받는다는 선입견 때문에 검토조차 하지 않는다. 30대에 가입하면 유리한 조건으로 여러 가지 혜택을 볼 수 있는데 안타깝게도 그 기회를 그냥 놓친다. 위 고객은 자신이 학생 때 가입한 종신보험이 현재 유지하고 있는 은행 저축상품보다 유리하다고 판단했다. 부모의 도움으로 미리 선택한 종신보험이 지나쳐 버릴 좋은 기회를 잡도록 도와준 경우이다. 종신보험의 필요성은 경험하기 전에 미리 아는 것이 가장 좋다. 경험하고 나서 느끼면 보통이다. 남이 경험한 것을 타산지석으로 삼아 실행해도 훌륭하다. 경험하지도 깨닫지도 못하는 사람에게는 방법이 없다.

30대 남자의 특징

30대 남자는 보험에 관심이 없다. 자기가 하고 싶은 것만 하려고 한다. 자기가 보호받는 위치에서 보호하는 위치로 바뀌었다는 사실을 받아들이려고 하지 않는다. 이러한 인식은 결혼이나 자녀가 태어나지 않고는 바뀌기가 힘들다. 30대의 관심사는 돈이다. 여행을 하거나 뭘 사거나 데이트를 하려면 돈이 필요하다. 용돈을 타는 입장에서 벌어서 충당해야 한다는 것 때문에 항상 머릿속으로는 돈을 모아야 된다는 생각을 가지고 있다. 그러나 현실적으로 돈을 모으는 데는 시간이 많이 걸린다. 그래서 단기간에 큰돈을 벌 수 있다는 비트코인, 펀드투자 등에 관심이 많다.

접근방법

날아오는 화살을 정면에서 잡으려고 하면 손만 다친다. 옆으로 비껴서 잡아야 한다. 종신보험 세일즈도 마찬가지다. 미혼인데 돈을 빨리 모으고 싶어 하는 경우는 종신보험을 투자개념으로 접근해서 설명한다. 변액종신보험의 투자기능, 유니버셜의 입출금 기능을 설명한다. 관심을 보이면 종신보험을 준비하지 않으면 부모의 노후를 망칠 수도 있다고 설득한다. 반면 결혼을 해서 종신보험의 니즈가 있는 경우에는 반대의 순서로 설명한다. 부모가 큰 수술을 하게 되면 누가 보호자인가? 부모가 없을 땐 어떻게 할 것인가?를 묻는다. 40대가 되면 30대보다 훨씬 보험가입이 힘들어지는 것을 사례를 들어 설명한다. 나이가들고 직급이 위로 올라갈수록 업무는 더 가중된다. 수입이 늘어도 지출은 그보다 몇 배로 늘기 때문에 30대인 지금이 가장 여유가 있음을 강조한다.

● 지금이 가장 여유 있을 때

세일즈맨: 여유가 있으면 뭘 하고 싶으세요?

고객: 하고 싶은 것이야 많죠. 여행, 자격증 공부, 데이트 등등.

세일즈맨: 그냥 하시면 되잖아요.

고객: 바빠서. 시간도 없고 돈도 없어요.

세일즈맨: 부모님 용돈은 드리나요?

고객: 가끔 드리죠.

세일즈맨: 아파서 용돈을 못 드리거나 부모의 노후자금까지 병원비로 갖다
써야 할 일이 생길 수도 있지 않을까요?

고객:	아니라고 장담할 수는 없죠. 그런 일이 있으면 안 되겠죠.
세일즈맨:	제가 아는 분은 30대 아들이 희귀병으로 중환자실에 몇 년 있다가 사망했어요. 부모는 아들 잃고 자신들의 노후도 잃었죠. 그런 일이 발생했을 때에 대비한 안전장치가 필요하지 않을까요?
고객:	마음은 있는데 여유가 없어요.
세일즈맨:	준비하는 데 비용이 아주 적게 듭니다. 보험도 일찍 선택하면 소멸되는 비용은 아주 적고 저축기능이 강하기 때문에 중간에 목적자금으로도 사용하고 남는 적립금은 연금으로 전환도 됩니다.
고객:	그런 보험이 있어요?
세일즈맨:	종신보험인데 잘못 이해한 사람들은 죽은 다음에 받는 보험으로 알고 있죠.
고객:	그렇지 않나요?
세일즈맨:	종신보험은 죽을 때까지 보장받는 보험입니다. 늦게 가입하면 저축기능은 약해지고 보장기능만 하게 되죠. 여유가 없는데 종신보험, 연금보험, 저축보험 모두 가입하기 힘들잖아요. 한 가지로 해결할 수 있습니다. 고객님은 아직 젊기 때문에 가능하죠. 지금 아니면 앞으로는 점점 더 여유가 없어지고 조건은 불리해집니다.
고객:	제가 어떻게 하면 되는데요?
세일즈맨:	종신보험은 목적자금, 노후자금으로 사용할 수 있으나 연금이나 저축성상품은 보장기능을 할 수 없습니다. 한 가지만 해야 한다면 어느 것을 해야 할까요?
고객:	종신보험부터 해야겠네요.

30대 남자는 현재를 즐기는 것과 미래를 준비하는 것의 경계선에 있다. 본격적인 경제활동을 하고 경제적으로 독립을 생각하다 보니 돈의 효율성을 중요하게 생각한다. 돈의 가성비를 중요하게 생각하기 때문에 언젠가 필요한 종신보험을 일찍 선택할수록 좋다고 설득한다. 설명을 할 때는 불행을 커버해 주는 기능보다 미래의 투자 기능을 강조하는 것이 좋다. 30대는 보호를 받는 입장에서 보호를 해야 하는 입장으로 바뀌는 분기점이다. 부모가 아니라 종신보험이야말로 자신을 보호해 주는 진정한 캥거루 주머니가 될 수 있다.

30대 여자

● 폭포 위의 오리

캐나다에 서식하는 수십만 마리의 야생오리들은 겨울철이 되면 추위를 피해 남쪽으로 이동한다. 오리들이 쉬어가는 곳은 나이아가라 강이다. 오리들은 호수처럼 평온한 강에서 재잘거리기도 하고, 먹이를 찾기도 하고, 잠을 자기도 한다. 그러나 그 평온함 속에는 무서운 함정이 있다. 강 하류에 나이아가라 폭포가 있는데, 그곳의 급류는 걷잡을 수 없을 정도로 거세다. 폭포는 거대한 입을 벌린 채 오리들을 노리고 있다. 오리들이 그것을 간파하고 날아오르려 할 때는 이미 늦는다. 방심한 오리들은 어김없이 거센 폭포의 제물이 된다.

● 전문직의 1급 장애

34세 여자 공인회계사의 사례다. 그녀는 종신보험 5억 원에 들고 사고가 나서 휠체어를 타는 장애인이 되었다. 처음에는 현실을 받아들이지 못하고 엄마에게 욕을 하고 화를 냈다. 전문직이 될 때까지 뒷바라지를 해 준 엄마의 노후를 지켜 주고 싶었는데 자기 때문에 엄마의 노후가 망가진 것을 참지 못했다. 그녀는 종신보험에 부가된 특약에서 장해보험금을 크게 받을 수 있었다. 받은 보험금으로 재택근무 사업을 시작했다. 간병인을 따로 두어서 엄마는 본인의 삶을 행복하게 즐긴다. 요즘은 딸 걱정보다 어디로 놀러갈까를 걱정한다. 만약을 위해 들어둔 종신보험이 본인은 물론 엄마의 삶도 보호하는 역할을 했다.

30대 여자는 부모에 대한 애틋한 생각을 가지고 있다. 대부분 그것 때문에 종신보험을 선택한다. 위 사례의 고객은 전문직이기에 보장을 크게 했다. 보통 30대가 종신보험에 가입하면 평균 1억 원 수준으로 가입한다. 5억 원에 가입한 것은 전문직인 자신의 몸값을 고려해서 제대로 가입한 것이다. 보장금액이 적지 않았기에 절망 속에서 다시 일어설 수 있었다. 장애인이 되면 돈을 못 벌면서 치료비와 생활비를 사랑하는 가족이 부담해야 한다. 그럴 경우 본인이 사라져야 가족들의 부담이 덜어진다는 생각에 극단적인 선택을 하기도 한다. 종신보험은 인간의 존엄성을 지켜 주고 세상에 꼭 필요한 존재로 만들어 주는 최소한의 안전장치이다.

● 이벤트가 많은 미혼

32세 사회생활 5년차인 여자가 고객인 아빠의 소개로 종신보험에 가입했다. 고객은 결혼, 자녀교육, 주택구입 등의 이벤트가 많을 것 같다고 변액유니버셜종신을 선택했다. 추가납입의 장점을 이해하고 추가납입도 선택했다. 가입 2년 후 결혼을 했다. 다시 한 번 계약 내용을 리뷰해 주었는데 이번에는 남편의 종신보험에 관심을 가졌다. 남편도 설명을 듣고 고객이 되었다.

위 고객의 사례처럼 앞으로 이벤트가 많은 경우에는 자금의 유연성을 높이고 투자효과도 누릴 수 있는 종신보험을 선호한다. 배우자의 종신보험은 서두르거나 압박을 하면 역효과가 나올 수 있기 때문에 기다려야 한다. 종신보험에 관심이 높아지는 것은 결혼과 자녀가 생기는 경우이다. 자녀가 생기는 경우가 가장 크게 종신보험의 니즈를 느낄 수 있는 이벤트이다. 미혼인 여자들은 변수가 많다. 가장 큰 변수는 직장이다. 만약 직장을 잃으면 수입이 없는 상태에서 장기간 보험료를 낼 수 있을까? 불안할 수밖에 없다. 또 남편에게 부담을 준다는 생각으로 보험을 꺼리는 경우가 많은데 보험이 없으면 앞으로 더 미안해질 가능성이 높다.

● 30대 여자의 특징

30대 여자는 보험에는 관심이 없으나 부모에 대한 생각은 애틋하다. 돈을 버는 경우 계획적으로 쓰고 모으려 노력한다. 하고 싶은 것은 많고 월급은 적어서 마음이 편치않다. 경험 부족과 미래의 정확한 정보 부족으로 불안해한다. 직업적으로 안정된 상태가 아니라 장기 상품인 종신보험 선택을 두려워한다. 그래서 스스로 결정하지 못하고 부모나 가족과 상의한다고 결정을 미룰 확률이 높다. 청약을 했더라도 가족이 반대하면 취소하는 경우도 많다.

● 접근방법

가족관계, 특히 부모님에 대한 생각에 초점을 맞춰서 니즈환기를 한다. 종신보험은 부모를 위하는 역할도 하지만 본인도 보호할 수 있고 저축, 투자의 역할도 할 수 있다고 설명한다. 종신보험은 지금까지 키워 준 부모에 대한 보답이다. 종신보험이 준비되지 않으면 앞으로 크게 아플 경우 부모의 노후까지 망칠 수도 있다. 은퇴한 부모에게 피해를 주면 더 이상 복구할 시간이 없어서 비참한 노후를 보낼 수 있음을 강조한다. 가족이 반대하는 것은 가족이 사랑하기 때문이라는 것을 이해시키고 그런 것을 예상해서 사전 거절처리를 해야 한다.

● 10억 원을 남겨주고 싶어요

세일즈맨: 부모님 살아 계신가요?

고객: 살아 계세요.

세일즈맨: 부모님 생각을 언제 많이 하세요?

고객: 힘들 때 생각 많이 나고 힘도 받죠.

세일즈맨: 그런 부모님께 뭘 해 드리고 싶으세요?

고객: 돈 많이 벌어서 힘든 일 안 하고 편하게 사실 수 있게 해 드리고 싶
어요.

세일즈맨: 고객님은 꿈이 뭐예요?

고객: 어릴 때는 꿈이 많았는데 사회생활을 하니까 꿈이 뭔지 모르겠어요.

세일즈맨: 잠잘 때 꿈은 자주 꾸시나요?

고객: 가끔 꾸죠.

세일즈맨: 잠을 자는데 꿈에 저승사자가 나타나서 같이 가자고 합니다. 따라
가실 건가요?

고객: 못가죠. 아직 할 일이 많은데.

세일즈맨: 강하게 못가겠다고 거부하니까 저승사자가 만나보고 갈 사람 있냐
고 물었어요. 누가 생각나세요?

고객: 부모님이죠.

세일즈맨: 그럼 인사하고 가라고 부모님 계신 곳으로 데려갑니다. 부모님은
어떻게 살고 계실까요?

고객: 힘들게 살고 계시겠죠?

세일즈맨: 고객님이 어쩔 수 없이 저승사자를 따라가야 한다면 부모님께 무엇을 남겨 드리고 싶으세요?

고객: 가능하다면 일 그만하고 편하게 사시라고 큰돈을 남겨 드리고 싶어요.

세일즈맨: 지금 당장 떠난다면 얼마를 남겨 드릴 수 있으세요?

고객: 2천만 원 정도요.

세일즈맨: 내일 그런 일이 일어날 것이 확실하다면 얼마짜리 종신보험을 들고 싶으세요?

고객: 많을수록 좋죠. 10억 원 정도요.

세일즈맨: 월 보험료가 몇 백 만 원 할 텐데 어떻게 감당하시죠?

고객: 대출을 받아서라도 가입해야죠.

세일즈맨: 보장금액 10억 원의 월 보험료가 100만 원이라도 확률이 100%라면 가입한다는 거죠?

고객: 그렇죠.

세일즈맨: 확률이 10%라면 종신보험에 가입하실 수 있나요?

고객: 글쎄요.

세일즈맨: 태어나는 것은 순서가 있지만 죽는 것은 순서가 없다고 하잖아요. 고객님이 사고나 질병으로 갑자기 떠날 확률이 10%도 안 될까요?

고객: 그렇지는 않죠. 확률이 10% 정도는 될 것 같아요.

세일즈맨: 확률이 10%면 수입의 10%는 보험에 투자해야 맞지 않나요?

고객: 그렇겠네요.

세일즈맨: 종신보험에 매월 10만 원씩 30년 납입하면 3천600만 원인데 대부

분 환급금으로 쌓이기 때문에 10만 원 전부가 아니라 10만 원의 이자 해당액을 보험 비용으로 지불하는 것이죠.

고객: 비용이 크지 않네요.

세일즈맨: 문제가 생길 경우가 100%라고 장담할 수도 없지만 그럴 확률이 0%라고 장담할 수도 없습니다.

고객: 종신보험 1억 원에 가입하려면 보험료가 얼마나 되는데요?

정리

오리가 잔잔한 호수에만 있을 수 없는 것처럼 인생을 살다 보면 어떤 급류나 폭포를 만날지 모른다. 편안하다고 느낄 때 미리 위험에 대비해야 한다. 30대 여성을 설득할 때는 종신보험이야말로 부모에 대한 배려 방법이라고 니즈환기를 한 후 일찍 선택하는 가성비로 클로징한다. 보험에 투자하는 것은 보험료 전체가 아니라 보험료의 기회비용이 전부라고 설명하면 성공률이 높다. 인삼 농사는 보통 3년을 투자하면 되고, 산삼농사는 10년의 시간을 견뎌야 한다. 저성장, 저수익의 상황에서는 시간을 견디는 종신보험이 가장 좋은 재테크이다. 시간을 이기는 수익률은 없다.

40대 남자

● 흔들리는 40대

어떤 일에도 미혹되지 않는 나이가 40세인 '불혹(不惑)'이라고 한다. 하지만 '불면 혹 날아가는 나이가 불혹'이라는 우스갯소리도 있다. 직장에서는 한창 나이에 은퇴를 두려워해야 하는 예비 실업군이고, 커가는 아이들 등쌀에 통장 잔고 들여다보기가 무섭고, 뭐든 인생의 마지막 배팅을 해야 한다는 강박감에 시달리는 나이가 바로 40대다. "20대 때 진보가 아니면 심장이 없는 것이고, 40대 때 보수가 아니면 뇌가 없는 것"이라는 처칠의 말이 있다. 이처럼 40대는 새로운 삶에 도전하기보다는 현실에 안주하려는 경향이 많다.

● 나는 못해도 배우자라도

40대 중년 부부의 사례다. 남편은 중견기업의 45세 차장이었고 아내는 중소기업에 다니고 있었다. 둘 사이에는 중학생 딸과 초등학생 아들이 있었다. 남편은 종신보험 1억5천만 원에, 아내는 1억 원에 각각 가입했다. 3년 전부부가 가입했던 보장의 증액 상담을 했는데 건강 때문에 어려워했다. 야근과 업무 스트레스, 승진 부담 등으로 간 수치와 혈압이 상승해서 항상 약을 복용하고 있다고 했다. 그러면서 종신보험을 3년 전에 가입 안 했으면 큰일 날 뻔했다고 가슴을 쓸어내렸다. 남편은 건강이 좋아지면 다시 상담하기로 하고 아내는 보장을 증액했다.

승진을 하면 편해질 것 같은데 더 힘들어진다. 수입이 늘면 여유가 생길 것 같은데 점점 여유는 더 없어진다. 건강까지 문제가 된다. 40대는 그런 나이다. 종신보험은 부담이 커질수록 보장을 늘려가야 하는데 현실은 그렇지 못하다. 그래서 처음에 제대로 해야 한다. 40대는 밑에서 치고 올라오고 위에서는 짓누르는 중간에 낀 상태라 스트레스가 많다. 가정에서도 책임과 의무가 점점 늘어나 진퇴양난의 상황에서 살아간다. 그러다 사고로 세상을 떠나면 동정보다는 무책임하다고 욕을 먹기 십상이니 억울하다. 그 억울함을 해결해 줄 방법 중의 하나가 종신보험이다.

● 위암 말기 친구의 마지막 부탁

40대 초반의 교수 부부가 종신보험에 가입했다. 동료 교수들은 죽어야 나오는 종신보험 말고 이자수익이 좋은 공제에 저축하라고 했다. 그러나 부부에게는 그럴 만한 이유가 있었다. 16년 전 남편의 친구가 40세에 위암으로 세상을 떠났다. 아내를 소개해 준 절친이었다. 친구가 죽기 전에 고객 부부에게 3가지를 당부하고 떠났다. 첫째 생명보험을 들어라. 둘째 금연해라. 셋째 매년 건강검진을 꼭 받으라는 것이었다. 부부는 세 가지를 모두 지켰다. 생명보험에 가입했고, 담배도 끊고 등산을 시작했다. 매년 부부는 건강검진을 받는다. 운동선수로 건강에 자신만만했던 친구의 조언이었기 때문에 더욱 가슴에 와닿았다고 한다. 그때 동료 교수의 소개로 나를 만나 종신보험 계약을 했다. 정말 필요할 때 운명적인 만남이었다고 한다. 종신보험 가입 후에 아내에게 해 줘야 할 것을 했다는 안도감이 들었고 아내가 보험료 부담으로 감액을 이야기할 때도 종신보험만큼은 양보하지 않았다고 한다.

● 40대 남자의 특징

40대 남자는 가족에 대한 책임감이 강하다. 건강관리는 하지 않으면서 아직도 자신이 30대라고 착각한다. 회사에서는 위에서 누르고 아래에선 치고 올라온다. 매일 야근이며 집안 행사며 정신이 없다. 세상은 천천히 가라고 하는데 현실은 한순간도 멈출 수가 없다. 브레이크가 고장 난 기관차처럼 정신없이 달려간다. 노후준비, 명퇴, 이직 등의 여러 문제들로 스트레스를 받는다. 그런데 문득 주위를 돌아보면 나만 그렇게 달려가는 것이 아니다. 그래서 40대 남자는 종신보험의 니즈가 가장 높은 시기이다.

● 접근방법

40대 남자는 가족에 대한 책임감이 강하다. 본인에 대한 안전장치를 제대로 하지 않으면 가족에게 짐이 될 수 있다고 설득한다. 40대가 지나면 건강 때문에 가입이 안 되거나 보험료가 높아져서 불리해진다. 제대로 된 보장을 설계할 수 있는 마지막 기회라고 강조해야 한다. 세계에서 우리나라만 유독 40대 남자의 사망률이 높다. 등산에 비유하면 정상의 80% 등반했으면 쉬었다 가야 하는데 그때 쉴 수 없을 정도로 힘들다. 해야 할 것이 가장 많은 40대이지만 가장 먼저 준비해야 할 것이 있다. 미리 준비하지 않으면 본인뿐만 아니라 온 가족을 위험에 빠뜨릴 수도 있다. 종신보험부터 제대로 준비하고 나머지를 해야 나중에도 후회가 없다. 40대는 니즈가 가장 강하지만 돈 들어갈 곳도 가장 많다. 인생의 우선순위를 정해야 할 시기이다.

● 10억 원을 준비하고 싶어요!

세일즈맨:　요즘 밤에 꿈 자주 꾸시나요?

고객:　　　가끔 꾸죠.

세일즈맨:　고객님이 가끔 꾸시는 꿈에 저승사자가 나타나서 같이 가자고 합니다. 따라가시겠습니까?

고객:　　　따라가면 끝인데 큰일 나죠.

세일즈맨:　왜 큰일 나죠?

고객:　　　아직 할일이 많이 남았는데 벌써 떠날 수는 없죠.

세일즈맨:　저승사자가 억지로 데리고 가려하니까 고객님이 3년만 시간을 달라고 합니다. 저승사자는 절대로 안 된다고 합니다. 실랑이를 하다가 하도 고객님이 사정을 하니까 6개월 후에 데려가기로 합의합니다. 다행 아닌가요?

고객:　　　다행이요? 6개월밖에 못사는데요?

세일즈맨:　그렇게 주어진 6개월을 어떻게 보내실 건가요?

고객:　　　여행도 다니고 그동안 못한 것도 하고 아이들하고 시간도 보내야죠.

세일즈맨:　그럴 만큼 충분한 돈이 있나요?

고객:　　　돈 생각을 못했네요. 대출도 있고, 학원비, 생활비 생각하니까 돈 벌어야겠네요.

세일즈맨:　6개월 남은 삶인데 돈을 벌어야 하기 때문에 가족들하고 하고 싶은 것도 못하고 슬프지 않나요?

고객:　　　그렇네요. 그렇다고 빚을 남겨 줄 수는 없잖아요. 공부는 시켜줘야죠.

세일즈맨: 그런 상황에서 얼마 정도의 돈이 준비되어 있으면 돈 걱정 안하고 가족과 편하게 6개월을 보낼 수 있을까요?

고객: 많을수록 좋지만 10억 원 정도는 있어야겠네요.

세일즈맨: 그 돈 10억 원을 제가 만들어 드리겠습니다.

고객: 정말요?

세일즈맨: 그럼요. 그런데 그 10억 원이 왜 필요한지, 정말 그 금액이 맞는지 는 알아봐야 하지 않을까요?

고객: 그렇겠네요.

정리

'40대는 중년(middle age)의 나이다. 중년이란 나이는 풀어야 할 삶의 수수 께끼가 바로 코앞에 수없이 놓여 있는 시기다. 직장에서는 상사와 부하직원 의 가운데(middle) 끼여 적절한 관계를 유지해야 한다. 집안에서는 아직 성 인이 되지 않은 자녀들과 마흔 넘어 남성호르몬이 분출되는 아내와의 가운데 (middle) 끼여 있다. 이런 진퇴양난의 처지에 처한 그들에게 등불 같은 존재로 서 기능을 할 수 있는 것이 바로 종신보험이다.

40대 여자

● 내 나이 마흔 살에는

'붙잡고 싶었지/ 내 나이 마흔 살에는 다시 서른이 된다면/ 정말 날개 달고 날고 싶어 그 빛나는 젊음은 다시 올 수 없다는 것을 이제서야 알 겠네 우린 언제나 모든 걸/ 떠난 뒤에야 아는 걸까 세월의 강 위로/ 띄 워 보낸 내 슬픈 사랑의/ 내 작은 종이배 하나'

– 양희은 씨의 노래 '내 나이 마흔 살에는' 중에서

● 산처럼 든든한 종신보험

다음은 41세 여성 고객의 사례다. 미혼의 은행원이었던 고객은 엄마와 자신을 끝까지 지켜 주는 안전장치로 종신보험을 선택했다. 가입한지 8년 후 유방암 진단을 받았는데 다행히 잘 치료해서 지금은 건강하다. 3억 원의 종신보험 덕분에 지금은 은퇴를 해서 취미생활을 즐기며 살고 있다.

가족을 보호하기 위해서 가입했던 종신보험이 결국 본인을 보호하는 역할을 한다. 한 번 크게 아프고 나니까 3억 원의 종신보험이 남편처럼 든든하다고 한다. 3억 원까지 순차적으로 증액할 때 고민도 많이 했는데 지금은 더 크게 하지 못한 것을 아쉬워한다. 고객은 아직도 종신보험이 자신을 끝까지 지켜 주는 동반자로 생각한다. 어느 날 갑자기 사망해도 최소한 가족에게 피해가 가는 것은 막을 수 있기 때문이다.

● 노후연금 종신보험

43세 미혼 여자 고객의 사례다. 그녀는 건강보험, 연금보험, 변액유니버셜 상품만 가지고 있었다. 10년 전 종신보험을 설명했으나 크게 관심을 가지지 않았다. 그러나 나이가 들면서 종신보험의 니즈를 느꼈다. 늦게 가입해서 보험료는 높지만 노후에 연금으로도 활용할 수 있다는 것에 만족해서 종신보험 1억 원을 계약했다. 일찍 사망하면 부모님에게 진 빚의 일부를 갚고, 오래 살면 연금으로 전환해서 쓸 계획이었다.

이런 안전장치가 없이 아프면 모아둔 돈을 치료비로 쓰고 부모의 노후에 부담을 줄 수 있다. 일을 못하면서 벌어 놓은 돈을 쓰게 되면 불안하고 서럽다. 그런 상황이 닥칠 때 종신보험은 '납입면제' 기능이 있다. 말 그대로 일을 못할 정도로 아프면 납입을 면제해 주는 것이다. 물론 보장금액은 그대로 유지된다. 이처럼 독신자의 든든한 친구가 되어 주는 보험이 종신보험이다.

● 40대 여자의 특징

40대 미혼 여자는 가족과 주위 사람들에 대한 배려심이 깊다. 혼자 사는 것에 익숙해지면서 다른 사람들의 간섭을 싫어한다. 자기가 하고 싶은 일을 찾으며 경제적으로도 안정되어 간다. 남에게 피해 주려 하지도 않는다. 기혼인 경우 자녀의 학업 때문에 바빠지면서 본인을 돌아보기 시작한다. 미혼인 경우는 앞으로의 인생행로가 어느 정도 확정된 상태다.

● 접근방법

우선 자신에 대한 안전장치를 하지 않으면 아플 때 곤란할 수 있다는 점을 설득한다. 치료비가 없어 치료를 못 받거나 가족에게 피해를 줄 수 있다. 40대는 보장을 제대로 설계할 수 있는 마지막 기회라는 점을 강조한다. 40대가 지나면 건강에 문제가 생기는 사람들이 많고 보험료도 많이 비싸진다. 몸은 관리의 시대에서 교체의 시대로 변하고 있다. 앞으로 과학과 의료기술이 발달하면 대부분의 장기들을 교체할 수 있다. 임플란트, 인공관절이 대표적이고 흔한 교체 치료술이다. 심장, 간, 콩팥 등 대부분의 장기도 이식이 가능하다. 치료비만 있으면 장기를 교체해 가면서 오래 살 수 있다. 그러한 비용도 종신보험 보장금액에서 미리 할인해서 사용할 수 있다고 설명한다.

● 아파도 당당할 수 있는 이유

세일즈맨: 걱정되는 것 없으세요?

고객: 지금은 하고 싶은 일을 하며 재미있게 살고 있는데 미래가 늘 불안하죠.

세일즈맨: 왜 미래가 불안하세요?

고객: 건강, 직장, 노후 모두 혼자 해결해야 한다고 생각하니까요.

세일즈맨: 아프면 건강보험으로 커버하면 되고, 능력과 열정이 있으시니까 지금 직장이 아니더라도 일은 계속 하실 것 같고, 그렇게 열심히 사시면 노후도 자연스럽게 해결되는 것 아닌가요?

고객: 장밋빛으로 그려주시니 고맙지만 현실이 그렇게 되겠어요? 건강도 30대 때 하고는 달라요. 열정은 식고 자신감도 많이 떨어졌어

요. 얘기 들어 보시니 묘안이 없겠죠?

세일즈맨: 솔로인 제 여자 고객분은 몇 년 전 암 진단을 받았는데 지금 더 행복하게, 더 당당하게 지내고 있습니다.

고객: 어떻게 그럴 수 있죠?

세일즈맨: 딱 한 가지만 준비하면 됩니다.

고객: 그게 뭔데요?

세일즈맨: 큰 병에 대한 것을 해결해 주고, 일을 못할 정도로 아프면 대신 저축해 주고, 종신토록 옆에서 케어해 주는 상품입니다.

고객: 그런 상품이 있어요?

세일즈맨: 제가 만들어 드릴 수 있습니다.

고객: 어떻게 하면 되는데요?

(정리)

"20대에 예술가 아닌 사람 없다. 40대에는 현실주의자가 된다. 60대에는 종교인이 아닌 사람이 없다." 러시아의 대문호 톨스토이의 말이다. 그만큼 40대는 현실의 무게를 있는 그대로 받아들이는 시기이다. 40대는 본인의 가치를 찾고 본인이 할 수 있는 무언가를 하려고 하는 시기이다. 따라서 본인의 가치를 보전하고 실현하는 방법으로 종신보험을 설명해야 한다. 특히 보험의 부정적인 면보다는 밝은 미래를 긍정적으로 그려 주는 것이 좋다.

50대 남자

● 맥도널드의 창업

크록 맥도널드 회장이 맥도널드를 설립했을 당시 그의 나이는 52세였다. 현재 맥도널드의 자산 가치가 330조 원에 이른다. 중년의 고개를 넘어 창업을 한 그의 성공 비결은 무엇이었을까? 크록은 늘 직원들에게 "사업가에게 가장 필요한 것은 박사 학위가 아니라 열정이다. 음식을 직접 만들고 배달한 사람만이 회사의 중역이 될 수 있다"고 말했다. 열정이 능력보다 더 중요하다는 뜻이다. 50대에도 열정이 있으면 무엇이든 할 수 있다.

● 날아간 전원생활

은퇴 후 산 속의 전원생활을 꿈꾸던, 한 명의 자녀를 둔 가장이 있었다. 52세의 남자로 일반사망 1억 원, 재해사망 5천만 원에 가입했다. 가입 3년 후 교통사고로 사망했다. 사망보험금 1억5천만 원은 주택자금 대출상환, 자녀의 교육자금, 자녀의 결혼자금으로 사용되었다. 평소 성격이 소탈하고 배우자에 대한 배려가 각별했다. 어려운 환경에서도 가족을 위해 고생하는 배우자를 고려해서 가입했던 것이다.

갑작스런 사고로 부부가 같이 꿈꿨던 전원생활은 한순간에 물거품이 되었다. 그러나 사망보험금 덕분에 대출금도 해결했고 가족들이 다시 힘을 낼 수 있었다. 말로만 책임진다고 하면 죽고 나서 무책임하다고 욕을 먹는다. 그러나 종신보험으로 안전장치를 해 놓으면 살아서는 마음의 평화를 주고 사망해서도 경제적 공백을 해결해 준다. 위 고객은 비록 전원생활의 꿈은 날아갔지만 경제적인 것은 어느 정도 해결할 수 있었다.

● 뒤늦게 깨달은 종신보험의 가치

명예퇴직을 한 어느 50대 은행원의 사례다. 청년성공, 중년상처, 노년무전을 3대 불행 이라고 하는데 이 모든 것을 다 겪은 사람이다. 젊은 나이에 일찍 은행에 취업했고, 중년에는 암으로 아내를 잃었고, 은행을 퇴직한 후 세 아이를 키우느라 돈을 다 썼다. 그는 8년 전 후배에게 3억 원을 사기 당한 이후, 한동안 후배를 어떻게 죽일까 하는 생각으로 살았다. 3억 원은 자신이 모은 전 재산이었다. 믿었던 후배에게 퇴직금 중간정산, 개인연금 해지, 그리고 부족한 돈은 신용대출을 받아 현찰로 주었더니 증거가 없었다.

사기 당한 2년 후 아내는 암으로 투병하다가 사망했다. 암으로 인한 고통과 싸우는 것보다 돈 때문에 더 힘들어했다. 사기를 당한 후 경제적으로 어려워지면서 아내의 모든 보험을 해지했기 때문이다. 아내는 아이들에게 뭔가 남겨 주지는 못할망정 돈이 자신의 병원비로 쓰이는 것을 매우 힘들어했다. 그제야 종신보험 주계약의 중요성을 깨달았지만 때는 이미 늦었다. 보험료는 올라 있고, 건강은 악화돼가고, 수입은 끊긴 상태라 가입이 쉽지 않았다. 비싼 보험료에 특별조건부로 어렵게 종신보험 5천만 원에 가입하는 것이 최선이었다. 앞으로는 종신보험의 보험료 납입을 위해 열심히 일할 생각이라고 했다.

보험은 시간이 지나면서 점점 가입이 힘들어진다. 가입도 신중해야 하지만 해지는 더 신중해야 한다. 50대는 보장을 확보하기 위해 납입 기간을 최대한 늘려야 한다. 지금은 100세 시대다. 할 수 있는 한 은퇴를 연장해야 행복하게 살 수 있다. 60세에 은퇴해서 40년을 뭐하며 살아 갈 것인가? 20년간은 본인이 납입하다가 많이 아프면 납입면제가 될 수 있고, 절반 정도 내고 자녀에게 승계할 수도 있다. 50대에 보장을 전달하려면 납입기간에 대한 한계를 깨야 가능하다. 납입기간이 짧으면 보험료 부담이 크다.

● 50대 남자의 특징

50대 남자는 항상 머릿속에 은퇴를 고려하고 있다. 동시에 일을 계속 하고 싶은 생각도 가지고 있다. 하지만 앞으로 일할 기회가 자신에게 주어지지 않을 것 같아 불안하다. 건강에 대한 자신감도 많이 사라진 상태다. 자녀들의 결혼까지 지켜봐야 하는데 결혼은 늦어지고 은퇴는 빨라진다. 사랑하는 가족을 끝까지 지켜 주지 못하는 것에 대해 힘들어하고 불안해한다.

● 접근방법

최선의 은퇴준비는 경제활동을 하는 것이다. 납입부담을 만들어서 은퇴를 연장시키도록 유도한다. 보험료를 납입하기 위해 일을 하는 것이 아니라 번 돈의 일부를 보험료로 납입하는 것이다. 나이가 들어서도 경제활동을 계속하는 것이 자녀들에게도 떳떳하고 좋은 인상을 줄 수 있다. 건강 걱정만 할 것이 아니라 그에 대한 대비책을 준비하는 것이 중요하다.

● 돈 없을 때 여유를 만드는 종신보험

세일즈맨: 전쟁이 나도 가치를 지킬 수 있는 것이 무엇일까요?

고객: 금 아닌가요?

세일즈맨: 맞습니다. 가치, 환금성이 최고죠. 고객님께 전쟁과 비슷한 재앙은 무엇일까요?

고객: 큰병 걸리는 거죠. 차라리 죽는 것은 낫죠. 자식들도 어느 정도 성장했으니까 병원비로 피해를 주지 않을까 걱정입니다.

세일즈맨: 그럴 때는 종신보험이 금덩이 역할을 합니다.

고객: 어떤 역할을 하는데요?

세일즈맨: 종신보험의 사망보장은 원인과 이유를 따지지 않습니다. 여명급부를 통해 심각한 질병을 집중적으로 보장하고 종신토록 보장합니다. 살아서 혜택을 못 받아도 끝이 아니죠. 언젠가는 반드시 보장금액 범위 내에서는 병원비 빚을 져도 사망 후에 갚아주니까 고객님이 걱정하는 심각한 문제를 전천후로 해결해 주는 금덩어리죠.

고객: 금처럼 좋은 것은 알겠는데 지금 시작하기에는 너무 늦었어요.

세일즈맨: 언제까지 일을 하시나요?

고객: 얼마 안 남았어요.

세일즈맨: 100세 시대에 60대 은퇴는 너무 빠른 것 아닌가요? 40년을 일 없이 살아야 하는데요.

고객: 일은 하고 싶은데 써 주질 않아요.

세일즈맨: 재산을 늘리기보다는 지키는 것이 중요한 시기가 맞죠? 재산을 지

키는 데는 종신보험만 한 것은 없습니다.

고객: 당장은 여유가 없어요. 이제 정리해야 할 시기예요.

세일즈맨: 일을 못하면서 치료비가 필요할 정도로 몸이 아프면 보험료가 납입면제 될 수 있습니다. 건강하면 일해서 돈을 벌고, 아프면 보험료를 대신 납입해 줍니다. 심각하게 아프면 종신보험을 살아서 할인해 사용하는 기능들이 많이 생겼어요.

고객: 그런 보험도 있어요? 비싸겠는데요.

세일즈맨: 50세가 넘는 분들은 납입기간을 80세납으로 많이 합니다.

고객: 무슨 보험이 돈을 80세까지 내요.

세일즈맨: 보장금액을 확보하고 보험료 부담을 맞추기 위해서죠. 납입기간이 길면 경제활동기간도 자연스럽게 길어집니다.

고객: 보험료를 위해서 그렇게 늦게까지 일을 해야 하나요?

세일즈맨: 보험료를 납입하기 위해서 일을 하는 것이 아니라 일해서 번 돈의 일부로 보험료를 내는 거죠.

고객: 그렇게 하면 보험료를 얼마 정도 내야 하나요?

세일즈맨: 납입액은 최대한 저렴하면서 보장은 최대한 크게 해 드릴게요. 경제활동을 오래하면 건강하고, 돈도 벌고, 보험도 얻게 되죠.

정리

50대 남자는 경제활동과 은퇴의 기로에 서 있다. 최선의 은퇴는 일을 하는 것이다. 일을 하는 최선의 방법은 종신보험에 가입하는 것이다. 50대 남자에게는 경제활동 기간을 연장시키는 방법으로 종신보험을 권유한다. 이는 본인을 위해서 뿐만 아니라 자녀들을 위한 것이기도 하다. 50대에 누구나 맥도널드를 창업할 수는 없지만 자신의 가정은 책임지고 돌봐야 한다. 사업뿐만 아니라 가정을 지키는 데도 열정은 필요하다.

50대 여자

그 꽃

내려갈 때 보았네.

올라갈 때 못 본

그 꽃

고은 시인의 '그 꽃'이라는 시다. 40대까지는 인생의 오르막길이라고 볼 수 있다. 목표를 향해 정신없이 달리다 보면 주변을 돌아볼 경황이 없다. 그러나 인생의 전반전을 넘어 내려가는 50대가 되면 올라갈 때 보지 못했던 다양한 꽃을 볼 수 있다.

● 치매만 해결해 주세요!

55세 여자 고객의 사례. 과거 둘째 자녀를 임신하면서 직장을 그만둘 때 가입했던 보험을 대부분 정리했다. 남편의 보장은 많은데 자신의 보장은 한 두건 뿐이고 건강특약 위주로 되어 있었다. 사망보장이 전혀 없다는 것을 알고 뒤늦게 종신보험 5천만 원에 가입했다. 엄마가 치매로 고생하는 모습을 보고 자신도 언젠가 치매에 걸려서 가족들에게 짐이 될까 봐 걱정이 컸던 것이다. 남편이 경제활동을 할 때는 남편의 월급으로 납입하고 경제활동이 끝난 후에는 본인의 연금으로 납입할 계획이었다. 노후에 종신보험을 본인의 간병비 용도로 활용하는 것에 동의했다.

50대 여자들은 사망보장에 대한 니즈는 별로 없다. 그럴 때는 사망보다 다른 걱정거리를 찾아내서 그에 대한 솔루션을 제시해 주어야 한다. 위 사례에서 고객의 노후의 걱정은 온통 간병에 집중되었다. 치매에 걸린 가족이 있기 때문이다. 이처럼 가장 걱정되는 한 가지를 해결해 주면 모든 것을 해결해 줄 수 있다. 그러나 모든 것을 해결해 주겠다고 욕심을 내다보면 한 가지도 해결 해 주지 못할 수도 있다. 가족에게 피해가 가지 않게 종신보험을 준비하면 본인도 죽을 때까지 보호를 받는다.

● 재해사망 보험금은 보너스

15년 전에 가입한 남편의 종신보험을 리뷰해 주었더니 52세인 아내가 종신보험에 관심을 가졌다. 본인은 건강특약 위주의 보험만 가지고 있고 사망보장은 재해사망보장만 있었다. 재해사망 1억 원만 있으면 안전할 것이라고 생각하고 있었다. 그러나 재해사망확률은 10%도 안 되고 나이가 많을수록, 그리고 여자라면 재해사망 확률이 더 낮아진다. 내 설명을 들은 고객은 일반사망의 필요성을 느끼고 1억 원에 가입했다. 종신보험에 가입한 후에야 보험가입이 완성된 느낌이라며 20대 초반인 딸과 아들도 종신보험에 가입했다.

일반사망보장금액이 보험증서의 가치를 결정한다. 50대는 일반사망이 보장하는 내용을 가장 잘 이해하고 중요하게 생각하는 세대이다. 일반사망에 가입하면 재해사망보장은 자연히 따라오는 보너스와 같다. 남편의 종신보험은 수익자인 아내가 내용을 알고 있어야 한다고 설득하여 부부 동시 상담을 진행하면 효과가 크다. 50대는 나이가 들어서 병원비 때문에 천대받는다. 자녀들에게 부담이 넘어가는 것을 염려하기 때문에 사망보장의 니즈가 높다. 부모가 자신들의 종신보험에 대한 이해가 높아지면 그 가치를 알고 자녀들의 종신보험에 대한 관심도 높아진다.

● 50대 여자의 특징

50대 여자는 가족들의 뒷바라지에서 해방되면서 자신의 정체성을 찾는 시기다. 무엇인가를 새롭게 시작하려 하지만 현실 안주냐 도전이냐에 갈등하는 시기다. 건강이 예전 같지 않아 먹는 약이 늘어나고 자녀들은 결혼해서 분가한다. 자녀 종신보험은 가입시키면서 정작 본인들의 종신보험이 없는 경우가 많다. 이처럼 50대는 보험계의 블루오션이다. 50대를 가망고객으로 발굴하지 않으면 보험세일즈에 희망이 없다. 20~30대는 인구가 줄고, 취업이 어렵고, 수입이 적고, 부모 의존적이기 때문에 종신보험 가입에 장벽이 두껍다. 50대는 어느 정도 경제력이 있어서 니즈환기만 제대로 되면 가입할 확률이 높은 유망한 시장이다.

● 접근방법

결국 자기 자신을 지키는 것은 본인이다. 자신이 자신을 지키지 못할 때 가족에게 의지할 수밖에 없다. 따라서 부담이 넘어가지 않도록 안전장치를 마련해야 한다고 설득한다. 50대는 가입조건이 까다롭기 때문에 비용이 문제가 아니고 가입할 수 있는지가 중요하다. 납입기간을 길게 하면 보험료 부담을 낮추면서 보장금액을 올릴 수 있다. 유병자 보험도 가능하기 때문에 시도해 보고 만약 거절되면 치료해야 한다고 강조한다. 종신보험의 개념을 설명할 때도 죽어서 나온다는 의미보다 살아서 종신토록 보장받는다는 의미로 설득한다.

● 여명급부로 해결한 장기이식

세일즈맨: 이사할 때 유리그릇과 쇠그릇이 있으면 어떻게 포장하시나요?

고객: 유리그릇은 깨지지 않게 조심하면서 정성스럽게 솜이나 에어캡 뽁뽁이로 포장을 하지만 쇠그릇은 그냥 대충 포장을 하겠죠.

세일즈맨: 어느 그릇이 소중하게 대접을 받는다고 생각하세요?

고객: 유리그릇이겠네요.

세일즈맨: 50대인 고객님은 절대로 깨지면 안 되는, 그러나 깨질 수 있는 유리그릇과 같습니다. 그릇이 깨진다면 삶이라는 여행은 엉망이 되고 깨진 파편 때문에 다른 사람들까지 힘들어질 겁니다.

고객: 깨지지 않게 하려면 어떤 것을 준비해야 할까요?

세일즈맨: 앞으로 걱정되는 것 있으세요?

고객: 아프지 말아야죠. 살기 힘든데 자식들에게 피해를 주면 안 되죠.

세일즈맨: 피해를 막을 준비는 하셨나요?

고객: 남편은 종신보험으로 준비했는데 나는 죽어서 나오는 종신보험은 필요 없어요.

세일즈맨: 살아서 받는 종신보험은 어떻게 생각하세요?

고객: 살아서 받는 종신보험도 있어요? 죽어야만 받는 것으로 알고 있었

는데요.

세일즈맨: 제가 말씀드리는 종신보험은 살아 있을 때 종신토록 보장받다가 사망하면 자녀들에게 물려주는 보험입니다.

고객: 새로 나온 종신보험이에요?

세일즈맨: 아니오. 원래 있던 종신보험인데 요즘 오래 사니까 살아서 미리 할인해서 쓸 수 있는 기능들이 늘어났죠.

고객: 그렇군요.

세일즈맨: 신장이나 간이식을 해야 할 경우 비용이 많이 들지 않을까요?

고객: 많이 들겠죠.

세일즈맨: 그런 병원비를 자식들 도움 없이 해결할 수 있나요?

고객: 그럴 정도의 돈은 없죠. 종신보험이 해결해 주나요?

세일즈맨: 사망보험금의 50~ 80%를 미리 치료비로 받아 쓸 수 있습니다.

고객: 살아서 받는 것이 가능하군요.

세일즈맨: 요즘은 국민건강보험이 지원을 잘 해 줘서 생각보다 치료비는 적을 수 있는데 치료 후에 의료 생활비가 많이 듭니다. 몸이 아프면 사과 하나를 먹어도 좋은 것을 먹어야 하니까요.

고객: 그렇겠네요. 종신보험 혜택을 살아서도 받는군요. 처음 알았어요.

세일즈맨: 병원비 800만 원 때문에 3남매가 지명수배가 된 사례도 있어요. 죽는 데도 돈이 듭니다. 그런데도 죽어서 나오는 것이 과연 필요가 없을까요?

고객: 치료비를 빚져도 죽어서 나오는 것으로 갚으면 되니까 필요하겠네요.

주변의 꽃을 감상하다 보면 한 가지 잊기 쉬운 점이 있다. 바로 자기 자신도 꽃이라는 사실이다. 50대 여자는 가족의 행복에만 신경을 쓰다가 정작 자신의 행복은 등한시하기 쉽다. 50대 여자를 상담할 때는 본인의 가치를 인정하고 지키는 방법으로서 종신보험 가입을 권유해야 한다. 그러나 가족을 위해 계속 자신이 희생할 것을 강요하는 것은 금물이다. 가족과 자신. 이 두 가지를 모두 케어할 수 있는 것이 바로 종신보험이다.

60대

● __환골탈태__

솔개는 70년을 산다. 그러나 40살이 되면 먹이를 찢는 부리가 약해져서 더 이상 사냥을 할 수 없다. 그럴 때 솔개는 산의 정상에 올라가서 절벽에 머리를 부딪쳐 조각난 부리를 떨쳐버리고 다시 자라나는 튼튼한 새 부리를 얻는다. 이렇게 '환골탈태'한 솔개는 30년을 더 살 수 있다. 사람도 마찬가지다. 60대에 은퇴하여 아무것도 하지 않으면 무기력하게 도태될 뿐이다. 그러나 솔개와 같은 굳은 마음으로 환골탈태하면 새로운 힘을 얻고 다시 한 번 날아오를 수 있다.

● 용돈으로 가입한 종신보험

오래전 고객의 어머니와 장인, 장모님을 상담하였다. 두 분은 68세의 동갑내기 친구 사이였다. 시골에서 농사를 짓다 보니 경제적으로 여유는 없는데, 혈압이 높아서 고혈압약을 복용 중이었다. 자식들도 부모님의 건강에 대한 걱정이 많았지만 경제적으로 여유가 없어서 고민만 하고 있는 상황이었다. 그래서 나는 고객에게 종신보험이 최선의 방법이라고 설명하였다. 고객은 아내와 상의하여 세 명 분의 종신보험에 가입했다. 남편은 장남이라서 어머니의 보장으로 5천만 원, 아내는 친정아버지, 어머니 몫으로 각각 2천만 원의 종신보험에 가입했다. 납입기간은 75세납과 80세납으로 하였고 보험료는 자식들이 조금씩 모아서 부담하기로 했다.

고객 부부는 부모님의 종신보험에 가입했던 당시의 선택에 대해 지금까지도 만족해하고 있다. 보장금액이 크지는 않지만 납입이 완료된 지금은 부모님도 자녀들도 든든해한다. 부모님들은 종신보험이 자식에게 부담이 넘어가는 것을 막아 주는 큰 댐처럼 느껴진다고 한다. 자녀들은 부모님이 큰 병으로 치료비가 많이 들어도 보장금액이 커버해 주니까 불효자가 될 걱정이 없다고 했다. 용돈은 드리면 없어지지만 종신보험은 작은 돈이 모여서 온가족의 행복을 지켜 주는 든든한 댐이 된다.

● 65세 납입완료 후 다시 가입한 종신보험

한 고객은 55세에 은퇴한 후 1년 동안 택시운전, 화물차, 대형버스 운전을 위한 준비를 했다. 지금은 원룸 임대업과 학원버스 운행을 하고 있다. 딸은 미혼이고 막내인 아들은 최근에 결혼했다. 얼마 전 65세납인 종신보험의 납입이 끝났다. 고객은 납입이 끝나자마자 80세납으로 다시 종신보험을 증액했다. 설령 몸이 아파서 움직이지 못할 정도면 납입면제 가능성이 높다. 종신보험은 잘 죽는 데 필요하다. 뭐든지 끝이 중요하다. 잘 죽어야 잘 산 것이다. 사람들이 가끔 나에게 언제까지 보험에 들어야 하냐고 묻는다. 그럴 때마다 나는 움직일 수 있을 때까지 일을 하고, 일한 것의 10%는 보험에 투자해야 한다고 대답한다. 아마도 위 고객이 15년 후 80세에 보험료 납입이 끝나면 나는 다시 100세납 종신보험을 권할 것이다.

● 지켜 주고 물려주고 이어지고

한 60대 주부 고객의 사례다. 고객은 자녀들이 결혼 후에도 근처에 살면서 손자 손녀를 돌봐 주고 있다. 아들과 딸 밑으로 손자, 손녀가 4명이 있었다. 고객은 손자, 손녀에게 1천만 원씩 물려주려고 4천만 원 종신보험에 가입했다. 4천만 원이 자기가 사망할 때까지는 자기를 지켜 주고, 사망한 후에는 손자 손녀들의 대학 등록금이 될 수 있다고 든든해했다.

60대는 자녀보다 손자, 손녀에게 뭔가를 해 주고 싶어 한다. 자식에게 재산 물려주는 것은 두려워하면서도 손자, 손녀에게는 부담 없이 물려주려고 한다. 손자, 손녀를 지원하는 것이 결국 자녀들의 부담을 줄여 주기 때문이다. 위 고객이 종신보험에 가입하는 3가지 니즈는 첫째 본인 의료 간병비, 둘째 장례비, 셋째 손자, 손녀에게 줄 유산이었다. 지금까지 자녀를 생각하면서 60년을 보냈는데 그게 끝이 아니고 손자, 손녀를 위해서 살겠다는 따뜻한 마음이 담겨있는 보장이었다. 부모의 사랑은 자녀의 결혼 후에도 손자, 손녀로 계속 이어진다.

● 60대의 특징

60대는 관심이 자녀에서 손자, 손녀로 넘어가는 시기이다. 60대는 경제적으로 안정되어서 은퇴한 사람과 경제적으로 어려워서 계속 일을 하고 있는 사람으로 극명하게 구분된다. 대부분 약을 1~2가지씩은 복용하고 있어서 종신보험 가입이 쉽지 않다. 보험료 부담이 크므로 일을 열심히 하는 사람들을 대상으로 종신보험을 권하는 것이 좋다. 60대의 경우 보장금액보다 보험료 총납입액이 더 많아진다. 그만큼 사망 리스크가 높다는 것을 의미한다.

● 접근방법

60대 본인보다는 자녀들에게 부모의 종신보험 가입을 권하는 것이 좋다. 사망 가능성, 납입면제 등을 감안하면 상조보험보다 종신보험이 훨씬 유리함을 설명한다. 종신보험은 부모나 자식이나 서로에게 미안 해질 수 있는 것을 막아 주는 방패막이다. 60대에 심사를 통과하면 어떤 금융상품보다 유리하다. 의료비로 쓸 수 있는 한도만큼 보장금액을 정하면 그 한도 내에서 치료를 받을 수 있다. 병원비를 남겨 놓고 사망 해도 사망보험금으로 병원비를 처리하면 된다. 순서의 문제이지 보장 금액만큼의 부담은 자녀들에게 넘어가지 않도록 막아 주는 것이다. 또한 종신보험 보험금이 손자, 손녀의 대학 학자금으로 쓰일 수도 있음 을 설명하면 더욱 효과적이다.

● 80세까지 다시 시작하라고?

고객:　　20년 가까이 납입했는데 납입을 다하고 나니까 홀가분하네요.

세일즈맨: 65세까지 정말 오랫동안 고생 많으셨고 대단하세요.

고객:　　어떻게 견뎠는지 저도 신기해요.

세일즈맨: 정년퇴직 후에 다시 일을 시작하셨는데 보험료 납입은 왜 끝났다고 생각하시죠? 이상하지 않나요?

고객:　　뭐가 이상해요? 보험에 또 가입해야 한다고요?

세일즈맨: 어느 연예인처럼 병원 중환자실에 몇 년을 입원해 있어야 하는 상황이 벌어지면 어떻게 하죠?

고객:　　그러면 큰일이죠.

세일즈맨: 대비책이 있나요?

고객: 그런 것까지는 준비되어 있지 않죠.

세일즈맨: 80세납으로 종신보험을 준비하시면 보험료 부담이 크지 않습니다.

고객: 지금부터 다시 80세까지 보험료를 내라고요?

세일즈맨: 80세납을 목표로 하는 것이지 꼭 80세까지 납입하라는 것은 아닙니다.

고객: 그것이 무슨 말이에요?

세일즈맨: 70세에 노안으로 한쪽 눈이 안보이시면 보험료를 저희 회사가 대신 납입해 드립니다. 그런 경우 몇 세납인가요?

고객: 70세납이겠네요.

세일즈맨: 그럴 가능성은 낮지만 고객님이 75세에 갑자기 사망하시면 5천만 원이 지급되고 보험은 끝나는데 그럴 경우 몇 세납인가요?

고객: 75세납이요.

세일즈맨: 5천만 원 종신은 80세까지 6천만 원을 납입해야 합니다. 8년 정도 납입한 후에 고객님이 해지하려 할 때 자녀들에게 3천만 원을 더 내면 5천만 원 보장을 받을 수 있다고 설명합니다. 아무 일이 없이 사망하더라도 5천만 원을 받는다고 하면 자녀들이 해지하라고 할까요? 아니면 자기들이 납입한다고 할까요?

고객: 본인들이 납입한다고 하겠네요!

세일즈맨: 그럴 경우 몇 년 납이죠?

고객: 8년납이요.

세일즈맨: 80세납은 반드시 80세까지 납입해야 한다는 의미인가요?

고객: 아니네요. 그런데 보험은 언제까지 들어야 해요?

세일즈맨: 일을 하시는 동안에는 수입의 10%를 안전장치로 보험을 준비해야 합니다.

고객: 알겠어요.

세일즈맨: 고객님 나이에 종신보험에 가입할 수 있는 것은 대단한 복입니다. 대부분 가입하고 싶어도 건강 때문에 가입하지 못합니다.

고객: 어떻게 하면 되죠?

● 상조보험은 종신보험으로

세일즈맨: 상조보험 가지고 계신가요?

고객: 아들이 들었죠.

세일즈맨: 특별한 장점도 없고 불안한 상조보험에 왜 가입할까요?

고객: 미리 준비하면 좋죠.

세일즈맨: 자녀들에게 도움은 못줄망정 피해는 주지 말아야 겠다는 생각하시나요?

고객: 생각이야 간절하지만 그게 맘대로 되나요.

세일즈맨: 결국 잘 죽으려면 죽을 때 돈이 있어야 합니다. 죽는 데도 돈이 듭니다.

고객: 서글프네요. 돈 없으면 죽지도 못하네요.

세일즈맨: 병원비가 없으면 자식들에게 부담이 넘어가죠. 장례비도 부담이 될 수 있습니다.

고객: 무슨 방법이 있나요?

세일즈맨: 요즘은 종신보험이 그런 기능을 해요. 상조보험은 목표금액을 다 납입하지 않으면 결국 자식들이 나머지를 부담해야 합니다. 아파서 병원에 있어도 납입해야 합니다.

고객: 종신보험은 그렇지 않아요?

세일즈맨: 종신보험은 질병이든 재해든 50% 이상 장해가 발생할 정도면 납입이 면제되어 보험료를 납입하지 않아도 계약 시의 혜택을 그대로 받을 수 있습니다.

고객: 돈을 누가 대신 내준다니 좋네요.

세일즈맨: 노후 보장으로 가장 효율적이고 유용한 안전장치입니다. 가입이 어려워서이지 가입할 수만 있으면 절대 후회하지 않습니다.

고객: 꼭 필요하겠네요.

세일즈맨: 납입기간을 최대한 길게 해서 납입하다가 납입이 어려워질 때 자녀들에게 의사를 물어보세요. 대부분이 자신들이 대신 납입하겠다고 합니다. 이렇게 자녀에게 승계되는 경우 자녀들은 부담으로 여기는 것이 아니라 선물로 생각합니다.

평범하게 은행에서 일하다가 은퇴한 60세 민병욱 씨의 버킷 리스트는 자전거로 미국 대륙을 횡단하는 것이었다. 태평양을 뒤로 하고 샌프란시스코를 출발하여 로키산맥, 사막, 대평원을 지나 84일 동안 대륙을 횡단하여 마침내 그는 대서양 앞에 섰다. 그가 미국 대륙을 횡단할 때 그는 자신보다 나이가 더 많은 시니어 자전거 여행자들을 여럿 만났다. 그들을 만나면서 60대는 얼마든지 새로운 도전이 가능하다는 것을 분명히 확인했다. 60대는 리타이어(retire), 즉 타이어를 다시 갈아 끼우고 달려야 할 시기이다. 은퇴는 인생의 끝이 아니라 새로운 시작이다!

70대

● 버킷 리스트

영화 '버킷 리스트'는 6개월 시한부 삶을 선고 받은 두 사나이가 죽기 전에 하고 싶은 일들을 하나씩 실행해 가는 이야기다. 평생을 자동차 밑에서 수리공으로 살아온 카터 챔버스(모건 프리먼)와 재벌 사업가인 에드워드 콜(잭 니컬슨)은 어느 날 중환자실에서 만난다. 이 두사람은 친구가 되어 의기투합해서 적은 버킷 리스트를 들고 병원을 뛰쳐나간다. 그러고는 3개월 동안 스카이다이빙하기, 문신하기, 아프리카 초원에서 사냥하기, 세상에서 가장 아름다운 사람과 키스하기, 모르는 사람 도와주기, 눈물이 날 때까지 웃어 보기 등을 하면서 흥미진진한 나날을 보낸다.

● 종신보험 때문에 오래 산다

70세 남자가 80세납으로 종신보험 2천만 원에 가입했다. 처음에는 보장금액 대비 보험료가 비싸서 부정적이었으나 사망가능성, 납입면제, 100% 지급 확률 등의 설명을 듣고는 상조보험보다 낫다고 했다. 가입한 후에는 미루던 숙제를 한 것처럼 홀가분하고 든든하다고 했다. 보험료를 내기 위해 오래 일을 해야겠다며 종신보험 덕분에 오래 살 것 같다고 미소를 지었다. 그리고 손해 보지 않으려면 자신에게 서비스를 잘하라는 농담까지 했다.

젊어서는 사는 문제에 관심이 많지만 70대가 되면 죽는 문제에 더 관심이 많다. 떠날 본인보다 남을 가족을 걱정하면서 가족에게 하나라도 더 남겨 주려 한다. 유산은 못 남겨 줄망정 부담을 남겨 주는 것을 못 견뎌 한다. 2천만 원 범위 내에서 보장 받다가 남는 것으로 손자, 손녀에게 무언가 해 줄 수도 있다. 더구나 70대는 10명 중 1명만 가입이 가능할 정도로 가입이 어렵다. 위 고객은 보험료를 떠나서 가입할 수 있는 건강 상태에 매우 흡족해했다.

● 끝없는 자식사랑

용돈으로 받는 30만 원으로 종신보험에 가입한 70대 고객의 사례다. 맞벌이 딸과 사위의 손자를 돌보는 고객은 처음 만났을 때 30만 원으로 할 수 있는 금융상품을 물었다. 좋은 음식, 좋은 옷 사는 데 쓰시지 무엇 하려고 저축을 하냐고 묻자 특별히 할 것도 할 시간도 없다고 대답했다. 비싸긴 한데 자식들에게 좋은 상품이 있다고 하니 관심을 가졌다. 종신보험에 대한 설명을 들은 고객은 보험료가 비싸기는 하지만 적금보다 좋다고 했다. 이 나이에 이자 몇 푼보다 자식들에게 도움되는 것이 더 중요하다며 3천만 원에 80세납으로 가입했다.

위 고객은 평생을 자녀들을 위해서 살아왔고 지금도 자식을 위해서 손자를 돌보고 있다. 그런 와중에 또 자식을 위해 용돈을 모아서 종신보험을 준비한다. 이것이 자녀에 대한 부모의 사랑이다. 종신보험은 부모가 자녀에게 사랑을 표현하는 한 방법이다. 보험료가 비싼 만큼 사망보장에 대한 가치를 높게 느꼈기에 선택을 한 것이다. 고객은 납입면제의 가능성과 절반 정도만 납입을 하면 자녀들에게 넘겨줄 수도 있다는 설명에 공감했다. 상조보험의 경우 1천만 원짜리 상품에 가입해서 3백만 원 내고 사망하면 나머지 차액을 보태야 한다. 종신보험은 가입금액을 그냥 지급한다. 상조보험과 비교해도 종신보험이 훨씬 유리하다.

● 70대의 특징

70대는 건강상의 문제로 가입할 수 있는 대상자가 희소하다. 보험료 납입액이 보장금액을 20% 이상 초과한다. 보장금액보다 더 많이 내야 하는 것이다. 따라서 보험에 대한 가치를 제대로 느끼는 고객만이 가입할 수 있다. 70대는 잘 사는 것보다 잘 죽는 것에 관심이 많다. 보장금액만큼은 치료비로 누구의 눈치도 보지 않고 마음껏 쓸 수 있어야 한다. 보험금은 좀 늦게 지급될 뿐 100% 지급되기 때문에 걱정할 필요가 없다. 가족 중에 70대가 종신보험에 가입하면 다른 가족들의 종신보험 클로징은 아주 쉬워진다.

● 접근방법

70대는 희소성의 원칙에 입각해서 접근해야 한다. 즉, 가입할 수 있는 사람이 희소한 만큼 가치가 있다고 설득한다. 납입보험료가 보장금액보다 많다는 사실을 납득하지 못할 때는 보험료 납입면제나, 보험금 받을 확률이 높다고 이해시킨다. 70대는 잘 죽는 것에 관심이 많다. 잘 죽는 것을 도와주는 상품이 종신보험이고 잘 죽으면 인생을 잘 산 것이라고 강조한다. 납입기간은 80세납으로 해서 납입 부담을 최소화하고 납입면제 가능성도 최대한 활용하는 방향으로 제시한다. 주고 싶은 사람을 수익자로 지정해서 물려줄 수도 있다. 이 모든 것은 종신보험이기 때문에 가능한 일이다.

● 집 한 채의 든든함! 종신보험

엄마:　　　월 30만 원으로 선택할 좋은 상품이 있어요?

세일즈맨:　좋은 옷 사 입으시고 맛난 것 드시지 뭣 하러 저축하세요!

엄마:　　　특별히 할 것도 없고 그럴 시간도 없어요.

세일즈맨:　제가 소개드리는 것은 좀 비싼데 자녀들에게는 참 좋아요.

엄마:　　　얼마나 비싸고 뭐가 애들에게 좋아요?

세일즈맨:　3천600만 원을 내고 만기까지 가면 3천만 원 받는 상품이에요.

엄마:　　　애들에게 어떤 이득이 가기에 그렇게 비싸요?

세일즈맨:　언제든지 사망하면 받는 종신보험이에요. 어머니보다 10살 많으신
할머니가 1천만 원 종신보험을 가지고 있는데 젊을 때 집 한 채를
가진 것처럼 든든하다고 하셨어요. 순서의 문제이긴 하나 1천만 원
한도에서 병원비를 책임지거나 장례비 부담을 자녀들에게 주지 않
을 수 있죠. 손자, 손녀를 수익자로 해 놓으면 마지막으로 등록금을
한번 납입해 줄 수도 있죠. '잘 죽어야지!'라는 말씀을 어르신들이
자주 하세요. 그 의미는 죽을 시점에 돈이 있어야 자식들에게 피해
를 주지 않는다는 뜻입니다. 죽을 때 돈을 가져다주는 보험이 종신
보험입니다.

고객:　　　받는 금액보다 더 내는데요?

세일즈맨:　받는 금액보다 더 내는 것 같지만 많이 아프면 대신 납입해 주고,
갑자기 사망하면 일부만 납입하기 때문에 그렇게 비싸다고만 볼
수는 없죠. 병원비를 자녀들이 나눠 낼 때 어려운 자녀 몫을 종신보

험으로 처리할 수도 있어요. 종신보험 3천만 원을 30대는 300만 원의 가치로 느끼지만 70, 80대는 6천만 원 또는 1억 원의 가치로 느끼게 됩니다. 종신보험을 구입하는 것은 가격상승이 확정된 주식을 사는 것과 같습니다.

정리

70대는 죽음을 생각하기 시작하는 나이이다. 사람들은 죽음에 가까이 와서야 내가 정말 하고 싶은 것이 무엇인가를 생각한다. 나와 사하라 사막 마라톤에 같이 참가했던 형님은 당시 71세였다. 35년 동안 철도기관사로 근무한 후 은퇴했는데 퇴직금은 모두 아내에게 주고 본인은 막노동으로 돈을 벌어 해외봉사와 하고 싶은 일을 하며 살고 있었다. 70대는 쉬어야 할 시기가 아니라 새로운 삶을 시작해야 하는 시기이다. 삶이 이어지는 한 종신보험도 이어져야 한다.

역할:
역할은 달라도
보험은 하나다

아빠

● 가시고기의 부정

가시고기는 부정(父情)의 상징으로 통한다. 수컷 가시고기는 다른 물고기들이 돌멩이나 수초 틈에서 편히 쉬는 밤에도 끊임없이 지느러미를 움직여 알이 들어 있는 둥지에 산소를 공급한다. 그러면서도 수많은 물고기로부터 알을 보호하기 위해 밤에도 경계를 늦추지 않는다. 보름 가량 지나 알이 부화하고 새끼들이 독립할 채비를 갖출 때면 힘이 다한 수컷 가시고기는 최후를 맞는다.

● 아빠가 부쳐주는 생활비

증권회사에 근무하던 38세 아빠의 사례다. 갓길에서 타이어가 이상이 있어서 살펴보다 뒤차에 받혀서 사망했다. 불행 중 다행으로 일시금 2억 원과 생활비가 100만 원씩 나오는 종신보험에 가입해 있었다. 1억 원은 주택자금 대출금 상환, 1억 원은 학자금, 월100만 원은 생활비 용도였다. 원래 그는 종신보험에 관심이 없던 30대 후반의 평범한 직장인이었다. 그러다가 결혼하고 아내가 자녀를 임신하면서 아빠로서의 책임감을 느껴서 가입한 사례였다. 만약의 사태에 대비해서 아빠가 책임져야 할 부채상환, 자녀교육, 생활비 조달에 맞추어서 가입한 것이다.

종신보험은 아빠가 아빠 역할을 못하게 되었을 때 그것을 대신할 목적으로 가입한다. 종신보험 덕분에 가족들은 살던 집에서 그냥 살고, 미망인도 아이를 떼어 놓고 직장생활을 하지 않아도 생활이 되었다. 목돈으로 나온 사망보험금은 은행에 예치했다가 딸이 대학을 갈 때 학자금으로 쓸 수 있었다. 비록 이 세상에 아빠는 없지만 종신보험이 아빠의 역할을 할 수 있게 한 사례다. 남은 가족들에게 매월 지급되는 100만 원이 하늘나라에서 아빠가 보내 주는 생활비라고 생각하고 있다.

● 대출상환 보다 종신보험이 우선

40세 내과의사가 10억 원의 종신보험에 가입했다. 자녀는 유치원, 초등학생 둘인데 병원 개업 시 대출 받은 대출금 4억 원이 있었다. 처음에는 대출금 4억 원을 먼저 갚아야 한다고 보험가입을 거절했다. 본인에게 문제가 발생할 경우 전업주부인 아내가 어떻게 대출을 갚고 자녀교육까지 시킬 수 있느냐는 것이었다. 나는 차라리 대출 상환기간을 연장하고 자녀교육자금까지 고려해서 10억 원에 가입할 것을 제안했다. 가입 10년 후 50세가 된 고객은 퇴근길에 심장마비로 사망했다.

당시 대출금은 전부 상환한 상태였고 10억 원의 사망보험금은 자녀 둘의 교육비와 생활비, 아내의 노후자금으로 사용될 예정이다. 아빠는 없지만 아빠의 마음이 담긴 돈으로 공부하는 아이들은 아빠를 오래오래 기억하며 행복하게 자랄 것이다. 아빠는 죽어가면서도 가시고기처럼 책임을 다했다. 남겨진 가족도 모두 아빠에게 감사해 한다. 종신보험은 돈에 사랑을 담을 수 있는 방법이다. 아내는 자신이 자존심을 지키면서 자녀교육을 마무리할 수 있는 준비를 해 준 남편에게 너무나 고마워했다.

● 아빠의 특징

남자는 종신보험에 대한 니즈가 시시각각 변한다. 총각 때는 없던 니즈가 결혼할 때 생기고 아이가 태어나서 아빠가 될 때 가장 커진다. 그때부터는 본인이 사망해서 없어도 가족은 끝까지 보호해야겠다는 책임감을 갖는다. 아빠는 그런 책임감을 느끼면서 훨씬 강해진다. 자녀가 생기면 경제적 시간적 여유를 빼앗아 간다. 자녀들 때문에 힘이 들지만 자녀들 때문에 힘이 나는 존재가 아빠다. 아빠는 자신의 돈과 시간을 자녀에게 쓸 때 가장 크게 가치와 보람을 느낀다.

● 접근방법

아빠는 어떤 일이 있어도 가족을 지키겠다는 생각을 한다. 그 어떤 일에 대한 구체적인 대비책을 알려 주어야 한다. 그렇지 않으면 열심히 살고도 갑자기 일찍 세상을 떠났을 때 무책임하다는 욕을 먹는다. 아빠 혼자서 모든 짐을 지고 가는 것은 너무 힘들다. 차라리 약간의 돈을 내고 같이 지고 갈 파트너로서 종신보험을 선택하라고 설득한다. 자녀에게 최고의 선물은 무엇일까? 좋은 옷, 좋은 음식, 좋은 학원을 보내 주는 것도 좋다. 그러나 끝까지 꿈을 지켜 주는 것이 가장 좋은 선물이다. 어떤 일이 있어도 그 꿈을 지켜 주는 검증된 파트너가 바로 종신보험이다.

● 종신보험은 아빠 역할을 대신 해줘요

세일즈맨: 종신보험은 아빠가 아빠의 역할을 못할 때 아빠 역할을 대신해 줍

니다.

고객:　어떻게 아빠 역할을 대신해 주는데요?

세일즈맨:　고객님 자녀가 몇이죠?

고객:　열 살과 여섯 살 둘입니다.

세일즈맨:　생활하고, 교육시키고, 결혼시키는 데 자녀 한 명당 얼마 정도의 비용이 들 것 같나요?

고객:　한 명당 최소 1억 원씩은 들겠지요.

세일즈맨:　종신보험의 보장금액 3억 원에 가입한 후에 만약 고객님이 사망하시면 3억 원이 나옵니다. 1억 원은 생활비, 1억 원은 교육자금, 1억 원은 자녀 결혼자금으로 쓰시면 됩니다. 1억 원은 아이들이 대학에도 갈 때까지 9년, 13년 동안 은행에 저축해 두면 물가상승률만큼 이자가 붙습니다. 그 자금으로 대학에 가게 됩니다. 결혼자금 1억 원도 마찬가지로 20년, 24년 후에 결혼자금을 해결해 주니까 보험금이 아빠 역할을 해 줍니다. 나머지 1억 원은 그동안의 생활비로 사용하면 됩니다.

고객:　내가 없어도 고민이 해결되네요.

세일즈맨:　고객님에게 아무 일이 없으면 돈을 벌어서 더 잘해 주면 되고, 만약 문제가 발생해도 고객님의 역할을 해 주는 것이 종신보험입니다. 아빠들은 "어떤 일이 있어도 아빠가 책임질 테니 공부만 열심히 해."라는 말을 자주 하죠. 그러나 그 어떤 일에 대한 대비가 없으면 열심히 살았어도 욕먹어요.

고객:　정말 그렇겠네요.

가시고기 수컷은 이미 만신창이가 된 몸을 새끼들의 먹이로 내놓으며 최후를 맞이한다. 집 안에 강도가 들면 아빠는 목숨을 걸고 싸워서 가족을 지킨다. 죽음이라는 강도는 언제 불시에 쳐들어와서 가족을 위협할지 모른다. 그러나 죽음은 힘으로 물리칠 수 없다. 미리 종신보험이라는 안전장치를 준비해 두어야 한다. 종신보험은 어쩔 수 없이 가족을 지키지 못할 때 아빠의 약속을 대신 지켜 줄 수 있다. 가격이 오른 후에 좀 더 일찍 가입할걸. 사망이 임박하면 크게 준비할걸 하면서 후회하지만 그때는 이미 늦었다.

엄마

● **연어의 모정**

어미 연어는 알을 낳은 후 옆에서 지키고 있다. 갓 부화되어 나온 새끼들이 아직 먹이를 찾을 줄 몰라 어미의 살코기에 의존해 성장할 수밖에 없기 때문이다. 어미 연어는 극심한 고통을 참아내며, 새끼들이 맘껏 자신의 살을 뜯어 먹게 내버려 둔다. 새끼들은 그렇게 성장하고, 어미는 죽어 결국 뼈만 앙상하게 남는다. 그래서 연어는 '모성애의 물고기'라고 불린다. 세상에는 많은 사랑이 있다. 그러나 그중에서 가장 위대한 사랑은 누가 뭐래도 모성애다.

● 엄마의 사랑을 통장에 입금

31세에 종신보험 1억 원에 가입한 엄마 고객의 사례다. 그녀는 8년 후인 39세에 유방암으로 사망했다. 당시 남편은 실직 상태였고 10살짜리 아들이 있었다. 사망 1년 전 시한부 판정을 받자 사망보장의 50%인 5천만 원을 미리 지급받아 병원비와 생활비로 충당했다. 남은돈은 아들의 통장을 만들어서 엄마가 마지막으로 남겨 주는 돈이라고 입금했다. 그 돈은 엄마의 사랑이었다.

엄마는 암이 골반까지 퍼져서 앉지도 못하니까 선 채로 10살 아들의 공부를 사망 10일 전까지 돌보아 주었다. 엄마가 받은 여명급부 50%는 깊은 의미가 있다. 보험금을 미리 다 쓰고 가면 남은 가족들에게 야속하고, 전혀 안 쓰고 가면 남은 가족들이 미안하다. 50%가 서로 미안하지 않은 황금비율인 것이다. 엄마가 사망한 후에 아빠는 말했다. 종신보험 때문에 아이 엄마가 죽을 때까지 돈 걱정을 하지 않고 편안하게 삶을 마감할 수 있었다고.

● 엄마 좀 병원에 보내주세요

남편과 사별한 53세 엄마의 사례다. 큰딸의 권유로 엄마는 종신보험

5천만 원에 가입했다. 가입 6년 후 딸로부터 엄마가 병원비 걱정 때문에 치료를 꺼리고 있다는 전화가 왔다. 병원에서 췌장암 진단을 받았다는 것이다. 나는 여명급부금을 받아서 엄마 통장에 넣어 주자고 제안했다. 돈이 통장에 들어온 그때부터 엄마의 얼굴 표정이 밝아지고 마음 편하게 입원치료를 받을 수 있었다.

부모의 자녀에 대한 사랑은 끝이 없다. 자녀에게 도움을 못주고 오히려 도움 받는 것을 못 견뎌한다. 아마 종신보험이 없었다면 엄마도 편하게 치료도 못 받고 그 모습을 지켜보는 딸도 마음이 아팠을 것이다. 종신보험 덕분에 엄마와 딸이 생의 마지막 시간을 행복하게 보낼 수 있었다. 췌장암 말기의 평균 생존 기간은 6개월 정도다. 종신보험 덕분에 마음이 편했는지 췌장암이었는데도 2년 넘게 살았다.

● 엄마의 특징

여자는 약해도 엄마는 누구보다 강하다. 엄마가 되면 자녀가 우선순위 1위다. 자아가 사라지고 자녀의 보호자로서의 역할만 남는다. 항간에는 마차에 깔린 자식을 구하기 위해 엄마가 마차를 번쩍 들었다는 믿기 힘든 이야기도 전해진다. 이처럼 엄마의 희생은 상상할 수 없는 기적 같은 일을 만들어 낸다. 그러한 엄마의 사랑과 희생은 엄마가 사망해야 끝난다. 그래서 엄마들은 종신보험에 대한 니즈를 갖게 된다.

● 접근방법

종신보험은 엄마를 위한 것이 아니라 자녀들을 위한 것이라고 설득한다. 엄마는 본인들을 위한 것이면 해도 되고 안 해도 된다고 생각한다. 그러나 자녀들에게 도움 되는 것이라면 반드시 하려고 든다. 종신보험은 어떤 상황에서도 자녀들에게 부담이 넘어가는 것을 막아줄 수 있는 확실한 방패라는 점을 이해시켜야 한다. 요즘은 젊은 세대가 살기 힘든 시대다. 자기 혼자 밥벌이하며 살기도 힘들다. 약간의 부담만 넘어가도 그 여파는 평생을 힘들게 할 수 있다. 자기 자식을 힘들게 하고 싶은 엄마가 어디 있겠는가?

● 엄마의 값진 유산

세일즈맨: 아빠의 보장을 준비했으니 엄마도 준비하셔야죠?

고객: 전 암보험이랑 몇 가지 가입해서 종신보험까지는 필요 없어요. 주로 아빠가 돈을 버니까 내가 없어도 가족들이 사는 데는 큰 문제없어요.

세일즈맨: 자동차는 가만히 서 있어서는 아무 의미가 없습니다. 목적지를 향해 달려 나갈 때에 비로소 본연의 역할을 하는 거죠. 가정을 자동차라고 한다면 아빠, 엄마, 자녀들은 어떤 역할을 하는 것일까요?

고객: 아빠는 엔진과 방향을 잡아 주는 앞바퀴의 역할을, 엄마는 뒤에서 올바르게 갈 수 있도록 하는 뒷바퀴의 역할을, 자녀들은 차 안에 편

히 타고 가는 것 같아요.

세일즈맨: 만약 엔진이나 앞바퀴가 없어진다면 엄마가 그 역할도 대신 해야 하겠죠?

고객: 네. 그래야 하는데 저에게 그런 일이 닥친다면 저는 못할 것 같아요.

세일즈맨: 그래서 아빠의 종신보험이 중요합니다. 만약 뒷바퀴가 없어진다면 어떻게 될까요?

고객: 힘은 좀 들겠지만 차는 천천히 굴러가겠죠.

세일즈맨: 차체가 끌리고 덜덜거리면서 제대로 갈 수 있을까요?

고객: 제대로 못가겠네요.

세일즈맨: 차에 타고 있는 자녀들이 제대로 본인들의 꿈을 이룰 수 있을까요?

고객: 힘들겠죠.

세일즈맨: 고객님의 종신보험은 뒷바퀴의 보조타이어입니다. 준비할 필요가 있을까요?

고객: 필요하겠네요.

세일즈맨: 엄마에게도 엄마의 가치만큼 안전장치가 필요합니다. 골프선수 신지애가 어떤 돈으로 성공했는지 아세요?

고객: 글쎄요.

세일즈맨: 엄마의 사망보험금 중 빚을 갚고 난 1천700만 원입니다. 엄마의 목숨과 바꾼 돈으로 골프를 했으니 얼마나 열심히 했겠어요.

고객: 그럴 수도 있겠네요.

세일즈맨: 종신보험은 자녀를 보호해 주는 역할을 합니다. 하지만 자녀가 독립한 후에는 어머니를 평생 보호해 주는 역할을 합니다. 제 어머

니도 요양원에 계셨어요. 만약 제 어머니가 큰 병에 걸리셔서 병원 치료비로 3억 원이 나온다면 제가 그 치료비를 감당할 수 있었을까요?

고객: 쉽지 않겠네요.

세일즈맨: 그런데 어머니가 3억 원의 종신보험을 갖고 계시면 제가 대출을 받아서라도 좋은 치료를 해 드릴 것입니다. 언젠가는 반드시 3억 원이 지급되니까요. 그러면 저도 행복하고 어머니도 뿌듯하실 겁니다.

고객: 순서의 문제이지 결국 병원비를 해결해 주네요.

세일즈맨: 종신보험은 경제적 부담이 자녀에게 넘어가는 것을 막아 줍니다. 결국 자녀에게 남겨 주는 마지막 선물인 셈입니다. 보장의 용도로 활용할 필요가 없다면 연금으로 전환해서 노후자금으로 활용하면 됩니다. 이렇게 다용도로 활용할 수 있는 종신보험을 미리 준비해 놓으면 나중에 후회하지 않습니다.

고객: 그래요? 제가 생각했던 종신보험하고 다르네요.

쓰촨성 대지진 당시 발견된 한 여인의 몸 안쪽에는 잠든 어린 아기가 있었다. 놀랍게도 그 난리통 속에서도 아기는 전혀 다치지 않았다. 심지어 엄마는 딸에게 모유수유까지 했던 것으로 보였다. 실로 연어 못지않은 위대한 모정이라 할 만하다. 엄마 자신과 자식을 끝까지 지켜 주는 데 종신보험만큼 유용한 것은 없다. 엔진만 있다고 차가 굴러가는 것이 아니다. 앞바퀴 뒷바퀴도 필요하다. 경제활동의 주체인 아빠뿐만 아니라 엄마에게도 자신 있게 종신보험을 권유해야 한다.

노총각

● 노총각의 비애

남녀 초혼의 평균연령이 30세를 넘어선 지 오래다. 그러나 조선시대
의 초혼 연령은 남자 15세, 여자 14세에 불과했다. 조선시대에는 노총각
노처녀가 시집을 못 가면 그 가장을 중죄로 다스릴 정도로 결혼문제에
민감했다. 때가 차면 가정을 이루는 것이 자연의 순리인데 그렇지 못
하면 음양의 기운이 상하게 되어 온갖 자연재해를 초래한다는 것이다.
집안 형편이 넉넉지 못할 때에는 관아에서 결혼자금을 지원해 주기도

했다는 기록도 존재한다.

● <u>종신보험 덕분에 결혼</u>

종신보험 1억 5천만 원에 가입한 35세 남자 고객의 사례다. 종신보험은 혼수목록이다. 이 고객 역시 종신보험에 가입한 다음 해에 결혼했다. 종신보험은 가족을 지킬 수도 있고, 투자와 저축의 기능도 가지고 있다. 이왕 가입할 바에는 나중에 보험료가 올라서 하는 것보다 일찍 가입하는 것이 유리하다는 것에 동의했다. 순간적인 충동이 아니라 종신보험의 의미를 제대로 알고 가입했기에 배우자도 자연스럽게 종신보험에 가입했다.

종신보험이 혼수목록인 이유는 무엇일까? 남에 대한 배려가 없이는 종신보험에 가입할 수 없기 때문이다. 결혼이란 '창문을 닫으면 잠들 수 없는 남자와 창문을 열면 잠들 수 없는 여자가 한 침대를 쓰는 것'이라고 한다. 생활습관이 전혀 다른 두 사람이 한 집에서 살려면 배려가 가장 중요하다. 죽은 다음에 받을 수 있는 종신보험을 가족에 대한 책임감과 배려가 없는 사람이 가입할 수 있을까? 미혼의 종신보험 가입은 어떤 일이 있어도 가족을 지킬 수 있는 책임감과 배려를 갖추었다는 것을 증명한다.

● 엄마 몫이 아내 몫으로

강원도 시골에서 홀어머니를 모시고 사는 40대 남성의 사례다. 홀어머니에 외아들이라 결혼이 힘들다 보니 어느새 노총각이 되었다. 성격도 조용하고 인간관계도 소극적이었다. 종신보험 가입 시에는 만약의 경우에 남겨질 홀어머니를 생각해서 2억 원 종신보험에 가입했다. 어머니가 돌아가신 후에는 해지하려 했지만 사망보험금이 배우자의 노후자금이 될 수 있다고 설득했다. 당시에는 결혼 생각이 전혀 없었지만 사람 일을 누가 알겠는가? 10년 후인 50대에 늦장가를 가게 되었다. 결혼 후에는 그때 해지하지 않기를 잘했다고 했다. 이제는 종신보험이 아내 몫이 되었다. 세상일은 계획한 대로 되지 않는다. 종신보험은 어떤 경우에도 유용하게 쓸 수 있는 멀티 플레이어다.

● 두 개의 양초

어떤 남자가 이사를 했다. 그런데 이삿짐 정리가 끝나기도 전에 정전이 되었다. 그가 양초와 성냥을 겨우 찾았을 때 '똑똑' 하고 문을 두드리는 소리가 들렸다. 문을 열어 보니 한 아이가 서 있었다. 아이가 양초가 있느냐고 묻자 그는 지금 양초를 빌려주면 앞으로도 이것저것 빌려 달라고 할까 봐 양초가 없다고 거짓말을 했다. 그러자 아이가 양초 2개를 내밀며 말했다.

"아저씨, 이사 온 첫 날부터 정전이 되어 불편하실까 봐 제가 양초를 가지고 왔어요."

　남자는 아이의 맑은 눈을 똑바로 바라볼 수가 없었다. 그 촛불은 방을 밝힌 것이 아니고 평생을 이기적으로 살았던 그의 마음을 밝히기에 충분했다. 가족에 대한 배려는 아이의 촛불과 같다. 노총각이라도 남을 배려하는 따뜻한 마음이 있으면 늦게라도 결혼을 할 수 있다. 가장 확실한 혼수목록을 준비하고 있으면 기회는 언젠가 찾아오는 법이다.

● 노총각의 특징

　노총각은 미래가 확정되지 않은 일시적인 호칭이다. 가족관계에서 섬처럼 떨어져서 생활하면서 점점 혼자 사는 것에 익숙해져 간다. 주위사람들도 '뭔가 문제가 있어서 장가를 못 갔겠거니' 하고 선입견을 가지고 바라본다. 당사자도 약간의 죄책감과 자격지심을 가지고 있어서 가족행사에 참여하기를 꺼린다. 가족 친지들로부터 고립되면서 개성이 강해지고 간섭받는 것을 싫어한다. 미래에 위험이 닥쳤을 때에 대한 막연한 불안감을 갖지만 가슴에 와 닿지 않기 때문에 차일피일 결정을 미루는 경향이 있다.

● 접근방법

　종신보험은 미래의 배우자와 자녀를 위해서 반드시 필요한 안전장치라는 점을 이해시켜야 한다. 만약 혼자 산다고 해도 옆에서 죽을 때까지 지켜 줄 파트너로서 필요하다고 강조한다. 종신보험은 늦어질수록 건강 때문에 가입이 어려워지고 보험료가 비싸진다. 지금 이 순간이 가장 유리한 조건으로 가입할 수 있는 시기라고 강하게 제안한다. 혼자 살다가 갈 것이기 때문에 죽어서 나오는 보험은 필요 없다고 하면 스님의 종신보험 가입 사례를 든다. 또 반드시 죽은 다음에야 받는 것이 아니라 일찍 가입할수록 저축이나 투자기능도 할 수 있다고 설명한다.

● 달리는 차에 필요 없는 것들

세일즈맨: 고객님은 혼자 사시니까 하고 싶은 것 맘대로 하고 참 좋으시겠어요?

고객: 좋지만 좀 외롭죠.

세일즈맨: 결혼은 언제 하세요?

고객: 때가 되면 하겠죠.

세일즈맨: 자동차 좋아하시죠?

고객: 차 너무 좋아하죠.

세일즈맨: 요즘 자동차 가격이 많이 비싸졌죠? 이것저것 하면 5천만 원이 넘죠?

고객: 그 정도 하죠.

세일즈맨: 만약 고객님이 5천만 원이 너무 부담되어 고민하고 있는데, 자동차를 왜 사시냐고 딜러가 물으면 뭐라고 대답하시겠습니까?

고객: 타고 달리려고 산다고 하겠죠.

세일즈맨: 자동차는 어차피 달리기 위한 것이니 달리는데 불필요한 부품을 빼고 싸게 드리겠다고 합니다. 범퍼, 사이드 미러, 에어백, 안전벨트, 브레이크 등은 달리는 데는 불필요한 부품입니다. 그 비용이 1천만 원 정도 되니, 5천만 원짜리 차를 1천만 원 할인해서 4천만 원에 구입하라고 하면 고객님은 사시겠어요?

고객: 미치지 않고서야 그런 차를 누가 사겠어요?

세일즈맨: 이런 부품들은 자동차가 달려가는 중에 신호등의 빨간불이 켜지거나 갑자기 장애물을 만났을 때, 즉 비상사태가 발생했을 때 필요한 제동장치와 안전장치들입니다. 그렇지 않나요?

고객: 그런 용도죠.

세일즈맨: 자동차에도 안전을 위해 필요한 비용이 최소한 10~20% 정도 들어갑니다. 고객님 연봉이 5천 만 원이고 앞으로 30년 일한다고 볼 때 총수입이 15억 원 정도 되잖아요? 차보다 몇 십 배 중요한 15억 원의 가치를 갖는 고객님께서는 본인의 안전장치를 위해 어느 정도 투자하고 계시나요?

고객: 생각해 보니 안전장치가 거의 안 되어 있는 상태네요.

세일즈맨: 저는 고객님께서 한 번뿐인 인생을 안전하게 살아갈 수 있는 안전장치에 대해 말씀드리고 싶습니다. 평소에는 너무 바빠서 잊고 지내는 것들이거든요. 혹시 관심이 있으신가요?

고객: 어떻게 하면 되나요?

노총각은 다소 이기적이고 소통하기 어려운 장벽이 있다. 그럴 때는 작은 불씨를 살살 불어서 불을 크게 피워야 한다. 때가 되면 가정을 이루는 것이 자연의 순리이다. 언젠가는 결혼생활을 하게 될 것이고 미리 준비를 할수록 유리해진다. 혼자 산다고 해도 부모님이 돌아가시면 보호자가 없으니 스스로 안전장치를 마련해야 한다. 혼자 재미있게 사는 것도 즐겁지만 가족이나 사랑하는 사람을 위해서 베풀 때 더 큰 즐거움을 얻을 수 있다. 베풀지는 못해도 피해는 주지 말아야 하지 않을까?

노처녀

● 완벽한 남자

혼기가 꽉 찬 여자가 완벽한 남자를 찾기 위해 온 세상을 여행했다. 세상 구석구석을 누비며 10년을 허비했으나 결국 완벽한 남자를 만날 수 없었다. 한 친구가 그녀에게 물었다.

"네 나이 이제 40인데, 그래 세상에 그런 남자가 없었니 ? "

그러자 여자가 대답했다.

"사실 딱 한 번 그런 남자를 만났었지. 그런데 그도 완벽한 여자를 찾고 있었어."

● 세계여행 vs 결혼

34세 노처녀가 5천만 원 종신보험에 가입했다. 지금부터 준비하지 않으면 가족에게 피해가 갈 수 있다는 말에 니즈가 생겼다. 150만 원 수입 중에 120만 원을 저축하는 그녀에게는 단돈 1만 원도 큰돈이었다. 무엇을 하려고 그렇게 악착같이 돈을 모으냐고 했더니 5년 후에 세계여행을 하고 싶다고 했다. 미래의 꿈을 위해서 현재의 모든 것을 포기한 것이다. 실제로는 5년이 지난 후 그녀가 선택한 것은 세계여행이 아니라 결혼이었다. 결혼 후에 남편도 고객이 되었다.

확실한 인생목표를 가지고 있었기에 목표달성에 대한 간절함이 있었다. 이렇게 목표의식이 강한 사람이 제대로 니즈를 느끼면 아무리 어려운 상황에서도 실행에 옮긴다. 종신보험은 여유가 있어서 드는 것이 아니라 필요하면 어떻게든 여유를 만들어서 가입한다. 그 필요성을 절감했기에 단돈 1만 원도 아쉬운 상황에서 적지 않은 금액을 종신보험에 투자할 수 있었던 것이다.

● 골수이식 수술비 종신보험으로

만약 당신이 건강검진을 하다 심장에 큰 이상이 발견되었다고 가정해 보자. 수술비는 1억 원에 성공확률은 5% 정도라면 당신은 수술을 선택할까? 이런 경우 대부분 본인은 수술을 포기하는 쪽을 선택한다. 그러나 부모는 포기할까? 아니 성공확률이 0.1%라고 하더라도 돈 때문에 포기할 수는 없다. 만약 돈 때문에 포기한다면 죄책감으로 인해 평생을 정상적으로 살 수가 없다. 1억 원의 종신보험에 가입한 30세 미혼 고객이 급성 백혈병에 걸린 적이 있다. 혈액치료와 골수이식에 많은 돈이 들어서 걱정했는데 여명급부로 보장금액의 50%인 5천만 원을 미리 받아 병원비를 해결할 수 있었다. 만약 종신보험이 없었다면 어떻게 되었을까?

가장 안타까운 것은 눈앞에서 사람의 생명을 돈 때문에 포기하는 것이다. 가족이 죽어가는 모습을 지켜보기만 해야 하는 가족의 마음은 어떻겠는가? 치료를 해 주자니 돈이 없고 치료를 못해 주면 평생 죄인으로 살아간다. 그래서 가족은 어떤 수단과 방법을 써서라도 우선 살려 놓고 본다. 그런 다음 남는 빚은 누가 어떻게 갚을 것인가? 만약의 사태에 준비가 되어 있지 않으면 죄인이 되거나 빚쟁이가 된다. 그것을 해결할 수 있는 것이 종신보험이다. 종신보험은 나를 살리고 가족을 살린다.

● 노처녀의 특징

늦게까지 결혼을 안 한 사람들은 대부분 개성이 강하다. 부모의 성화와 주위의 유혹을 오랜 기간 견뎌냈다는 것이 그 증거다. 엄마 같은 자애로움은 없지만 그렇다고 남에 대한 배려가 없는 것은 아니다. 자기의 일과 자기가 세운 목표가 우선이기 때문에 종종 이기주의적인 사람으로 오해받기도 한다. 결혼하라는 잔소리가 듣기 싫어서 가족 행사에 잘 참여하지 않기 때문에 섬처럼 고립되어 있다.

● 접근방법

노처녀들은 주변인들로부터 삶의 방식을 끊임없이 지적받아 왔다. 늦은 나이까지 결혼을 안하고 혼자 사는 것을 큰 결함인 것처럼 바라보는 시선에 신물이 나 있다. 그래서 설득을 하기에 앞서 우선 본인들의 삶을 있는 그대로 존중하고 공감해 주는 것이 중요하다. 그리고 인생을 여행에 비유해서 안전하게 목적지에 도달할 수 있도록 보장해 주는 안전장치로 종신보험을 설명한다. 종신보험은 미래의 배우자와 자녀를 위해서 필요하고, 설령 혼자 산다고 해도 자신을 죽을 때까지 옆에서 지켜 줄 파트너로서 반드시 필요하다고 강조한다.

● 미혼도 기혼도 종신보험부터

세일즈맨: 종신보험은 결혼을 해도 필요하고 혼자 살면 더더욱 필요하죠.

고객: 혼자 사는 데도 필요하다고요?

세일즈맨: '인생은 여행이다!'라는 말에 동의하세요?

고객: 그럴 수 있죠.

세일즈맨: 평지, 사막, 산악, 계곡, 바다 중에 고객님은 지금 어디를 여행하고 계신 것 같으세요?

고객: 모두 다 해당되는 것 같은데요.

세일즈맨: 5명이 사막 여행을 계획한다고 가정해 볼게요. 여행을 준비하는 과정에서 서로 의견이 맞지 않다 보니 한 명이 혼자서 여행을 가겠다고 합니다. 4명이 함께 가는 여행의 준비물과 혼자서 가는 준비물에서 1인당 준비물을 계산하면 누가 더 많은 준비를 해야 하나요?

고객: 혼자 떠나는 사람이겠네요.

세일즈맨: 아파서 병원에 누워 있다고 생각해 봐요. 앞으로 더 이상 일을 못할 정도로 아파요. 의료비도 걱정되고 노후준비도 다른 사람보다 더 많이 해야 되는데 걱정 아닌가요?

고객: 그렇겠죠.

세일즈맨: 부모님에게는 도움만 받고 보답은 커녕 부모님 노후에 짐이 될 수도 있겠다는 생각 들겠죠?

고객: 당연히 그런 생각 들죠. 그런데 종신보험이 다 해결해 준다고요? 저축을 더 해야 하는 것 아닌가요?

세일즈맨: 저축은 몸이 아프면 해지해서 치료비로 써야 되죠. 종신보험은 납입면제라는 것이 있어서 장해율이 50% 이상이면 보험료를 대신 납입해 줘요. 일찍 가입한 종신보험은 저축기능이 강하기 때문에 가장 안전하게 돈을 모으는 방법이죠. 장기이식이나 시한부 판정을 받을 정도면 보장금액의 50~80%를 미리 치료비로 사용할 수도

있습니다. 그럴리야 없겠지만 중간에 사망하면 사망보험금이 병원비를 충당하고 나머지는 도움을 준 부모님께 남겨 줄 수도 있죠.

고객: 종신보험이 그런 기능이 있는 것은 처음 알았네요.

세일즈맨: 수입의 10% 정도는 이런 안전한 저축에 투자하는 것이 필요하지 않을까요?

고객: 그렇겠네요.

세일즈맨: 종신보험은 아플 때 보장기능, 중간에 목적자금, 노후에 연금으로 쓸 수 있지만, 저축성상품은 보장기능을 못해요.

고객: 종신보험은 일찍 준비해야 좋군요.

(정리)

'고립시키다'라는 뜻의 isolate에는 '늦게'라는 뜻의 late가 들어 있다. 늦게까지 혼자 지내다보면 주변에서 고립되기 쉽다. 노처녀들은 전문적인 능력을 갖춘 경우가 많다. 자신의 눈높이에 맞는 완벽한 배우자를 찾다 보니 점점 결혼이 늦어지는 것이다. 그러다가 결국 자존심의 벽 때문에 고립된 인생을 살게 될 수도 있다. 결혼 관리가 잘 안 되면 인생이 의도하지 않은 방향으로 흘러가게 된다. 자존심도 중요하지만 적절한 순간에 올바른 선택을 해야 그 중요한 자존심도 지킬 수 있다. 나중에 결혼은 하든, 혼자서 살든 자존감을 지키기 위해 종신보험은 반드시 필요하다.

고아

● 성공한 고아들

스위스의 심리학자 폴 트루니에가 세계사에 큰 영향을 미친 300명을 조사한 결과 그들 대부분이 고아 출신이라는 사실을 발견했다. 알렉산더, 줄리어스 시저, 로베스 피에르, 조지 워싱턴, 나폴레옹, 빅토리아 여왕, 골다 메이어 수상 등 이들은 모두 고아 출신이었다. 실제로 어릴 때 부모를 잃은 진짜 고아들이거나, 아니면 심리적 박탈감을 느꼈던 정서적 고아들이었다. 고통이 있다고 반드시 성숙하거나 창조성을 얻는 것은 아니지만, 창조적인 삶으로 들어가기 위해서는 반드시 고통이 필요하다.

● 또 하나의 가족, 종신보험

부모를 전혀 모르고 고아라는 사실을 있는 그대로 받아들이고 살아온 32세 남자가 종신보험에 가입했다. 고아는 크게 두 부류로 나뉜다. 부모가 없어서 고아원에 있는 경우와 사정상 부모와 같이 살 수 없어서 고아원에 맡겨진 경우이다. 전자에 해당하는 남자는 결혼 전에는 사망보장에 대해 말도 못 꺼내게 했는데 결혼을 하고 아내가 임신을 하자 달라졌다. 고아로 자라서인지 가족에 대한 애착이 유난히 강했다. 보장금액도 생각보다 크게 가입했다.

보험에 부정적이던 사람이 니즈를 느껴서 가입하면 키맨이 되는 경우가 많다. 위 사례 속의 남자도 고아이기 때문에 더욱 종신보험이 필요하다는 것을 느꼈다. 고아원에서 성장했기에 부모의 도움을 받지는 못했지만 사회나 국가의 도움은 받았다. 도움을 받은 것에 보답은 못하더라도 최소한 피해는 주지 말아야겠다는 생각을 한다면 고아에게도 종신보험은 필요하다. 종신보험은 고아를 지켜 주는 또 하나의 가족이다. 고아라는 사실을 상처로 받아들이면 트라우마가 되지만 경험으로 받아들이면 배려심이 생긴다. 종신보험은 고아들의 상처를 치료하는 역할을 할 수 있다.

● 여자는 돈이 있으면 재혼 안 한다

아빠가 암으로 사망하고 엄마는 재혼을 하면서 어린 시절 고아원에 맡겨진 35세 남자의 사례다. 고아가 아니면서 고아라고 세상을 부정적으로 바라봤다. 버림받았다는 분노에 엄마에게서 연락이 와도 만나려 하지 않았다. 결혼 후에도 종신보험을 좋지 않게 보았다. 본인이 건강을 지키고 돈을 벌어서 가족을 지켜야지 왜 보험에 의지하냐고 했다. 그런데 고아원에 같이 있었던 형이 큰 병에 걸려서 사경을 헤맸다. 형은 결혼을 하지 않아서 돌보아 줄 사람도 없었다. 그것을 본 남자는 만약 자기가 아파서 빚을 남기면 아내는 어쩔 수 없이 재혼을 하고 자기 딸은 고아원에 갈 수도 있겠다는 불안감을 느꼈다.

여자들은 돈이 있으면 재혼하지 않는다. 돈 때문에 재혼을 하고, 돈 때문에 자녀가 고아원엘 갈 수 있다. 고아원으로 가는 자녀를 지켜 줄 수 있는 것이 종신보험이다. 본인의 사망보험금이 재혼하는 다른 사람의 살림밑천으로 쓰인다는 잘못된 인식으로 종신보험을 멀리하는 사람들도 있다. 그러나 본인이 종신보험에서 멀어질수록 남겨진 자녀와 고아원의 거리는 가까워진다.

● 고아의 특징

고아는 자신을 돌봐 준 사회에 고마움을 느끼는 경우도 있다. 하지만 대부분은 피해의식 때문에 사회에 대해 부정적으로 바라본다. 스스로를 이방인이라고 여기고 결혼생활에 대해서도 불신한다. 어려웠던 어린 시절에 대한 보상심리로 성공에 대한 욕구가 강하다. 혼자 살아와서 생활력이 강하다. 하지만 주위의 따뜻한 격려와 응원을 받지 못해서 위기가 닥치면 쉽게 포기하기도 한다. 일단 결혼을 하면 자녀에 대한 애착이 유난히 강하다.

● 접근방법

본인을 있는 그대로 중요한 인격체라고 인정해 주는 것이 중요하다. 어려움 속에서도 자존감을 지키고 잘 성장한 것에 대한 칭찬과 격려가 필요하다. 그 자존감을 끝까지 지켜 주는 안전장치로서 종신보험을 설명한다. 고아는 절대로 혼자서 성장한 것이 아니다. 사람은 태어나는 순간 누군가에게 빚을 지게 되어 있다. 비록 부모는 없었지만 사회의 도움으로 지금까지 살아올 수 있었다. 따라서 본인으로 인한 부담이 남에게 넘어가는 것을 막을 필요가 있다. 그것을 위한 안전장치로 종신보험을 설명한다. 또한 결혼했을 경우 자녀를 보호하는 장치가 종신보험이라고 강조한다.

● 혼자서는 하루도 살 수 없다

세일즈맨: 종신보험 설명을 들어 보니까 어떠세요?

고객: 나 혼자만 살면 되니까 죽어서 나오는 종신보험은 관심 없어요.

세일즈맨: 지금까지 혼자서 외롭고 힘들었을 텐데 참 대단하세요.

고객: 처음부터 혼자여서 별로 외롭다는 생각은 안 해요.

세일즈맨: 처음부터 혼자였다는 말에 가슴이 아프네요. 도와주는 가족도 없었는데 열심히 살았나 봐요.

고객: 열심히 살아온 편이죠.

세일즈맨: 그런데 왜 그렇게 열심히 사세요?

고객: 앞으로 결혼하고, 애들도 낳고, 저도 가족을 만들어야죠.

세일즈맨: 혼자 사셔서 가족을 필요로 하는 생각이 다른 사람들보다 더 간절하겠어요.

고객: 간절한데 두렵기도 해요. 내가 행복하게 해 줄 수 있을까? 잘 지켜 줄 수 있을까? 걱정이 앞서죠.

세일즈맨: 지금까지 살아온 대로 산다면 어떤 상황에서도 좋은 가정을 만들 것 같은데요. 지켜 줄 수 있다는 확신이 들면 더 빨리 결혼할 수 있겠는데요.

고객: 그렇겠죠.

세일즈맨: 혼자만 잘 사는 것이 아니라 가족과 같이 잘 살아야겠네요.

고객: 그렇죠.

세일즈맨: 결혼을 하신다면 가족을 보호해야 할 텐데 고객님 가족을 고객님 말고 보호해 줄 사람이 있나요?

고객: 고아인데 누가 있겠어요?

세일즈맨: 어제 하루 어떻게 보내셨어요?

고객: 평범한 하루를 보냈죠.

세일즈맨: 어제 하루를 일어나서 잠들 때까지 얘기해 주실 수 있나요?

고객: 아침에 일어나서 세수하고 간단하게 식사했죠. 버스와 지하철을 타고 회사에 출근해서 일하다 점심 먹고 회의하고 일하다 퇴근했죠. 직장동료와 저녁 먹고 집에 와서 TV보고 컴퓨터 하다 잤어요.

세일즈맨: 평범한 하루인데도 나열을 하니까 제법 항목이 많네요. 오전만 살펴볼게요. 고객님이 돈을 내지만 누군가가 물을 보내 줘서 씻을 수 있고, 누군가의 손으로 아침식사 재료가 만들어졌고, 지하철 ☒ 버스도 여러 사람의 도움이 있어서 그것들을 이용해 출근할 수 있었겠죠. 출근할 회사에서 채용해 줘서 근무하는 것 아닌가요?

고객: 그렇게 생각하면 혼자 할 수 있는 것이 없네요.

세일즈맨: 혹시 고객님이 많이 아프면 어떻게 되나요? 누군가의 도움이 필요 없을까요?

고객: 필요하겠죠. 그게 걱정되고 문제에요.

세일즈맨: 앞에서 말씀드린 종신보험이 고객님이 못 지킬 때 대신 가족을 지켜 줄 수 있습니다. 물론 고객님을 먼저 지킵니다.

고객: 저를 먼저 지킨다고요?

세일즈맨: 생명에 지장이 있을 정도로 심각하게 아픈 경우에는 사망보험금을 미리 할인해서 받아 쓸 수 있습니다. 은퇴 후에는 쌓여 있는 돈을 연금으로 사용할 수도 있죠.

고객: 괜찮네요. 제가 생각했던 것처럼 죽어야 나오는 보험이 아니네요.

고아를 설득할 때는 우선 정상적으로 성장할 수 없었던 상황을 이해하는 데서 출발해야 한다. 지나치게 보험가입을 강요하고 서두르기보다는 시간을 두고 기다리는 인내력이 필요하다. 아리스토텔레스가 말했듯이 인간은 사회적 동물이다. 세상에 진짜 고아는 없다. 고아 역시 누군가의 도움으로 지금까지 살아왔다. 앞으로 그 도움에 보답은 못하더라도 최소한 피해는 주지 말아야 한다. 피해를 주지 않을 안전장치로 종신보험을 제시한다. 함께 더불어 살 마음가짐이 되어 있다면 지금까지의 고통이 앞으로는 창조적인 삶의 자양분이 될 수도 있을 것이다.

"인간은 혼자 왔다가 혼자 간다. 살아 있는 동안이라도 더불어 살라."

- 無— 우학스님

싱글맘

● **펠리컨의 모정**

펠리컨이라는 새를 아는가? 늘어진 큰 목주머니를 지닌, 특이한 외모 때문에 기억되는 새 말이다. 우스꽝스럽기까지 한 외모 뒤엔 그 누구도 따라잡기 힘든 커다란 사랑이 숨어 있다. 펠리컨은 자기 새끼가 굶어죽을 지경에 이르면, 스스로 자신의 심장을 쪼아서 흘러나오는 피로 새끼를 살려낸다. '사랑' 하면 흔히들 연인간의 사랑을 떠올리겠지만, 이 세상에 존재하는 사랑 중에 '무조건적인' 사랑의 원형은 틀림없이 모성애일 것이다.

● 싱글맘의 파워

스물여덟 살에 아이와 단둘이 남은 이혼녀가 있었다. 생계가 막막해서 정부에서 주는 빈곤층 생활보조금으로 근근이 살아갔다. 그러던 어느 날 여인은 작가가 되겠다며 동네 카페에 나가 글을 쓰기 시작했다. 카페 냅킨에 적은 8만 단어나 되는 글을 일일이 다시 타자기로 입력해야 할 정도로 현실은 비참했다. 그러나 바로 이 여인이 훗날 '해리포터' 시리즈로 전 세계적인 갑부가 된 조앤 롤링이다. 그녀는 하버드대 졸업식 축사에서 다음과 같이 말했다. "실패는 삶에서 불필요한 것들을 제거해 준다. 나는 내게 가장 중요한 작업을 마치는 데에 온 힘을 쏟아 부었다. 스스로를 기만하는 일을 그만두고 정말 중요한 일을 시작하라." 싱글맘 하면 가장 먼저 떠오르는 조앤 롤링. 그녀의 오늘이 있게 한 것은 바로 아이가 아니었을까?

● 엄마는 여자보다 강하다

이혼을 하고 자녀 2명을 부양하고 있는 여성이 있었다. 남편이 있을 때는 남편이 안전장치였는데, 이제는 자신이 자녀들을 돌봐야 한다는 위기감이 싱글맘을 강하게 만들었다. 이렇게 살다 내가 갑자기 쓰러지면 어떻게 하지? 하는 막연한 두려움을 갖고 있을 때 종신보험 설명을 듣고 계약했다. 싱글맘으로서는 다소 부담스러운 금액이었다. 이혼 전에는 취미생활하고 친구들과 수다나 떨며 편한 삶을 살았는데 자신이 강하게 변한 것을 자신도 이해 못할 정도라고 했다.

싱글맘은 모성애가 강하다. 자녀들을 혼자 지켜야 한다는 강한 위기감을 가지고 있다. 자녀를 지켜 줄 수 없는 상황에 도달할 수 있다는 현실이 크게 와닿는다. 그래서 생활이 어려운 상황에서도 일정 부분을 할애해서 종신보험에 가입했다. 60세납으로 일시금 5천만 원, 매월 생활비 100만 원이 보장되는 종신보험이었다. 실제 생활에서는 목돈과 생활비가 동시에 필요하다. 계약을 마친 여성은 이제 어떤 경우에도 자녀들의 꿈을 지켜 줄 수 있다며 안심했다.

● 산처럼 든든한 1억 원

35세의 싱글맘이 1억 원의 종신보험에 가입했다. 이혼하고 중학생 딸과 함께 생활하고 있었다. 어느 날 유방암 진단을 받으면서 더 이상 돈을 벌 수 없는 절박한 상황이 되었다. 그런 상황에서 1억 원의 보험금은 산처럼 든든하다고 했다. 1억 원 가지고 치료해서 건강해지겠다고 강한 의지를 보였으나 안타깝게도 사망보험금은 써보지도 못하고 세상을 떠났다. 종신보험에 가입한 지 4년 후인 40세의 젊디젊은 나이였다. 그러나 그 사망보험금은 가장 사랑하는 딸의 교육비로 사용될 수 있었기에 편히 눈을 감을 수 있었다.

사망보험금은 죽어서 나오는 것이 아니라 죽을 때까지 자신을 지켜 주는 큰 산이다. 그렇게 지켜 주다 다 쓰지 못하면 죽은 다음에 남겨 주면 된다. 위 여성은 1억 원의 든든함을 느끼며 생활했고 그 큰 산을 딸에게 넘겨줬다. 1억 원은 딸의 꿈을 지켜 주는 든든한 산이 될 것이다. 건강할 때 1천만 원은 별것 아니다. 하지만 아파서 돈을 못 벌고 돈을 써야 할 때 1천만 원의 가치는 무척 크다. 최악의 상황을 가정하고 대비해야 인생에서 실패가 없다.

● 싱글맘의 특징

싱글맘은 자녀교육에 대한 관심은 많지만 경제적으로 여유가 없다. 자녀를 돌보면서 경제활동도 해야 하기 때문에 정신적·시간적으로도 여유가 없다. 또 아빠가 없는 것 때문에 상처받을 수 있다는 생각으로 자녀에게 더 집착하고 신경을 쓴다. 한번 상처를 받았기 때문에 인간관계가 다소 소극적이고 친정 부모 근처에서 생활하며 지원을 받는 경우가 많다.

● 접근방법

우선 자녀를 키우는 것의 소중한 가치를 인정해야 한다. 싱글맘은 자녀를 끝까지 지켜 줄 수 있는 사람은 자신뿐이라는 생각이 강하다. 그러나 혼자 모든 짐을 짊어지고 가면 너무 힘들다. 현실적으로 불가능하기도 하다. 이런 맥락에서 자녀의 꿈을 지켜 주는 안전장치로서 종신보험을 설명한다. 종신보험은 어떤 어려운 상황에서도 자녀의 꿈을 지켜 줄 수 있는 어미 펠리컨의 피와 같다.

● 아이를 지켜 줄 또 다른 기둥

세일즈맨: 자녀가 어떻게 자랐으면 좋겠어요?

고객:　　그냥 하고 싶은 것 하면서 행복하게 자라면 좋겠어요.

세일즈맨: 꼭 그렇게 될 거예요.

고객:　　쉬울 것 같은데 현실은 그렇지 못한가 봐요.

세일즈맨: 고객님도 결혼 전에는 지금의 상황을 상상이나 했었나요?

고객:　　인생을 생각대로 사는 사람들이 얼마나 되겠어요. 나는 생각대로 못 살아도 우리 애는 그렇게 살면 안 되겠죠.

세일즈맨: 지금은 혼자 자녀를 돌봐야 되잖아요. 고객님이 못해 주면 누가 대신해 줄 사람이 있나요?

고객:　　가족이 있지만 도와주는 것은 한계가 있죠.

세일즈맨: 백지장도 맞들면 낫다고 합니다. 자녀 육아와 경제력에 대한 책임의 무게도 부부가 함께 당연히 맞들어야 합니다. 그런데 만일 맞들어 줄 사람이 없다면 당연히 힘들고 벅차겠죠.

고객:　　포기하고 싶을 때도 많은데 아이들 생각하면서 다시 힘을 내야죠.

세일즈맨: 그 책임을 다하지 못했을 때 돌이킬 수 없는 상황이 될 수도 있습니다. 그래서 저는 종신보험이 더 필요하다고 생각합니다.

고객: 종신보험이 책임과 무슨 상관이죠?

세일즈맨: 인생은 크게 성공하지는 못해도 크게 실패해서는 안 됩니다. 나의 의지와 상관없이 발생할 수 있는 문제에 대한 확실한 안전장치가 필요하죠.

고객: 전 안전장치로 보험 몇 개 가지고 있어요.

세일즈맨: 제가 제안 드리는 것은 그냥 보험이 아닙니다. 고객님이 안 계실 때 고객님을 대신해서 자녀를 보호해 줄 수 있는 보험을 말씀드리는 거죠. 혹시 사망보험 가지고 계세요?

고객: 있기는 한데 재해사망보험이에요.

세일즈맨: 재해사망은 확률이 10%도 안 돼요. 고객님 보험이 자녀를 제대로 지켜 줄 수 있는지 점검해 드릴까요?

고객: 그래야겠네요.

정리

살쾡이가 습격해도 알을 품은 닭은 도망가지 않는다. 종신보험은 어미 펠리컨과 같이 가족에 대한 희생이 없으면 할 수 없다. 싱글맘은 경제적으로 힘든 생활 속에서 혼자 힘들게 자녀들을 키운다. 남편 없이 혼자서 모든 짐을 짊어지고 가기에 힘들고 때론 지친다. 그래서 상담을 할 때는 부담을 느낄 정도로 너무 깊게 접근해도 안 되고, 사정을 너무 배려해서 안전장치가 부실해서도 안 된다. 싱글은 약하지만 싱글맘은 강하다. 종신보험이야말로 불확실한 현실 속에서 자녀의 꿈을 지킬 수 있는 확실한 보장이 될 수 있음을 설득해야 한다.

신입사원

● **실패박물관**

    미국의 미시간 주 앤아버에는 '실패박물관'(Museum of Product Failures)
이 있다. 정식 명칭은 '신제품 작업소'(New Product Works)인데, 그곳에
는 소비자들이 외면해서 사라진 실패한 제품들이 무려 12만 점 넘게
전시되어 있다. 게다가 입장료도 아주 비싸다. 그런데도 많은 사람들,
특히 기업의 간부들이 줄을 이어 찾는다. 거기에는 그럴 만한 이유가
있다. 실패의 경험을 통해 오히려 많은 것을 배울 수 있기 때문이다. 실

패 자체는 쓴 경험이지만, 오히려 그것을 거울삼아 큰 성공을 거둘 수 있다.

● 첫 월급으로 종신보험 가입

24세 신입사원이 첫 월급을 받고 종신보험 1억 원에 가입했다. 아직 수습기간이라 월급의 80%만 받았다고 했다. 부모님이 고등학교 때 가입해 준 건강보험도 본인이 납입해야 한다고 했다. 건강보험과 종신보험의 보험료 합이 월수입의 10% 정도 되었다. 우선 강제로 가입하는 국민건강보험을 보완하는 실손보험과 일반사망보장을 보완해 주는 건강보험에 대해 설명했다. 그리고 수입을 어떻게 어떤 순서로 배분하는지를 설명하고 그 기준에 의해서 왜 종신보험에 가장 먼저 가입해야 하는지 설명했다. 사회생활은 신입이었지만 부모가 보험에 미리 가입하고 의미를 설명해 주었기 때문에 보험은 신입이 아니다.

● 선배는 힘이 세다

입사 1년이 채 안 된 신입사원을 같은 회사 선배의 소개로 만난 적이 있다. 입사는 기뻤는데 생각보다 적응하는 것이 힘들다고 했다. 종신보험의 목표 보장금액 3억 원을 제시하고 우선 1억 원에 가입했다. 엄마를 생각하는 마음에서 가입했는데 납입 완료시 환급률도 만족스러워했다. 물론 선배의 영향력이 없었다면 쉽게 결정하지 못했을 것이다.

돈을 벌어 보면 그때서야 부모의 고마움을 알게 된다. 고마운 부모에게 부담을 주어서는 안 되겠다는 니즈가 결정적 계기가 되었다. 종신보험이라는 새로운 것을 선택하는 것은 분명 두려운 일이다. 더구나 내가 아닌 다른 사람에게 이익이 되는 선택을 하기는 더 어렵다. 그러나 그러한 도전을 통해 사람은 성장한다. 가장 두려운 선택이 인생에서 가장 큰 성장을 가져다줄 수 있다.

● 실직한 신입사원

갓 입사한 27세 신입사원의 사례다. 상담 내내 의욕적으로 설명을 듣고 질문도 많이 했다. 만족스럽게 계약을 하고 인생의 멘토 역할을 해 주겠다고 했다. 1년 반쯤 지났는데 갑자기 보험을 해지해야겠다고 연락이 왔다. 알고 보니 회사가 갑자기 어려워져서 실직했다고 한다. 엄마는 보험료까지 도와줄 수 없다며 해지하라고 했다. 지금 해지하고 다시 가입하면 비용을 두 번 부담하면서 불리한 조건으로 가입해야 한다고 했더니 다시 상의해 보겠다고 했다. 결국 절반정도를 유지하기로 했다. 그 다음해에 좀 더 안정적인 회사에 취업했고 다시 보장을 늘려서 잘 유지하고 있다.

프로세스대로 니즈환기를 제대로 해서 가입한 종신보험은 어려움이 닥쳐도 유지될 수 있다. 위 신입사원의 경우 부모가 대신 납입해 준 보험료는 취업해서 상환하겠다고 엄마를 설득해서 절반은 유지할 수 있었다. 신입사원은 자신이 선택한 것을 유지하면서 더 열심히 살 수 있는 동기부여가 되었다. 세일즈맨은 신입사원 때 좋은 관계로 시작하면 고객의 성장에 따라 세일즈 시장을 확장시킬 수 있다. 결국 고객과 세일즈맨이 서로 윈윈할 수 있다.

● 신입사원의 특징

신입사원은 불안하고 정신없이 생활한다. 회사가 자기에게 맞는지, 오래 다닐 수 있을지 등등 고민이 많은 시기이다. 회사 경력이 없고 미래에 대한 정보도 부족하기 때문에 중요한 결정을 미루는 경향이 있다. 어떤 일을 결정할 때는 도움을 받아야 할 선배의 영향력이 크다. 취업 전에는 부모의 조언대로 해왔기 때문에 부모 의존 성향이 아직 많이 남아 있다. 보험에 가입할 때도 부모와 상의한 후 결정하는 경우가 대부분이다.

● 접근방법

신입사원은 직장선배나 동료의 소개로 만나는 것이 효율적이다. 누구나 신입시절이 있고 시간이 지나면서 적응된다. 희망과 용기를 주는 멘트로 시작해야 장기 상품인 종신보험에 대한 니즈를 불러일으킬 수 있다. 지금은 부모와 상의하지만 언젠가는 모든 것을 혼자 결정 해야 하는 시기가 온다. 그중에서도 가장 중요한 결정이 종신보험이다. 이

것만 결정하면 다른 결정은 쉬워진다고 설명한다. 누구나 신입부터 시작해서 경력자가 되는 것처럼 보험도 스스로 첫발을 내디뎌야 주체적으로 인생을 설계할 수 있다고 설득한다.

● 현명한 신입직원

세일즈맨: 첫 월급 탄 것을 축하해요. 기분이 어떠세요.

고객: 좋기는 한데 부담이 많이 돼요. 보험도 어떻게 해야 할지 막막해요. 제가 가진 보험을 설명해 주시고 가장 먼저 기본으로 가입해야 할 보험 좀 알려 주세요.

세일즈맨: 유대인은 현명한 사람을 'WISE맨'이라고 해요. Work, Insurance, Saving, Enjoy의 첫 글자를 의미하죠. 일을 해서 월급을 받았으니까 제일 먼저 무엇을 해야 할까요?

고객: 'Insurance'이니까 보험을 들어야겠네요.

세일즈맨: 맞아요. 일찍 준비하면 어떤 것을 선택하더라도 유리해요.

고객: 월급을 어떻게 배분하면 좋을까요?

세일즈맨: 리스크를 커버하는 보험에 10%, 노후준비에 20%, 목적자금에 30%, 생활비에 40%가 4인 가족 수입배분 기준이예요. 지금은 혼자니까 이 배분 기준을 참고해서 본인이 결정하면 돼요.

고객: 연금, 결혼자금 등 할 것들이 많은데 어떤 순서로 해야 하죠?

세일즈맨: 첫 월급 타면 누가 제일 먼저 생각나요?

고객: 부모님이요.

세일즈맨: 왜죠?

고객: 지금까지 많은 돈과 노력을 들여서 저를 키워 주셨기 때문이죠.

세일즈맨: 여유자금으로 저축이나 투자를 한다면 원금이 지켜지는 것을 원하세요? 아니면 손실위험이 있어도 수익이 높은 것을 원하세요?

고객: 안전한 것을 원하죠.

세일즈맨: 모든 것을 한 번에 하려면 머리가 복잡하고 두려워서 못해요. 우선 보험부터 가입하셔야 해요.

고객: 왜 보험이 가장 중요하고 먼저 해야 해요?

세일즈맨: 보험은 부모님을 배려하는 마음이 담겨있어요. 그것도 아무 때나 할 수 있는 것이 아니고 늦게 할수록 불리하죠.

고객: 오늘은 보험만 결정하면 되니까 10% 범위 내에서 정하면 되겠네요?

세일즈맨: 다음에 준비해야 할 것은 어떤 걸까요?

고객: 수입의 20% 범위 내에서 노후준비를 해야 하는 것 아닌가요?

세일즈맨: 꼭 20%를 한 번에 하기보다는 일부라도 시작하는 것이 중요해요. 큰 계단을 단번에 오르려면 힘이 드는데 중간에 작은 돌을 놓아 나누어 오르면 쉽죠.

고객: 종신보험이 연금 역할을 할 수도 있다고 했잖아요?

세일즈맨: 일찍 가입한 종신보험은 저축기능이 강하니까 나중에 연금으로도 활용할 수 있죠. 하지만 어디까지나 보조적인 역할이고 연금은 따로 준비해야 해요.

고객: 알겠습니다.

● 세 마리 토끼 잡기

세일즈맨: 만약 고객님께서 약을 만든다면 복제약을 만드시겠습니까? 아니면 힘들지만 신약을 만드시겠습니까?

고객: 힘들더라도 신약을 만들겠죠.

세일즈맨: 옳은 판단입니다. 신입직원도 선배들에게 배울 수는 있지만 선택은 본인이 해야 합니다. 에디슨이 무수한 발명품을 만든 것처럼 고객님도 이제부터 무수한 새 길을 만들어 가는 거죠.

고객: 하지만 여전히 두렵고 막막해요.

세일즈맨: 저는 신입사원 시절 첫 월급을 받았을 때 부모님께 빨간 내복을 선물해 드리고 남은 돈으로는 신나게 하고 싶은 걸 했던 기억이 납니다. 그렇게 몇 달을 지내다 보니 이렇게 살다가는 거지꼴을 못 면하겠다는 생각이 들었죠. 고객님은 지금 어떠신가요?

고객: 하하. 비슷한 것 같습니다. 그래도 요즘은 내복 선물은 잘 안 합니다.

세일즈맨: 제가 다시 신입사원 시절로 돌아간다면 저는 세 가지를 하고 싶어요. 첫 번째는 부모님의 사랑에 보답하는 것입니다. 빨간 내복이 아니라 여행을 보내 드리고, 용돈도 좀 드리고 싶습니다. 두 번째는 그 시절부터 돈을 잘 모으는 습관을 형성하고 싶습니다. 나중에 이것저것 일이 많아지면 잘 안 되더라고요. 마지막으로는 제대로 된 보장을 준비하고 싶습니다. 나중에 준비하려니 비싸기도 하고 이런저런 제약도 생기더라고요.

고객: 저도 한번 비슷한 생각을 해 봐야겠네요.

세일즈맨: 이 세 가지 행동을 모두 해결할 수 있는 한 가지 방법이 있습니다. 바로 종신보험을 선택하는 겁니다.

고객: 어떻게 종신보험 가입이 세 가지를 해결하죠?

세일즈맨: 종신보험은 장기간 납입하는데 저축기능이 강합니다. 부모님에 대한 배려가 담겨있을 뿐만 아니라 나중에는 본인을 보호해 줍니다. 일찍 시작하기 때문에 가능한 일이죠.

고객: 제가 종신보험을 제대로 검토해 본 후 가입해야겠네요.

정리

에디슨은 전구를 발명하기 전에 무수한 실패를 경험했다. 누군가 위로하자 에디슨은 다음과 같이 말했다. "무슨 소리요? 나는 실패한 것이 아니라, 이렇게 하면 안 된다는 수만 가지의 방법을 배운 거예요." 신입사원은 아직 사회에 적응하는 단계다. 실수가 많을 수밖에 없다. 신입사원을 상대할 때는 처음부터 너무 큰 것을 제시하거나 압박을 해서는 안 된다. 차근차근 미래에 대비하면서 할 수 있는 범위 내에서 최선의 선택을 할 수 있도록 도와줘야 한다.

은퇴자

● 한 그루의 과일나무

한 노인이 뜰에 과수 묘목을 심고 있었다. 그곳을 지나가던 한 나그네가 물었다. "도대체 언제 그 나무에서 열매를 따 먹겠다고 나무를 심는 겁니까?" 그러자 노인이 대답했다. "한 70년 지나면 열매가 열리겠지요." 그러자 나그네가 물었다. "노인장께서 그토록 오래 사시겠습니까?" 그제야 노인이 잠시 일손을 놓고, 나그네를 바라보면서 말했다. "그렇지는 않지요. 하지만 내가 태어났을 때 과수원에는 열매가 풍성

했었소. 그 나무를 누가 심어 놓았겠소? 바로 우리 아버지였단 말이오. 나도 아버지처럼 하는 것이오."

● 새로운 삶을 권하는 종신보험

일본에서 목각의 대가(大家)로 유명한 사람이 있었다. 그가 107세의 나이로 세상을 떠난 후 사람들은 그의 작업장에 가보고 깜짝 놀랐다. 앞으로 30년은 족히 작업할 수 있는 양의 나무가 창고에 쌓여 있었던 것이다. 모두들 107세 노인에게 30년의 작업량이 왜 필요했는지 의아해했다. 아마도 대가는 창고에 있는 나무를 보고 "30년은 더 장인으로서 살 수 있겠구나." 하는 마음을 갖지 않았을까? 그에게 나이는 아무 상관이 없었다. 하루하루 할 일이 있었으니 세상을 떠나는 날까지 행복했을 것이다. 은퇴는 다시 시작해야 할 때다. 은퇴자들에게 종신보험을 권하는 것은 단순한 보험을 권하는 것이 아니라 새로운 삶을 권하는 것이다.

● 보장을 늘려야 은퇴자가 오래 산다

56세 은퇴자의 사례다. 최초 상담 시는 현재 가입하고 있는 보장을 감액하거나 해지하려 했다. 은퇴를 해서 수입이 끊긴 상태로 모든 것을 정리하려던 참이었다. 그래서 나는 100세 시대에 50대에 은퇴해서 나머지 시간을 어떻게 견딜 것인가 물었다. 본인도 은퇴를 아쉬워하면서 무엇이든 더 해야겠다는 생각을 가지고 있었다. 보험의 납입기간을 늘려서 보험료를 내기 위해서 일을 하는 것이 아니다. 보험가입이 계기가 되어서 일을 하게 되고 일부 수익으로 보험료를 내게 하면 경제활동 기간도 연장되고 보험도 남는다. 결국 그는 20년 납으로 종신보험 5천만 원을 증액했다.

보통 은퇴자는 수입이 끊기면 보험을 해지하려고 생각한다. 그러나 거꾸로 생각하면 고객의 능력을 발휘할 수 있는 기회를 계속 만들어야 보험도 추가 가입이 가능하다. 은퇴자가 원하는 것은 지출의 축소지만 사실 필요한 것은 지출을 늘리는 것이다. 지출을 늘리고 그 지출에 맞춰서 살도록 노력해야 은퇴가 연장된다. 은퇴자는 아무도 접근하지 않는 블루오션이다. 은퇴자는 누군가의 도움이 있었기에 무사히 은퇴를 할 수 있었다. 그렇다면 그 보답을 시작해야 할 시기가 바로 은퇴 시점이다. 종신보험은 사랑하는 사람을 위한 보답의 선물이다.

● 나의 은퇴 준비는 종신보험 세일즈

나에게 은퇴란 없다. 최소 90세까지는 보험세일즈를 할 계획이다. 나는 사망보장을 매년 늘려 왔다. 그동안 연금에 투자할 금액을 나 자신에게 투자했다. 그 자금으로 하고 싶은 공부를 하거나 가고 싶은 곳에 여행을 다녀왔다. 연금이 넉넉하면 나태해져서 90세까지 일하는데 방해가 된다. 만약 내가 갑자기 사망하면 사망보험금이 가족을 보호해 줄 것이다. 가장 좋은 노후준비는 계속 일을 하는 것이다. 종신보험 세일즈를 하는 것이 곧 내 노후준비다. 본인의 의사와 상관없이 은퇴를 해야 하거나 사망보험금이 충분치 않은 사람들은 연금으로 노후준비를 해야 한다. 나는 아내의 노후자금을 내 사망보험금으로 준비해 놓았다. 살아 있는 한 계속 일을 하겠다고 하니까 아내가 불안해하지 않는다.

"저는 지금 95세지만 정신이 또렷합니다. 앞으로 10년, 20년을 더 살지 모릅니다. 이제 저는 하고 싶었던 어학 공부를 시작하려 합니다. 그이유는 단 한 가지, 10년 후 맞이하게 될 105번째 생일날, 95세 때 왜 아무것도 시작하지 않았는지 후회하지 않기 위해서입니다."

호서대학교 설립자 강석규 박사의 이야기다. 강석규 박사는 이 글을 쓴 후에도 왕성한 활동을 하다가 103세에 사망했다. 내가 90세까지 세일즈를 하겠다고 외쳐 봐야 아무 소용이 없다. 90세까지 일할 수밖에 없는 시스템을 만들어야 한다. 그것은 일을 취미로 만드는 것이다. 취미는 90세까지 할 수 있지만, 일은 90세까지 할 수 없다. 일을 취미처럼 즐겁게 하면 은퇴한 것이나 다름없다.

● 은퇴자의 특징

은퇴자는 급격한 생활패턴의 변화로 힘들어한다. 은퇴는 준비된 사람에게는 축복이지만 강제로 맞이한 사람에게는 재앙이다. 갑자기 명퇴를 당한 사람들은 재취업을 위해 정신이 없다. 30년 이상 근무한 후에 은퇴를 해도 자녀들이 독립하지 않은 상태라 편안한 노후를 즐길 수 없다. 경제적인 은퇴준비가 중요하지만 심적으로 욕심을 버리는 은퇴준비도 중요하다. 욕심만 크게 갖지 않으면 노후는 문제없다. 그러나 그것은 건강이 지켜진다는 전제하에서다. 중간에 사고나 질병으로 치료비가 많이 들어가는 병원 생활을 하면 문제가 달라진다. 준비한 노후는 소용이 없고 자녀들에게 부담을 줄 수도 있다.

● 접근방법

가망고객 발굴은 어디에 초점을 맞춰야 할까? 은퇴자에게 종신보험을 세일즈할 방법을 찾아야 한다. 그래야 은퇴자와 세일즈맨이 같이 산다. 진정한 은퇴준비는 현역으로 남는 것이다. 모든 것을 줄이는 것이 아니라 연장을 하고, 연장한 것을 감당하기 위해 일을 해야 한다. 그 방법 중 하나가 종신보험 같은 장기상품에 가입하는 것이다. 환급금도 받았기 때문에 일시적이지만 자금의 여유가 있어서 니즈환기를 잘하면 성공적 세일즈를 할 수 있다. 보험을 중도에 해지하는 것은 문제지만 보험을 정리했다고 다시 가입하지 않을 거라는 선입견은 금물이다. 본인이 해지를 한 경우라면 돈이 소비되기 전에 적극적으로 보장으로 유도하면 된다.

● 은퇴는 종신보험의 새로운 시작

세일즈맨: 요즘은 은퇴 나이가 어떻게 되나요?

고객: 은퇴 나이가 없죠. 명퇴까지 따지면 40대부터 시작되죠. 90세까지 일하는 사람들도 있고요.

세일즈맨: 고객님은 언제 은퇴하고 싶으세요?

고객: 기회만 주면 건강이 허락할 때까지 일하고 싶어요.

세일즈맨: 100세 시대라 60세까지 일해도 40년이나 남으니 은퇴 후 기간이 너무 긴 것 같죠?

고객: 맞아요. 놀면 건강에도 안 좋아요.

세일즈맨: 사업도 불황이라고 불황에 맞춰서 구조조정을 하다 보면 살아남지 못하더군요. 앞으로 보험혜택을 받을 일이 많아질 텐데 보험을 줄이는 것이 옳은 일일까요?

고객: 그렇긴 해요. 그럼 어떻게 해야 하나요?

세일즈맨: 일을 해야죠. 그래서 버는 돈의 일부로 보험료를 내는 거죠. 보험은 오히려 늘리셔야 합니다.

고객: 보험을 줄이는 것이 아니라 더 늘리라고요?

세일즈맨: 종신보험은 언젠가 받는 것인데 젊은 사람들보다 만기가 훨씬 짧아진 거죠. 지금 가진 보장이 너무 적지 않나요?

고객: 충분하지는 않죠.

세일즈맨: 납입기간을 길게 하면서 보장을 확보해 놓으면 일할 명분과 의욕이 생기죠. 일을 하고 싶은 두 사람이 면접을 보는데 왜 일을 하냐

고 물었을 때 그냥 돈이 필요해서 일을 한다는 사람과 구체적으로 일을 하는 이유를 들어서 대답하는 사람 중에 누구에게 일할 기회를 줄까요?

고객: 구체적으로 이유를 설명하는 사람이겠네요.

세일즈맨: 맞습니다. 일을 하면 육체적·정신적으로 건강해지고 돈도 벌고 나중에 보험도 남죠. 그런데 보험을 줄이면 나중에 남는 것은 없고 자녀들에게 피해를 줄 수도 있죠.

고객: 아프면 안 되겠네요.

세일즈맨: 예전에 유명한 코미디언이 몇 년간 병원 중환자실에서 연명하다 사망했는데 병원비를 해결하지 못해서 장례를 못 치른다는 기사가 났어요. 그럴 경우 종신보험의 사망보험금이 병원비를 해결해주죠. 큰 금액은 아니더라도 건강할 때 보장을 늘리고 열심히 일하시는 것은 어떠세요?

고객: 일리가 있네요. 보장이 좀 작다는 생각은 늘 했었어요. 큰돈은 못 벌지만 조만간 일을 하게 될 것 같아요.

"내일 지구가 멸망하더라도 한 그루의 사과나무를 심겠다."

철학자 스피노자의 말이다. 은퇴자는 인생의 주역에서 물러났다는 생각을 가지고 있다. 하지만 마음 속에는 여전히 현역으로 일하고 싶은 욕구가 남아 있다. 은퇴자의 대부분은 어쩔 수 없이 밀려난 사람들이다. 일할 기회가 주어지면 기꺼이 일을 하려 한다. 수입이 전혀 없는 학생이나 심사기준을 통과하기 어려운 유병자들보다 훨씬 유리한 조건이다. 지출할 명분이 있으면 은퇴는 연장된다.

실직자

● 금문교 이야기

1937년 샌프란시스코에 거대한 금문교(The Golden Gate Bridge)가 완성되었다. 총 7천 700만 달러의 비용이 들었는데, 두 단계로 지어졌다고 한다. 첫 번째는 천천히, 그리고 두 번째는 빠르게. 안타깝게도 첫 번째 단계에서, 23명의 남자들이 죽었다. 동료들이 구조물로부터 추락하는 모습을 지켜보면서 일꾼들은 공포에 사로잡혔고 공사도 중단되다시피 했다. 그때 한 사람에게 기발한 아이디어가 떠올랐다. "그래 맞아! 그물이다." 그들은 10만 달러를 들여 그물을 만들어서 일꾼들 밑으로 설치했다. 곧 두 번째 단계의 공사가 시작되었고, 안전망 덕분에 구조 받은 사람이 10명이나 되었다. 그 후 공사 진행속도가 25%나 빨라졌다고 한다.

● 부도가 나도 지키는 종신보험

45세 건설업 대표의 사례다. 회사에 부도가 나서 도망 다니면서도 아들 둘을 위해 가입한 종신보험 3억 원을 유지했다. 돈은 다 까먹고 실직자인 상태에서 사망하면 자칫 빚을 물려줄 수 있다는 걱정에 스트레스를 많이 받고 있었다. 그런데 빚이 자산보다 많아서 상속을 포기해도 종신보험은 가족에게 물려줄 수 있다. 대표는 여기에 모든 희망을 걸었다. 아무리 잘 나가는 회사도 2중, 3중의 안전장치가 없으면 오래 유지하기 힘들다. 잘 될 때는 회사가 가족을 지켜 줄 것 같았지만 부도가 나면 가족을 지켜 줄 안전장치는 종신보험밖에 없다.

아무리 가족을 지켜 주고 싶어도 돈이 없으면 힘들다. 돈이 없어도 종신보험이 있으면 가족은 안전하다. 상황이 어려워질수록 가족을 더 생각하게 되고 종신보험에 대한 니즈는 더욱 강해진다. 절벽에 매달려 있을 때 안전장치의 소중함을 느낄 수 있듯이, 절망적인 상황일수록 종신보험의 가치는 빛을 발한다. 안전장치를 준비하는 것은 돈의 문제가 아니다. 필요성을 느끼느냐 못 느끼느냐에 달려 있다. 종신보험은 건강하고 잘 나갈 때는 필요성을 못 느낀다. 회사가 부도나고 몸이 아파서 병원에 입원해 있을 때 비로소 그 필요성을 절감할 수 있다.

● 보험료는 취업을 위한 자극제

34세 미혼 남자의 사례다. 직장생활 3년차에 갑자기 회사가 해외로 이전하면서 실직자가 되었다. 엄마는 실직 상태인데 무슨 보험이냐고 반대했지만 아빠는 생각이 달랐다. 결혼하고 자녀를 키우려면 종신보험은 언젠가 필요하고 나중에 가입하려면 보험료도 올라가고 건강도 장담할 수 없으니 지금 가입하자는 쪽이었다. 무슨 돈으로 보험료를 납입하냐고 하니까 아빠는 보험료는 3년간 저축한 돈으로 납부하고 3년 안에 열심히 노력해서 취직하면 된다고 엄마를 설득했다. 결국 아들은 1억 원의 종신보험에 가입했다. 보험가입 후 아들은 열심히 노력해서 자격증 시험에 합격하고 취업에 성공했다. 실직 상태에서 가입한 종신보험이 취업의 자극제 역할을 한 것이다.

실직자에게 종신보험료는 짐이 아니다. 오히려 더 열심히 일할 수 있는 자극제가 될 수 있다. 도전적인 마인드를 가지면 실직이 오히려 기회가 될 수도 있다. 좋은 조건의 보험도 남고 목표도 이루게 된다. 이 사례 속의 아빠는 성공한 금융인이었다. 언젠가 꼭 필요한 것은 다소 무모하더라도 유리한 시점에 선택해야 한다는 확신을 가지고 있었다. 지금 당장은 부담스러울 수도 있지만 나중에는 고마워할 것을 잘 알고 있었다.

● 실직자의 특징

실직자는 수입단절에 대해 불안해하고 직업에 대한 애착이 강하다. 자신감을 잃고 의기소침해지며 인간관계가 급속도로 위축된다. 모든 관심사는 오로지 재취업으로 집중된다. 실직 전까지는 모은 돈은 있지만 돈이 사라져 갈수록 불안해한다. 급하다고 아무 직장이나 잡으려고 하지만 자칫 썩은 동아줄일 수가 있다.

● 접근방법

실직자라는 선입견을 버리고 일반인과 똑같이 접근해야 한다. 잠깐 쉬었다 다시 시작하는 것은 누구에게나, 언제나 일어날 수 있는 일이다. 직장에서는 실직을 해도 안전장치까지 실직해서는 안 된다. 사고와 질병은 실직자라고 해서 피해가지 않는다. 갑자기 아프거나 사망하는 것은 실직보다 더 큰 문제다. 실직은 인생을 되돌아볼 수 있는 좋은 기회다. 그동안 바쁘게 살다 보니 안보였던 것들이 보이기 시작한다. 실패하지 않는 삶을 위해서 완벽한 준비를 할 수 있는 좋은 기회다. 다시 한 번 비상하려면 장기적인 미래 계획을 세워야 한다고 강조한다.

● 실직은 위험한 기회

세일즈맨: 위기가 어떤 단어의 합성어인지 아세요?

고객: 위험과 기회 아닌가요?

세일즈맨: 맞습니다. 양손에 빵과 물을 들고 있으면 든든하고 행복하죠. 그러나 누군가 지나가면서 맛있는 핫도그를 나눠주는데 받을 수 있나요?

고객: 못 받겠네요.

세일즈맨: 실직도 같습니다. 직장을 잃었지만 새로운 직장을 잡을 수 있는 좋은 기회죠.

고객: 말은 쉽지만 현실은 힘들어요.

세일즈맨: 저는 고객님께 부담을 드리려는 것이 아니라 인생을 행복하게 사는 솔루션을 드리려는 겁니다.

고객: 보험가입을 권하시는 거죠?

세일즈맨: 보험이기는 한데 좀 다른 의미죠. 고객님을 지켜 주고, 납입한 돈을 지켜 주고, 노후도 도와주고, 그러고도 여유가 있으면 가족에게 남겨 주는 보험이라면 일반적인 보험과 비교할 수 있을까요?

고객: 그런 보험이 있어요? 취업하면 검토해 볼게요.

세일즈맨: 시기의 문제이지 언젠가 취업하지 않을까요?

고객: 그렇긴 하죠.

세일즈맨: 취업을 빨리, 더 확실하게 하는 방법은 취업이 되었을 때처럼 가정하고 행동하는 겁니다.

고객: 무슨 얘기죠?

세일즈맨: 보험이 있기는 한데 유효기간이 짧아요. 고객님이 취업하고 안정된 후에 한다고 생각할 수 있는데 그때는 지금처럼 좋은 조건의 상품은 없어질 수도 있습니다.

고객: 마침 저축해 놓은 돈이 있으니까 필요하면 미루지 말고 해야죠. 어떻게 하면 되죠?

정리

실직은 위기이자 새로운 일을 시작할 수 있는 기회이다. 실직자들은 불안하고 예민하다. 의기소침해서 사람을 만나려고 하지 않는다. 그러나 실직 상황은 매우 다양하기 때문에 섣불리 실직이라는 단어에 얽매여서는 안 된다. 선입견을 버리고 미래 지향적으로 접근해야 한다. 위기는 위험한 기회의 줄임말이다. 개구리는 더 멀리 뛰기 위해 잠시 움츠린다. 실직자의 앞에는 더 높은 곳으로 비상할 수 있는 찬란한 다리가 펼쳐져 있다. 단, 그 다리를 안전하게 건너기 위해서는 그물이 필요하다. 그것이 바로 종신보험이다.

유병자

● 숨겨진 보물 알래스카

1867년 미국은 러시아의 알래스카를 미화 720만 달러(현재 시세 한화 약 2조 원 가량)에 매입하기로 했다. 당시 미국 내에서는 아무 쓸모도 없는 얼음덩어리 황무지를 터무니없이 비싼 가격에 구입했다는 비판여론이 들끓었다. 그러나 알래스카에는 엄청난 지하자원들이 매장되어 있었다. 석유, 철, 금, 구리, 침엽수림의 목재, 석탄, 천연가스 등등. 특히 석탄은 전세계 매장량의 10분의 1이 알래스카에 있다. 알래스카에 존재하는 자원의 총합은 현재 미화 수조 달러 이상의 가치를 지니고 있다. 누구나 관심을 가지는 대상은 미래 가치가 없다. 알래스카 땅처럼 누구나 가치가 없다고 여기는 대상에 숨겨진 미래의 가치가 있다.

● 유병자 고객은 강력한 키맨

활동성 간염보균자를 어렵게 계약한 적이 있다. 특별조건부로 보험료는 조금 할증되었지만 가입할 수 있는 것만 해도 다행이었다. 유병자 가입이 거절되는 이유는 계약심사자가 승인할 근거자료가 필요하기 때문이다. 질병이 잘 관리되고 있고 안전하다면 가입이 가능할 수도 있다. 오히려 병원 한번 간 적이 없다고 큰소리치는 사람들이 사망보험금 지급사례에 많이 등장한다. 의술은 계속 발달하기 때문에 제때 병원에 가기만 하면 유병자가 오히려 안전하다.

유병자는 일단 고객이 되면 가장 강력한 보험전도사로 변신한다. 아팠던 사람이 추천하면 말에 힘이 붙는다. 세일즈맨으로서도 유병자 한 사람과 계약하게 되면 건강한 고객에게 고마움을 더 느끼게 된다. 또한 아픈 사람을 보면 어떻게 심사를 통과시킬까 긍정적으로 접근하게 된다. 언제부터인가 다른 세일즈맨들이 꺼리는 유병자들을 만나면 상담의욕이 생긴다. 건강한 사람은 세일즈맨을 피해 도망다니지만 유병자는 세일즈맨을 존중해 준다. 그래서 유병자를 찾아다니는 세일즈맨은 불황이 없다.

가망고객의 조건을 다 갖춘 가망고객은 존재하지 않는다. 그런 가망고객은 이미 다른 세일즈맨이 접촉해서 보험에 몇 개씩 가입한 경우가 대부분이다. 거꾸로 생각해서 가망이 없다고 생각하는 고객에게서 가망성을 찾아내야 한다. 건강은 나빴다가 나중에 치유될 수도 있다. 요즘은 유병자 보험이라고 해서 관리가 잘 되는 경우 유병자도 보험가입이 가능하다. 어려울 때 좋은 관계를 유지해야 기회가 찾아온다.

● 종신보험으로 치유된 유병자 상처

다음은 53세 남자의 사례다. 젊어서부터 지금까지 당뇨병으로 약을 먹고 있지만 음식 조절을 잘해서 건강하다. 그러나 약을 먹고 있는 것 때문에 보험가입을 시도했다가 여러 번 거절당해서 상처가 많았다. 사망보장 5천만 원에 어렵게 가입하고 그다음 해에는 5천만 원을 증액했다. 약을 복용중이라 다른 특약은 부가하지 못했다. 오직 사망보장뿐이었다. 가장이 보험에 긍정적으로 변하면서 자녀들이 종신보험에 추가로 가입했고 아내의 종신보험도 증액했다.

과거는 과거일 뿐이다. 현재는 새로운 가능성을 품고 있다. 질병 상태도 시간이 지나면 변하고 심사기준도 바뀐다. 긍정적으로 생각하고 끊임없이 최선을 다해 보장전달을 시도해야 한다. 고객이 보험에서 거절당하는 것에 비하면 세일즈맨이 거절당하는 것은 별것 아니다. 고객은 보험에 따라 인생이 좌우되기도 하지만, 세일즈맨은 성공하면 좋고 실패해도 그만이다. 나 역시 고정관념에 얽매여 있었다면 계약할 엄두를 내지 못했을 것이다. 당연히 가족들의 추가 계약도 없었을 것이다.

● 유병자의 특징

유병자는 보험가입을 남의 일처럼 생각한다. 이미 여러 번 거절당했기 때문에 소외감을 느끼기도 한다. 그러나 보험가입과 관련해서 투약중인 상태는 불리할 뿐이지 가능성이 0인 것은 아니다. 유병자는 둘 중 하나다. 보험에 아예 무관심하거나 건강한 사람보다 니즈가 강하다. 무관심한 경우에도 니즈를 환기시키면 되니까 세일즈맨에게는 불리하지 않다. 유병자들은 보험료보다 가입가능 여부에 대한 관심이 많다. 유병자가 보험가입이 성사된 경우 추후 키맨이 될 가능성이 높다. 주변 사람들을 소개받을 수 있는 좋은 기회가 된다.

● 접근방법

당장 계약하겠다는 욕심을 버리고 좋은 정보를 준다는 마음으로 접근한다. 본인보다 가족이나 주위사람들을 염두에 두고 접근한다. 선입견을 갖지 말고 건강한 사람과 똑같이 니즈환기를 한다. 기왕이면 유병자가 고객이 된 사례를 들면 반응이 좋다. 성공하면 다행이고 거부되면 치료 후 건강 상태가 좋아지면 다시 시도한다는 마음으로 가볍게 접근한다. 건강한 사람들보다 위험하기 때문에 높은 보험료 등 조건이 불리할 수 있지만 가입 자체가 중요하다고 강조한다.

● 유병장수

세일즈맨: 혹시 독감백신 맞으시나요?

고객: 심하게 독감으로 고생한 이후부터는 맞아요.

세일즈맨: 백신의 원리가 어떤 것인지 아세요?

고객: 병을 약하게 미리 앓는 것 아닌가요?

세일즈맨: 맞습니다. 병균을 미리 투입해서 면역력을 높여 주는 방법이죠.

고객: 백신하고 저하고 무슨 관련이 있나요?

세일즈맨: 고객님이 약을 먹고 치료중인 것은 백신하고도 비슷합니다. 건강
한 사람보다도 더 질병에 강할 수 있고 그만큼 신경 써서 관리를 잘
하기 때문에 안전하다고도 할 수 있습니다.

고객: 하하 꿈보다 해몽이 좋은데요.

세일즈맨: 해몽이 아니라 보험사에서도 그런 내용을 이미 심사에 반영하고
있습니다.

고객: 저는 약을 먹고 치료중이라 보험가입이 어려워요.

세일즈맨: 그렇군요. 건강해도 살기 힘든데 고생이 많으시네요.

고객: 사실 오래전에 여러 번 가입을 시도했다가 거절당했어요.

세일즈맨: 요즘은 보험사도 시장 확대를 위해 유병자 고객들에게 관심이 많
아요. 심사기준을 계속적으로 완화하고 있습니다. 장기간 유병자
에 관심을 가져온 보험사는 쌓여진 데이터에 의해 유병자 심사에

자신감을 갖고 긍정적으로 평가합니다. 유병자도 치료해서 건강해지면 얼마든지 보험가입이 가능합니다.

고객: 거절된 경력이 있어도 다시 보험에 가입할 수 있다고요?

세일즈맨: 네. 보험은 현재 상태를 중요하게 생각합니다. 보험가입 시 고지의무도 보통 5년까지입니다. 그리고 요즘은 심사기준이 변해서 유병력자도 보험가입이 가능한 경우가 많습니다.

고객: 그만큼 유병력자는 보험료가 비싸거나 조건이 불리하겠죠.

세일즈맨: 꼭 그렇지만도 않습니다. 고혈압이나 당뇨로 약을 복용하는 경우에는 심사가 까다로웠는데 지금은 많이 완화되었죠. 약을 복용하면서 질병을 잘 관리하는 사람이 건강하게 오래 사는 경우가 많습니다.

고객: 정말 그런가요?

세일즈맨: 사망보험금 지급사례에서 보면 '건강했는데 어느 날 갑자기'로 시작하는 경우가 많습니다. 자주 병원에 가고 약을 지속적으로 복용하는 경우는 갑자기 위험해지지는 않습니다. 유병자도 위축될 필요가 없습니다.

미국의 알래스카 매입을 반대하는 여론의 이유는 다양했다. 거리도 먼 황무지 같은 땅은 오히려 관리 비용만 더 들어간다는 것이었다. 이러한 불리한 점 때문에 아무도 알래스카에 관심을 가지지 않았고 미국은 그 기회를 잡아 헐값에 매입할 수 있었다. 종신보험에서도 유망한 가망고객은 경쟁이 치열하고 계약을 하는 것이 어렵다. 그러나 유병자 시장은 아무도 거들떠보지 않는 알래스카 땅처럼 쓸모없는 것처럼 보이지만 앞으로는 그 속에 아무도 보지 못하는 성공 가능성이 숨겨져 있다. 누구나 할 수 있는 것은 의미가 없다. 아무나 할 수 없는 일을 해야 성공한다.

거절:
거절을 거절하라

SALES RECIPE 100

바쁘다

● 도끼날을 갈아라

한 남자가 숲속에서 도끼질을 하고 있었다. 어찌나 열심히 했던지 도끼날이 다 무뎌져서 아무리 휘둘러도 나무가 잘 패이지 않았다. 지나가던 나그네가 보다 못해 말했다.

"일하는 것이 너무 힘들어 보이는데 쉬면서 도끼날 좀 가시죠?"

그러자 남자가 대답했다.

"오늘 베야 할 나무의 절반도 못 베었는데 쉴 틈이 어디 있나요."

● 바쁜 사람이 계약한다

증권회사는 돈의 흐름이 빠른 만큼 정신없이 바쁘다. 고객의 돈이 하늘로 치솟았다 땅으로 떨어지는 전쟁통이 따로 없다. 증시 개장 전에는 정확한 정보를 수집하느라, 개장 중에는 거래하느라, 폐장 후에는 사후관리 하느라 바쁘다. 그렇게 시달리니까 저녁에는 지쳐서 만나기 힘들다. 증권회사 임원에게 전화했는데 바쁘니까 빨리 전화를 끊으라고만 한다. 바쁘기 때문에 잊고 있는 중요한 정보니까 잠깐만 시간을 내달라고 해서 어렵사리 만났다. 가족과 자산을 지키는 역할로 종신보험 이야기를 하고 두 번 만나서 종신보험 3억 원을 계약했다. 바빴기 때문에 오히려 계약이 가능했다. 한가했으면 고민하느라 클로징을 못했을 것이다.

바쁜 사람은 지금이 가장 한가한 때다. 왜냐하면 시간이 지날수록 더 바빠지기 때문이다. 바빠야 돈을 번다. 돈을 벌어야 보험을 납입한다. 바쁘게 돈은 많이 버는데 돈을 버는 궁극적인 목적이 무엇인지를 잊고 지내는 경우가 많다. 잊고 지낸 소중한 것을 깨닫게 해 주면 생각지 않게 큰 금액을 계약하고 신뢰까지 얻는 경우가 많다. 다른 세일즈맨들은 바쁘다고 하면 지레 겁먹고 물러난다. 그러나 바쁘기 때문에 만나야 한다고 적극적으로 접근한 것이 나의 성공 비결이다. 아무리 바빠도 브레이크가 고장 난 차를 타고 다닐 수는 없다. 가족까지 타고 있는 차라면 더욱 그렇다.

● 바쁜 사람만 찾아가면 불황은 없다

은행에 다닐 때 청계천 근처 지점에서 섭외 업무를 한 적이 있다. 섭외는 밖으로 나가 예금을 유치해 오는 일이다. 대부분의 직원들이 내근을 선호하고 영업은 꺼려 했다. 그래서 내가 손을 들고 자원했다. 을지로 2가는 타일, 도기, 공구업체가 집중되어 있는데 건설경기 침체로 사업이 전반적으로 어려웠다. 한가하니까 찾아가서 대화를 나누기는 참 좋았다. 그러나 성과는 미미했다. 몇 달 공을 들여서 겨우 몇 십만 원 적금을 확보한 것이 전부였다. 나는 전략을 바꿔서 먼 곳에 있는 바쁜 사람들을 찾아다녔다. 멀리서 왔다고 대접도 해 주고 바쁘기 때문에 오래 대화를 나눌 수는 없지만 시간이 지나면서 실적이 쌓였다. 종신보험 세일즈도 마찬가지다. 한가한 곳만 찾아다니면 힘들다. 바쁜 곳을 찾아다녀야 쉽다.

돈을 벌려면 돈이 많은 곳으로 가야 한다. 한가하면 보장전달도 불경기가 된다. 바쁘다는 것은 열심히 산다는 증거다. 열심히 사는 사람은 보장 준비도 열심히 한다. 하지만 바쁘게 살다 보면 정말 소중한 것을 놓치는 경우가 많고 나중에 그것 때문에 후회한다. 종신보험은 바쁜 속에서도 안전하게 행복하게 살 수 있도록 도와준다. 바쁘다는 것은 거절의 이유가 아니다. 종신보험을 해야만 하는 필연적인 이유가 된다.

● 바쁜 사람들의 특징

　바쁜 사람들은 대부분 성공해서 경제적인 여유가 있다. 면담시간을 확보하기는 힘들지만 일단 만나면 성공확률이 높다. 일단 가입하면 유지도 잘된다. 돈 버느라 바빠서 보험에 관해 신경 쓰지 않아서 그렇다. 보험은 한가하면 유지가 안 된다. 여기저기 비교하고 수익률에 신경을 쓰면 자꾸 해지하고 가입하기를 반복한다. 하지만 그럴 때마다 손해를 보고 조건은 점점 안 좋아질 뿐이다. 바쁘게 사는 사람들은 삶의 목적을 잊고 지내는 경우가 많다. 그것만 알려 주면 세일즈는 쉽게 성공한다.

● 접근방법

　유유상종(類類相從)이라는 말이 있다. 열정적인 사람은 열정적인 사람을 좋아한다. 바쁘고 열정적인 사람을 설득하려면 세일즈맨도 확신에 찬 열정적인 모습을 보여 주어야 한다. 바쁜 사람의 속도에 맞춰서 상담해야 성공 가능성이 높다. 가족, 사랑, 배려 등을 바쁘기 때문에 잊고 지낼 수 있는 중요한 키워드를 중심으로 설득한다. 빙빙 에둘러 가면 실패한다. 단번에 핵심에 접근해서 확신을 가지고 강하게 설득해야 승산이 있다. 먼저 돈을 벌고 승진하고 사업을 키우는 것이 최종 목표가 아니라는 점을 깨닫게 해 준다. 종신보험이야말로 본인과 가족을 지키는 가장 좋은 방법이라는 점을 납득시켜야 한다.

● 지금이 제일 한가한 때

고객: 죄송하지만 지금은 바쁩니다.

세일즈맨: 정말 다행입니다. 저는 바쁜 사람만 만납니다. 고객님처럼 책임감 있고 유능하신 분이 한가할 때는 병원에 누워 있거나 실직 상태겠죠. 그때는 보험가입이 안 되기 때문에 제가 만날 이유가 없습니다. 저는 고객님이 바쁘기 때문에 잊고 지내시는 중요한 문제에 대해 말씀드리려고 합니다.

고객: 바쁜 거 안 보이세요? 지금 한가하게 얘기할 여유가 없어요.

세일즈맨: 고객님은 왜 바쁘세요?

고객: 돈을 벌어야 하니까요.

세일즈맨: 왜 돈을 버는데요?

고객: 가족들을 위해서죠.

세일즈맨: 예전에 친한 친구분 소개로 잠깐 만나고 다음에 다시 만나기로 약속했는데 3년이 지나도 못 만난 분이 계십니다.

고객: 3년이나요?

세일즈맨: 앞으로도 만날 일이 없습니다.

고객: 왜죠?

세일즈맨: 심장마비로 돌아가셨어요. 고객님! 지금이 제일 한가할 때라는 거 아세요?

고객: 이렇게 바쁜데 한가하다고요?

세일즈맨: 앞으로 더 바빠질 것 같으세요? 한가해질 것 같으세요?

고객: 점점 더 바빠지겠죠.

세일즈맨: 그럼 지금이 제일 한가할 때가 아닌가요?

고객: 생각해 보니 그렇네요.

세일즈맨: 아무리 돈을 많이 벌어도 소중한 것을 잃은 후에는 그것을 돈으로 살 수 없습니다. 저는 오늘 돈으로 살 수 없는 소중한 것에 대해 말씀드리려 합니다. 바쁘면 바쁠수록 더욱 잘 기억해야 하는 정보입니다.

고객: 그게 무엇인데 그러죠?

정리

미국의 대통령 에이브러햄 링컨은 이런 말을 했다. "나에게 나무를 벨 시간이 6시간만 주어진다면 4시간은 도끼날을 갈겠다." 아무리 도끼질이 급해도 시간을 들여 도끼날을 갈지 않으면 소용이 없다. 땀 흘려 도끼질을 해 봤자 나무는 베어지지 않는다. 반면 충분히 쉬면서 도끼날을 날카롭게 간 사람은 힘들이지 않고 나무를 베게 된다. 바쁠수록 여유를 만들어야 일의 효율이 높아진다. 또한 삶에서 무엇이 가장 중요한지도 돌아볼 수 있다.

돈이 없다

● 항아리 뚜껑을 열어라

아무리 소나기가 세차게 내려도 항아리의 뚜껑이 닫혀 있으면 물이 한 방울도 들어갈 수 없다. 반면, 이슬비만 추적추적 내려도 항아리 뚜껑이 열려 있으면 항아리 안에는 물이 고인다. 사람의 마음도 마찬가지다. 아무리 좋은 말을 많이 해 주어도 마음이 닫혀 있으면 한 마디도 들어가지 않는다. 그러나 마음 문이 활짝 열려 있으면 어떤 말을 해도 쏙쏙 들어간다. 종신보험을 판매할 때, 제일 먼저 할 일은 정보를 주는 일이 아니라 마음의 뚜껑을 여는 일이다.

● 자녀에게 가장 좋은 선물은 종신보험

자녀가 3명인 외벌이 가장이 종신보험 1억 원에 가입했다. 최초 상담 때부터 종신보험에 가입하고 싶어 했으나 상황을 파악해 보니 전혀 여유가 없었다. 그러다가 한 달 후에 연락이 와서 종신보험에 가입하겠다고 했다. 어떻게 여유가 생겼는지 물어 보니 내 마지막 말이 잊히지 않더라는 것이었다. 당시 내 마지막 말은 다음과 같았다. "자녀에게 가장 좋은 선물은 좋은 옷, 좋은 음식, 좋은 학원이 아닙니다. 어떤 상황에서도 자녀들의 꿈이 깨지지 않게 하는 것입니다." 결국 가장은 가족 회의를 통해 학원을 하나 줄이고 종신보험에 가입했다.

보험은 돈이 없기 때문에 필요하다. 아픈데 돈이 없으면 서럽다. 돈 때문에 치료를 포기할 때 그것을 보고 있는 가족들은 가슴이 아프다. 부모는 아파서 죽어가면서도 자녀들의 꿈을 지켜 주지 못하는 것을 미안해 한다. 돈으로 모든 것을 할 수는 없지만 돈이 없으면 아무것도 할 수가 없다. 종신보험은 이 가슴 아픈 문제를 해결해 준다. 위 가장은 혼자 벌어서 5인 가족의 생계를 꾸려야 했다. 여유가 없다. 그러나 종신보험의 니즈를 확실히 느낀 후 없던 여유를 만들어 냈다. 종신보험은 여윳돈이 있어야 가입하는 것이 아니다. 가입할 이유가 있으면 여유는 만들어진다.

● 돈이 없는 사람의 특징

돈이 없는 사람들은 주로 수입은 적은데 부양가족이 많은 경우가 많다. 아무리 벌어도 버는 족족 빠져나가니 돈을 모을 틈이 없다. 경제관념이 없어도 돈을 많이 벌어도 관리를 하지 못하는 사람도 많다. 특히 미혼의 경우에는 현재를 여유 있게 즐기려다 보니 미래를 준비할 돈이 부족하다. 돈이 없다는 사람들의 특징은 멀리 내다보지 못하고 급하게 닥쳐오는 것 위주로 해결하면서 산다. 소비에 대한 절제력이 부족한 경우가 많다.

● 접근방법

종신보험은 여유의 문제가 아니라 우선순위의 문제라고 설득한다. 돈이 남아돌아서 종신보험에 가입한 사람은 없다. 니즈를 제대로 느끼면 아무리 돈이 없어도 여유를 만들어 내고 아무리 돈이 많아도 니즈를 못 느끼면 선택하지 않는 것이 종신보험이다. 정말 어려운 상황에서도 종신보험을 선택한 실제 사례를 중심으로 설명한다.

● 여유 있게 살려니 여유가 없다

세일즈맨: 일찍 준비하면 아주 유리한 조건으로 종신보험을 준비할 수 있어요.

고객:　　　당장은 여유가 없어요.

세일즈맨: 수입이 상당히 많은 것으로 알고 있는데 저축은 많이 하세요?

고객:　　계획 중이지만 아직은 아니에요.

세일즈맨: 커피는 하루에 몇 잔 사드시나요?

고객:　　석 잔은 기본이죠. 커피가 아니라 문화를 마시는 겁니다.

세일즈맨: 일주일에 택시는 몇 번 정도 타나요?

고객:　　저녁 늦게, 추운 날 버스 놓쳤을 때, 너무 피곤할 때 등등 5~6번 정
　　　　　도요.

세일즈맨: 한 달 커피 값 30만 원, 택시비 10만 원 이것만 합해도 40만 원이
　　　　　네요.

고객:　　그렇게 많나요?

세일즈맨: 여유 있게 살려니까 여유가 없는 것 아닌가요?

고객:　　따지고 보면 그렇죠.

세일즈맨: 건강하면서 일을 하는데도 여유가 없는데 아파서 일도 못하면서
　　　　　치료비가 필요하면 그때가 정말 여유가 없는 것 아닌가요?

고객:　　맞네요.

세일즈맨: 그럴 땐 어떻게 여유를 만들죠?

고객:　　지금으로선 방법이 없겠죠.

세일즈맨: 지금 그 방법을 만들어 드리려는 겁니다. 결혼, 자녀출산, 주택구
　　　　　입, 자녀교육, 노후준비로 돈이 필요한 이벤트들이 계속 겹쳐서 밀
　　　　　려올 텐데 월급이 좀 오르면 여유가 생길까요?

고객:　　여유가 있기는 힘들겠네요.

세일즈맨: 저는 여유가 없게 하려는 것이 아니라 어떤 상황에서도 여유를 만

들어 드리려는 겁니다.

고객: 그게 무슨 말씀이예요?

세일즈맨: 종신보험은 어려울 때 여유를 만들어 드립니다.

고객: 알겠습니다. 어떻게 하면 되죠?

> **정리**
>
> '돈이 없다'는 말은 마음의 문이 닫혔음을 의미하는 것이다. 표면상의 이유에 집착하지 말고 그 너머에 있는 고객의 진정한 니즈를 파악해야 한다. 쓰고 남은 것을 저축하겠다고 해서 저축하기 힘들다. 필요한 만큼을 미리 떼어놓고 써야 한다. 종신보험은 여유가 있어야 가입하는 상품이 아니다. 종신보험에 들기 위해 부자일 필요는 없다. 종신보험은 가난한 사람들이 더 가난해지지 않겠다는 결심에서 출발한다.

나중에

● 내일은 집 지으리

티베트에 특이한 이름을 가진 새가 살고 있다. 그 새의 이름은 '내일이면 집을 지으리'이다. 이 새는 추운 밤이 되어 기온이 떨어지고 추워지면 오돌오돌 떨면서 스스로 다짐한다. '내일이면 당장 집을 지으리라.' 그러다 날이 밝아 다시 포근해지면 간밤의 맹세는 잊고 놀기에 바쁘다. 그러다가 또 날이 추워지고 기온이 내려가는 밤이 되면 전날의 후회를 반복한다. '내일 아침이 오면 제일 먼저 집부터 지으리라.' 나중에 보험에 가입하겠다고 미루는 것은 내일 집을 짓겠다는 다짐과 마찬가지이다. 추운 위기가 닥쳐온 다음에 결정하는 것은 늦다. 평온할 때 미리 대비를 해야 한다.

● 미련한 부자

황금을 좋아하는 부자가 큰 죄를 지었다. 왕은 부자에게 세 가지 벌 중에서 한 가지를 선택하라고 했다. 첫 번째 벌은 '매운 음식을 먹는 것, 그리고 두 번째 벌은 '곤장을 100대 맞는 것', 세 번째 벌은 '황금 열 냥을 바치는 것'이었다. 부자는 황금을 바치는 대신 매운 것을 먹겠다고 덤볐다. 반쯤 먹자 입천장이 벗겨지고 목이 타들어가는 듯하여 더 먹으면 죽을 것 같았다. 그래서 잠시 고민하다가 그래도 황금은 아깝다는 생각이 들어 곤장을 맞기로 했다. 곤장을 60대쯤 맞으니까 엉덩이 살점이 떨어져 나가고 뼈까지 보이게 되자 더 이상 견딜 수 없었다. 결국 부자는 매운 것도 먹을 만큼 먹고 곤장도 맞을 만큼 맞은 후 황금까지 바치게 되었다.

많은 사람들이 이 부자를 보고 바보 같다고 생각한다. 그러나 이런 바보 같은 일들이 일상에서 흔하게 일어난다. 보험에 일찍 가입하면 저렴한 보험료로 좋은 보장을 받을 수 있다. 그런데 차일피일 미루다가 가입하려고 하면 보험료가 많이 올라가거나 건강 때문에 가입이 거절되는 경우도 있다. 돈은 돈대로 내고, 보장은 보장대로 못 받는 어리석은 선택이다.

● 인생의 우산을 챙겨라

소개로 만난 어느 회사 부장에게 종신보험을 설명했으나 차갑게 거절당했다. 6개월 후 이번에는 그쪽에서 먼저 제법 큰 금액의 보험에 가입하겠다고 연락이 왔다. 직장동료가 갑자기 사망했는데 어린 자녀를 두고 가는 모습을 보자 문득 자식들의 모습이 떠올랐다는 것이다. 그러나 이미 녹내장 진단을 받아 치료 중이었고, 위험한 나라로 파견될 예정이라 거절되었다.

언젠가 필요한 보험을 미루다 보면 비용이 올라간 후에 가입하게 된다. 더 안 좋은 것은 건강 때문에 아예 거절되는 경우다. 일기예보를 듣고 미리 우산을 준비해서 집을 나서는 사람이 있고, 비가 쏟아질 때 우산을 찾는 사람이 있다. 폭우가 갑자기 쏟아질 때는 우산을 비싼 값에 사야 하거나 우산을 구하지 못해 그냥 비를 맞아야 한다. 차라리 나 혼자라면 괜찮다. 그러나 온 가족이 폭우를 맞아야 한다면 어떨까?

● 나중으로 미루는 사람의 특징

아무리 돈이 많아도 지출하기를 좋아하는 사람은 없다. 특히 보험처럼 장기간 지속되는 지출의 경우는 더욱 그렇다. 나중으로 미루는 사람들은 지금의 유리한 조건이 앞으로도 계속 유지될 것이라는 착각 속에 산다. 그러다가 나중이 되어서야 절박한 조건에서 할 수 없이 선택하면서 '진즉에 가입할걸'하고 후회한다. 눈앞의 문제에만 급급하게 살다 보면 정말 중요한 문제는 그대로 남는다.

● 접근방법

아무 때나 할 수 있는 것과 할 수 없는 것이 있으면 어느 것을 먼저 해야 할까? 당연히 아무 때나 할 수 없는 것을 먼저 해야 한다. 그것이 바로 종신보험이라고 설명한다. 사람은 언젠가 반드시 죽는다. 그러나 언제 어떻게 죽을지는 아무도 모른다. 그렇기 때문에 그에 대한 대비는 미룰 수 없다. 시기의 문제일 뿐 언젠가는 반드시 준비해야 한다. 언제 해도 할 거라면 하루라도 빨리 선택하는 것이 유리하다고 강조한다.

● 미룰 수 없는 종신보험

세일즈맨: 지출 중에서 미룰 수 없는 것이 무엇일까요?

고객: 먹고, 자고, 입는 것 그리고 병원비겠네요.

세일즈맨: 맞습니다. 의·식·주, 건강, 안전에 관한 것은 미룰 수 없는데 또 미룰 수 없는 것이 있습니다. 무엇일까요?

고객: 글쎄요. 부모님 찾아뵙는 거요?

세일즈맨: 그것도 맞습니다. 이것은 자녀들과 관련되어 있습니다.

고객: 애들의 꿈을 이루는 거요?

세일즈맨: 맞습니다. "지금 돈이 없으니까 대학은 다음에 가." "회계사 자격증 공부는 5년 후에 하고 지금은 돈벌어!" 이렇게 할 수는 없다는 거죠. 그런데 미룰 수 있는 것들 때문에 미룰 수 없는 것들이 밀려 가고 있습니다.

고객: 그게 무슨 얘기죠?

세일즈맨: 미룰 수 있는 것들은 뭘까요?

고객: 여행, 투자, 취미생활이겠네요.

세일즈맨: 제가 오늘 말씀드리려는 것은 미룰 수 없는 것들을 지켜 줍니다. 이 것은 어떤 상황에서도 기본적인 의·식·주를 해결해 줍니다. 필요할 때 치료를 도와주고, 자녀들의 꿈도 지켜 줍니다.

고객: 그런 것이 있어요?

세일즈맨: 바로 종신보험입니다.

고객: 좋기는 한데 지금은 때가 아닙니다. 나중에 할게요.

세일즈맨: 어느 날 꿈에 저승사자가 나타나서 같이 가자고 한다면 '나중에 갈게요' 라고 미룰 수 있나요? 미룰 자신이 있다면 종신보험을 미루셔도 되겠네요.

고객: 제 맘대로 미룰 수는 없겠죠.

세일즈맨: 종신보험은 돈이 있다고 아무 때나 선택할 수 있는 상품이 아닙니다.

고객: 그게 무슨 얘기죠?

세일즈맨: 건강이 안 좋아지거나, 위험한 나라로 출국 예정이거나, 위험한 일

을 하면 보험가입이 거절될 수도 있습니다. 나이가 많아지면 보험료가 오릅니다. 금리가 내려가도 오릅니다. 종신보험은 내일의 상황을 모르기 때문에 필요합니다. 지금이 가장 유리하고 지금 선택하지 않으면 영원히 가입하지 못할 수도 있습니다.

고객: 그렇겠네요.

> **정리**
>
> '내일이면 집을 지으리.'라는 새와 반대로 '내일은 추우리.'라는 새도 있다. 이 새는 항상 언제 닥쳐올지 모르는 추위를 걱정하는 새다. 다른 새들은 따스한 날씨에 여기저기 날아다니면서 놀기 바쁜데 이 새는 미리 추위에 대비한다. 그래서 갑자기 추위가 닥쳐오더라도 걱정이 없다. 미루지 말아야 할 것을 미루면 언젠가 그 대가를 치르게 마련이다. 좋은 선택을 하기에 가장 좋은 날은 바로 오늘이다.

부자다

● **사상누각**
....

옛날에 어리석은 부자가 살았다. 자신의 부를 자랑하고 싶었던 부자는 목수를 불러 화려한 삼층 누각을 지어달라고 말했다. 목수가 땅을 측량하고 기초를 다지고 벽돌을 쌓아 누각을 짓기 시작했다. 그러나 어리석은 부자는 일층과 이층은 필요 없고 맨 위의 삼층 누각만 필요하다고 재촉했다. 목수는 삼층 누각을 지으려면 먼저 기초를 튼튼히 닦아야 한다고 말했지만 부자는 듣지 않았다. 목수는 부자의 성화에 못 이겨 기초를 대충하고 삼층 누각을 올렸다. 결국 누각은 지붕의 무게를 이기지 못하고 무너져 내렸다.

● 원망을 물려준 자산가

경기도의 70대 어느 부동산 자산가의 이야기이다. 그는 경기도 일대에 여러 개의 건물과 땅을 소유하고 있었다. 자산규모가 시가로 1천억 원대를 호가하고 있었다. 자식들도 여러 명 있었는데 모두들 아버지가 부자라서 자기들도 부자인 것처럼 떵떵거리며 살았다. 언젠가는 그 많은 재산이 자신들의 것이 될 거라는 큰 기대감에 열심히 일할 필요성을 느끼지도 못했다.

그러던 어느 날, 그 자산가는 뇌출혈로 쓰러졌다. 엄청난 치료비를 썼으나 일어나지 못하고 끝내 사망했다. 졸지에 당한 일이라 자식들도 당황했으나 재산을 상속받을 기대감에 슬픔도 이겨낼 수 있었다. 그런데 얼마 지나서 300억 원에 가까운 돈이 상속세로 부과되었다. 현금은 아버지 병원비로 다 소진하고 부동산을 팔아서 상속세를 내려고 했지만 쉽지 않았다. 부동산 경기가 좋지 않다 보니 급매물로 내놓아도 매각이 쉽지 않았다. 결국 헐값에 정리하여 상속세를 내고 나니 남는 돈이 별로 없었다. 자식들은 하루아침에 빈털터리가 되고 말았다. 자식처럼 어렵게 만들어 온 소중한 자산이 한순간에 물거품이 되고 자녀들에게는 원망만 물려주고 말았다.

어째서 이런 비극이 발생했을까? 상속에 대한 준비를 해 놓지 않았기 때문이다. 아파서 쓰러진 다음에는 어떤 준비도 할 수 없다. 수백억 원대 자산가들 중에서도 상속에 대한 준비를 철저히 해 놓고 대비하는 사람은 손꼽을 정도다. 가진 재산으로 모든 것이 해결될 것으로 착각한다. 상속에 대한 재원 마련은 빠르면 빠를수록 좋다. 그래야 적은 돈으로 재산을 지킬 수 있다. 그중 합법적이면서도 효율적인 방법이 종신보험이다. 종신보험은 자산의 안전을 보장한다는 뜻으로 '보장자산'이라고 한다. 종신보험은 자신과 가족뿐만 아니라 자산도 지키는 역할을 한다.

● 100억 원 부자의 몰락

한 부자가 100억 원을 들여서 자신의 꿈을 담은 호텔을 정성껏 짓고 사망했다. 당장 병원비와 세금으로 30억 원이 필요했다. 아들은 돈이 부족하면 은행에서 대출받으면 되겠지 하고 안이하게 생각했다. 대출을 받으려고 서류를 봤더니 이미 아버지가 호텔을 짓느라 최고 한도까지 대출을 받은 후였다. 호텔은 완공되었다고 바로 수익이 나지 않는다. 세금 납부를 못하자 호텔은 경매에 부쳐지고 몇 번 유찰된 끝에 헐값에 낙찰되었다. 그걸로 세금 내고 나니 남는 것이 없었다.

부자들의 재산을 자세히 들여다보면 반드시 일정 부분 부채가 포함되어 있다. 위의 사례는 이것을 계산하지 않아서 생긴 일이다. 100억 원을 상속받을 것으로 알았는데 호텔 하나가 흔적도 없이 사라졌으니 아들은 얼마나 황당하겠는가? 또 아버지를 얼마나 원망했겠는가? 큰 배일수록 유지비와 인건비가 많이 든다. 큰 배를 물려주려면 미리 그에 걸맞은 준비를 해야 한다.

● 돈이 많은 사람들의 특징

부자들은 돈으로 모든 것을 해결할 수 있다고 믿는다. 힘들게 부를 축적한 경우일수록 돈을 자식처럼 소중하게 여긴다. 그래서 돈이 들어가는 보험에 투자하는 것을 꺼린다. 부가 가만히 있어도 유지되고 다음 세대로 이어질 것으로 착각한다. 종신보험은 돈이 없는 사람들이 가입하는 상품으로 생각한다.

● 접근방법

작은 집은 무너져도 금방 다시 지을 수 있다. 그러나 큰 집이 무너지면 복구가 어렵다. 종신보험은 부자들이 소중하게 생각하는 부를 지켜주는 방법이다. 부의 크기만큼 보장금액을 늘려야 한다고 설득한다. 부가 유지되고 다음 세대로 이어지기 위해서는 커다란 방지턱을 넘어야 한다. 그 방지턱은 바로 세금이다. 종신보험은 방지턱을 부드럽게 넘어갈 수 있는 완충장치. 종신보험은 돈이 없어도 여유를 만들기 위해서 필요하다. 또 돈이 많아도 그 돈을 지키기 위해서 필요하다.

● 자산을 지키는 만능 종신보험

세일즈맨: 30억 원 상당의 상가를 물려받을 예정이라고 들었는데 참 좋으시 겠어요?

고객: 처음에는 좋다고 생각했죠. 저는 평범한 샐러리맨이거든요. 혼자 사시는 아빠가 지금 병원에 계세요. 갑자기 돌아가시면 세금 때문 에 걱정이에요.

세일즈맨: 세금이 얼마나 되는데요?

고객: 병원비와 세금을 계산해 보면 10억 원은 있어야겠어요. 아빠가 평 생을 바쳐서 구입한 건물인데 헐값에 처분할 수는 없잖아요. 종신 보험 설명을 들어 보니까 상속 시에 정말 도움이 될 것 같아요. 아 빠가 종신보험 10억 원만 가지고 있었어도 이런 걱정 안 할 텐데요.

세일즈맨: 맞습니다. 상속자산의 30%를 종신보험으로 가지고 있으면 상속의 문제가 발생할 때 지급되는 보험금으로 상속세를 해결할 수 있죠. 현금은 대부분 병원비로 소진하고 건물만 달랑 남겨 주는 경우가 많죠.

고객: 딱 우리 아버지 이야기 같아요.

세일즈맨: 그래서 국세청 절세가이드에도 상속세 재원 마련으로 종신보험을 추천하죠. 고객님의 자녀들도 몇 십 년 후에 똑같은 고민을 할 수 있습니다. 아빠가 건물을 물려주는 의미는 뭘까요?

고객: 돈 걱정 말고 잘 살라는 의미겠죠.

세일즈맨: 걱정하지 말라는 돈 걱정을 상속받기도 전에 하시네요. 그 돈은 고

객님 혼자 쓰라는 걸까요?

고객: 아니죠. 잘 쓰고 나머지는 다음 세대에 물려주라는 의미겠죠.

세일즈맨: 30억 원 상가의 수입으로 잘 살다가 그대로 다음 세대에 30억 원

         상가를 물려줄 수 있나요?

고객: 그건 장담 못하죠.

세일즈맨: 확실하게 물려줄 수 있는 방법이 있습니다.

고객: 어떤 방법인데요.

세일즈맨: 30억 원의 종신보험에 가입하면 됩니다. 월세의 20~30%만 투자

         하면 가능한 금액이죠. 나머지는 고객님이 쓰시고요. 종신보험만

         유지하면 건물은 자녀에게 있는 것과 같습니다.

고객: 생각해 보니 그렇겠네요.

세일즈맨: 세금과 부대비용만 생각하면 건물 값의 30%를 종신보험의 보장

         금액으로 준비하면 됩니다. 상속자산 해당액만큼 종신보험으로 준

         비해 놓으면 부는 아무 걱정 없이 다음 세대로 이어집니다.

고객: 종신보험이 만능이네요.

정리

기초가 부실하게 되면 누각이 크면 클수록 그 무게 때문에 빨리 무너진다. 부자가 망해도 삼대가 먹고 산다는 말은 옛말이다. 부자는 한번 망하면 폭삭 망하기 때문에 삼대가 일어나지 못한다. 사상누각이 남의 일이 아니다. 3층에 이르는 부의 누각을 쌓으려면 먼저 1층과 2층을 견고하게 다져야 한다. 그것이 바로 종신보험이다.

대출이 있다

● **끝까지 따라오는 빚**

어떤 사람이 위독해지자 아들에게 돈을 빌려간 사람들의 이름과 금액을 불러주며 꼭 돈을 받아내야 한다고 신신당부했다. 아버지의 말을 듣던 아들이 말했다. "아버지, 만일을 위해서 우리가 돈을 빌려 쓴 사람의 이름도 알아두었으면 하는데요." 그러자 아버지는 힘없는 소리로 대답했다. "아들아! 그럴 필요 없다. 우리에게 돈을 빌려준 사람은 제 발로 찾아올 테니까 말이다."

자녀를 위한 종신보험

5년 전에 종신보험에 가입한 50세 남자 고객에게서 전화가 왔다. 두 자녀의 대학 등록금까지 내려면 종신보험을 해지하거나 줄여야겠다는 것이었다. 종신보험을 왜 가입했냐고 물었더니 "자녀들 교육 때문에 가입했죠."라고 대답했다. 내가 "자녀의 교육 때문에 가입했는데 지금은 자녀의 교육비 때문에 종신보험을 해지하나요?"라고 물었더니 상황이 어쩔 수 없다고 했다. 아빠에게 문제가 생기면 자녀들은 학업을 포기하면 된다. 하지만 그럴 경우 남은 대출금을 누가 갚아야 하는가? 고객은 나의 질문에 대답을 못했다. 그분의 종신보험은 지금도 잘 유지되고 있다.

사람들은 종종 이율배반적인 행동을 자연스럽게 한다. 자녀를 위해서 종신보험을 들지만 자녀 때문에 종신보험을 포기한다. 그래서 세일즈맨의 역할이 중요하다. 안에서 안을 보면 제대로 보이지 않는다. 밖으로 나와서 안을 봐야 제대로 보인다. 내가 평소 입버릇처럼 하는 말이지만 인생은 크게 성공하지는 못해도 크게 실패하지는 말아야 한다. 대출이 있으면 그만큼 안전장치로 종신보험의 보장이 필요하다.

대출이 있는 사람들의 특징

요즘 세상에 대출금이 없는 사람은 별로 없다. 모든 관심은 대출금을 빨리 갚으려는 것에 집중되어 있다. 길에 큰 돌이 놓여 있고 개울이 있는데도 평평한 길로 생각하고 마구 달려가고 있는 것과 같다. 대출상환을 위해 안전장치인 보험을 해지하는 경우도 있다. 그러나 이는 돈이 없다고 대문을 뜯어서 파는 것과 같다. 훤히 열린 문으로 질병, 사고, 사망이라는 도적이 들어오면 재산은 순식간에 거덜나고 말 것이다.

● 접근방법

아무 일이 없이 대출금을 상환하면 문제가 없다. 하지만 중간에 문제가 생기면 대출금 상환 의무는 가족에게 넘어가게 된다. 건강한 상태에서 열심히 일을 해도 갚기가 힘든데 아파서 일도 못하면 어떠하겠는가? 치료비가 필요하거나 사망한다면 대출금 때문에 가족들은 얼마나 힘들어질지를 환기시켜야 한다. 종신보험은 어떤 상황이 발생하더라도 대출금을 반드시 상환해서 가족에게 대출금의 부담이 넘어가는 것을 막아 준다. 대출이 있다는 것은 종신보험에 가입해야 할 강력한 이유가 된다.

● 죽은 사람의 대출금 상환

세일즈맨: 혹시 종신보험에 가입하셨나요?

고객:　　　아니요. 보험은 5억 원 대출을 다 갚고 생각해 볼게요.

세일즈맨: 사실은 대출이 있기 때문에 종신보험이 필요합니다.

고객:　왜요?

세일즈맨:　대출을 받으면 대출금액만큼 생명보험 증서를 요구하는 나라도 있습니다. 우리나라는 대출을 받게 되면 있던 보험도 해지하는데 정말 위험하죠.

고객:　그런 나라가 있어요?

세일즈맨:　일본에서는 1억 원 대출을 받으면 1억 원 생명보험 증서를 첨부해야 대출승인이 난다고 합니다. 살아 있으면 일해서 갚고 사망하면 보험증서가 대신 갚는 거죠. 고객님이 대출금 못 갚고 사망하면 그 대출금 누가 대신 상환하나요?

고객:　가족들이 상환해야겠죠.

세일즈맨:　주택자금 대출 못 갚으면 그 집에서 가족들이 살기 힘들 겁니다. 어떤 경우에도 가족에게 피해가 넘어가는 것을 막기 위해서 대출에 대한 안전장치가 필요합니다. 그렇지 않으면 열심히 살았는데도 죽어서까지 욕을 먹습니다. 무책임하게 살다 갔다고요.

고객:　그렇겠네요.

세일즈맨:　대출 상환기간은 몇 년이죠?

고객:　7년이요.

세일즈맨:　앞으로 언제까지 일할 수 있으세요?

고객:　15년 정도는 하겠죠.

세일즈맨:　7년 예정인 대출금의 상환기간을 15년까지 연장하시면 됩니다. 연장해서 생긴 여유자금으로 종신보험에 가입하면 됩니다. 대출금만 빨리 갚으려 했다가 7년 안에 문제가 발생하면 부채를 가족들이 떠

안게 됩니다. 그토록 고생해서 마련한 집에 살 수가 없게 되는 거죠. 어떤 상황에서도 집을 마련하겠다는 생각은 저도 고객님과 같습니다. 종신보험으로 안전장치를 마련하면 어떤 경우에도 가족들이 그 집에 살 수 있습니다.

정리

대출기간을 연장시켜서 종신보험에 가입하면 중간에 사망하더라도 보험금이 대출금을 갚는다. 아무 일 없이 경제활동을 하면 지금 내고 있는 같은 금액을 내면서 대출금도 갚고, 언젠가 받을 자산도 마련할 수 있다. 이것이 가족들이 어떤 상황에서도 안전하게 살 수 있는 것을 마련하는 방법이다. 돈을 빌려준 것은 사라져도, 내가 빌린 돈은 죽어서도 따라온다. 내가 해결하지 않으면 결국 가족들에게 짐이 넘어간다. 죽어서도 가족들의 원망을 듣게 된다. 죽을 때 나 대신 대출을 해결하는 가장 좋은 방법은 종신보험이다.

보험이 많다

● 풍요 속의 빈곤

영화 〈라이프 오브 파이〉를 보면 '풍요 속의 빈곤'이 무엇인가를 알 수 있다. 인도에서 동물원을 운영하던 파이 가족은 동물원에 대한 정부 지원이 끊기자 캐나다로 이민을 준비한다. 수많은 동물과 함께 화물선을 타고 태평양을 건너는 도중 상상치 못한 폭풍우를 만나 화물선은 침몰하고 가까스로 구명보트에 올라탄 파이만 목숨을 건지게 된다. 보트 주변에는 바닷물이 끝도 없이 넘실거리지만 정작 파이가 먹을 물은 없다. 파이는 식수를 구하기 위해 보트에 그릇들을 놓고 빗물을 받아 마시며 생존한다. 이것이 바로 '풍요 속의 빈곤'이다.

● 사망보장에 70%의 보험료 집중

오래전 한 인기 연예인이 간경화로 사망했다, 보험을 7~8개 가지고 있었고 보험료로 큰 금액을 지출했으나 실제 보상은 몇 천만 원밖에 받지 못했다. 간경화로 사망하니까 여러 개의 암 보험이 아무런 도움이 안 되었다. 종신보험에 가입했다면 최소 5억 원의 보장은 받았을 것이다. 보험은 몇 개를 들었는지가 중요한 것이 아니라 제대로 된 보험에 가입했는지가 중요하다. 그 연예인은 중학생 딸이 있었는데 당시 경제적으로 상당히 어려웠을 것이다.

보험이 다양한 보장을 해 주지만 보장내용이 많을수록 보장받지 못하는 허점들이 많다. 종신보험은 사망할 때까지 원인과 이유를 묻지 않고 빈틈없이 보호하는 보험이다. 보장내용이 많지만 보장금액이 사소한 보험들은 설령 보험이 없더라도 돈으로 커버할 수 있다. 그러나 종신보험은 전 가족에게 치명적인 영향을 주는 '죽음'을 커버하는 보험이다. 따라서 종신보험의 일반사망 보장에 70% 이상의 보험료가 집중되어야 한다.

● 반복되는 유대인 공부

많은 사람들이 유대인들의 지혜를 얻기 위해 유대인을 공부하지만 정작 유대인처럼 행동하지는 않는다. 유대인들은 어릴 때부터 종신보험에 가입하기 때문에 저렴한 보험료로 평균 10억 원 정도의 큰 보장을 준비한다. 보통 전문직들이 자녀 한 명을 키우는데 평균 5억 원 정도 든다. 자녀가 2명이면 10억 원이다. 그래서 전문가들이 처음 준비해야 하는 보장수준이 10억 원 정도 되고 자산이 증가하면 그에 비례하여 보장자산을 늘려간다. 유대인들은 처음부터 전문직의 보장수준에서 출발한다.

보장의 진정한 가치를 아는 유대인들은 고민하지 않고 보장도 크게 한다. 그러나 대부분의 사람들은 유대인들의 시스템을 공부한 후 실천하지 않는다. 고민만 하다가 핵심에서 멀어진다. 그러니까 유대인에 대한 공부가 지속되고 반복된다.

● 보험이 많은 사람들의 특징

보험을 많이 가진 사람들은 남에 대한 배려심이 깊고 귀가 얇은 경우가 대부분이다. 자신과 가족의 앞날에 대한 고민보다는 지인들에게 정에 이끌려서 가입하는 것이다. 그러다 보니 제대로 된 보험보다는 금액이 저렴한 것 위주로 가입한다. 보험 설명도 진지하게 듣지 않는다. 말 그대로 보험에 가입해 주는 것으로 생각한다. 그러면서 보험을 많이 가지고 있다며 정말 필요한 보험에는 가입하려고 하지 않는다. 하지만 정말 큰일을 당했을 때 그 많은 보험들이 얼마나 도움이 될까?

● 접근방법

보험을 여러 개 가지고 있으면서 어려움을 겪었던 사람의 사례를 들어서 설명한다. 보험은 몇 개를 가지고 있는지, 보험료를 얼마 납입하고 있는지가 중요한 것이 아니라 정말 중요한 리스크가 제대로 보장되는지가 중요하다고 설득한다. 보험이 많다면 따뜻한 배려심이 있다는 증거다. 이러한 배려심을 본인과 가족을 위한 것으로 전환하면 모두가 윈윈할 수 있음을 납득시킨다.

● 너무 많은 보험은 없다

고객:　　전 보험이 너무 많아요. 이제 있는 보험도 정리해야 할 것 같아요.

세일즈맨: 보험이 없어서 곤란한 경우는 봤어도 보험이 많아서 어려워진 경우는 못 봤습니다.

고객:　　저도 여유만 있으면 많이 들어서 서로 도와주면 좋겠죠.

세일즈맨: 누구를 도와준다는 생각으로 보험을 들면 보장내용보다 보험료 위주로 봅니다. 중요한 보장내용을 적정수준으로 선택했느냐가 더 중요합니다. 오래 전 어떤 연예인은 여러 개 보험에 가입하고 현재

기준으로 몇 백만 원 정도의 보험료를 매달 냈어요. 간경화로 사망했는데 몇 천만 원밖에 못 받았습니다.

고객: 정말요?

세일즈맨: 그 돈으로 종신보험에 가입했다면 아마 10배 이상의 보험금을 받았을 겁니다. 암보험을 아무리 많이 들어도 간경화는 보장을 못 받죠. 종신보험은 원인과 이유를 묻지 않고 무조건 보장합니다. 암 진단시 1억 원 정도의 보험금을 받을 수 있는 80세 만기 암보험을 여러 개 가지고 있다고 가정해 볼까요? 80세가 지나면 환급금도 없고 1억 원이 사라집니다. 현재 79세에 그 보험을 바라보면 어떨까요?

고객: 고민되고 허무하겠는데요.

세일즈맨: 80세 만기 때까지 아무 일 없다가 81세에 암 진단을 받는다면요?

고객: 보장내용도 문제지만 보장기간도 중요하겠군요.

세일즈맨: 종신보험의 보장기간은 종신입니다. 그런 고민이 없습니다.

고객: 말씀을 듣고 보니 보험가입 숫자가 중요한 것이 아니네요.

정리

홍수가 나면 물은 많은데 정작 먹을 수 있는 깨끗한 생수가 부족하다. 보험도 여러 개, 많은 보험료를 납입해도 정작 필요한 보장은 부족할 수 있다. 만일 제대로 검토해서 가입했다면 그렇게 많은 보험에 가입하지 않았을 것이다. 쓸모없는 보험은 아무리 많아도 마시지 못하는 바닷물과 같다. 보험에 많이 가입한 것이 중요한 게 아니라, 정작 내가 필요할 때 도움이 되는 보험에 가입하는 것이 중요하다.

손해를 봤다

● 약속을 어긴 대가

영국 웨일스 지방에서 전해 오는 이야기다. 옛날 옛적에 한 젊은이가 아름다운 요정과 결혼했다. 요정은 하나의 조건을 내걸었다. "화가 나더라도 저를 절대로 치지 마세요." 그들은 행복했다. 그러던 어느 날 집에서 키우던 말이 하도 말을 듣지 않는 바람에 남편이 화가 나서 고삐를 집어던졌는데 잘못해서 옆에 있던 아내가 맞았다. 아내는 순간 사라지고 말았다. 이 불쌍한 남자는 인내심이 부족했던 탓에 아내를 잃었고, 아이들은 어머니를 잃었다. 약속한 대로 하지 않으면 손해를 본다. 보험도 계약 시 정해진 대로 유지하지 못하면 손해를 보게 되어 있다.

● 단거리 육상선수의 마라톤

한 고객이 1억 원의 종신보험에 가입하고 3년 후에 CI종신보험으로 갈아탔다. 갈아타면서 보험은 가입할 때의 생각과 보장을 받을 때의 상황이 다르다고 불평을 했다. 종신보험은 가입할 때는 가족을 위해서 보장도 되면서 납입완료 시점에는 환급금이 낸 만큼 쌓인다는 것으로 알았다고 한다. CI종신보험은 중대한 질병이 생기면 미리 당겨 쓸 수 있다. 대신 일반종신보험보다 보험료가 더 비싸다. 절대적으로 좋은 상품도 없고 절대적으로 나쁜 상품도 없다. 아마 그랬다면 좋은 상품만 살아남았을 것이다. 목적에 따라 일장일단이 있다.

보험은 장기 금융상품이다. 같은 돈을 가지고 어떻게 보장해 주느냐에 따라서 다르다. 보험은 환승정류장에서 버스 갈아타듯 바꿔 타는 상품이 아니다. 버스와 다르게 환승 비용이 너무 비싸다. 한번 목적지를 정하고 올라탔으면 끝까지 가야 한다. 다른 상품들과 장점과 단점을 분석해 보면 결국 혜택이 비슷하다. 살아서 혜택을 많이 보면 보험료가 비싸고 나중에 환급금이 줄어든다. 살아서 혜택을 덜 보면 보험료가 싸고 나중에 환급금이 많아진다. 살아서 혜택을 보는 상품 설명을 들으면 그런 기능이 적은 상품을 유행에 뒤진 것으로 인식한다. 하지만 엄밀하게 분석하면 불리한 경우가 많다.

우리나라 사람들이 보통 3년마다 보험을 갈아탄다. 20년 사업비를 3년마다 옮기는 동안 목돈은 부스러지고 가루만 남는다. 자기 스스로 손해가 날 행동을 하고도 보험 상품을 탓한다. 장기상품을 단기에 해약하는 것을 전제로 가입하면 안 된다. 용도를 정해서 제대로 가입하고 그 용도대로 끝까지 유지해야 한다. 그렇지 않으면 미래를 약속한 아름다운 요정은 어느새 사라지고 말 것이다.

● 구관이 명관이다

신상품만을 좋아하는 40대 초반의 남자가 있었다. 옷도 신상품이 아니면 안 입는다. 자동차도 3년마다 신차로 갈아탄다. 보험도 3년 주기로 해약하고 다시 가입한다. 만나면 인사가 "새로 나온 보험 있어요?"다. 다른 것들은 손해가 나더라도 큰 리스크가 없다. 그러나 보험은 나이가 많을수록 비용이 많이 들고 10년, 20년의 비용을 3년에 다 털고 해지하니까 손에 쥐는 것이 없다. 그동안 너무 손해를 많이 봐서 아내와 크게 싸우고 이제는 어떤 보험에도 관심을 갖지 않는다.

전자제품은 새것이 좋지만, 보험은 오래된 것이 좋다. 시간이 지날수록 금리가 내려가서 보험료가 고금리 때에 비해 비싸다. 건강이 나빠지면서 가입조건도 까다로워진다. 새로 나오는 상품들은 겉으로 보기에 좋아 보일 뿐 속내를 들춰보면 과거에 비해 보장내용이 부실한 경우가 많다. 보험회사가 자선단체가 아닌 이상 이윤을 추구하는 것은 어쩔 수 없다. 특히 통계적으로 발병이 잦은 질병은 점점 혜택이 줄어든다. 그런데도 보험을 신상으로 갈아타는 것은 보험회사와 세일즈맨에게 기부하는 것이나 다름없다. 보험이 그렇게 이용되는 것은 손실 여부를 떠나서 본인과 가족들에게 위험하다.

● 손해를 보는 사람들의 특징

손해를 보는 사람들은 귀가 얇아서 보험을 자주 갈아탄다. 유행에 민감하고 신상품을 좋아한다. 상품을 제대로 이해하지 못하면서 겉으로 그럴싸한 보장에 쉽게 넘어간다. 미래에 대한 계획이 확실하지 않아서 중요한 선택도 즉흥적으로 결정한다. 보험료나 나열된 보장내용에 관심을 가질 뿐 가족을 지키는 것에 대해서는 깊이 있게 생각하지 않는다. 그동안 손해를 많이 봤기 때문에 사람에 대한 신뢰가 약하다.

● 접근방법

우선 상품과 관련해서 장기와 단기, 보장성과 저축성의 구분을 명확히 해 줘야 한다. 장기상품을 단기상품처럼 생각하면 안 된다고 설명한다. 장기상품을 끝까지 유지하면 손해 볼 일이 없는데 중도에 해지하면 손해를 본다. 무엇보다도 목적에 맞는 상품에 가입해서 끝까지 유지하도록 설득하는 것이 중요하다. 가입한 이유를 증권에 메모하는 것도 한 방법이다. 종신보험은 보장성보험이고 보장기간이 가장 길다. 따라서 중도에 해지하면 손해가 막심하다.

● 풀코스 참가비로 5km 완주

고객: 전 예전에 보험에 가입했다가 손해를 많이 봤어요.

세일즈맨: 상황이 어려우셔서 중간에 해지하셨군요.

고객: 힘들면 깨서 써야지요. 그리고 좋은 상품이 새로 나오니까요.

세일즈맨: 용도나 기간이 고객님께 맞지 않는 상품을 선택해서 그렇죠. 담당자가 제대로 안내하고 서비스 해 드렸어야 하는데 아쉽네요.

고객: 좋다고 하니까 가입했고 가입하고 나면 담당자 얼굴 보기도 힘들어요.

세일즈맨: 그래서 보험은 오래, 제대로 하는 담당자를 만나는 것이 중요해요. 보험상품은 가입하고 끝까지 유지하면 나쁜 상품이 없죠. 어떻게 보면 중간에 해지해서 손해 본 사람들의 몫을 끝까지 유지한 사람들이 가져간다고 봐도 됩니다. 보험은 장기상품입니다. 커피전문점을 10년 운영할 계획으로 높은 권리금을 주고 빌려서 비싼 인테리어를 했다고 생각해 보세요. 사정이 생겨서 3년 만에 철수한다면 10년간 분배될 권리금, 인테리어 비용이 3년에 몰아서 청구되는 것과 같습니다. 종신보험도 20년 납입조건으로 가입하면 환급금

이 3년간은 아주 적은데 3년이 지나면 납입한 금액 정도씩 쌓여 갑니다. 그런데 사람들이 3년 유지했을 때 가장 많이 해지하는 것 같습니다.

고객: 그런 것 같네요. 만기까지 간 경우가 별로 없어요.

세일즈맨: 끝까지 유지하는 것도 습관이 될 수 있지만 중간에 해지하는 것도 습관이 됩니다. 과거 상품보다 새로 나오는 상품이 좋을 수는 없어요. 겉으로 그렇게 보일 뿐이죠. 중간에 해지하는 것은 비싼 참가비를 내고 마라톤 풀코스를 신청하고 5km만 뛰는 것과 같죠.

고객: 일단 가입하면 끝까지 유지해야겠네요.

정리

고객들이 약속을 지키지 않으면 보험사도 약속을 지키지 않는다. 종신보험은 사망보험금이 지급되어야 끝난다. 그러나 유지되지 못하면 보험금 지급 전에 끝난다. 약속대로 유지되지 않으면 가장 큰 피해자는 자기 자신과 가족이 된다. 장기상품은 단기상품과 비교해서는 안 된다. 장기상품은 밥을 짓는 것과 같다. 뚜껑을 덮어 놓고 충분히 뜸을 들여야 한다. 중간에 뚜껑을 자주 열어서 확인하면 김이 새서 죽도 밥도 안 된다.

맞벌이

● 말과 나귀

　어떤 사람이 말과 나귀를 함께 갖고 있었다. 말은 힘이 세고, 나귀는 힘이 약했다. 어느 날 먼 길을 떠나며 주인은 말과 나귀에게 똑같이 짐을 나누어 지게 했다. 짐이 힘에 부쳤던 나귀가 말에게 짐을 조금만 나눠서 져 달라고 부탁했다. 그러나 말은 나귀의 부탁을 들어주기는커녕 그까짓 게 뭐가 무겁냐고 조롱을 했다. 급기야 무리를 한 나귀는 쓰러져 죽고 말았다. 그러자 주인은 나귀 등에 얹었던 짐은 물론 죽은 나귀에서 벗겨 낸 가죽까지 모두 말에게 옮겨 실었다. 맞벌이 부부는 마치 말과 나귀처럼 짐을 나눠 지고 간다. 이때 짐을 나눠 지고 온 고마움을 잊어버리면 결국 그 짐을 혼자 지고 가야 한다.

● 수입이 더 많은 아내

2명의 초등학생인 자녀를 둔 30대 후반 맞벌이 가정의 사례다. 남편보다 아내가 수입이 훨씬 많아서 경제적인 주도권을 가지고 있었다. 아내는 결혼 전에 종신보험 1억 원을 가지고 있었고 2억 원을 증액했다. 남편에게도 종신보험을 설명했으나 가정에서 아내가 더 중요하기 때문에 본인은 필요성을 못 느끼겠다고 했다. 하지만 노후에는 사망보험금이 배우자의 노후자금 역할을 한다고 설득하여 어렵게 1억5천만 원에 가입했다.

아내의 수입이 많은 경우 남편들이 종신보험에 소극적이다. 세일즈맨이 객관적인 입장에서 각자의 입장을 고려하고 자존심을 지켜 주면서 가치를 잘 설명해야 한다. 종신보험은 가정을 방문해서 부부와 함께 상담하는 것이 정답이다. 첫째, 종신보험의 수혜자인 가족들을 볼 수 있다. 둘째, 종신보험의 내용은 가족 전체의 문제이다. 그래서 같이 설명 듣고 고민하고 결정해야 나중에 문제가 없다. 셋째, 사망보장이기 때문에 상대편에게 보장을 강요할 수 없다. 니즈를 파악하고 객관적으로 설명해서 보장금액을 정하도록 도와줘야 한다. 만약 둘 중 한 사람만 상담하면 상대편에게 물어봐야 하기 때문에 제대로 클로징이 되지 않는다. 한 사람과 먼저 상담을 하면 반드시 상담목표를 가정방문으로 잡아야 한다.

● 맞벌이 부부의 안전장치

우리나라는 아직까지 남자가 경제적인 책임을 져야 한다는 고정관념을 가지고 있다. 그러나 이제는 그러한 인식도 바뀔 때가 됐다. 가정은 부부가 조화롭게 협력해야 앞으로 나아갈 수 있다. 상대에게 짐을 넘기는 것이 아니라 상대방의 짐을 함께 지고 가는 것이다. 이 때 한사람에게 문제가 생겨도 부담을 줄여 줄 안전장치가 필요하다. 그것이 바로 종신보험이다. 맞벌이는 경제적 여유가 있어서 보험료가 큰 부담이 되지 않는 경우가 많다. 그러나 미리 준비하지 않으면 나중에 짐을 혼자 다 지고 가야 할 수도 있다.

● 맞벌이의 특징

맞벌이 부부는 경제적으로 여유가 있다. 그래서 부부가 동시에 고객이 되는 경우가 많다. 외벌이 가정에서는 큰 부담이 될 수 있는 자녀교육비도 나눠 질 수 있다. 서로의 일을 존중해 주고 대등한 위치에서 결혼생활을 한다. 그래서 무슨 일이든 혼자 결정하기보다는 부부가 상의해서 결정한다. 본인이 없어도 배우자가 그 역할을 대신할 수 있다는 생각 때문에 자칫 보장을 소홀하게 할 수 있다.

● 접근방법

맞벌이 부부는 부부를 같이 상담해야 동시에 니즈환기가 된다. 그래야 부부 동시 계약도 가능하다. 무거운 짐을 서로 나눠서 지고 가기 때문에 외벌이에 비해서 부담이 덜하다는 점을 집중적으로 공략한다. 또한 배우자에게 문제가 발생할 경우 자신의 짐을 배우자에게 넘겨주는 것이 아니라 짐을 지지 않도록 미리 보장을 준비해야 한다고 설득한다. 보장준비를 제대로 하지 않으면 맞벌이 부부의 장점이 단점으로 변한다. 애초에 혼자서 감당할 수 있는 짐을 지는 사람과 두 사람이 지던 짐을 혼자서 지는 사람은 중압감이 전혀 다르다는 점을 납득시킨다.

● 내가 없어도 아내가 일하니까요

세일즈맨: 미래에 대한 준비는 많이 하셨나요?

고객:　　내게 문제가 생겨도 아내가 일을 하니까 그렇게 위험하지 않아요.

세일즈맨: 혼자 버는 것보다 부담이 훨씬 덜하시겠어요. 아내가 고맙고 든든하겠어요.

고객:　　그렇죠. 요즘은 혼자 벌어서는 애들을 제대로 못 키워요.

세일즈맨: 그렇게 고맙고 든든한 아내에게 고객님은 무엇을 해 주시나요?

고객: 글쎄요. 특별히 해 주는 것은 없어요. 가족을 위해서 나도 일을 열심히 하니까요.

세일즈맨: 제가 말씀드리는 종신보험은 고객님이 안 계실 때 가족을 지켜 줄 안전장치에 관한 것입니다. 아내분은 지금 자녀를 돌보고 집안일 하면서 직장생활까지 1인 3역을 하시는데 힘들지 않을까요?

고객: 힘들겠죠.

세일즈맨: 그런데 고객님이 안 계실 때 고객님 몫까지 1인 4역, 5역을 해야 한다고 생각하면 어떨까요?

고객: 막막하겠네요.

세일즈맨: 고객님의 무거운 짐을 아내분이 나눠지면서 여기까지 왔는데 고객님의 짐까지 지고 가야 한다면 아내분의 마음은 어떨까요?

고객: 너무한다고 생각하겠네요.

세일즈맨: 직장생활 계속 하고 싶을까요?

고객: 일하기 싫겠네요.

세일즈맨: 고마운 아내분에게 어떤 것을 해 드리고 싶으세요?

고객: 내가 없어도, 일을 하지 않아도 되는 방법을 찾아봐야겠네요. 어떤 방법이 있나요?

세일즈맨 : 종신보험이 그 답이 될 겁니다.

● 아내가 지금처럼 살면 좋겠어요!

세일즈맨: 지금 맞벌이 하시는데 아내분은 가족의 생계를 위해서 일하시나요?

고객: 꼭 그렇지만은 않아요. 하고 싶은 일이고 또 배운 것을 썩히는 것은 아깝다고 생각해요.

세일즈맨: 고객님에게 문제가 생겨서 일을 못하게 된다면 그때 아내분은 어떨까요?

고객: 지금과는 다르겠네요. 생계를 위해서 일하겠네요.

세일즈맨: 제가 아는 어떤 아내분도 남편과 같이 벌 때는 자아실현을 위해 일했는데 남편이 교통사고로 사망한 후에는 돈 버는 기계처럼 일을 하게 되었다고 하더군요. 아내가 어떤 마음으로 일하는 것을 원하세요?

고객: 돈 버는 기계가 되면 안 되겠죠. 내가 없더라도 지금처럼 살았으면 좋겠네요.

정리

두 바퀴로 달려가는 자전거/페달을 힘껏 밟으면/당신은 앞바퀴 나는 뒷바퀴/두 바퀴로 달리는 사랑

가수 박구윤의 〈두 바퀴〉라는 노랫말의 일부이다. 맞벌이 부부는 자전거의 앞바퀴, 뒷바퀴와 같은 존재다. 어느 한쪽만 굴러가서는 자전거가 앞으로 나아갈 수가 없다. 배우자의 도움을 당연하게 여기고 이기적으로 살다 보면 언젠가 바퀴에 펑크가 나고 혼자서 자전거를 어깨에 짊어지고 가야 한다. 맞벌이 부부는 배우자의 도움을 고마워해야 하고 그에 보답할 방법을 찾아야 한다. 그 방법이 바로 종신보험이다.

배우자의 반대

● 에펠탑 이야기

에펠탑이 프랑스 파리에 처음 들어섰을 때의 일이다. 파리 시민들은 유서 깊은 파리 한복판에 어울리지 않는 흉물스러운 구조물이 들어섰다고 반대했다. 그 대표적인 인물이 유명 소설가인 모파상이다. 모파상은 에펠탑이 보이지 않는 곳을 찾아 파리 전역을 누볐지만 결국 파리에서 유일하게 탑이 보이지 않는 곳은 에펠탑 안임을 깨닫는다. 그는 그 이후부터 에펠탑 2층 레스토랑에서 자주 밥을 먹고 글을 썼다고 한다.

● 냉장고가 비었어요

40대 초반의 외벌이 아빠가 종신보험 1억 원에 가입을 하겠다고 아내에게 이야기했다. 아내는 지금 생활비도 빠듯한데 무슨 종신보험이냐며 반대했다. 그런데 반대를 한 진짜 이유는 조만간 신형 냉장고를 할부로 구입하려고 했기 때문이었다. 마침 냉장고 할부금액과 보험료 금액이 비슷했다. 결국 남편은 보험에 가입하지 않았고 얼마 후 암으로 사망했다. 종신보험 대신 할부로 구입한 냉장고는 남편의 수입이 끊겨서 그 후로 텅 비어 있는 상태다.

어느 방송에 소개된 실제 사례다. 제대로 니즈환기를 했다면 남편은 어떤 수를 써서라도 아내를 설득했을 것이다. 본인의 니즈가 부족한 것을 숨기고 배우자의 반대를 핑계로 대는 경우가 많다. 배우자의 반대를 극복할 것이 아니라 배우자에 대한 니즈를 제대로 환기해야 문제가 해결된다. 종신보험은 결국 본인이 결정해야 한다. 배우자에게 책임을 떠넘기면 나중에 배우자가 죄책감을 가질 수도 있다. 본인이 확실하게 설득하거나 그것이 힘들 때는 세일즈맨에게 도움을 요청하게 된다.

● 가정방문을 상담 목표로

사무실에서 42세 남자를 만났다. 종신보험의 필요성을 인정하고 아내와 상의해 보겠다고 했다. 그러나 아내의 반대로 진행되지 못했다. 아내는 지금 가지고 있는 보험도 많고 더 이상의 보험료 지출이 어렵다는 이유로 반대했다. 보험가입은 안 해도 되니까 아내가 이야기를 들을 수 있게만 설득해 달라고 했다. 종신보험의 필요성을 간절하게 느낀 남편의 도움으로 나는 아내를 만날 수 있었고 계약했다. 계약을 목표로 하는 것보다 부부 면담을 목표로 하는 것이 훨씬 떳떳하고 쉽다. 만날 수만 있으면 성공할 확률은 높다.

　종신보험 가입은 가족 전체의 문제이다. 지출에 대해서도 부부가 동의해야 한다. 상담 초기부터 계약이 아니라 부부 상담 또는 가정 방문을 목표로 정해야 한다. 배우자의 반대는 반대하는 배우자가 내용을 모르기 때문이다. 근본적으로는 그에 앞서 면담한 고객의 니즈환기가 부족해서 진행이 안 되는 것이다. 본인이 절실하게 필요성을 느끼면 어떻게 하든 배우자를 설득할 수 있다. 그것이 어려우면 세일즈맨이 배우자를 직접 만나서 대화해야 한다. 처음부터 무리하게 계약을 목표로 하면 상대방도 부담을 가지고, 설령 계약을 했다고 하더라도 조만간 해지할 확률이 높다.

● 배우자가 반대하는 사람들의 특징

　부부 상담을 하지 않고 한쪽만 니즈환기를 한 경우 배우자들은 대부분 반대한다. 세일즈맨의 설명을 들을 때는 배우자에게 설명을 잘할 수 있을 것 같지만 실제로 그러기는 힘들다. 전문적인 영업기술이 없기 때문이다. 더구나 부부 사이에는 대화가 감정적으로 흐르기 쉽다. 감정이 앞서면 강요하는 인상을 줄 수 있어서 배우자는 보장에 대해 부정적으로 생각한다. 필요성이 간절하면 어떻게든 이해시키고 본인이 하기 어려울 때는 전문 세일즈맨의 도움을 요청한다.

● 접근방법

배우자의 반대는 사실 본인의 반대라고 강조한다. 종신보험이 있으면 좋겠다고 생각은 하지만 마음 한편으로는 보험료 때문에 부담스럽기도 하다. 그 거절을 배우자가 대신해 주니까 배우자의 거절을 내세워서 거부하는 것이다. 그러한 태도는 책임을 배우자에게 떠넘기는 것이다. 종신보험은 가족에게 선물하는 상품이다. 선물 받을 사람에게 선물을 준비해도 되냐고 묻는 것은 이치에 맞지 않는다. 우스갯소리로 허락보다 용서가 쉽다는 말이 있다. 선물을 구입한 후 이해를 구하는 방식이 맞다고 설득한다. 종신보험은 따로 진행하면 배우자의 반대가 심하기 때문에 부부 동시 상담이 아니면 상담 자체의 진행을 하지 않는 세일즈맨도 있다. 그런 세일즈맨의 상담 성공률은 아주 높다.

● 결정권은 본인에게 있다

고객:　　저는 종신보험이 있어야 한다고 생각하는데 아내가 반대해요.

세일즈맨: 고객님은 종신보험이 왜 있어야 한다고 생각하세요?

고객: 내가 언제 어떻게 될지 모르니까 불안해서 그렇죠.

세일즈맨: 고객님이 안 계시면 구체적으로 어떻게 되는데요?

고객: 애들은 꿈을 접어야 하고 아내는 일을 하러 나가야겠죠.

세일즈맨: 가족 모두가 힘들어지겠네요.

고객: 그렇겠죠.

세일즈맨: 지금 가지고 계신 생각을 아내에게 자세하고 진지하게 설명해 보셨나요?

고객: 얘기를 잘 듣지 않아서 제대로 이야기 못했어요.

세일즈맨: 종신보험은 고객님이 아니라 가족들을 위한 선물입니다. 선물을 싫어하는 사람은 없습니다. 단지 추가로 지출이 발생하는 것을 싫어할 뿐이죠. 추가지출을 싫어하는 것은 그 이유를 모르기 때문입니다. 여유가 없는데 이유도 잘 모르는 것에 지출을 하려 하겠어요?

고객: 그렇겠네요.

세일즈맨: 고객님과 제가 고객님께 문제가 생겨도 아내분이 일을 하지 않아도 되는 시스템을 만들기 위해 노력중이라는 것을 아신다면 면담을 거절할까요?

고객: 거부하지 않겠네요.

세일즈맨: 고객님이 정말로 보장의 필요성을 느끼면 지출의 우선순위를 바꾸도록 아내분을 설득할 것입니다. 쉽지 않겠죠? 그러나 저는 쉽습니다! 이런 문제의 전문가이고 매일 이런 일을 하니까요! 두 분이 계신 자택에서 제가 설명할 수 있도록 해 주세요. 아내분이 보험에 가

입하도록 설득하기는 힘들어도 저를 만나도록 설득하는 것은 쉽지 않나요?

고객: 알겠습니다. 약속을 잡아 보겠습니다.

> **정리**
>
> 파리의 흉물이라던 에펠탑은 나중에 파리를 상징하는 명소가 되었다. 반대하던 시민들도 결국 에펠탑을 자랑스러워했다. 항상 적은 내부에 있다. 처음에는 반대하던 배우자가 나중에는 적극적인 키맨이 되는 경우도 있다. 종신보험은 가족 전체와 관련된 문제를 해결하는 것이다. 가족의 공감대를 먼저 만드는 것이 중요하다. 내부의 적을 내 편으로 만들어라.

주변에 보험 하는 지인이 있다

● 믿는 도끼에 발등 찍힌다

나무를 찍을 때는 도끼를 하늘 높이 쳐들었다가 무게를 이용해서 내
리친다. 그런데 들어 올렸을 때 도끼자루가 빠진다면 그 도끼날은 십
중팔구 작업하는 사람의 머리 위로 떨어진다. 떨어지는 도끼날을 용케
피한다고 해도 결국에는 발등에 떨어질 것이다. 결국 믿는 도끼에 발
등을 찍히게 된다. 자신이 가장 잘 안다고 생각하는 도끼도 주의하지
않으면 자신이 상처를 입을 수 있다. 보험가입도 마찬가지다. 지인이

자신을 두 배로 배려한다고 생각했는데 실제로는 절반 정도밖에 신경 쓰지 않는 경우가 많다.

● 보험료만 기억하는 고객

50대 부부가 시장에서 가게를 운영하고 있었다. 여러개의 보험을 가입했고 보험료 납입액도 상당했다. 그런데 담당 세일즈맨을 너무 믿은 나머지 보장내용과 보장기간은 전혀 모르고 있었다. 보험료보다 보장금액이 중요한데도 납입기간과 보험료만 기억하고 있었다. 보험을 누구에게 어떻게 들었냐고 물었더니 마음이 약해서 아는 사람에게만 보험을 든다고 대답했다. 보장내용을 신경 쓰지 않고 감당할 수 있는 보험료만 정해서 가입했다는 것이다.

보장내용을 보지 않으면 발생 빈도는 낮지만 심각한 내용에 대한 보장이 안 된다. 금액에 맞추다 보니 보험이 정말로 필요한 시기가 시작되기 전에 보장이 끝나 버린다. 그러면서도 지인이 자기를 위해서 가장 좋은 것으로 잘해 주었을 것으로 착각한다. 보험회사는 바보가 아니다. 손해 볼 짓을 하지 않는다. 사실 상품 중에는 보험사 위주로 설계된 것도 많다. 나중에 문제가 발생했을 때 전혀 보상받기 힘든 경우도 있다. 더구나 믿었던 지인이 보험세일즈를 그만두었다면 누구와 상의할 것인가?

● 거짓 거절의 비극

52세 여자가 임파선 암으로 사망했다. 가입한 보험이 전혀 없어서 주위 사람들이 깜짝 놀랐다. 여자의 친언니가 오랫동안 보험세일즈를 했다고 항상 말했기 때문이다. 사실 언니는 젊어서 1년 정도 보험세일즈를 하고 그만뒀는데도 누군가 보험을 권하면 언니가 보험을 한다는 말로 거절했던 것이다. 언니의 강요로 들었던 몇 개의 보험은 언니가 세일즈를 그만두자 모두 해지한 상태였다.

사실 보험영업에 대한 인식은 부정적이다. 한 건만 도와달라는 식으로 지인 영업을 해 온 과거의 관행 때문이다. 그래서인지 거짓으로 거절하는 방법도 다양하다. "지인이 세일즈를 한다"라고 하면 거기서 대화를 끝내는 것이 아니라 그때부터 대화를 시작해야 한다. 언니가 보험 세일즈를 한다고 하면 "그것 말고 보험에 가입하지 않는 다른 이유가 있습니까?"라는 질문을 해야 한다. 보험은 거절할 특별한 이유가 없으면 거절하지 않는다. 그 특별한 이유를 알아야 거절이 해결된다. 나머지는 거짓 핑계일 확률이 높다.

● 주변에 보험을 하는 지인이 있는 사람들의 특징

보험세일즈맨을 한 사람도 모른다면 그런 사람은 가망고객이 될 가능성이 낮다. 최소 한 두 명 정도는 주위에 보험세일즈 하는 사람을 알고 있다. 상품에 대해서 여러 사람에게 정보를 들어보고 본인 가정에 가장 적합한 상품을 선택하는 것이 중요하다. 특히 종신보험처럼 장기간 아주 중요한 리스크를 보장해 주는 보험의 경우에는 더욱 그렇다. 아는 사람에게 보험 컨설팅을 받으면 보장내용보다 보험료 부담을 어떻게 줄일지에 초점이 맞춰진다. 보장내용은 보지 못하고 보험료만 고민한다는 이야기다. 자녀를 학원에 보내는데 어떤 내용을 어떻게 가르치는지는 모르면서 학원비만 신경 쓰는 것과 같다.

● 접근방법

주변에 보험세일즈 하는 지인이 많은 고객은 오히려 보험에 대해 제대로 설명을 듣지 못한 경우가 많다. 선입견 때문에 접근을 안 하기 때문이다. 보험세일즈 하는 지인이 없는 경우는 없어서 설명을 못 듣는다. 어느 경우든 적극적으로 접근하면 승산이 있다. 사심 없이 객관적으로 설명하고 진정으로 고객을 위할 수 있는 좋은 설계사를 만나는 것이 무엇보다 중요하다. 본인이 없을 때 본인을 대신해서 가족을 케어하는 일은 검증된 전문가가 해야 한다. 단순히 지인이라는 이유로 부탁할 일이 아니다. 저축성이나 건강보험, 투자형 상품은 서비스가 잘못된 경우 본인이 수습할 수 있다. 하지만 종신보험은 그럴 수 없다. 그때는 이미 본인이 이 세상에 없기 때문이다.

● 너무 가까우면 제대로 안 보인다

세일즈맨: 전화드렸을 때 담당자가 있다고 들었어요. 아는 사람이기 때문에 불편하신 점은 없었나요?

고객: 글쎄요. 특별히 없었어요.

세일즈맨: 다행이네요. 어떤 분은 너무 가깝기 때문에 물어보는 것도 불편하고 당연한 것도 못한다고 하던데요

고객: 그런 경우가 있었죠. 사촌 누나가 보험세일즈 한 지 오래 되어서 보험가입은 그 누나에게만 해요.

세일즈맨: 친척이니까 잘 해 주시겠네요. 주위에 보험세일즈 하는 사람 몇 명씩은 다 있더군요. 저축성이나 건강보험은 지인에게 할 수도 있습니다. 그러나 제가 제안드리는 보험은 좀 다릅니다.

고객: 뭐가 다른데요?

세일즈맨: 다른 상품은 본인이 살아 있을 때 보험 혜택을 받을 수 있습니다. 그런데 종신보험은 본인이 없을 때 가족을 케어하는 보험입니다. 고객님이 할 수 있는 것은 아무에게나 부탁해도 됩니다. 그러나 고객님이 할 수 없는 일에는 전문가가 필요합니다. 그리고 필요한 것은 떳떳하게 요구할 수 있어야 합니다. 어떤 지인의 경우는 관계가 껄끄러워지기 싫어서 정당한 것도 요구하지 못하는 경우가 생깁니다.

고객: 그럴 수 있겠네요.

세일즈맨: 소중한 고객님의 자녀가 유치원을 가야 합니다. 체계가 잡히고 검증된 유치원과 그냥 아는 사람이 운영하는 유치원이 있다면 어느

쪽에 보내시겠습니까?

고객: 제대로 하는 유치원에 보내겠죠.

세일즈맨: 맞습니다. 소중한 자녀의 유치원 다니는 시기도 한 번 지나가면 다시 오지 않습니다. 그 시기의 교육이 자녀의 장래를 결정할 수도 있습니다. 그런데도 아는 사람이라는 이유로 유치원을 바꾸겠습니까?

고객: 그럴 수는 없죠.

세일즈맨: 그럼 이제 가족들의 장래가 걸린 안전장치에 대해 전문가의 설명을 한 번 들어보시죠.

고객: 말씀을 듣기를 잘했네요.

정리

지인에게 든 보험은 고객 입장보다는 회사 입장에서 만든 상품인 경우가 많다. 모르는 사람은 까다롭게 보험을 따지기 때문에 제대로 된 상품을 제대로 설계해 준다. 그러나 아는 사람은 보험료만 맞춰 주면 되기 때문에 본인이나 회사에 도움이 되는 상품을 권해 준다. 그래도 아무 불만이 없기 때문이다. 보험은 누군가를 도와주겠다는 마음으로 가입해서는 큰 코 다친다. 자신이 도움을 받는다는 생각으로 꼼꼼히 따져보고 가입해야 한다. 그것을 도와주는 것이 설계사가 할 일이다. 지인 위주로 영업을 하는 설계사들은 오래 가지 못한다는 점을 명심하자.

프로세스:
프로는
프로세스로 판다

100

SALES RECIPE 100

가망고객 발굴

● 강철왕 카네기

　비가 많이 내리던 날 한 할머니가 비를 피할 곳을 찾고 있었다. 그 모습을 본 젊은 가구점 주인이 가게 안에서 비를 피하시라고 권했다. 할머니는 가구를 사러 온 게 아니라 차를 기다리고 있다고 말했지만 가구점 주인은 차가 와서 할머니를 태워갈 때까지 친절을 베풀었다. 그 일이 있은 며칠 후 가구점 주인은 누군가로부터 편지 한 통을 받았다. 자신의 어머니에게 베풀어 준 친절에 감사한다며 앞으로 회사에 필요한 가구 일체를 의뢰하겠다는 내용이었다. 놀랍게도 그 편지는 강철왕 앤드루 카네기에게서 온 것이었다.

● 개념 및 필요성

세일즈맨에게 가장 막막할 때는 언제일까? 사무실을 나섰는데 찾아갈 사람이 없는 경우이다. 가망고객 발굴은 사람을 만나기 위해 전화리스트를 만드는 단계이다. 세일즈맨들에게 가장 어렵고 또 절실한 것이 가망고객 발굴이다. 가망고객 발굴이 제대로 되지 않으면 희망이 없어진다. 보험세일즈는 만날 사람만 있으면 누구나 해 볼 만한 일이다.

● 가망 없는 가망고객

60세 남자의 사례다. 그는 40대 후반부터 고혈압 약을 먹고 있었다. 그동안 약을 먹고 있다고 말하면 어떤 세일즈맨도 보험 이야기를 하지 않았다고 한다. 지금은 고혈압 당뇨 합병증으로 병원에 누워 있다. 누가 봐도 가망고객과는 거리가 멀었다. 그래도 나는 정성을 다해 종신보험을 설명했다. 그 사람 또한 지금까지 들어본 적이 없는 내용이라 관심을 가지고 들었다. 놀랍게도 본인은 자격이 안 되지만 그분의 소개로 손자와 며느리가 계약을 했다. 기회는 기다리는 것이 아니라 어떻게든 만들어야 한다.

대부분의 세일즈맨들은 약을 먹고 치료중인 사람에게는 접근하지 않는다. 계약할 가망이 없다고 보기 때문이다. 그러나 내가 보기엔 가망이 있는 고객만 찾는 것은 가망이 없는 방법이다. 가망이 없는 고객이라고 할지라도 니즈를 느끼면 적극적으로 가족을 소개해 준다. 지레 짐작하고 포기하지 말자. 가망고객의 가능성은 어디서 시작될지 모른다. 가망고객은 머리보다 발로 발굴해야 한다. 머리로 생각하는 순간 가망고객을 발굴하는 행동은 정지된다. 행동이야말로 가망 없는 고객을 가망고객으로 바꾸는 마법의 힘이다. 활동은 활동을 낳는다.

● 방법

- 가망고객 리스트를 만들기 전에 서스펙트 리스트를 만들어라. 서스펙트 리스트는 전화를 해도 되고 안 해도 되는 의미 없는 명단이다. 부담이 없어야 출발이 쉽다.
- 단무지 정신을 가지고 단순, 무식, 지속적으로 하라.
- 머리에 그려지는 시스템을 만들어서 리스트 업을 하라.
- 남들이 가망이 없다고 생각하는 가망고객을 발굴하라.

● 가망고객의 조건

세일즈맨: 저는 사람을 만나는 것이 좋아서 이 일을 선택했습니다.

고객:　　　그렇다고 아무나 만나시나요? 성과를 내야 할 텐데.

세일즈맨: 물론 그렇죠. 제가 제안드리는 것은 신청한다고 누구나 되는 것은 아닙니다.

고객: 왜죠?

세일즈맨: 편의점 알바로 도벽 경력이 있는 사람을 쓸 수 있나요?

고객: 그럴 수는 없죠.

세일즈맨: 보험도 마찬가지입니다. 아프거나 위험한 일을 하는 분들은 보험금 지급 가능성이 높기 때문에 제한이 많아요.

고객: 다른 조건도 있나요?

세일즈맨: 납입여력이 있어야 합니다. 보험료를 낼 수 없으면 소용없죠. 무엇보다도 보험에 대한 니즈가 있어야 합니다. 돈이 아무리 많아도 니즈가 없으면 관심이 없어요.

고객: 그런 까다로운 조건을 모두 충족시키는 사람은 많지 않겠네요. 그런 사람들을 골라내는 것도 만만치 않겠어요.

세일즈맨: 그래서 저는 계약과 관계없이 그냥 사람들을 만납니다. 10명을 만나면 그중 3~4명이 가망고객 조건에 맞고 그중 1~2명이 종신보험에 관심을 갖죠.

고객: 그렇군요.

세일즈맨: 대수의 법칙을 믿어야 합니다. 사람을 많이 만날수록 계약할 확률은 높아집니다. 머리로만 가망고객을 고르면 점점 세일즈가 어려워집니다.

● 걷다 보면 할 일이 생긴다

세일즈맨: 저는 할 일이 없으면 무조건 걷습니다.

고객: 왜 걷죠?

세일즈맨: 걸으면 기분이 상쾌해집니다. 또 걷다 보면 사람을 만나게 됩니다.
만나다 보면 이야기를 나누게 됩니다.

고객: 이야기를 한다고 뭐가 달라지나요?

세일즈맨: 관계가 풍성해지고 깊어지게 되죠.

고객: 그 다음은요?

세일즈맨: 즐거운 이야기 또는 고민거리들을 이야기하게 됩니다.

고객: 속마음을 털어놓게 되겠군요.

세일즈맨: 세일즈는 즐거워도 성과가 나고 괴로워도 성과가 나죠. 저는 사람
들의 고민거리를 들어주는 대가로 보험을 팝니다.

정리

남들이 하지 않는 일을 해야 승산이 있다. 중국에는 왼손잡이용품 전문점이 있
다. 왼손잡이용 마우스, 가위, 다이얼 전화, 골프채 등을 파는 곳이다. 동종의 일
반 상품보다는 훨씬 비싸지만 왼손잡이들은 줄을 서서 지갑을 열었다. 입소문
이 나자 왼손잡이는 물론 오른손잡이 구경꾼까지 넘쳐났다. 사장은 개점 2년
만에 백만장자가 되었다. 이처럼 기회는 항상 가까운 곳에 숨어 있다. 왼손은
멀리 있지 않다. 오른손 바로 옆에 있다. 보험세일즈의 가망고객도 생각보다
가까운 곳에 숨어 있다. 지금 당신의 가망고객은 어디에 있는가?

전화접근

● 스티브 잡스의 전화

12세의 스티브 잡스는 빌 휴렛(휴렛 패커드, HP의 공동창업자)에게 전화를 걸었었다. "안녕하세요? 스티브 잡스입니다. 저는 12살이고 학생인데요, 주파수 계수기를 만들고 싶어서 연락드렸습니다. 혹시 남는 부품이 있으시면 저에게 주실 수 있으신가요?" 그러자 빌 휴렛은 스티브 잡스에게 주파수 계수기를 만들기 위한 부품을 주었을 뿐 아니라, 그 해 여름 휴렛 패커드에서 일할 수 있도록 해 주었다. 보험세일즈의 원리는 간단하다. 그냥 전화하고 만나는 것이다. '왜 안 되는 것일까' 고민할 시간에 전화 한 통을 더 거는 것이 낫다.

● 개념 및 필요성

세일즈는 단순하다. 그저 전화하고 만나는 것이다. 전화는 세일즈의 출발점이자 핵심이다. 세일즈는 전화로 면담약속을 잡는 것에서부터 시작된다. 절대로 전화로 니즈환기나 상품설명을 해서는 안 된다. 전화를 하지 않고 불쑥 찾아가는 것도 금물이다. 막상 찾아갔는데 해외 출장을 가고 없으면 시간낭비. 약속 시간을 잡는 것도 중요하다. 중요한 회의에 들어갈 시간에 찾아가면 서로 불편해진다. 전화는 시간을 절약해 주고 고객을 배려하는 방법이다.

● 일 잘하는 비법

잘 나가던 동료가 갑자기 일이 힘들어졌다. 동료는 나에게 세일즈를 잘할 수 있는 좋은 방법이 있냐고 물었다. 그래서 나는 내가 시키는 대로만 하면 100% 성공하는 비법을 알려 주겠다고 했다. 동료는 눈이 휘둥그레지면서 무엇이든 하겠다고 했다. 한 주에 전화를 50통씩 해서 통화한 리스트 4주치 200명의 명단을 가져오면 그 방법을 알려 주겠다고 했다. 이러한 시도를 여러 명에게 했는데 나를 찾아온 세일즈맨은 없었다. 왜 그럴까? 실제로 전화를 한 달에 200통을 하는 것이 너무 힘들기 때문에 못했거나, 200통을 실제로 하면 일하느라 바빠서 나를 찾아올 시간이 없기 때문이다.

일정 숫자의 통화를 하면 만나는 사람의 숫자가 정해진다. 이것이 대수의 법칙이다. 만나다 보면 자연스럽게 계약이 이루어지는 숫자가 정해진다. 동료는 전화도 하지 않고 계약을 성사시킬 수 있는 비법을 궁금해했지만 그런 방법은 없다. 세일즈맨에게 세상에서 가장 무거운 물건은 전화기다. 모르는 사람일수록 더 무겁다. 그러나 세일즈는 전화기를 드는 것에서부터 시작된다.

● 방법

면담약속 건수를 목표로 세우고 전화를 시작한다.

전화할 리스트를 위부터 빼놓지 말고 차례로 전화한다.

· 전화로는 세일즈를 하지 않고 면담약속만 잡는다.

· 일주일에 전화통화를 해야 할 숫자를 정한다.

· 전화를 할 때에는 시간을 정해서 전화에만 집중한다(관성의 법칙 : 일단 시작하면 계속 하게 된다.)

● 일반 TA 스크립트 멘트

"도움 되는 좋은 정보가 있어서요."

"요즘 상황에 정말 딱 맞는 정보예요."

"고객님과 비슷한 분들이 감동했던 정보입니다."

"들어보시면 깜짝 놀랄 정보예요."

"지금까지 들어보지 못한 의미 있는 정보입니다."

"전화로 말씀드린 적이 없어요."

"이 정보는 개인적인 것이고 사람마다 달라서 전화나 우편으로 드릴 수가 없어요."

"만나 보시면 왜 꼭 얼굴을 보면서 이야기해야 되나 아실 겁니다."

"이번에 정보를 드리지 못하면 나중에 제가 미안해 할 것 같아서 연락드립니다."

"많은 분들이 이 설명을 듣는 것만으로도 큰 도움이 되었다고 합니다."

"이 플랜을 선택하지 않더라도 의미와 재미는 남아 있을 겁니다."

"만나는 시간이 절대 아깝지 않을 정보입니다."

"지금 가지고 있는 것에 관한 획기적이고 유용한 정보입니다."

"정말 중요한 정보를 듣지 못하면 나중에 크게 후회할 수 있습니다."

● 종신보험 TA 스크립트 멘트

"몸값만큼의 부채를 갖고 있다는 것을 알고 있나요?"

"선취자산이라는 말 들어 봤나요?"

"자산의 큰 Trend가 바뀌고 있습니다."

"가족에 관한 이야기입니다."

"필요할 때 필요한 만큼 돈을 주는 투자 정보입니다."

"선진국 사람들은 필수로, 후진국 사람들은 선택으로 생각하는 상품입니다."

"혼수목록을 마련하는 것입니다."

"재산, 지위, 인격 외에 또 다른 고객님의 가치가 평가되는 방법입니다."

"현금성 다목적 의료비 보장자산에 관한 이야기입니다."

"유사시 가장 확실한 소득 대체 Plan입니다."

● 비서의 벽을 넘는 비법

세일즈맨: 사장님 계신가요?

비서: 누구신가요?

세일즈맨: 예! 저는 사장님께 세금관련 중요한 정보를 드리기 위해 사장님을 꼭 만나야 하는 사람입니다.

비서: 어떤 용건이시죠?

세일즈맨: 제가 오늘 근처에 다른 사장님 뵈러 가는데 사장님을 뵙고 전해 드려야할 중요한 정보가 있어서요.

비서: 미리 약속된 전화가 아니면 연결해 드릴 수 없습니다.

세일즈맨: 사장님이 이 정보를 듣지 못하시면 아주 곤란해지실 수도 있어요.

비서: 사장님께서는 지금 바쁘십니다. 어떤 내용이라고요?

세일즈맨: 저는 사장님을 꼭 만나야 하고 이번이 아니면 사장님이 좋은 기회

를 놓치실 수 있어요. 잠깐이면 되니까 사장님께 전화연결 부탁드립니다.

비서: 어디시라고 전해 드릴까요?

세일즈맨: 사장님이 정말 필요로 하는 것을 드리려는 사람입니다. 제가 다른 사장님 만나기 위해 가는 길이라 잠깐 뵈려고 합니다. 잠깐 약속 잡는 통화만 하려고요.

비서: 알겠습니다.

일반적인 방법으로 수천 통을 해도 비서의 벽을 넘기 힘들 것이다. 궁하면 통하는 것이 아니라 변해야 통한다. 비서를 통해 돌아갈 수 있는 변화구를 던져야 한다. 스크립트처럼 전화를 하면 비서는 절대로 전화를 끊을 수 없다. 사장에게 중요한 사람이었는데 전화를 끊었다 문제가 되면 본인이 모든 책임을 져야 한다. 몇 번을 물어보다가 결정을 할 수 없으면 결정을 사장에게 떠넘기게 된다. 그러면 우리는 사장과 통화하게 된다. 일단 사장과 전화연결에 성공한 것이다.

● 사장과 약속 잡는 비법

사장: 여보세요?

세일즈맨: 사장님께 세금관련 중요한 정보가 있어서 꼭 한번 만나야 되거든요.

사장: 누구라고요?

세일즈맨: 저는 사장님께 중요한 정보를 드리려는 사람인데요. 제가 마침 다

음 주 화요일과 수요일 오전에 다른 사장님을 뵈러 근처에 가는데 잠깐 시간이 되어서 뵈었으면 하고요. 혹시 화요일과 수요일 언제가 편하세요?

사장: 무슨 정보를 준다고요?

세일즈맨: 들어보시면 깜짝 놀라실 겁니다. 이 정보를 놓치시면 나중에 크게 후회하실 수도 있습니다. 잠깐이면 되는데, 다음 주 화, 수요일 중 언제 사무실에 계실 건가요?

사장: 수요일에 있어요. 어떤 내용인가요?

세일즈맨: 만나 보시면 압니다. 잠깐이면 됩니다. 수요일 오전 10시 가능하신가요?

사장: 가능해요.

전화의 목적은 면담약속을 잡는 것이다. '깜짝 놀랄 정보', '중요한 정보'에 대한 걱정은 할 필요가 없다. 그 걱정은 약속을 잡은 후에 하면 되고 우선 약속을 잡는 것이 중요하다. 약속을 못 잡는 세일즈맨의 공통점은 약속도 안 되었는데 만나서 어떤 이야기를 할지부터 걱정한다. 약속을 잡고 나면 할 이야기는 자연스럽게 생각난다.

스티브 잡스는 깨지고 상처받는 것을 겁내서는 안 된다고 이야기한다. 보험세일즈는 항상 거절의 고통이 따른다. 그래서 문제가 복잡해 보이고 엄두가 안난다. 그러나 복잡한 문제일수록 단순하게 접근할 필요가 있다. 보험세일즈는 그냥 전화하고 만나는 것이다. 보험은 될 것 같은 것이 안 되고, 생각지도 못했던 것이 오히려 성사되는 경우가 많다. 일단 전화기를 들어라. 당신은 지금 세일즈를 시작했다.

초회면담

● 거북이의 목

거북이의 목을 강제로 빼낼 수 있는 힘을 가진 사람은 없다. 육지 거북이의 무게는 불과 10~20kg밖에 안 된다. 그러나 몸무게가 70~100kg인 사람이 아무리 힘을 써도 절대로 빼낼 수 없다. 거북이의 목을 빼내려면 따뜻한 화롯불 가까이에 놓아두어야 한다. 그러면 거북이가 온기를 쬐려고 슬슬 목을 뽑는다.

● 개념 및 필요성

초회면담은 보험이야기를 하기 위해서 노크를 하는 것이다. 전쟁사를 보면 안에서 걸어 잠근 성문을 공략하려면 최소한 3배의 병력을 동원해야 한다. 그러나 장수를 설득해서 안에서 문을 열게 하면 피 한 방울 흘리지 않고도 이길 수 있다. 보험세일즈에서도 마음의 문을 여는 것이 더 중요하다. 초회면담에서 마음의 문을 열 수 있다면 그 다음은 일사천리다. 그러나 고객이 마음의 문을 닫으면 '사실과 느낌의 발견'을 위한 다음 단계로 진행할 수 없다.

● 마음의 문 열기

40대 고객에게 자녀들에게 가장 좋은 선물이 무엇인지를 물었다. 고객은 자녀들이 어떤 일이 있어도 꿈을 이루고 행복하게 사는 것을 보장하는 것이라고 답했다. 물론 일생이 아무 일 없이 평탄하게 흘러가면 가능하다. 그러나 자기 의지와 상관없이 사망하게 되면 그 약속을 지킬 수 없다. 사망은 우리가 어찌할 수 없는 리스크이다. 이에 대한 준비가 필요하다고 이야기하자 고객은 종신보험 이야기를 먼저 꺼내기 시작했다.

사망은 남의 일이 아니다. 언제든 나에게도 닥칠 수 있는 일이다. 사망에 대한 대비를 하지 않으면 자녀의 꿈을 지켜 주겠다는 약속을 지킬 수 없다. 회사에 취업할 때 내가 회사에 관심을 갖는 것은 의미가 없다. 회사가 나에게 관심을 가져야 취업에 성공한다. 종신보험 세일즈에서 성공하려면 내가 종신보험에 관심을 갖기보다는 고객이 종신보험에 관심을 갖도록 해야 한다. 세일즈맨은 삶을 이야기하고, 고객이 종신보험에 관한 이야기를 할 때 종신보험 계약은 성사된다.

● 방법

- 상품보다 고객의 삶, 고민거리, 관심사항에 대해 먼저 이야기해야 한다.
- 고객이 이해하기 쉬운 언어로 부드럽게 접근해야 한다.
- 스토리와 사례로 가슴에 와닿게 설명해야 한다.
- 고객이 가장 소중하게 생각하는 것을 지키는 안전장치로 종신보험을 이야기한다.

● 아빠, 우리 너무 힘들어!

세일즈맨: 혹시 납골당 가 보신 적이 있나요?

고객: 예전에 몇 번 갔었죠.

세일즈맨: 유골함 앞에 사진, 편지 메모가 많이 붙어 있지 않나요? 그 내용 읽어 보셨나요?

고객: 읽어 봤죠. 대부분 우리는 잘 살고 있으니까 하늘나라에서 행복하

라는 내용 같았어요.

세일즈맨: 맞습니다. 저는 장모님을 모셨던 납골당에서 본 메모를 아직도 잊을 수가 없어요.

고객: 어떤 내용이었는데요?

세일즈맨: 사진도 없이 노란 포스트잇에 딸이 적은 것 같은데 "아빠 우리 너무 힘들어! 좀 도와주면 안 돼?"라고 쓰여 있었어요. 위, 아래, 옆 등의 유골함에는 행복하게 웃는 가족사진이 있었어요. 만약 아빠가 하늘나라에서 이런 것을 내려다볼 수 있다면 마음이 어떨까요?

고객: 그렇게 되면 안 되겠네요.

● 꿈을 지켜 주고 싶어요

고객: 우리 아들은 하고 싶은 것이 참 많아요.

세일즈맨: 다행이네요.

고객: 축구도 하고 싶고, 세계여행도 하고 싶고, 어려운 사람을 도와주고도 싶다네요.

세일즈맨: 그러려면 고객님께서 돈을 많이 버셔야겠어요.

고객: 그래야 하는데 직장도 불안하고, 건강도 예전 같지 않아서 걱정입니다. 아들의 꿈이 많아지면 저도 걱정이 많아져요.

세일즈맨: 아들에게 가장 좋은 선물은 뭘까요?

고객: 하고 싶은 것 하게 도와주는 거겠죠.

세일즈맨: 맞습니다. 아들이 가진 꿈을 어떤 일이 있어도 지켜 주는 것이겠죠.

그러고 싶으신가요?

고객: 그러고 싶죠.

세일즈맨: 인생은 크게 성공하는 것보다 실패하지 말아야 합니다. 어떤 일이 있어도 아들의 꿈을 지켜 줄 방법이 있다면 관심 있으세요?

고객: 그런 방법이 있어요?

● 죽을 때 돈을 가져다주는 보험

세일즈맨: 제 어머니가 몇 년 전에 돌아가셨어요. 70세가 넘은 큰 형수님이 모시고 살았는데 말년에 넘어지신 후 골반에 금이 갔어요. 걷지를 못하시니 요양원에 1년 6개월을 계셨습니다.

고객: 노인들이 아프면 결국 자식들 부담이 되죠. 우리 어머니도 치매 증상이 있는데 걱정이에요.

세일즈맨: 걱정되시겠어요. 70세가 넘으니까 어머님도, 형수님도 똑같이 '잘 죽어야 하는데.'라고 하시더군요. 그 이야기의 끝을 따라가 보면 결국 죽을 때 돈이 있어야 한다는 뜻입니다. 죽을 때 돈이 있으면 간병, 치매 걱정 없죠. 돈이 있어야 잘 죽는 것이고, 잘 죽는 것이 잘 살았다는 증거입니다.

고객: 혹시 죽을 때 돈을 갖다 주는 보험이 있나요?

세일즈맨: 물론이죠. 종신보험은 죽을 때까지 보장 받다 죽을 때 돈을 가져다 주는 보험입니다.

고객: 그럼 제가 어떻게 하면 되죠?

세일즈맨: 의사도 진찰을 해야 처방을 내릴 수 있습니다. 고객님이 제대로 된 정보를 주시면 저도 고객님의 사정에 맞는 제안서를 드릴 수 있습니다.

정리

한 심리학자가 젖을 먹는 아기 원숭이들 앞에 엄마 원숭이 대신 두 개의 인형을 만들어 놓았다. 하나는 철사로 엄마 원숭이처럼 만들어 그 가슴에 우유병을 넣어 두었다. 그리고 다른 하나는 부드럽고 두꺼운 천으로 만든 엄마 원숭이 인형이었다. 새끼 원숭이들은 모두 천으로 만든 엄마 원숭이에게서 우유를 찾았다. 인간관계도 그렇다. 날카롭고 딱딱하고 매정한 사람보다 부드럽고 온유한 사람을 서로 찾는다. 부드럽고 따뜻한 말로 고객의 마음을 열어라. 거북이의 목을 뽑는 것은 강한 힘이 아니라 따뜻한 난로다.

사실과 느낌의 발견

● 자식 교육

　지하철 안에서 아이들이 제멋대로 난리를 피우고 시끄럽게 굴었다. 아버지인 듯 보이는 사람은 멍하니 딴 생각에 빠져 있었다. 한 승객이 화가 나서 아버지에게 따졌다. "아버지가 뭐 하시는 겁니까? 아이들이 공공장소에서 제멋대로 노는 것이 안 보이시나요? 아이들 교육을 똑바로 시키세요." 그러자 퍼뜩 아버지가 대답했다. "죄송합니다. 사실은 오늘 아침에 아내가 죽어서요."

● 개념과 필요성

초회면담에서 종신보험의 필요성을 느낀 고객은 자신의 현재 상태가 궁금해진다. '사실과 느낌의 발견'은 그 궁금증을 자극하여 적극적으로 자신의 상황을 오픈하도록 하는 단계이다. 구체적으로 말하자면 고객의 수입과 지출의 현황 및 앞으로의 기대치를 파악하는 것이다. 이때 주의할 점은 사실 너머에 숨어 있는 느낌까지 알아내야 한다는 점이다. 전 단계인 니즈환기가 안 되면 사실과 느낌의 발견이 어렵다. '왜 남의 사생활을 꼬치꼬치 캐묻냐?', '심문하는 거냐?'등의 반감을 갖게 된다. 그렇게 되면 다음 단계인 제안서도 제대로 디자인할 수 없다.

● 어머니의 노후를 위한 3천만 원

결혼해서 2명의 자녀를 둔 맞벌이 부부가 있었다. 시골에서 홀어머니가 농사를 지으셔서 외아들인 자기에게 쌀과 반찬을 보내 준다고 했다. 자산을 파악하는 과정에서 5년 동안 모았다는 3천만 원의 예금이 나왔다. 그 예금 이야기가 나오자 갑자기 눈빛이 달라졌다. 어떤 돈이냐고 물었더니 이야기가 끝이 없었다. 사연을 들어보니까 어릴 때 몸이 약해서 잔병치레를 많이 했는데 그것 때문에 어머니가 고생을 많이 하셨다고 했다. 3천만 원은 어머니의 노후를 위해서 오랫동안 준비한 돈이라고 했다.

팩트 너머의 필링을 파악하는 것이 중요하다. 예금 3천만 원이 가진 의미를 몰랐다면 수익률도 없는 은행에 왜 넣었느냐, 투자를 해서 이익을 더 내라고 했을 것이다. 그러나 그 돈은 고생하신 어머니를 위한 돈이라 절대로 손실이 나거나 없어지면 안 되는 돈이다. 이 돈으로 투자해서 수익을 내라고 제안했다면 계속 대화를 하고 싶어 했을까? 팩트파인딩은 사실을 파악하는 데 그쳐서는 안 된다. 사실 너머의 느낌까지 파악해야 제대로 된 팩트파인딩이라고 할 수 있다. 파도를 보지 말고 파도 너머에 있는 파도를 일으킨 바람을 보아야 한다.

● 방법

- 구체적인 사실을 이야기하면 의미를 물어본다.
- 막연한 느낌을 이야기하면 구체적인 사실을 물어본다.
- 일반적인 경우 → 고객의 경우 순서로 얘기한다.
- 장기적이고 고정적으로 지출되는 보험이나 연금을 먼저 파악한다.
- 파악하기 힘들고 유동적인 생활비를 맨 마지막에 파악한다.
- 지출의 기대치와 벌어들일 총수입의 차이를 파악한다.
- 사람들의 지출 기대치 즉, 생활비, 교육비, 자녀 결혼자금, 의료비, 배우자의 노후자금의 합이 앞으로의 예상 총수입과 일치한다.
- 아무 일 없이 총수입을 다 벌면 부채를 해결하지만, 중간에 갑자기 사망하면 기대치를 수입으로 채울 수 없기 때문에 그만큼이 부

채로 남게 된다.

● 국보 1호의 안전장치

세일즈맨: 종신보험이 필요하다고는 느끼셨죠?

고객: 예. 많이 느꼈어요.

세일즈맨: 많은 분들이 필요성을 느끼면서도 검토를 미루거나 검토 자체를 하지 않습니다.

고객: 그럴 수도 있죠.

세일즈맨: 2008년 숭례문 화재사건을 기억하시나요?

고객: 당연히 기억하죠.

세일즈맨: 화재를 지켜보는 국민들이 발을 동동 구르고 눈물까지 흘렸는데 왜 그랬을까요?

고객: 국보 1호니까요.

세일즈맨: 숭례문의 재산 가치는 얼마나 될까요?

고객: 글쎄요. 돈으로 환산할 수는 없지만, 최소 몇 백억 원 정도는 되지 않을까요?

세일즈맨: 만약 과장님이 관리 담당자로서 숭례문을 화재보험에 가입한다면 얼마 정도의 보장금액에 가입할 것 같으세요?

고객: 최소 500억 원 이상은 가입할 것 같아요.

세일즈맨: 그런데 실제로 숭례문 화재보험의 보장금액이 얼마 정도였을까요?

고객: 얼마였는데요?

세일즈맨: 놀라지 마세요! 9천500만 원에 가입했고, 연간 8만 원 정도의 보험료를 냈다고 합니다. 복원비용만 수백억 원이 들었는데요. 왜 그렇게 턱없이 적은 금액을 책정했을까요?

고객: 불이 날 것이라고 생각 못했겠죠.

세일즈맨: 맞습니다. 만약 100억 원을 책정했다면 불이 날 가능성도 없는데 쓸데없이 돈을 쓰냐고 핀잔을 받았을 겁니다. 그런데 불은 났습니다. 고객님! 그렇다면 고객님 댁에서 보물 1호는 누구인가요?

고객: 돈 버는 가장인 저겠죠.

세일즈맨: 보물 1호인 고객님의 가치는 얼마인가요?

고객: 잘 모르겠네요. 최소 10억 원은 되지 않을까요?

세일즈맨: 그 가치에 대한 보장은 제대로 되어 있나요?

고객: 글쎄요. 검토해 봐야겠네요.

세일즈맨: 제가 알려 드리겠습니다.

● **구체적 팩트 → 의미확장**

고객: 저는 연금 상품을 3개나 갖고 있어요.

세일즈맨: 연금 상품을 3개나 갖고 있다는 것은 연금에 대해 뭔가 특별하게 생각하신다는 것인데, 고객님께 연금 상품은 어떤 의미이죠?

고객: 글쎄요. 마음이 편안해지는 상품 같아요.

세일즈맨: 왜 연금을 가지면 마음이 편안해지는지 좀 더 구체적으로 말씀해 주실 수 있나요?

고객: 노후가 좀 걱정인데 아무래도 연금이 있으면 노후걱정이 덜 될 것 같아요.

세일즈맨: 그렇죠. 노후가 걱정되신다면 연금만 한 것이 없죠. 그런데 특별히 노후를 걱정하시는 이유는 무엇인가요?

고객: 실은 어머니가 큰 병을 앓으셔서 현재 노후를 정말 어렵게 보내고 계시거든요.

세일즈맨: 정말 마음 아프시겠어요. 어머니가 어떤 상태이신가요?

고객: 생활비만 들어간다면 좀 나을 텐데 간병비도 꾸준히 들어가니까 힘듭니다.

세일즈맨: 아 그렇겠네요.

고객: 만일 저도 노후준비를 해 놓지 않으면 제 자식들에게 큰 짐이 될 수 있겠다는 생각이 들어요.

세일즈맨: 연금만이 노후의 편안함을 보장해 줄까요?

고객: 다른 방법이 있나요?

● 커피처럼 부드럽게 시작

세일즈맨: 블랙, 설탕 한 스푼, 설탕 세 스푼의 커피 중 고객님은 어떤 타입으로 커피를 드시나요?

고객: 난 블랙으로 마시는데요.

세일즈맨: 분위기를 아시는 분이군요. 블랙은 분위기를, 설탕 한 스푼은 커피 맛을, 설탕이 세 스푼 이상이면 설탕 맛을 아는 사람이랍니다. 오늘

분위기 있는 대화를 할 것 같아서 기쁩니다. 세상에는 세 가지 유형의 부자가 있다고 하는데 들어 보셨나요?

고객: 글쎄요.

세일즈맨: 첫 번째 부자는 부모로부터 유산을 물려받은 부자, 두 번째는 맞벌이를 하는 부자, 세 번째는 안 쓰는 부자를 말합니다. 고객님은 셋 중의 어디에 해당되시나요?

고객: 첫 번째는 해당 사항 없고 두 번째와 세 번째는 해당되네요.

세일즈맨: 왜 그렇게 생각하세요?

고객: 부모님 용돈을 제가 드려야 하는 상황입니다. 요즘 혼자 벌어서 살기 힘들잖아요. 맞벌이를 하고 있어요. 막 쓸 돈이 없어서 절약하면서 사는 편입니다.

세일즈맨: 그렇군요. 두 가지를 가지셨으니 고객님도 부자가 될 가능성이 높습니다. 세 가지 중 어느 부자가 가장 강력한 부자인지 아세요?

고객: 안 쓰는 부자인가요?

세일즈맨: 맞습니다. 그런데 제가 만나는 사람 중에는 물려받은 것도 없이 혼자 벌면서 막 쓰는 경우가 있습니다. 그런 경우 답이 안 나옵니다.

● 진찰을 잘 해야 제대로 처방한다

세일즈맨: 의사가 제대로 된 처방을 내리려면 진찰을 제대로 해야 합니다. 진찰을 제대로 해야 하는데 환자의 협조가 필요합니다. 어떤 협조가 필요할까요?

고객: 자신의 상태를 제대로 알려 줘야겠죠.

세일즈맨: 맞습니다. 종신보험 설계도 고객이 자신의 재무정보와 원하는 삶을 제대로 알려줘야 본인에게 맞는 보험의 처방이 나올 수 있습니다. 솔직하게 정보를 주실 수 있나요?

고객: 물론이죠.

세일즈맨: 가족 전체의 수입원이 어떻게 되세요?

고객: 우리 부부의 매월 실수령액 평균이 600만 원 정도 되고요. 다른 수입은 없어요.

세일즈맨: 자녀가 한명이니까 크게 부족하지는 않겠네요. 매월 600만 원을 잘 배분해서 사용하나요?

고객: 크게 고민하지 않고 살고 있습니다. 적게 버는 것이 아닌데도 남는 것이 없어서 불안하긴 합니다.

세일즈맨: 올바른 지출 순서는 보험 → 노후준비 → 저축 및 투자 → 생활비순입니다. 생활비를 계산하는 것이 가장 힘든데 보험에서 저축투자까지 배분하고 남은 것을 생활비로 계산합니다.

고객: 생활비를 어떻게 할까 고민했는데 다행이네요.

세일즈맨: 현재의 자산은 무엇이 있나요?

고객: 살고 있는 집 하나예요. 5천만 원 예금이 있고요.

세일즈맨: 주택 관련 대출금이 있나요?

고객: 부모님이 물려주신 것이라 대출금은 없어요.

세일즈맨: 각각의 지출 항목과 자산에 대해서 의미를 알려 주어야 고객님 가족의 삶이 담긴 제안서를 보여 드릴 수 있습니다. 5천만 원은 어떤

의미가 있나요?

고객: 아들이 태어났을 때 교육비로 쓰라고 부모님이 선물로 주신 돈입니다. 우리 아이가 혹시 유학 간다고 하면 주려고 하기 때문에 우리 돈이라고 생각하지 않습니다.

세일즈맨: 혹시 자녀의 교육자금, 가족생활비, 자녀 결혼자금, 노후자금을 계산해 보신 적이 있으신가요?

고객: 얼마 전에 계산해 봤는데 총수입 예상액은 20억 원이었어요. 1억 원씩 20년 버는 것으로 생각했죠. 교육비는 3억 원, 생활비는 7억 원, 결혼자금 2억 원, 노후자금 8억 원입니다. 신기하게도 기대치를 합치니까 총수입하고 일치하더군요.

세일즈맨: 아무 일 없이 앞으로 20년 잘 버시면 문제없는데 중간에 갑자기 수입이 끊기는 일이 발생하면 누가 대신 채워 줄 수 있나요?

고객: 부모님도 이제 경제력이 없고 다른 가족들에게 도움받기도 힘들죠.

세일즈맨: 지금까지 주신 자료를 가지고 고객님 가족의 삶이 담긴 제안서를 만들어서 오겠습니다. 기대되시나요?

고객: 기대됩니다.

상담을 여러 번 받아본 고객들은 정보를 잘 주려고 하지 않는다. 팩트파인딩을 위해 질문을 하면 고객을 위한다고 하면서 자료를 받아가서 세일즈맨의 판매 욕심만 채운다는 부정적 시각으로 바라본다. 그럴 때는 호구조사하듯 몰아붙이면 안 된다. 자연스럽게 대화를 나누는 사이에 맞벌이, 상속재산, 소비 형태를 파악해야 한다. 팩트파인딩이란 단순히 사실을 파악하는 것이 아니다. 단순히 사실을 파악하는 것은 컴퓨터가 더 낫다. 팩트파인딩은 사실 너머에 있는 고객의 감정과 느낌을 발견하는 것이다. 고객들은 차가운 계산이 아니라 사람의 따뜻한 마음을 원한다.

프레젠테이션

● 겸손한 수도원

건축가 이일훈이 설계한 '자비의 침묵' 수도원의 통로는 매우 좁다. 그래서 통로에서 서로 마주치면 한 사람이 비켜서야만 둘 다 지나갈 수 있다. 서로 먼저 가라고 양보하는 사이에 겸손이 배는 것이다. 겸손을 미덕으로 삼는 수도원 복도로서 이보다 더 적합할 수는 없을 것이다. 최대의 배려는 상대의 입장에서 상대편이 하도록 자리를 비켜 주는 것이다. 도와주어야 하는데 대부분 도움을 달라고 하는 경우가 많다. 보험에서도 고객이 제안서를 만들고 세일즈맨은 옆에서 정보를 주고 도와주기만 하면 된다.

● 개념 및 필요성

프레젠테이션은 고객이 인식하지 못하는 문제점을 찾아서 보여 주고 솔루션을 제시하는 단계다. 이 단계에서는 고객에게 제안할 제안서를 디자인하고 설명한다. 세일즈 프로세스의 끝부분으로 제대로 된 과정을 거쳤다면 고객에게 만족스러운 제안서가 나올 것이다. 그럴 경우 고객은 제안서를 거부할 수가 없다. 자신과 가족의 삶이 담긴 제안서를 거부하는 것은 삶을 거부하는 것이나 마찬가지이기 때문이다. 물론 프로세스가 완벽할 수는 없다. 그럴 때는 설명하면서 고객의 욕구를 파악하고 고객이 원하는 방향으로 제안서를 수정한다.

● 보장을 크게 해 주세요

4인 가정의 외벌이 가장에게 두 개의 제안서를 내밀었다. 하나는 종신보험 주계약 1억 원의 15년 납 제안서였다. 다른 하나는 주계약 5천만 원, 정기특약 1억 원, 가족수입특약 1억 원 보장의 20년 납으로 설계한 제안서였다. 두 가지 제안서의 보험료는 비슷하다. 첫 번째 제안서는 납입기간이 짧고 환급금이 많이 쌓이는 대신 보장금액은 적다. 두 번째 제안서는 납입기간이 길고 쌓이는 환급금은 작은 대신 보장금액이 크다. 고객은 결국 두 번째 보장을 선택했다. 첫 번째 제안서는 사망 시 1억 원이 지급되고 끝이다. 두 번째 제안서는 사망 시 일시금 1억5천만 원이 지급되고 매월 생활비가 100만 원씩 지급된다.

팩트파인딩 결과 혼자 버는 4인 가정에는 저렴한 보험료로 큰 보장이 필요하다. 그래서 일시금 1억5천만 원과 매월 100만 원의 생활비가 보장되는 제안서가 선택된 것이다. 세일즈맨은 같은 보험료로 필요한 기간에 필요한 보장을 제대로 해 줄 수 있는 제안서를 고민해야 한다. 그래야 고객의 만족도가 높아진다. 보장금액이 커야 일하는 보람도 커진다. 최대의 배려는 고객의 입장에서 고객이 제안서를 스스로 만들도록 자리를 내어주고 옆에서 정보를 주면서 도와주는 것이다.

● 방법

- 방법을 알려 주고 제안서를 고객이 디자인하도록 한다.
- 제안서가 프로세스에 의해서 자연스럽게 나온 솔루션임을 강조한다.
- 리스크와 책임 부분을 부각시키고 그것에 대한 최적의 제안서임을 강조한다.
- 장점만 나열하지 말고 고객의 의견을 듣고 솔루션을 제시한다.

● 많이 벌어도 남는 것이 없다

세일즈맨: 지난번에 만나서 제 이야기를 들으시고 그 전과 변화된 것이 있으셨나요?

고객: 열심히 일만 하면 된다고 생각했는데, 가장으로서 무거운 책임감을 느꼈습니다.

세일즈맨: 고객님이 주신 정보를 토대로 내 가족들을 위해 보장을 설계한다는 심정으로 제안서를 만들어 보았습니다. 먼저 재무적인 관점에서 분석을 했습니다. 고객님께서 지금까지 열심히 일하면서 살아오셨는데 필요자금보다 부족자금이 크네요. 아마도 그동안 가족들을 위해 지출을 많이 하셨나 봅니다.

고객: 많이 벌었는데도 남는 것은 없네요.

세일즈맨: 가정의 재정적인 부분을 감안하여 최소 비용으로 꼭 필요한 보장을 빠짐없이 준비하려다 보니 여러 가지 생각을 하였습니다. 또한 보장을 설계하면서 고객님과 사모님 그리고 자녀들의 삶을 나름대로 그려 보면서 제 마음을 담았는데, 설명을 들으시면서 저의 마음이 느껴지셨을지 모르겠네요.

고객: 신경을 많이 쓰신 것이 느껴지네요.

세일즈맨: 납입기간은 최근 대부분의 사람들이 인정하는 통상적인 경제활동 기간보다 길게 설정했습니다. 그 이유는 매월 납입하는 보험료의 부담을 줄이기 위해서입니다. 평균 수명이 늘어나면서 경제활동이 길어지고 있으니까요. 어떠신가요?

고객:　　　글쎄요. 제가 그때까지 일을 할 수 있을까 모르겠네요. 납입기간이 길수록 유리한 점도 있겠지만 매월 납입할 보험료 부담을 줄이려면 어쩔 수 없을 듯싶네요.

세일즈맨:　사실 고객님처럼 가족에 대한 책임감이 있고 열심히 사시는 분들은 지금의 직장을 그만두더라도 일을 계속하실 것입니다. 그 수입 중에서 일부를 보험료로 내시면 됩니다. 그래서 지금의 부담을 줄이면서 가족들의 삶이 안전하게 지켜지도록 설계하였습니다.

고객:　　　좋은 생각이네요.

● 전문직의 맞춤 보험

세일즈맨:　원장님! 이 보장 플랜은 단순해 보이지만 여러 가지 의미와 가치를 담고 있습니다. 사실 이 정도의 보장수준은 시작일 뿐입니다. 원장님의 가치가 높아지고 자산이 늘어나게 되면 그 수준에 맞는 새로운 안전장치를 준비하셔야 합니다. 제 생각에 동의하시나요?"

고객:　　　제 입장에서는 상황이 좋아져서 더 크게 준비할 수 있는 상황이 되면 좋겠네요.

세일즈맨:　이 보장은 자녀들이 생활하고, 교육받고, 결혼할 때까지 자녀들을 지켜 주는 역할을 합니다. 가족을 위해 준비해 두고 싶다는 원장님의 생각을 반영한 것입니다.

고객:　　　살아서 제가 받는 혜택도 있나요?

세일즈맨:　가족을 지켜 주는 안전장치로서의 기능 이외에 보장금액 범위 내

에서 중대한 질병상태가 되면 일부를 원장님을 위해서도 사용할 수 있습니다. 자산이 계속 증가하여 많아지면 상속세 재원용으로도 활용할 수 있습니다.

고객: 애들이 다 큰 다음에는 어떻게 활용되죠?

세일즈맨: 은퇴하신 후에는 쌓여 있는 환급금을 연금으로 전환하여 생활비로 사용하실 수도 있습니다.

고객: 다른 기능은 없나요?

세일즈맨: 선진국에서는 납입 완료된 보험증서를 맡기고 노후를 실버타운에서 보내기도 한답니다. 언젠가는 반드시 가입한 보장금액이 지급되기 때문에 수익자를 가족에서 실버타운으로 바꾸고 노후를 부탁하는 것입니다. 또 수익자를 금융기관으로 바꿔서 생명보험 증서를 주택 모기지 채권처럼 유동화하기도 합니다. 보장을 받으면서 이런 것들이 가능하다는 걸 아셨나요?

고객: 아닙니다. 참 다양한 기능이 있네요. 상황에 맞게 활용 가능하군요.

세일즈맨: 종신보험은 궁극적으로 가족들을 보호하는 안전장치입니다. 하지만 원장님을 보호하고, 다른 자산을 지키는 역할을 하다 마지막에는 남는 자산이 됩니다. 사람은 죽을 때 빚이나 자산 둘 중 하나를 남긴답니다. 원장님은 어느 것을 남길 것 같으세요?

고객: 자산을 남기겠죠.

세일즈맨: 맞습니다. 당연히 자산을 남기시겠죠. 남는 자산으로 생각하면 다른 자산에 비해 종신보험의 사망보험금이 훨씬 유리한 점이 많습니다.

고객:　　듣고 보니 종신보험이 만능이네요.

정리

좋은 상품을 제시하면 유능한 세일즈맨은 될 수 있어도 고객의 신뢰를 얻기는 힘들다. 고객의 신뢰를 얻으려면 원하는 상품보다 필요한 솔루션을 제시해야 한다. 솔루션을 제시하려면 고객이 '무엇'을 원하는지보다 '왜' 그럴까를 고민해야 한다. 제안서에 고객의 삶을 담으려면 세일즈맨이 제안서에서 사라져야 가능하다. 그래야만 비로소 세일즈맨은 고객의 삶에 관심을 가지고 제안서를 작성할 수 있다.

클로징

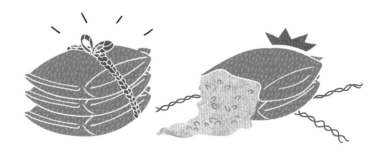

● 마지막 새끼줄

옛날 한 부자가 연말에 머슴들을 한자리에 불러서 새끼를 꼬라고 말했다. 어떤 머슴은 마지막 날까지 일을 시키는 주인을 원망하며 아무렇게나 새끼를 꼬았다. 또 다른 머슴은 주인을 위한 마음을 담아 튼튼하고 길게 새끼를 꼬았다. 이튿날 주인은 머슴들에게 간밤에 각자가 꼰 새끼를 가져오도록 하였다. 그러고는 각자 자기가 꼰 새끼로 쌀가마니를 묶어 가도록 하였다. 아무렇게나 새끼를 꼰 머슴은 쌀 한 가마니도 제대로 가져가지 못했지만, 정성 들여 튼실한 새끼를 길게 꼰 머슴은 많은 쌀가마니를 가져갈 수 있었다.

● 개념 및 필요성

클로징은 만들어진 제안서를 마무리하는 단계다. 별도로 존재하는 것이 아니라 프레젠테이션과 한 묶음이다. 고객에게 부족하거나 맞지 않는 것은 수정하기 때문에 클로징이 제대로 되면 고객은 계약서에 서명하게 된다. 세일즈맨은 홍보맨이 아니다. 일을 했으면 반드시 결과를 만들어야 한다. 오늘 서명 받지 못한 고객이 내일 사망할 수도 있다. 그런 일이 실제로 발생한다면 그 고객의 자녀들에게 뭐라고 할 것인가?

● 미루다 똥 된다

자녀가 한명인 30대 중반의 부부가 종신보험의 설명을 듣고 만족해했다. 그러나 특별한 이유 없이 결정을 미뤘다. 평소에 장이 좋지 않았던 세일즈맨이 상가의 화장실 사용가능 시간을 묻자 아내가 불안해하면서 남편에게 빨리 서명하라고 채근해서 계약이 성사되었다. 부부는 10년이 지난 지금도 만족한 상태로 보장을 잘 유지하고 있다.

고객은 만족을 해도 서명을 잘 안 한다. 대부분 미루는 습관을 가지고 있다. 어떤 것이든 결정을 내릴 계기를 만들어 주면 고마워한다. 마음 속의 고민에서 벗어나 다른 일에 집중할 수 있는 것이다. 가장 바람직한 클로징은 고객이 어디에 서명을 하면 되냐고 묻는 것이다. 그것이 여의치 않을 때는 침묵을 유지하다가 시간을 압박하는 행동을 했을 때 클로징을 이끌어 낼 수 있다. 특별한 이유가 없이 클로징을 질질 끄는 것보다는 어떤 식으로든 계기를 마련해 주는 것이 중요하다.

● 방법

- C: Can you qualify? 건강하신가요?
- L: Live or Die. 잘 사는 데도, 잘 죽는 데도 필요합니다.
- O: Obligation. 당신의 책임을 우리가 가져오는 대신 당신은 약간의 비용을 내야 합니다.
- S: Seek the hidden objection. 숨겨진 거절의 이유를 찾으세요. 혹시 사인을 안 하는 다른 이유가 있나요? (가족 중에 보험세일즈하는 사람이 있어서요.)
- E: Example. 사례. 서명을 미루다가 아프거나 다쳐서 하고 싶어도 못하는 경우가 있습니다.

클로징이 된 다음에 가족에게 레터를 쓰라고 한다. 종신보험 계약서에 서명하는 것만으로도 가족을 끝까지 책임지겠다는 선언이나 다름없다. 그러나 기왕이면 계약서와 가족에게 메시지를 같이 남긴다면 금상첨화다. 편지의 내용은 끝까지 지켜 주지 못해 미안하다는 내용과 나 없이도 행복하게 잘 살라는 내용이 대부분이다. 사랑한다, 열심히 살겠다, 끝까지 지켜주겠다고 마음을 담아서 쓴 종신보험증서와 아무 말 없이 서명만 한 종신보험증서 중 어느 쪽이 더 값질까? 가족들은 편지에서 자신의 이름만 보고도 울음을 터뜨린다. 중요한 것은 내용이 아니라 누가 썼느냐이다.

● 클로징 기법

세일즈맨: 지금 치료 중이거나 복용하는 약이 있나요?

고객: 감기약 외에는 없습니다.

세일즈맨: 알겠습니다. 건강이 좋지 않아서 거절되는 경우도 있거든요.

고객: 일찍 죽어야만 유리한가요?

세일즈맨: 살아서 받을 수 있는 혜택이 많기 때문에 살아서도 유용합니다. 사망하면 살아있을 때 본인이 활용하고 남은 보장을 가족들이 받게 됩니다. 종신보험은 잘 사는 데도 필요하고 잘 죽는 데도 필요합니다.

고객: 저에게는 오랜 기간 부담이 되는 금액입니다.

세일즈맨: 납입하는 기간보다 더 길게 종신토록 보장 받으시고 월 불입액의 몇 백 배를 보장해 드립니다. 그 부담을 혼자 짊어진다면 불안감 때문에 견디시기 힘들 겁니다. 부담은 저희에게 넘기시고 고객님은 매월 약간의 보험료만 부담하시면 됩니다. 혹시 망설이시는 다른 이유가 있는 것은 아닌가요?

고객:　　　 사실은 요즘 회사가 어려워요.

세일즈맨: 고객님처럼 능력 있고 책임감이 있으시면 지금의 직장을 그만두더라도 어떤 일이든 하실 거예요.

고객:　　　 요즘처럼 어려운데도 종신보험 가입을 많이 하나요?

세일즈맨: 몇 년 전 3명의 자녀를 두고 혼자 벌어서 생활하는 가장이 있었습니다. 여유가 없다고 보험가입을 미루다 갑자기 심장마비로 결국 사망했죠. 그때 제 마음이 어떠했을까요? 가장이 살아있을 때 아무리 어려웠다고 해도 사망 후에 가족들이 겪을 어려움에는 비교도 안 되죠.

고객:　　　 황당했겠네요.

세일즈맨: 정말 미안했습니다. 고개를 들 수 없었습니다. 누구에게 그랬을까요?

고객:　　　 글쎄요.

세일즈맨: 3명의 자녀들에게 미안했죠. 좀 더 설명을 잘할 걸, 좀 더 강하게 필요성을 이야기하지 못했던 점이 후회스러웠습니다.

● **나는 고객님을 위해 일합니다**

고객:　　　 설명은 잘 들었지만 지금은 바빠요. 그리고 다른 회사의 제안서가 이렇게 쌓여 있어요. 이것을 검토한 후에 조만간 연락드릴게요.

세일즈맨: 알겠습니다. 중요한 결정이니만큼 신중하게 검토하고 비교해서 가장 유리한 것을 선택하시는 것이 맞습니다. 방금 바쁘시다고 하셨

는데 얼마나 바쁘시죠?

고객: 시간을 10분 단위로 쪼개서 쓸 만큼 바쁩니다. 지금 이렇게 이야기 나눌 시간도 없어요.

세일즈맨: 정말 바쁘시군요. 그런데 종신보험은 왜 필요하시죠?

고객: 친한 친구가 갑자기 쓰러지는 모습을 보고 나도 가족을 위한 안전 장치가 필요하겠다는 생각이 들었어요. 설명을 들어 보니 여러 가지 장점이 많더군요.

세일즈맨: 고객님이 10분을 쪼개서 쓸 만큼 바쁘신데 저렇게 높이 쌓아 놓은, 전혀 재미없는 제안서를 살펴보실 수 있을까요?

고객: 그렇긴 하죠. 그래도 봐야겠죠.

세일즈맨: 고객님도 저 서류를 검토하는 중에 쓰러지실 수도 있지 않을까요? 저를 비롯한 제안서를 제출한 세일즈맨들은 각자 최고의 제안서를 가장 유리한 조건으로 제출했을 것입니다. 그런데 아무리 좋은 제안서도 고객님이 쓰러진 다음에는 소용이 없습니다.

고객: 그렇겠죠.

세일즈맨: 가장 좋은 제안서는 고객님이 서명해서 효력이 발휘되는 제안서입니다. 고객님이 이 결정을 미루고 주말을 보내신다면 뒷목이 뻐근할 것입니다. 제가 그런 모든 문제를 지금 바로 해결해 드리겠습니다.

고객: 설계사님은 누구를 위해서 일하나요?

세일즈맨: 저는 고객님을 위해서 일합니다.

고객: 알겠습니다. 제가 어디에 서명하면 되죠?

우리는 매일 많은 선택에 직면한다. 결정을 미루기만 한다면 미해결 문제들이 머리를 어지럽힐 뿐이다. 고객들은 빨리 결정을 내릴 수 있게 도와주는 세일즈맨을 고마워한다. 사망에 대비하는 종신보험의 결정이 미루어지는 것은 위험하다. 최종 제안서까지 작성이 되었는데 계약서에 최종 서명이 되지 않으면 무슨 일이 발생해도 효력이 없다. 그래서 클로징은 종신보험 세일즈에서 특히 중요하다. 끝이 좋으면 다 좋다.

거절처리

● 알곡의 조건

   한 농부가 신을 향해 딱 1년 동안만 좋은 날씨를 달라고 기도했다. 기도를 들은 신은 농부를 위해 1년 동안 폭풍도 몰아치지 않고 비도 오지 않게 모든 것을 좋게만 만들어 주었다. 어느덧 가을이 되어 곡식이 무르익자 농부는 즐거운 마음으로 곡식을 수확했다. 그런데 수확한 곡식은 모조리 껍데기만 있을 뿐 알맹이는 한 톨도 없었다. 고난과 시련을 겪지 않은 열매는 여물지 못하고 텅텅 비어 버린 것이다.

● 개념 및 필요성

거절처리란 고객이 사인하지 말아야 할 이유를 없애 주는 단계이다. 거절을 두려워하거나 부정적으로 볼 필요가 없다. 고객은 거절하는 것이 당연하다. 거꾸로 생각하면 거절만 처리해 주면 고객은 계약을 하겠다는 것이다. 고객의 거절이 있기 때문에 세일즈맨이 필요하다. 생각해 보라. 아무 거절도 없다면 보험회사에서 직접 판매하지 세일즈맨을 쓸 이유가 없을 것이다. 거절처리는 전망 좋은 산의 오르막을 오르는 과정이다. 힘들지만 오르막을 올라야 청약이라는 해돋이를 볼 수 있다.

● 당연한 거절

마윈 회장의 젊은 시절은 '낙방'이란 단어로 요약된다. 그는 중학교 시험에서 세 번, 대학에서도 세 번 낙방했다. 대학 입학시험 준비를 하는 도중에 취업에 도전했는데 30번 넘게 떨어졌다. 미국을 배우고 싶어 하버드대에 10번 원서를 보냈고, 역시 모두 거절당했다. 마윈이 떨어진 것은 당연했다. 제대로 된 학위도 없고, 집안 배경도 그저 그랬고, 생긴 것도 변변치 않았다. 미국 KFC가 중국에 진출한다기에 입사 원서를 넣었었는데 24명 중 23명이 들어가고 마윈만 떨어졌다. 마윈의 낙방 경험은 회사의 경영에 큰 도움이 되었다. 마윈은 이렇게 말한다.

"나는 직원들에게 늘 이렇게 이야기한다. 누군가 우리의 제안을 받아들이면 아주 고맙고 영예스러운 일이고, 거절당하면 당연하다고 생각하라고."

● 다음 달에 할게요

"내용은 만족스러운데 다음 달에 하신다고요? 우리의 삶은 내일을 모르잖아요. 그럴리야 없겠지만 내일이라도 문제가 발생하면 저는 고객님의 가족들에게 미안해서 고개를 들지 못할 것입니다. 왜 그때 좀 더 강하게 얘기하지 않았나 하고요. 한 달로 미루는 것이 마음이 편하실까요? 아니면 지금 결정하시는 것이 마음이 편하실까요? 마음이 불편한데 굳이 미루시는 이유가 무엇인가요?"

● 다른 것과 비교해볼게요

"물론 비교해 보고 좋은 보장을 저렴하게 준비하려는 마음 이해합니다. 요즘은 비용과 장단점 모든 내용을 약관과 홈페이지를 통해 조회할 수 있습니다. 같은 조건이면 보험료도 비슷합니다. 오히려 너무 좋아 보이는 상품을 조심하셔야 해요. 겉이 화려할수록 그림자가 짙게 마련입니다. 보험료를 기준으로 비교하면 고객님의 삶이 무시됩니다. 고객님의 삶이 담기지 않은 보장이 아무리 싼들 무슨 소용이 있겠습니까? 지금까지 설명드린 보장은 다른 어디에도 없는, 고객님만을 위한 보장입니다."

● 납입기간이 너무 길어요

"납입기간이 긴 것은 유리한 측면이 많습니다. 같은 보장의 납입기간을 줄이면 보험료 부담이 증가합니다. 보장의 한도를 확보한다는 측면에서 유리합니다. 또 종신보험은 일을 못하면서 치료비가 필요한 경우, 즉 50% 이상 장해가 발생하면 보험료를 내지 않아도 같은 조건으로 유지됩니다. 10년납을 계약했는데 10년째에 납입면제 사유가 발생하면 어떻게 될까요? 10년납의 경우는 이미 비싼 보험료를 내면서 다냈기 때문에 면제 받을 여지가 없습니다. 하지만 20년납인 경우 나머지 10년분의 보험료는 내지 않아도 됩니다. 세일즈맨은 보험료보다는 고객의 보장금액에 중점을 두어야 합니다. 보장금액에 중점을 두면 납입기간이 긴 것을 권하게 됩니다. 줄 돈은 저녁에 주고, 받을 돈은 아침에 받는 것이 유리합니다."

● 저축, 투자 안전하게 하세요

고객:　　　저는 보험보다 저축이나 투자를 하려고요.

세일즈맨: 저축이나 투자를 하지 말라는 것이 아닙니다. 저는 저축이나 투자를 안전하고 오래할 수 있는 방법을 말씀드리는 겁니다. 안전한 저축이나 투자를 원하지 않나요?

고객:　　　당연히 안전한 것을 원하죠.

세일즈맨: 시멘트 바닥에서 그냥 운동을 하면 다치는 것이 두려워서 마음껏

운동을 못하죠. 바닥에 매트를 깔아 놓으면 다칠 염려가 없이 운동도 마음껏 할 수 있겠죠. 저축이나 투자할 때 보험에 가입하는 것은 매트를 바닥에 깔아 주는 역할과 같습니다.

고객: 어떻게 그렇죠?

세일즈맨: 저축, 투자만 하면 갑자기 아프거나 다쳤을 때는 모아 놓은 돈을 헐어서 써야 합니다. 크게 다쳐서 일을 못하거나 장기간 쉬어야 할 수도 있겠죠. 그럴 때 종신보험은 저축, 투자 역할도 하고 저축이나 투자 자금을 보호해 주는 역할도 합니다. 젊어서 가입하는 종신보험은 보장 코스트가 미미하기 때문에 보장도 받으면서 저축 투자도 됩니다.

고객: 그렇군요. 그것이 제가 하려는 겁니다.

● **방법**

· 일단 거절을 긍정적으로 보고 환영하라.
· 왜 고객이 거절을 할 수밖에 없는지 이해하려고 노력하라.
· 고객과 싸우지 말고, 같은 방향을 보고 있다는 것을 인식시켜라.

맑은 날만 있으면 곡식이 여물지 않는다. 곡식이 여물기 위해서는 비바람이 필요한 것처럼, 보험세일즈맨으로 성장하기 위해서는 시련과 고난이 필요하다. 보험에서도 쉽게 계약한 것은 유지하기 힘들다. 보험세일즈맨의 보수는 성공의 대가로 받는 것이 아니라 거절의 대가로 받는 것이다. 거절을 거절하지 말고 거절을 바라보는 관점을 바꿔야 한다. 고객이 거절하는 이유를 이해하고 공감하다 보면 고객이 스스로 거절처리를 한다.

증권전달

● 화룡점정

옛날 중국 양나라에 장승요라는 유명한 화가가 있었다. 어느 날 그는 두 마리 용을 그렸는데, 그만 용들의 눈동자를 그리지 않았다. 그러다 용 한 마리의 눈에 점을 찍어 눈동자를 그리자, 갑자기 천둥 번개가 치며 하늘로 올라갔다. 그러나 눈에 점을 찍지 않은 나머지 용은 그대로 남아 있었다. 화룡점정은 여기서 유래한 말이다. 가장 중요한 부분을 끝내어 일을 완성시킨다는 뜻이므로 마무리의 중요성을 말해 준다.

● 개념 및 필요성

증권전달은 고객이 주문하고 결제한 제품을 고객에게 전달하는 단계이다. 공장에서 대량생산된 상품은 우편으로 받으면 된다. 그러나 종신보험 증서는 자신과 가족의 미래를 책임지는 유일무이한 제품이다. 반드시 제품을 만들어 준 담당자에게 제품의 사용설명을 들어야 한다. 증권을 전달하지 않은 계약은 눈동자를 그리지 않은 용처럼 의미가 없다.

● 증권전달은 보장내용을 각인시키는 기회

지방 소도시에서 근무하는 고객에게 증권을 전달하게 되었다. 고객은 거리가 멀어서 오기 힘드니 그냥 우편으로 보내 달라고 했다. 그래서 나는 근처에 갈 일이 있다고 핑계를 대고 약속을 잡아 방문했다. 그 고객은 어려운 상황에서도 큰맘 먹고 가입한 보험이었다. 성의 없게 우편으로 보낼 수는 없었다. 고객은 바쁜데 뭐 하러 먼 곳을 찾아 오냐고 했지만 막상 보장내용을 다시 설명해 주니까 무척 기뻐했다. 보장받을 혜택을 설명하는데 싫어할 사람이 있겠는가.

작은 계약이라고 무시하고 증권전달을 소홀히 하면 고객의 신뢰를 얻지 못한다. 신뢰를 얻지 못하면 소개를 받기 힘들다. 소개를 받지 못하면 그 다음 영업이 어려워진다. 증권전달은 영업을 힘들게 하는 것이 아니다. 오히려 영업을 쉽게 오래 지속할 수 있도록 해 준다. 증권전달을 제대로 한 계약들은 유지율이 좋다. 고객들은 시간이 지나면서 보장내용은 점점 잊어버리고 내는 보험료만 기억한다. 혜택은 멀리 있고 지출은 가까이 있으니 유지가 힘들다. 보장내용을 각인시키기 가장 좋은 시점이 증권전달 시점이다.

● 방법

- 증권전달도 계약을 할 때와 똑같은 중요도로 전화로 미리 약속을 잡는다.
- 의미를 설명한 후 만나서 계약한 내용이 증권에 그대로 인쇄되어 있는지를 확인시키면서 전달한다.
- 되도록 일주일 이내에 전달한다. 전달이 늦어지면 상품에 대한 신뢰나 감흥이 흐려질 수 있기 때문이다.

● 프로세스 화룡정점

고객: 증권을 우편으로 보내면 되지 바쁜데 뭐 하러 오세요?

세일즈맨: 증권을 전달해 드리는 것은 계약을 하는 것만큼이나 중요합니다. 계약한 내용대로 증권에 명시되어 있는지를 확인하는 것이 중요합니다. 증권에 명시된 내용은 증권을 분실하더라도 변하지 않습니다. 통장을 분실한다고 예금 잔고가 변동되지 않잖아요? 설명을 듣

고 계약한 내용과 다른 부분이 있다면 지금 바로잡아야 합니다. 확인을 안했다가 나중에 잘못된 것을 알게 되면 바로잡을 방법이 없습니다. 바쁘시더라도 다시 한 번 확인하시면 마음이 편해지실 겁니다.

고객: 다른 보험을 계약했을 때하고는 다르네요. 담당을 잘 만났다는 생각이 들고 보장에도 믿음이 가요.

● 증권전달과 소개

세일즈맨: 어려운 과정을 잘 통과해서 증권을 전달하게 된 것을 축하드립니다.

고객: 그게 축하할 일인가요?

세일즈맨: 종신보험은 여유만 있다고 가입할 수 있는 것이 아니기 때문에 당연히 축하할 일이죠. 종신보험에 가입한 목적을 기억하시죠?

고객: 그럼요. 가족들을 위해서죠.

세일즈맨: 증권에는 자녀의 교육, 대출금 상환, 배우자의 노후를 책임질 내용이 담겨 있습니다. 납입은 고객님의 경제활동 예상기간에 맞춰져 있습니다. 문제없으신가요?

고객: 문제없어요.

세일즈맨: 증권을 받으시면 끝이 아니라 시작입니다. 고객님은 보험료를 계속 납입하셔야 하고 저와 회사는 보장내용이 지켜지도록 노력해야 합니다. 저도 안정적으로 세일즈를 계속하려면 새로 계약을 해야 하고 누군가를 만나야 합니다. 소개를 통해서 만나는 것이 가장 좋

겠죠.

고객: 관심 있는 사람이 있으면 소개해 드릴게요.

세일즈맨: 종신보험과 관련이 없는 사람은 없습니다. 꼭 계약할 사람이 아니라도 그냥 만날 수 있는 사람을 연결해 주시면 좋겠습니다.

고객: 잘 알겠습니다.

정리

증권전달은 보험세일즈의 화룡점정이다. 온라인 쇼핑몰에서 물건값을 결제했다고 해서 끝이 아니다. 그 물건이 집까지 배송이 되어야 끝나는 것이다. 증권전달까지 끝나야 비로소 계약이 완료되었다고 할 수 있다. 증권전달을 할 때는 계약한 내용을 최종적으로 확인시키고 보장내용을 각인시켜야 한다. 우편이 아니라 직접 전달해야 신뢰를 얻을 수 있고 다음 가망고객을 소개받을 수도 있다.

선물

● 포스트잇 효과

《설득의 심리학》으로 유명한 로버트 치알디니에 의하면, 설문조사를 할 때 그냥 설문지를 주면 대상자의 36%만이 응답한다. 하지만 포스트잇에 '설문지 작성을 부탁해요'라는 말을 적어서 설문지에 붙여주면 정성껏 빈 칸을 채우는 사람이 75%로 증가한다. 누군가를 설득하기 위해 메시지를 작성할 때 조금만 정성을 쏟아도 결과가 놀랄만큼 달라진다는 뜻이다. 때로는 사소한 배려가 전체를 좌우하기도 한다.

● 개념 및 필요성

선물은 고객에게 마음이 담긴 작은 성의를 전달하는 것이다. 사실 최고의 선물은 고객의 삶이 담긴 제대로 된 보험증권이다. 그럼에도 불구하고 선물을 하는 이유는 지속적인 신뢰관계를 구축하기 위해서이다. 계약을 많이 하면 세일즈맨은 시상을 받는다. 고객 덕분에 받았으니 고객에게 돌려주는 것이 마땅하다. 마케팅 심리학에는 '상보성의 원리'라는 개념이 있다. 무엇인가를 받으면 그 반작용으로 무엇인가를 주고 싶은 심리를 말한다. 선물을 통해 고객과 좋은 관계를 유지하면 언젠가 소개를 받기도 수월하다.

● 선물은 가격보다 의미

나는 돈으로 선물을 사지 않는다. 불필요한 선물은 버리는 것도 보관하는 것도 고민이다. 돈 들여서 고민을 선물하는 것이다. 고객에게 물건으로 선물을 준비하는 것은 가장 쉬운 만큼 가장 쉽게 잊힌다. 누구도 줄 수 없는, 누구도 돈으로 살 수 없는 가치를 고객에게 선물해야 한다. 고객의 삶이 담긴 종신보험을 선물로 주고 종신보험이 가치를 더해가도록 서비스하는 것 또한 선물이다. 그런 선물을 받은 고객은 반드시 보답을 한다. 그것은 소개가 될 수도 있고, 증액이 될 수도 있고, 가족계약이 될 수도 있다.

● 고객의 것을 고객에게

　보험은 영업조직이다보니 시상을 한다. 나는 시상으로 받은 문화상품권 3만 원을 증권전달 할 때 선물로 전해 준다. 그러면 고생해서 받은 상품을 왜 자기에게 주냐고 되묻는다. 그럴 땐 고객들 덕분에 받은 상품이니 고객들에게 돌려주는 것은 당연하다고 대답한다. 그 대신 소개를 부탁한다고 했더니 3명이나 소개를 해 주었다. 문화상품권은 가족들과 외식할 때 고맙게 사용하겠다고 했다.

　문화상품권은 아주 작은 것이지만 보험증권의 중요성을 인식시킬 수도 있고 또한 고객의 신뢰를 얻을 수도 있다. 그러나 가장 중요하고 가치 있는 선물은 보험증권이 되어야지, 다른 선물이 되어서는 안 된다. 다른 선물은 보험증권에 붙여 주는 포스트잇과 같다. 선물로 받은 문화상품권은 그냥 구입하는 상품권과는 의미가 다르다. 가족들과의 식사 자리에서도 세일즈맨을 칭찬할 것이다. 소개받은 3명의 가망고객은 상품권 3만 원의 10배 이상의 가치를 지닌다.

● 방법

- 선물은 서로에게 부담이 없어야 하고, 오래 지속할 수 있어야 하고, 의미가 있어야 한다.
- 증권을 다 설명해서 확인한 다음, 마지막에 의미를 부여해서 전달

한다.

· 좋은 선물을 줄 수 있는 대상을 소개해 달라고 부탁한다.

● 의미 있는 선물과 값진 소개

고객: 보험 계약하면 선물을 준다고 하던데요?

세일즈맨: 방금 가입하신 보험증권이 가장 좋은 선물입니다. 고객님을 평생

보호하는 것 그이상의 선물이 있나요?

고객: 그것은 알죠.

세일즈맨: 사실은 서운하실 것 같아서 문화상품권 드리려고 가져왔어요. 이

상품은 제가 시상으로 받은 것입니다.

고객: 고생해서 받은 시상품을 왜 저에게 주세요?

세일즈맨: 고객님들 덕분에 받은 상이기 때문에 고객님께 돌려드리는 겁니

다. 가족들과 같이 식사를 하시거나 영화 한 편 보시면 되겠습니다.

종신보험이 필요할 것 같은 친척이나 주위 분들 소개해 주시면 감

사하고요.

고객: 감사합니다. 꼭 소개해 드릴게요.

옛날에 아버지와 아들이 짚신을 만들어서 팔았다. 어찌된 영문인지 똑같이 짚신을 만들어서 팔아도 아버지의 짚신은 잘 팔리는데 아들의 짚신은 잘 팔리지 않았다. 아들이 아무리 졸라도 아버지는 그 비밀을 말해 주지 않았다. 시간이 흘러 아버지가 숨이 넘어가기 직전 아들을 불렀다. 그리고 귓속말로 말해 주었다. "아들아! 짚신 안쪽을 촛불로 그을리거라." 안쪽의 까슬까슬한 털을 태우는 사소한 것에 결과가 크게 달라졌던 것이다. 선물은 가격이 중요한 것이 아니다. 아무리 작은 선물이라고 할지라도 큰 의미를 부여하면 고객의 만족도를 크게 높일 수 있다.

소개

● 산신령과 소개

산신령이 꿈에 나타나서 내일 비가 올 것 같으니 문단속을 잘하라는 말을 남기고 사라졌다. 아침에 날씨가 좋았지만 남자는 산신령의 말에 따라 빨래를 걷고 문단속을 하고 출근했다. 그러나 옆방 사람은 창문도 활짝 열어 놓고 옷가지와 이불도 널어 놓고 외출을 했다. 아니나 다를까 오후가 되니까 하늘이 갑자기 캄캄해지면서 엄청난 비가 내렸다. 그날 밤 꿈에 다시 산신령이 나타나자 남자는 왜 옆집에는 이야기를 안 해 주었냐고 물었다. 그러자 산신령이 대답했다.

"네가 소개를 해 줘야 알지 내가 어떻게 알겠느냐?"

● 개념 및 필요성

소개는 가망고객을 발굴할 수 있는 가장 확실하고 쉬운 방법이다. 소개를 제대로 받지 못하는 세일즈맨은 개척을 해야 한다. 개척은 가장 어렵고 힘든 방법이다. 산기슭을 개간해서 논과 밭으로 바꾸는 일만큼이나 힘든 게 개척이다. 보험세일즈는 보이지 않는 것, 써 보지 않은 것을 파는 일이기 때문에 청약한 고객의 소개가 가장 확실하다. 개척 세일즈를 해 본 사람이라면 소개가 얼마나 중요한지 실감할 수 있을 것이다.

● 가장 고마운 세 사람

두 명의 아들을 둔 의사가 종신보험에 가입 한지 얼마 안 되어서 심장마비로 사망했다. 보장금액은 10억 원으로 자녀 1인당 5억 원 정도 양육비가 필요하다고 생각해서 가입한 것이다. 보험금을 지급하고 한참 후에 미망인을 만났는데 세 사람에게 고맙다고 했다. 첫 번째로 자존심을 지키면서 아이들을 잘 키울 수 있게 교육비와 생활비를 준비해준 남편이 고맙고, 두 번째는 보험가입 및 보험금 지급을 잘 케어해준 담당자가 고맙다고 했다. 마지막으로 남편이 보험에 가입하도록 소개해 준 남편의 동료의사가 고맙다고 했다.

소개는 세 사람에게 좋다. 우선 가입자 본인에게 좋고, 보험의 혜택을 받는 가족에게 좋다. 마지막으로 담당자가 오래 일을 할 수 있도록 도와줘서 좋다. 담당자가 오래 일을 해야 계속 서비스를 받을 수 있다. 그렇게 생각하면 소개는 결국 고객과 고객 가족의 혜택으로 귀결된다. 그러므로 절대로 소개를 부탁하는 것을 미안해하거나 부끄러워해서는 안 된다. 아무리 좋은 일도 소개를 해 줘야 알 수 있는 법이다.

● 방법

- 지속적으로 부탁한다.
- 프로세스 단계마다 요청한다.
- 의도적으로 한다.
- 소개의 부담감을 줄여 준다.

● 부담을 줄여주는 소개요청

세일즈맨: 고객님 아시는 분 중에 한 분만 소개해 주세요.

고객: 글쎄요. 주변에 보험에 가입하겠다는 사람이 있으면 그때 소개해 줄게요.

세일즈맨: 저는 계약을 할 사람이 아니라 제가 고객님과 나누었던 것과 같은

이야기를 편하게 나눌 수 있는 분이면 됩니다. 관심도 없는데 괜히 소개하면 욕먹을 것 같아서 그러시죠?

고객: 솔직히 보험이야기는 다들 부담스러워하니까요.

세일즈맨: 제가 연락해서 그분이 싫다고 하시면 절대로 만나자고 강요하지 않을 것을 약속드립니다. 저는 사람 만나는 것이 좋아서 이 일을 선택했습니다. 그래서 매일 누군가를 만나야 합니다. 계약은 여러 가지 조건이나 상황이 맞아야 합니다. 어떤 분은 만나서 몇 년이 지난 후 고객이 되신 분도 있습니다. 저는 사람과의 만남 자체로 즐겁습니다. 고객님이 저와 나눈 내용이 좋으셨다면 다른 분께도 이런 기회를 드리는 것은 어떨까요?

고객: 글쎄요.

세일즈맨: 고객님께서 먼저 연락하시고 만나도 된다는 확인을 주신 후에 방문하겠습니다. 지금은 저를 도와주시는 것이지만 언젠가는 그분께도 큰 도움이 될 것입니다. 고객님은 자녀들이 시험에 나올 내용만 공부하길 원하세요? 폭 넓게 공부하길 원하세요?

고객: 시험을 위해서만 공부하면 안 되겠지요.

세일즈맨: 맞습니다. 저도 계약할 사람만 만나지 않습니다. 10명 단위로 만나면 그중에 한 두 분이 보험에 관심을 갖기도 합니다. 계약할 한 명이 아니라 그냥 10명 중에 한 명을 소개해 달라는 겁니다.

고객: 그러죠.

● 힘이 될 10명의 이름

세일즈맨: 요즘 제가 힘든데 제가 힘을 받을 수 있게 10명 이름만 적어 주실 수 있나요?

고객: 이름만 보고 어떻게 힘을 받아요?

세일즈맨: 저를 위해 적어 주셨다는 것만으로도 힘이 됩니다. 이름만 적어주시면 됩니다.

고객: 이름이야 적어줄 수 있죠.

세일즈맨: 적어 주신 10명 중에는 고객님이 힘들 때 도움을 주셨던 분들도 있나요?

고객: 물론 있죠.

세일즈맨: 이 중에 누가 힘을 주셨나요?

고객: 두 번째, 다섯 번째 사람이요.

세일즈맨: 어떤 위로의 말을 해 주셨나요?

고객: 글쎄요. 그냥 옆에 있어 줬어요. 제 얘기를 편하게 잘 들어줬어요.

세일즈맨: 감사합니다. 이야기만 들어도 제가 힘이 나네요.

고객: 도움이 되었다니 참 다행이네요.

세일즈맨: 저는 사람 만나는 것이 좋아서 이 일을 시작했습니다. 만날 사람만 있으면 행복합니다. 저는 계약할 사람이 아니라 만날 사람이 필요합니다. 만날 사람이 없으면 정신 나간 사람처럼 길거리를 헤매야 합니다.

고객: 만나기만 하면 어떻게 해요? 성과가 있어야죠.

세일즈맨: 10명 단위로 만나면 그 중에 한 두 사람은 보험에 관심을 가져요. 10명 모두가 관심을 가질 필요는 없어요. 계약할 사람이 아니라 만날 사람은 소개해 줄 수 있지 않나요?

고객: 그 정도라면 저도 부담이 없죠.

세일즈맨: 여기 열 사람 중에 만나볼 사람 몇 명만 표시해 줄 수 있나요?

고객: 그러죠.

정리

산신령도 소개로 먹고 살 듯이 세일즈맨도 소개로 먹고 산다. 소개는 어떤 상황에서도 해야 한다. 그런데 이왕 하려면 즐겁게 해야 한다. 그래야 세일즈맨도 지속할 수 있고 고객도 불편하지 않다. 말로 소개받기 전에 먼저 명단을 적게 하는 것이 좋다. 머리에 구체적으로 소개받을 사람을 떠올리게 하고 소개카드에 적기 때문에 저항감이 없다. 이런 방법으로 나는 소개받은 3명 중 2명이 계약을 했고 계약한 고객이 또 소개했다. 소개야말로 가망고객의 풀에 신선한 물을 채우는 가장 쉬운 방법이다.

상품:
모든 보험은
사망으로 통한다

확정

● **터널을 뚫은 남자**
························

한 남자가 인도의 외진 마을에 살았다. 어느 날 임신한 그의 아내가 산에서 굴러 떨어졌는데 병원에 가려면 산을 빙 돌아서 80km를 가야 했다. 결국 병원에 가던 중 아내는 사망하고 말았다. 그날 이후 남자는 삽과 망치만 들고 산을 가로지르는 터널을 만들기 시작했다. 주위에서 다들 미쳤다고 손가락질했다. 하지만 결국 22년이 지난 후 산을 가로지르는 터널이 생겼다. 처음에는 사람 하나가 겨우 다닐 만한 길이 뚫렸지만, 그의 정성에 감복한 사람들이 가세하면서 터널은 자동차가 다닐 정도로 넓어졌다.

꾸준함은 산에 구멍을 뚫을 수도 있다!

● 개념 및 필요성

확정종신보험은 보험료, 환급금, 보장금액이 확정된 일반종신보험을 의미한다. 사람이 태어나면 누구나 결국은 죽는 것은 확실한데 언제, 어떻게 죽는지가 불확실하다. 그래서 사람들은 불확실한 리스크를 커버하기 위해 종신보험을 준비한다. 종신보험은 확실하고 변수가 없어야 한다. 그때 필요한 것이 확정종신보험이다. 확정종신보험은 종신보험의 기본으로 다른 종신보험들은 확정종신보험에서 파생된 것이라고 할 수 있다. 융통성이 없다는 점에서 좀 답답하지만 가장 확실한 보장역할을 할 수 있다.

● 가장 확실한 확정종신보험

투자로 여러 번 손실을 본 경험이 있는 51세 남자가 10년 납으로 3억 원 종신보험에 가입했다. 100% 확실하게 지급된다는 말을 처음에는 의심했다. 그러나 보험료, 환급금, 보장금액이 처음 제시된 것에서 변동이 없음을 확인하고 나서야 확실성에 공감했다. 이 고객처럼 확실한 것을 좋아하는 사람은 확정종신보험을 선택한다. 죽지 않는 사람은 없다. 종신보험은 100% 지급되어야 한다. 요즘 보험들은 갱신, 공시이율, 투자수익에 따라 변동되는 것들이 많다. 그래서 불확실한 것을 확실하게 보장하는 확정종신보험을 원한다. 위의 고객도 여러 가지 내용 중 하나라도 불확실성이 있었다면 과거의 실패경험 때문에 종신보험을 선택하지 않았을 것이다.

● 펀드매니저의 확정종신보험

여의도에서 근무하는 40대 펀드매니저에게 변액종신보험과 확정종신보험을 비교하면서 설명했다. 수익률에 민감한 직종이다 보니 당연히 변액종신보험을 선택할 것으로 생각했는데 의외로 확정종신보험으로 결정했다. 자기가 취급하는 금융상품은 대부분 변동되는 상품이라 혼란스럽다며 확정된 상품이 하나쯤 있으면 좋겠다는 것이었다. 장기간 흔들림 없이 유지하기에는 확정종신보험만 한 것이 없다.

투자형 상품만 주로 취급하는 펀드매니저가 확정종신보험을 선택하는 것은 이변이다. 그러나 세상은 우리가 생각한 것과 전혀 다른 방향으로 흘러갈 때가 많다. 선입견을 버려야 제대로 세일즈를 할 수 있다. 대부분의 고객들은 인플레이션의 두려움 때문에 변동성을 원한다. 종신보험은 변동성이 있는 상품이 많다. 그러나 욕심을 부리면 투자는 실패한다. 적게 넣고 많은 수익을 기대하면 반드시 문제가 발생한다. 종신보험도 인플레이션이 걱정되면 가치가 감소되는 만큼씩 증액하면 된다. 고객은 변하지 않는 것을 좋아한다. 변하지 않아야 끝까지 유지할 수 있다. 끝까지 유지하면 사망보험금은 반드시 지급된다.

● 방법

보험은 변동성의 불안에 대처하기 위한 것이다. 변동하는 것을 막기 위해 변동되는 안전장치를 설치하는 것은 이치에 맞지 않는다. 확정종신보험을 꺼리는 이유는 인플레이션 때문이다. 그러나 납입기간이 길면 인플레이션은 그 안에 흡수된다. 10년이 지나서 보장금액이 절반 가치라면 내가 내는 보험료의 부담도 절반으로 줄어든다는 사실을 납득시켜야 한다.

변동성이 있는 것은 수익률이 좋아도 유지를 못하고, 나빠도 유지를 못한다. 수익률이 좋으면 다른 곳에 투자하거나 쓰려고 해지를 하고, 수익률이 나쁘면 화가 나서 해지한다. 따라서 종신보험은 수익률이 중요한 것이 아니고 보험금 지급 시까지 유지하는 것이 중요하다는 사실을 강조한다.

또한 확정종신보험 내에서도 얼마든지 융통성을 만들 수 있다고 설명한다. 감액완납은 보장금액을 줄이는 대신 납입기간을 단축하는 방법이다. 연장정기를 활용하여 보장금액은 그대로 유지하면서 보장기간을 단축시킬 수도 있다. 이러한 유연성 덕분에 확정종신보험은 납입기간이 길어도 부담이 없다. 노후에는 보장금액을 감액하면서 지급되는 환급금을 노후자금으로 활용해도 된다.

● 마음 편한 확정종신보험

세일즈맨: 종신보험의 보장금액을 결정하셨는데 다른 궁금한 것 있으신가요?

고객: 20년 후 1억 원의 가치는 얼마나 될까요?

세일즈맨: 인플레이션을 걱정하는군요. 만약 보험료를 일시불로 납입하고 20년 후 1억 원을 받는다면 물가상승에 따른 리스크가 상당할 것입니다. 그러나 보험료도 20년 동안 나누어 내기 때문에 10년 후에 가치가 절반으로 하락하면 보험료 부담도 그만큼 줄어듭니다.

고객: 인플레이션 충격이 완화될 뿐이지 없어지는 것은 아니네요.

세일즈맨: 그렇습니다. 그럴 때는 가치하락만큼 보험료 부담도 줄어드니까 보장을 추가로 늘리면 됩니다. 물가나 금리가 과거보다 안정되어 있어서 몇 십 년 전처럼 인플레이션 리스크가 크지는 않습니다.

고객: 확정된 수치로 미래 계획을 세울 수 있는 확정종신보험이 좋겠네요.

세일즈맨: 장사하기 위해서 트럭을 사면서 몇 년 후에 트럭 가치가 얼마로 떨어질까를 걱정하는 사람은 없습니다. 열심히 장사해서 돈을 많이 벌면 더 좋은 트럭을 사면 되죠. 종신보험도 아무 일이 없다면 열심히 일해서 가치가 떨어지는 만큼 보장을 업그레이드시키면 되니까 비슷하지 않나요?

고객: 그런 방법이 있군요.

세일즈맨: 장기 상품은 중간에 신경 쓰기 시작하면 유지가 어려워요. 수익률
이 오르면 다른 곳에 투자하려고 해지하고, 수익률이 내려가면 화
가 나서 해지합니다. 종신보험은 잊고 살아야 끝까지 유지됩니다.

고객:　　　그렇겠네요.

정리

도박하는 사람들은 불확실한 것을 얻기 위해 확실한 것을 건다. 그러나 안정된
인생을 살고자 하는 사람들은 확실한 것을 얻기 위해 확실한 것을 건다. 종신
보험은 아주 장기간 유지되어야 하는 상품이다. 산에 터널을 뚫겠다는 확고한
의지가 필요하다. 그래서 변동되지 않는 확정된 내용이 중요하다. 확정종신보
험은 변동 없이 보장금액 및 환급금이 확정된 보험이다.

변액

● 미생지신

춘추시대 노나라에 미생(尾生)이라는 사내가 있었다. 그는 어떤 일이 있어도 약속을 어기지 않기로 유명했다. 어느 날 미생은 사랑하는 여자와 다리 아래에서 만나기로 약속했다. 그는 늦지 않게 다리 아래로 나갔으나 웬일인지 여자가 나타나지 않았다. 그는 그 자리에서 기다렸고 갑자기 쏟아진 장대비로 개울물이 불어나기 시작했다. 하지만 그는 자리를 옮기지 않고 마냥 여자를 기다리다 결국 교각을 끌어안은 채

익사하고 말았다. 이를 '미생지신(尾生之信)'이라고 한다.

● 개념 및 필요성

변액종신보험은 물가변동으로 인한 보장금액의 리스크를 해결해 주는 종신보험이다. 고물가, 고금리, 고성장의 경제 환경에서 살아온 사람들은 물가상승에 따른 미래가치의 변동을 두려워한다. 매년 물가는 상승하고 오늘의 화폐가치가 내일 가면 달라질 수도 있다. 그래서 상담 후 최종 보장금액이 정해지면 "10년 후에 1억 원의 가치가 얼마나 되겠어요?"라는 질문을 많이 한다. 모두가 걷고 있을 때 서 있는 것은 뒤로 가는 것과 같다. 10년 후에 물가가 10배 오른다는 리스크를 커버하지 못하면 종신보험에 대한 확신을 갖기 힘들다.

● 최저보장 투자형 종신보험

35세 미혼 남자 직장인의 사례다. 자신은 투자를 좋아하기 때문에 답답한 확정은 싫다고 했다. 앞으로도 인플레이션이 될 것 같다면서 변동성이 있는 변액종신보험을 선택했다. 환급금은 변동이 되지만 사망보장금은 최저보장이 되니까, 끝까지 유지만 하면 손해 볼 이유가 없다. 변액종신보험은 인플레이션이 되거나 디플레이션이 되거나 불리하지 않다.

30대들은 변액종신보험을 선호한다. 하고 싶은 것은 많은데 수입은 적다 보니 투자형 상품을 선택한다. 종신보험은 환급금을 보고 가입하는 것이 아니고 사망보장금액을 보고 가입해야 한다. 그 개념을 제대로 이해하면 변액종신보험은 불안하지 않다. 사망보장이 최저보장이 되고 투자수익률이 좋을 경우 보장금액이 증가하기 때문에 니즈만 확실하다면 좋은 선택이다. 확정종신보험이나 변액종신보험이나 사망보장이라는 절대적인 가치는 변하지 않는다.

● 변액종신보험을 투자상품으로 오해

자녀가 한 명인 34세 가장이 변액종신보험에 가입했다. 물가가 오르면 보장금액도 같이 오르지만 최악의 경우에도 최저보장은 되니까 안심이 된다고 했다. 자녀가 성장한 후에는 아내의 노후자금으로 물려주겠다고 했다. 가입 3년 후 보장내용을 리뷰해 주는데 수익률과 해약환급금에 불만을 가졌다. 주가지수의 상승률 대비 운용수익이 너무 낮고 환급금의 증가 속도가 느리다는 것이었다. 그래서 보험은 투자상품이 아니라 보장성 상품이라는 점, 최저보장을 해 주어야 하기 때문에 큰 수익이 날 수 없다는 점을 설명했다. 그러나 결국 보장은 유지되지 못했다.

위 고객의 사례에서 변한 것은 상품이 아니다. 고객의 니즈이다. 사망보장의 니즈를 제대로 느끼지 못하면 변액종신보험을 투자 상품으로 인식한다. 사망보장보다 투자에 초점이 맞춰지면 설명이 복잡해진다. 설명이 복잡해지면 의문이 생기고 설령 계약이 되더라도 유지를 보장할 수 없다. 그러나 사망보장을 제대로 이해하고 선택한 변액종신보험은 여러 가지 장점이 많다.

● 방법

변액종신보험을 설명할 때는 사망보장에 집중하도록 니즈환기를 해야 한다. 많은 고객들이 수익률에 따라 사망보험금도 줄어들면 어쩌나 걱정을 한다. 수익률이 아무리 나빠도 사망보장은 최저보장이 되고 수익률이 좋으면 플러스알파를 얻을 수 있는 상품임을 충분히 설명해야 한다. 수익률이 좋으면 늘어난 환급금으로 활용을 하고 수익률이 나쁘면 최저 보장을 하는 사망보장을 활용하면 되는 상품이라고 설득한다.

● 투자를 좋아하는 고객의 변액종신보험

세일즈맨: 종신보험은 왜 필요하다고 생각하세요?

고객: 건강하던 친구가 갑자기 사망했어요. 저도 그럴 수 있을 것 같고 또 가족들을 생각하면 필요하죠. 그런데 앞으로도 물가는 계속 오를 텐데 보장의 가치가 유지될까요?

세일즈맨: 물가상승을 커버해 주는 종신보험을 원하시는군요? 고객님 같은 분들을 위해서 변액종신보험이 있습니다. 경기가 좋아 투자수익률

이 오르면 오르는 만큼 보장금액이 올라가고 환급률도 많아집니다.

고객: 수익률이 떨어질 때는 위험하지 않나요?

세일즈맨: 수익률이 아주 안 좋을 경우에 대비한 안전장치가 있죠. 변액종신보험은 투자형상품이지만 가족을 생각하는 사망보장에 대한 니즈가 있어야 선택할 수 있는 상품입니다. 사망보장은 수익률에 상관없이 가입금액을 최저 보장합니다. 그러나 적립금은 최저보장이 되지 않죠.

고객: 사망보장이 최저 보장되면 무조건 유리한 것 아닌가요?

세일즈맨: 요즘은 많은 분들이 상가를 구입해서 투자수익과 임대소득을 얻으려고 합니다. 만약 고객님이 상가를 구입한다면 어떤 상가를 선호하시나요? 한 곳은 20년 동안 상가의 가치가 변하지 않고, 일정기간이 지나면 투자금액 이상을 돌려드릴 수 있습니다. 다른 한 곳은 시간이 지나면서 시세에 따라 상가의 가치가 변합니다. 시세가 매일 변하다 보니 단기간에 투자수익을 얻을 수도 있습니다.

고객: 시세에 따라 변한다는 것은 가격이 떨어질 수도 있다는 의미인가요?

세일즈맨: 고객님이 소유하시는 동안에는 매입금액으로 상가의 최저 가치를 보증해 주지만, 중간에 팔게 되면 시세에 따라 가격이 바뀌니까 손해가 날 수도 있습니다. 첫 번째 상가는 확정종신보험, 두 번째 상가는 변액종신보험에 해당합니다.

고객: 구체적으로 어떤 차이가 있나요?

세일즈맨: 확정종신보험은 사망보장과 해약환급금이 확정되어 있습니다. 반면 변액종신보험은 사망보장금액은 최저보장하면서 투자수익률

이 좋을 경우 사망보장금액과 해지환급금이 증가합니다. 그러나 중간에 해지할 경우의 해지환급금은 최저보장되지 않습니다.

고객: 저는 해지환급금을 받으려고 종신보험에 가입하는 것이 아니니까 변액종신보험이 유리하겠네요.

세일즈맨: 투자형 상품을 좋아하시는 고객들에게는 딱 맞는 상품이죠. 수익률이 좋으면 보장금액도 상승하고 환급률도 많아져서 인플레이션의 리스크까지 커버해 주니까요.

고객: 그럼 변액으로 해야겠네요.

정리

미생은 강의 수위가 장맛비로 높아지고 있음에도 불구하고 기존의 약속장소를 고집하다가 목숨을 잃고 말았다. 경기변동에 유연성이 부족하면 물가상승 시 공격을 받아 유지가 힘들 수 있다. 따라서 고객의 투자성향에 따라 유연하게 세일즈해야 한다. 불꽃놀이에서 폭죽은 하늘 높이 올라가서 터져야 꽃처럼 아름다울 수 있다. 올라가기 전에 터지면 지뢰처럼 사람들을 다치게 한다. 폭죽을 하늘 높이 올려주는 것이 사망보장의 니즈환기다. 사망보장에 대한 니즈가 없으면 아무리 투자수익률이 좋아도 증권회사의 투자 상품을 선택하지 변액종신보험을 선택하지 않는다. 변액종신보험은 융통성과 안정성 등 둘 다 잡을 수 있는 상품이다.

유니버셜

● 여러 얼굴의 갈대

갈대는 알고 보면 버릴 게 하나도 없는 식물이다. 어린 순은 식용으로 사용하며 이삭은 빗자루를 만들고 이삭의 털은 솜 대용으로도 사용한다. 한방에서는 봄에서 가을 사이에 채취해 수염뿌리를 제거하고 햇볕에 말린 것을 약재로도 사용한다고 한다. 그뿐 아니다. 갈대는 수질 오염 물질인 질소, 인을 흡수·흡착해서 미생물이 서식할 수 있는 환경을 제공한다. 그 결과 탁월한 수질정화 능력을 가진다. 이처럼 갈대처럼 다용도로 쓸 수 있는 종신보험이 유니버셜 종신보험이다. 유니버셜 종신보험은 목적자금에 따라 입출금이 자유롭기 때문에 이벤트가 많은 젊은 사람들이 선호한다.

● 개념 및 필요성

유니버셜종신보험은 추가납입과 중도인출 기능을 가진 종신보험이다. 결혼, 실직, 입원 등 인생에는 수많은 이벤트가 발생한다. 그때마다 수입과 지출은 수시로 변한다. 이러한 변수를 종신보험이 커버하지 못하면 그것 또한 리스크가 될 수 있다. 자녀의 병원비가 부족해서 당장 치료를 못하는데 자녀의 꿈을 지켜 준다는 종신보험이 무슨 의미가 있겠는가? 유니버셜종신보험은 여유자금이 있으면 추가납입을 하고 긴급자금이 필요하면 환급금을 인출해서 사용할 수 있다. 자금의 유연성이 중요한 사람의 니즈를 반영한 상품이다.

● 보장과 결혼자금을 위한 유니버셜종신보험

25세 여자 고객은 생각도 많고 해야 할 것도 많으나 수입은 적어서 걱정이었다. 보장도 필요하고 노후준비도 해야 할 것 같고 결혼 자금도 준비해야 하는 상황이었다. 이 모든 것을 한 번에 해결할 수 있는 상품을 찾다가 2억 원 유니버셜종신보험을 선택했다. 결혼자금은 여유가 생길 때 추가납입을 해서 마련하기로 했다. 돈이 묶인다고 생각했을 때는 보장금액을 낮추려 했는데 유연성이 보장되니까 추가납입 한도 확보를 위해서 보장금액을 늘리려 했다.

결혼자금을 마련하려고 적금을 들었는데 만기 시점에 결혼을 못하면 홧김에 그 돈을 다 써버리게 된다. 유니버설 상품을 선택한 고객은 상황에 따라 돈이 생기면 추가납입을 하고 필요하면 인출해서 사용할 수 있다. 일찍 가입하면 사망보장을 위한 코스트는 미미하다. 목적자금 용도로 활용할 수 있는 비과세 통장이다. 특히 이벤트 자금 용도로 활용하다 최종적으로 남는 금액은 연금으로 전환할 수 있다는 점이 매력적이다.

● 하다가 안 하면, 처음부터 안 하느니만 못하다

백화점에서 가구대리점을 운영하는 36세 미혼 남자의 사례다. 마침 사업이 잘 돼서 매장을 확장하는 중이었다. 곧 결혼할 예정인데 사업이 바빠서 결혼식을 미루고 있었다. 여러 종류의 종신보험을 설명했더니 자신의 경제상황과 잘 맞는다며 3억 원 유니버설종신보험에 가입했다. 아버지가 대장암으로 사망했기 때문에 사망보장에 대한 니즈도 있었다. 결혼자금을 추가납입해서 결혼할 때 활용하는 등 유니버설종신보험에 대한 만족도가 높았다. 7년 정도 유지했는데 사업이 어려워지면서 추가납입은 하지 않고 인출만 하더니 결국 10년째에 보험은 실효되었다.

유니버셜종신보험은 끝까지 유지되지 못하면 비싼 정기보험 역할 밖에 못한다. 사업을 하는 경우 기복이 심하다. 입출금이 자유로우면 출금은 자주하는데 입금을 하지 않아서 종신보험은 껍데기만 남아서 유지되지 못하는 경우가 많다. 위의 고객이 바로 그런 사례였다. 입출금도 자주하다 보면 습관이 된다. 입금하는 습관은 사라지고 출금하는 습관만 남으니까 이런 결과가 초래된 것이다. 종신보험은 끝까지 유지되어서 보험금이 지급되어야 그 역할을 다하는 것이다. 판매보다 유지에 중점을 두고 고객에게 상품을 권해야 한다.

● 방법

유니버셜기능을 설명할 때는 알기 쉽게 비유를 활용하는 것이 좋다. 오랫동안 살 집을 수리할 때 공구를 사야 한다면 한 가지 용도로만 쓸 수 있는 공구를 사겠는가? 다용도로 쓸 수 있는 공구를 사겠는가? 같은 값이면 다용도 공구를 선택할 것이다. 유니버셜종신보험은 인생이라는 집을 수리하는데 유연하게 활용할 수 있는 도구와 같다고 설득한다.

● 여유가 커지면 보장도 커진다

세일즈맨: 종신보험 보장금액을 어떻게 할까요?

고객: 앞으로 돈 들어갈 일들이 계속될 텐데 너무 큰 금액을 투자하면 돈이 묶여서 힘들 것 같아요. 최소한의 금액으로 가입해야겠어요.

세일즈맨: 수능 만점을 받은 학생을 인터뷰하면 늘 나오는 말이 있는데요. 고객님도 많이 들어 보셨을 겁니다.

고객: 혹시 '교과서 위주로 학교수업만 열심히 들었다.'인가요?

세일즈맨: 맞습니다. 고객님은 이 답변에 대해 어느 정도 공감하시는지 궁금합니다.

고객: 그냥 하는 말 아닐까요? 물론 정말 그런 학생도 있겠지만요.

세일즈맨: 아무래도 그렇겠죠? 보통은 학교수업도 열심히 듣고 학원도 몇 군데 다녀야 하지 않을까요?

고객: 당연하죠. 어쩌면 학원이 더 중요할지도 모르죠.

세일즈맨: 학교수업만 열심히 듣는 학생과 학교수업도 열심히 듣고 학원도 열심히 다니는 학생 중 누가 더 공부를 잘 할 확률이 높을까요?

고객: 당연히 학원도 다니는 학생이겠죠.

세일즈맨: 학교수업을 통해 기본공부를 하고 부족한 부분은 학원을 다니면서 보충할 수 있으니 성적이 더 올라가겠죠. 유니버셜종신보험이 이 것과 같다고 보시면 됩니다. 기본공부 외에 추가로 공부를 하는 것처럼 기본납입 외에 추가로 납입하면 보장금액도 올라갑니다. 그리고 돈이 필요하면 중도인출할 수도 있는데 이 때는 보장금액도 그만큼 내려갑니다.

고객: 그렇게 해도 보장에는 문제가 없나요?

세일즈맨: 인출을 너무 많이만 하지 않는다면 나중에 다시 보장을 키울 수도 있습니다.

고객: 그렇다면 보험료를 크게 넣어도 괜찮겠네요.

세일즈맨: 유니버셜종신보험에 많은 금액이 적립되어 있으면 사망보장은 기본이고 중간에 필요한 이벤트 자금으로도 활용할 수 있습니다. 은퇴 후에 남아 있는 적립금은 노후자금으로 활용하면 되죠. 연금이나 적금은 종신보험에서 보장하는 리스크를 커버해 주지 못하지만 종신보험은 목적자금, 노후자금까지 커버해 줍니다. 그것이 유니버셜종신보험의 기능이죠.

고객: 보장을 크게 그리고 납입기간을 길게 해야 그릇이 더 커지겠군요.

정리

'인간은 생각하는 갈대'라는 말이 있다. 흔히 갈대는 유약하고 흔들리기 쉬운 존재로 인식된다. 그러나 갈대가 꺾이지 않고 살아남을 수 있는 이유는 바람에 흔들릴 수 있는 유연성 때문이다. 강한 것이 살아남은 것이 아니라 살아남는 것이 강하다. 그런 측면에서 보면 갈대와 같은 유니버셜종신보험이 사실 강력하다고 볼 수 있다. 유니버셜종신보험은 추가납입이 가장 큰 장점이다. 그러나 추가납입은 하지 않고 중도인출만 하면 가장 수익률이 낮은 저축상품임을 명심해야 한다.

저해지환급

● 사이렌의 노래

   그리스의 명장 오디세우스는 숙적 트로이를 멸망시키고 고향에 돌아가던 도중 '사이렌'이라는 마녀가 있는 바닷가를 통과해야 했다. 사이렌은 노래로 사람들을 현혹시켜서 스스로 바다에 뛰어들어 죽게 하는 괴물이다. 오디세우스는 모든 선원의 귀를 밀랍으로 막고 자신의 몸을 돛대에 묶은 다음 뱃길을 떠났다. 이윽고 사이렌의 노래가 울려 퍼지자 오디세우스는 바다로 뛰어들고 싶어 몸부림을 쳤으나 몸이 꽁 꽁 묶인 덕분에 그곳을 무사히 빠져나올 수 있었다. 유혹의 힘이 강력할 때는 구속을 통한 강제성이 반드시 필요하다. 종신보험 해지의 강렬한 유혹을 뿌리칠 수 있는 강제성이 바로 '저해지환급형'이다.

● 개념 및 필요성

저해지 환급형 종신보험은 보험료 납입기간 중에 환급금은 적게 주는 대신 저렴한 보험료로 큰 보장을 받을 수 있는 상품이다. 종신보험은 장기간 납입하고 종신토록 보장된다. 그러나 인생은 다양한 일들이 벌어지는 한 편의 드라마다. 마치 사이렌의 노래처럼 납입기간 동안 납입을 어렵게 하는 무수한 일들이 발생한다. 결국 많은 고객들은 중도에 해지하고 나중에 후회한다. 납입기간 중 차곡차곡 쌓여 가는 환급금은 오히려 보험유지에 가장 큰 장애물이다.

● 아는 것이 병이다

부모가 자녀 명의로 종신보험에 가입해서 18년을 유지했는데 아들이 쌓여 있는 환급금의 대부분을 대출받아서 사용했다. 이 사실을 알게 된 부모는 결국 보험을 해지했다. 고객에게는 알 권리가 있다. 그래서 보험회사는 적립금이 얼마가 쌓여 있고 얼마까지 대출이 가능한지 고객에게 알려야 할 의무가 있다. 그 안내서를 받은 아들이 환급금을 대출받아 사용한 결과 보험은 껍데기만 남은 사례다. 부모로서는 끝까지 유지해서 자녀에게 줄 목적으로 가입한 보험이었다. 이처럼 중간 환급금은 보험유지를 위태롭게 만드는 주범이다. 때로는 아는 것이 병이 될 수 있다.

종신보험의 목적은 사망보험금을 지급받는 것이다. 환급금이 오히려 보험유지에 가장 큰 장애요인이 될 수 있다. 저해지환급형 종신보험은 같은 보장을 저렴한 보험료로 가입할 수 있어서 불황기에 효율적인 상품이다. 그러나 중간에 해지하면 최악의 상품이 된다. 저해지 환급형이 몸을 돛대에 묶는 구속장치 역할을 하는 것이다. 해지의 유혹을 이겨낼 수밖에 없는 시스템 덕분에 끝까지 유지할 수 있다.

● 해지의 유혹을 막아주는 저해지환급형 종신보험

29세의 아들이 종신보험 상담을 하고 있었다. 엄마는 일반 종신보험에 관심을 가지고 있었지만 아빠는 저해지환급형 종신보험을 하라고 권유했다. 금융기관에서 명예퇴직을 한 아빠는 환급금의 유혹 때문에 계약이 해지되는 사례를 무수히 보아왔기 때문이었다. 결국 아들은 1억 원 저해지환급형 종신보험에 가입했다. 저해지환급형은 중간에 환급금이 낮은 대신 훨씬 유리한 조건으로 계약이 가능하다. 중간에 해지하면 너무하다 싶을 정도로 적은 환급금이 결국 종신보험을 끝까지 유지하도록 하는 데 1등 공신 역할을 한다는 것을 아빠는 알고 있었던 것이다.

중간에 해지할 생각을 하면서 종신보험에 가입하는 사람은 없다. 환급금을 위해서 가입한다면 종신보험은 맞는 상품이 아니다. 차라리 장기 적금에 가입하는 것이 낫다. 끝까지 유지하는 것에 의미를 둔다면 저해지환급형 종신보험만큼 만기 지향적인 상품은 없다. 저해지 환급형은 고객들의 약한 의지를 강력한 시스템으로 지켜 준다. 마시멜로를 먹고 싶은 유혹을 차단하기 위해 마시멜로가 든 용기의 뚜껑을 닫아 놓은 것과 같다.

● 방법

삶이 고단해지는 것은 눈앞의 장애물 때문이 아니라 샛길 때문이다. 종신보험을 유지하는 데 가장 큰 장애물도 샛길, 즉 유혹이다. 저해지환급형은 그런 유혹을 원천적으로 차단한 상품이다. 저해지환급형이 단점인 것 같지만 사실은 가장 큰 장점이 될 수 있다고 설득한다. 마시멜로 실험에서 참을성이 없는 아이들은 성공을 하기 위해 마시멜로 뚜껑을 닫는다. 저해지환급형은 참을 수밖에 없는 시스템이 적용되었기 때문에 다른 종신보험보다 저렴하게 목적지까지 갈 수 있다. 이 상품은 저해지의 기간을 견뎠기 때문에 노후자금으로도 활용할 수 있는 환급금을 많이 확보할 수 있다고 설득한다.

● 마시멜로의 뚜껑을 닫아라

세일즈맨: 혹시 종신보험이 있으신가요?

고객: 몇 번 가입했었죠. 지금은 다 해지하고 없어요.

세일즈맨: 왜 해지하셨어요?

고객: 설명을 들을 때는 필요성을 느껴서 가입하는데 갑자기 돈 쓸 일이 생기니까 해지할 수밖에 없더군요. 이제는 보험료도 많이 올라서 가입도 못해요.

세일즈맨: 고객님 같은 분들께 딱 맞는 상품이 있어요. 보험료가 저렴하고 납입이 끝난 후에는 환급금도 높아요.

고객: 하지만 끝까지 납입하기 힘들어요.

세일즈맨: 일단 시작만 하면 끝까지 갈 수 있는 상품이 있다면 관심 있으세요?

고객: 그런 방법이 있겠어요?

세일즈맨: 마시멜로 실험에서 먹고 싶은 것을 참을 수밖에 없는 시스템이 무엇인지 아세요?

고객: 글쎄요.

세일즈맨: 마시멜로 용기의 뚜껑을 닫아 놓는 것입니다. 실제 실험에서 뚜껑을 닫아 놓았더니 많은 아이들이 먹지 않고 참았답니다.

고객: 그렇겠네요.

세일즈맨: 마시멜로 용기의 뚜껑을 닫는 것처럼 종신보험을 끝까지 유지할 수 있는 시스템을 가진 종신보험이 있습니다. 바로 저해지 환급형 종신보험입니다. 이 상품은 중간에 해지하면 환급금이 아주 적습

니다. 중간에 해지하는 사람들에게 환급금을 적게 주고 그 이익을 끝까지 유지한 사람들에게 돌려주는 형태죠. 고객님은 중간에 환급금이 중요한가요? 아니면 끝까지 유지하는 것이 중요한가요?

고객: 환급금보다 유지가 중요하죠. 나에게 딱 맞는 상품이네요.

정리

- 당신의 월급을 당신으로부터 지켜 드립니다

일본의 어느 은행 광고다. 저해지환급형 종신보험은 사이렌의 유혹에 흔들리지 않도록 묶는 튼튼한 밧줄이다. 의지력이 약하거나 수입이 불규칙한 사람은 자신을 묶어 줄 강력한 밧줄을 원한다. 저해지환급형 종신보험은 어쩔 수 없이 일을 못해서 유지 못하게 될 불안감은 납입면제로 해결할 수 있다. 또한 저렴한 보험료로 큰 보장을 설계할 수 있는 것이 가장 큰 장점이다. 그러나 장기간 유지를 해야 하기 때문에 나중에 혹시라도 수입이 끊겼을 때를 대비해서 납입 금액을 과도하게 설정하지 않도록 주의해야 한다.

체증

● 고토쿠의 쓰나미

일본 후다이 마을에 살던 고토쿠는 어린 시절 쓰나미 때문에 아버지를 잃었다. 이후 촌장이 된 고토쿠는 쓰나미에 대비해 방조제와 수문을 마을에 세우기로 했다. 그러나 마을 주민들의 반대가 거셌다. 포기하지 않고, 마을 사람들과 정부기관을 설득한 끝에 고토쿠는 15m 높이의 방조제를 세웠지만 이후 쓰나미는 오지 않았다. 하지만 2011년 지진과 함께 14m 높이의 쓰나미가 몰려온 후 다른 마을은 모두 초토화 되었지만, 이 마을 3천여 명의 주민은 모두 무사할 수 있었다.

● 개념 및 필요성

체증종신보험은 보장금액이 일정 나이부터 체증하는 종신보험이다. 물가상승에 따른 미래의 가치하락을 커버하기 위해서이다. 나이가 많아지면 질병 발생 가능성이 높아져서 보험가입이 어렵고 보험료가 상승한다. 체증종신보험은 현재 시점 기준으로 보험료를 계산하고, 가입요건을 심사하여 매년 보험에 추가 가입하는 것과 같다. 이런 방식은 자산이 증가하는 자산가들에게도 유용하다. 미래의 증가된 자산 기준으로 종신보험의 보장금액이 정해져야 하는데 매년 추가 가입해야 하는 번거로움을 해결해 주기 때문이다.

● 자산이 늘어나면 보장도 늘어난다

성공한 사업가인 48세의 고객은 자산이 계속 증가하고 있어서 체증종신보험에 가입하고 만족해한다. 재산도 증가하면서 그에 따른 안전장치도 커져야 하기 때문이다. 미래에 계속 종신보험을 추가로 가입하기는 현실적으로 힘들다. 현재 시점에서 선택하는 것보다 비용도 올라가고 건강 때문에 가입할 수 없는 경우도 생길 수 있다.

체증종신보험은 심사 없이 체증되는 금액만큼 신규로 가입하는 것과 같다. 인플레이션을 걱정하면서도 변동되는 상품은 싫어하는 고객들에게 딱 맞는 상품이다. 자산가들은 재산이 다음 세대로 이전될 때 상속세를 많이 걱정한다. 상속세 재원으로 체증종신보험은 유용하다. '안전한' 이란 뜻의 safe는 '금고'라는 또 다른 뜻을 가지고 있다. 체증종신보험은 상황 변화에 맞춰 안전하게(safe) 보장해 주는 금고(safe)와 같다. 체증종신보험에 가입하는 것은 시간이 지나도 든든함을 보장하는 금고를 준비한 것이다. 시간이 흐르면 금고가 낡아지고 금고를 여는 기술도 발달할 테니 금고를 점점 튼튼하게 보강해야 한다.

● 현재 기준으로 미래보장 자동가입

28세 사회생활 3년차 여성의 사례다. 1억 원 체증종신보험에 가입했다. 나이가 들면 보험료가 올라가고 보험가입도 어려울 텐데 현재 기준 보험료만 내면 보장이 자동으로 체증되는 것이 좋다고 했다. 언니와 오빠가 혈압과 당뇨 가족력으로 약을 먹고 있었다. 본인이 아무리 건강을 잘 관리해도 가족력을 피해가기는 힘들다. 이럴 경우 보험료가 좀 비싸더라도 자동 체증되는 체증종신보험이 다른 보험보다 훨씬 유리하다.

체증종신보험은 추가가입을 시스템화한 것이다. 종신보험에 대한 니즈환기가 제대로 되고 수입이 증가되면 그것에 맞춰서 보장금액을 증액시키겠다고 한다. 실제로 살다 보면 생각한 대로 실천하기는 정말 힘들다. 돈이 모일만하면 쓸 곳이 생기는 게 인생이다. 수입이 증가해도 건강이 나빠지면 증액이 어렵다. 이러한 것을 방지하기 위해서는 보험료가 조금 비싸더라도 미리 자동화 시스템을 만들어 놓으면 일정 시점부터 시스템이 가동된다. 먼 미래에 일어날 것을 예측해서 대비하면 저렴한 비용으로 아주 유리한 조건을 선택할 수 있다.

● 방법

건물이 높아질수록 그에 따른 안전망도 더 튼튼해져야 한다. 그러나 그때마다 일일이 안전망을 바꾸기는 힘들다. 물가상승에 따른 가치하락을 그때그때 보전하기도 어렵다. 따라서 시스템별로 상황에 맞는 안전망이 필요하다. 체증종신보험은 자산증가에 맞춰서 보장이 증가하는 시스템 상품이라고 설득해야 한다. 자산이 증가하는 시기에 맞춰 선택하려면 비용도 많이 들고 자칫 잘못된 선택을 할 수 있는 위험성이 있다. 지금 가입하는 것이 가장 저렴하고 유리한 조건으로 안전장치를 추가하는 시스템을 구축할 수 있는 기회임을 납득시켜야 한다.

● 보장금액 상승이 확정된 종신보험

고객: 인플레이션을 커버해 주는 상품은 없나요?

세일즈맨: 가치가 하락하면 하락 분만큼 증액하시면 됩니다.

고객: 현실적으로 그렇게 하기는 힘들죠. 다른 방법은 없을까요?

세일즈맨: 여유자금이 있다면 어디에 투자하고 싶으세요?

고객: 수익형 상가에 관심이 많아요.

세일즈맨: A상가는 시간이 지나도 가격이 오르지 않습니다. B상가는 구입 후 매년 가격이 상승합니다. 둘 중 어느 상가가 더 비쌀까요?

고객: 당연히 B상가가 훨씬 비싸겠죠.

세일즈맨: 이렇듯 체증종신보험은 비싸지만 매년 가치가 상승하는 B상가와 같습니다.

고객: 어떻게 같은데요?

세일즈맨: 일반종신보험은 시간이 흘러도 보장금액이 변하지 않지만 체증종신보험은 매년 보장금액이 상승합니다. 대신 매월 납입하는 보험료가 많이 비싸지는 않습니다. 상승하는 가치를 미리 구입하기 때문이죠. 가치 하락을 걱정하는 고객들을 위한 변액종신보험도 있습니다. 변액은 어떻게 생각하세요?

고객: 투자형 변액상품은 너무 신경이 쓰여서요. 그리고 주식투자로 손해를 본 적이 있어서 변액은 싫어요.

세일즈맨: 확정적으로 보장금액이 증가하는 상품을 원하시는군요.

고객: 맞아요.

세일즈맨: 그렇다면 체증종신보험이 딱입니다. 보장금액이 체증하는 시기, 체증률이 다양합니다.

고객: 인플레이션 문제도 해결해 주고 제 취향에도 맞는 상품이네요.

파도가 높으면 방파제도 높아야 한다. 인생의 파도는 매년 높아지기만 한다. 자식이 늘어나고 재산이 늘어나기 때문이다. 인생의 파도에 맞춰 보장금액도 체증되는 것이 합리적이다. 보장금액이 자동으로 체증되면 그만큼 보험료도 비싸진다. 그러나 그 보험료는 방파제를 쌓는 비용이다. 방파제를 쌓으면 치러야 할 막대한 비용을 미리 할인된 비용으로 막을 수 있다. 어느 날 갑자기 닥칠지 모를 쓰나미에 모든 것을 잃지 않으려면 튼튼한 방파제를 매년 조금씩 높여나가야 한다.

체감

● 로켓이 우주로 가는 이유

    로켓과 같은 우주발사체는 보통 3단 안팎의 다단으로 만들어진다. 지상에서 하나로 결합되어 발사된 로켓은 일정 고도에 올라가면 연료통이 한 단씩 분리된다. 더 크고 힘이 좋은 로켓 엔진으로 올라간 뒤 1단 연료통을 버리고, 다음 로켓 엔진으로 더 높은 우주로 올라간 뒤 또 2단 연료통을 버리는 방식이다. 연료통은 연소를 마치면 더 이상 필요가 없다. 다 쓴 연료통이 로켓에 계속 붙어 있으면 로켓의 속도가 느려지고 우주로 나갈 수 없다. 마찬가지로 불필요한 부담은 보장의 실효성을 떨어뜨린다.

● 개념 및 필요성

체감종신보험은 리스크가 감소하는 만큼 보장금액도 감소하는 종신보험이다. 많은 사람들이 보험료 부담 때문에 필요한 만큼 보장을 준비하지 못한다. 그래서 보장은 가장 적은 비용으로 꼭 필요한 기간에 최대한 보장해 주어야 한다. 그럼 어떻게 하면 좋을까? 리스크가 감소하면 보장도 감소하는 형태로 설계해야 한다.

42세 남자 고객의 사례. 2억 원의 주택담보 대출을 10년간 상환해야 하는 상황이었다. 노후생활은 연금으로 준비되어 있었고 막내가 대학을 졸업하는 시기는 55세 시점이었다. 그래서 55세까지만 보장이 유지되고 그 이후는 최소한의 보장만 필요했다. 그래서 보장이 점점 줄어드는 체감형 종신보험을 선택했다. 종신보험의 주계약 5천만 원, 55세 보장 정기특약 5천만 원, 10년 보장 정기특약 2억 원으로 설계했다. 보장금액은 52세까지 3억 원이었다가 53세부터 55세까지는 1억 원, 56세 이후는 5천만 원만 남는다. 별도로 노후준비가 되어 있고 자녀들도 독립한다면 줄어든 부담만큼 보장도 줄이는 것이 맞다.

● 보장 체감형 보험

41세 남편, 40세 아내와 부부 상담을 했다. 남편의 친한 친구가 갑자기 심장마비로 사망한 것에 충격을 받아 니즈가 생긴 사례다. 두 자녀 중 1명은 남편 나이 55세에 독립, 나머지 1명은 60세에 독립할 예정이고, 10년 상환예정인 대출금 5천만 원이 있었다. 니즈환기와 팩트파인딩 과정을 거쳐 설계에 들어갔다. 2억 5천만 원의 보장으로 출발해서 대출이 상환되는 51세까지 5천만 원이 줄고, 첫째가 독립하는 55세에 5천만 원이 줄고, 60세에는 둘째가 독립할 예정이라 5천만 원이 또 줄어드는 것을 원했다. 종신보험 주계약 일반사망 1억 원, 60세 보장 정기특약 5천만 원, 55세 보장 정기특약 5천만 원, 10년 보장 체감정기 5천만 원으로 설계했다. 51세까지 2억5천만 원, 55세까지 2억 원, 60세까지 1억5천만 원, 61세 이후는 1억 원이 보장된다.

고객의 니즈를 100% 반영할 수 있는 체감종신보험은 아직 없다. 정기특약과 체감정기특약을 보조적인 방법으로 활용하면 된다. 체형이 변하면 옷을 체형에 맞게 다시 맞춰야 하는 것처럼 보장도 상황에 맞게 조절해야 한다. 자녀가 생기고 또 수입이 증가하면 그것에 맞춰서 보장도 늘려 줘야 한다. 반대로 자녀가 독립하면 줄어든 부담만큼 보장도 줄여 줘야 맞다. 보장을 늘리는 것은 적극적으로 하면서 반대의 경우는 세일즈에 도움이 안 된다고 방치하면 안 된다. 기껏 다이어트해서 살을 뺐는데 옷을 헐렁하게 입고 다니면 실속 없어 보인다.

● 방법

　일반 종신보험 주계약에 체감정기특약을 부과하는 방법으로 체감하는 보장을 설계할 수도 있지만 체감종신보험도 선택이 가능하다. 불필요한 안전장치에 비용이 들어가는 것을 줄일 수 있는 상황에서는 체감종신보험이 가장 효율적인 방법임을 납득시켜야 한다. 대출상환, 교육비 지출금액 만큼씩은 부담이 줄어들기 때문에 그만큼 보장도 줄여서 코스트를 줄여준다고 설득한다. 자녀의 출생, 생활비 상승 등 보장의 증가가 필요한 다른 이벤트가 발생하는 경우도 있으므로 대출만 생각해서 체감종신을 선택하도록 유도해서는 안 된다.

● 살을 뺐으면 옷을 맞춰라

고객:　　　대출금 상환, 자녀교육 정도에 따라 책임도 줄어드니까 보장금액도 조정되어야 하지 않나요?

세일즈맨:　맞습니다. 체형이 변하면 옷도 새로 맞춰 입어야 하는 것과 같죠. 종신보험은 경제활동기의 리스크를 커버하는 것이니까 리스크가 감소하는 만큼 보장이 줄어야 가장 효율적이겠죠.

고객:　　　보장이 줄어드는 그런 보험이 있나요?

세일즈맨:　체감종신보험을 선택하시면 됩니다. 자녀들의 교육이 끝날 때까지만 같은 수준으로 보장하는 정기특약, 대출금 상환기간에 맞춰서 상환금액만큼 매년 보장이 줄어드는 체감정기특약이 그런 역할을

합니다.

고객: 다른 형태는 없나요?

세일즈맨: 정기특약을 활용하지 않는 방법으로 경제활동기가 끝나면 노후자금으로 지급되면서 보장금액이 감소되는 상품도 있습니다.

고객: 다양한 상품이 있군요.

세일즈맨: 몸무게가 늘어서 옷도 안 맞고 건강에 이상신호가 왔습니다. 헬스클럽에 등록하고 열심히 운동을 해서 매월 1kg씩 총 10kg의 감량 목표를 세웁니다. 가능할까요?

고객: 열심히 하면 가능하겠죠.

세일즈맨: 몸무게가 줄면 넉넉해진 옷을 그냥 입거나 그때그때 몸에 맞는 옷을 구입합니다. 아니면 처음부터 신축성이 있는 옷을 사는 것도 좋은 방법이죠. 처음에는 좀 불편하지만 몸무게가 줄면서 점점 편해집니다. 고객님은 어떤 옷을 사시겠습니까?

고객: 당연히 신축성 좋은 옷을 사겠죠.

세일즈맨: 체감종신보험은 신축성 좋은 옷을 사는 것과 같습니다. 보장의 부담이 줄어들면 그만큼 보장이 줄어드는 대신 보험료도 내려가서 여유를 갖게 되죠. 고객님의 상황을 정확하게 알려 주시면 그에 맞는 솔루션을 제공해 드릴 수 있습니다.

● 소풍 때 먹어서 줄어드는 음식

세일즈맨: 어려서 소풍을 갈 때면 과자와 김밥을 가방에 잔뜩 담아 갔습니다.

집에 돌아올 때는 가방 안은 텅 비어 있죠.

고객: 저도 기억납니다.

세일즈맨: 고객님이 은퇴하기 전까지의 인생은 가방에 담은 것을 다 먹고 돌아오는 긴 소풍과 같습니다. 가방 안에는 가족에 대한 생활비, 교육비, 주택마련 비용 등이 담겨 있죠. 소풍에서 돌아올 때가 되면 가족은 더할 나위 없이 화목할 겁니다.

고객: 그랬으면 좋겠습니다.

정리

세상에서 가장 불쌍한 사람이 늙어서 혼자 60평 아파트에 사는 사람이라는 말이 있다. 젊어서는 그 재산을 모으느라 쉴 틈 없이 일하고, 나이가 들어서는 그 넓은 집을 청소하느라고 편히 쉬지도 못한다는 것이다. 체감종신보험은 가족 수가 줄어들면 아파트 평수를 줄이는 것과 같다. 관리비와 청소 부담도 줄어들게 된다. 종신보험도 고객이 살아갈 삶의 무늬를 따라서 설계해야 한다. 종신보험은 상품을 파는 것이 아니라 디자인된 고객의 삶을 파는 것이다.

달러

금의 가치

　금은 부(富)와 권력의 상징이다. 고대 이집트인들은 황금을 절대로 파괴되지 않는 금속으로, 신성한 태양의 빛과 연관시켰다. 그들은 자신들이 숭배하는 신의 피부가 황금으로 되어 있다고 믿을 정도였다. 파라오인 투탕카멘이 죽자 100kg이 넘는 황금관과 마스크를 만들어 넣은 것도 이 같은 믿음 때문이다. 아프리카에서 1억 원 가치의 원화 지폐 뭉치와 1억 원의 가치가 있는 금덩어리를 동시에 뿌리면 사람들은 금덩이만 주워 간다. 국제금융시장에서 금과 같은 역할을 하는 것이 바로 달러다.

● 개념 및 필요성

달러종신보험은 달러로 보험금이 지급되는 종신보험이다. 우리나라는 경제규모가 작고 개방되어 있어서 세계 경제의 영향을 많이 받는다. 원화가치가 하락하면 원화로 표시되는 부동산, 주식, 채권 등의 모든 자산가치가 동반 하락한다. 베네수엘라처럼 인플레이션이 극대화되면 보험금을 받더라도 가족을 지키기 힘들 수 있다. 우리나라는 경제적으로는 독립국가가 아니다. IMF 때 원화가치가 폭락한 것은 우리 탓이다. 그러나 금융위기 때 우리나라는 아무 잘못을 한 것이 없는데 원화가치가 떨어졌다. 미국과 중국이 무역 분쟁을 하는데도 우리나라가 영향을 받는다. 그러나 원화에 비해 상대적으로 달러의 가치는 변하지 않는다. 달러로 보험금을 받으면 원화보다 안정적인 가치를 보전할 수 있다. 가족들이 해외에서 생활하는 경우에도 환율변동과 무관하게 달러로 사용할 수 있다.

● 아버지 사업을 지켜 준 아들의 유학

사업을 하는 50대 중반의 아버지가 두 아들을 미국으로 유학을 보냈다. 초반에는 사업이 잘되어서 두 아들 모두 미국에서 여유롭게 생활할 수 있었다. 그러던 중 IMF 금융위기로 아버지의 사업이 어려워지자 어쩔 수 없이 두 아들을 귀국시켰다. 그런데 아들 둘이 유학생활을 정리하면서 가지고 온 돈으로 아버지 사업은 위기를 넘길 수 있었다. 여유가 있을 때에 유학을 갔기 때문에 두 아들 모두 미국에서 집을 구입하고 자동차도 각각 1대씩 가지고 있었다. 귀국 시에 이것들을 정리했더니 환율이 많이 올라서 한국에서는 큰 돈이 된 것이다. 아들의 유학이 아버지 사업의 보험 역할을 한 것이다.

주식에 투자하는 것은 시간에 투자하는 것이다. 주식시장에서는 경제가 마이너스 성장을 하지 않는 한 그래프는 우상향한다. 그러나 환율은 국가 간 통화의 비율이기 때문에 경제성과와 일치하지 않는다. 그래서 환율은 타이밍이다. 위 사례에서는 타이밍이 잘 맞아서 두 아들의 유학생활이 아버지의 사업을 구할 수 있었다. 달러자산은 큰돈을 벌기보다 안전장치로 전체 자산에서 10% 내외로 준비하는 것이 좋다. 그 정도만 있어도 전체 자산을 지키기 위한 안전망으로 충분하다.

● 위기가 기회

IMF와 금융위기의 불황 속에서 자산을 축적한 50대 초반의 자산가가 있었다. IMF 때는 수출업체를 운영했는데 환차익으로 돈을 많이 벌어서 건물을 헐값에 구입했다. 금융위기 때도 환차익을 얻어서 이제는 돈을 더 벌 필요가 없다고 사업을 그만두었다. 마침 자녀들이 해외유학을 하고 있어서 본인의 사망보장은 달러로 하는 것이 좋겠다고 생각해서 달러종신보험에 가입했다. 자녀들도 귀국하면 달러종신보험에 가입시키고 추가납입까지 할 계획이었다.

종신보험은 인생의 리스크를 커버하기 위해서 가입하는 상품이다. 어떠한 상황에서도 가족의 행복을 지킨다는 종신보험의 가치가 흔들려서는 안 된다. 달러종신보험은 기축통화 역할을 하는 달러로 보험금을 받기 때문에 리스크에 대한 안전도가 높다. 또 달러종신보험을 선택하면 환율에 관심을 갖고 환율을 보는 안목을 기를 수 있다. 사망확률도 국가부도만큼 확률이 낮지만 준비한다고 해서 크게 나쁠 것은 없다. 일반종신보험의 니즈가 있는데 달러종신보험으로 해도 불리하지 않다. 오히려 유리한 점들이 많다.

● **해외에서 살래요**

50대 중반의 부모와 20대 자녀가 함께 종신보험 상담을 했다. 아빠가 해외 근무를 오래해서 자녀들은 어릴 때부터 해외에서 살아왔고 앞으로도 그러고 싶어 했다. 부모들도 자녀들의 해외 거주에 긍정적이었다. 그럴려면 달러종신보험이 자녀들에게 유리하다고 생각했다. 달러 가치는 변동성이 적지만 가치의 안정성도 보장된다. 원화는 변동성이 크기 때문에 달러종신보험이 든든하게 느껴진다고 했다. 10만 달러 정도로 시작하지만 여유가 되면 증액하겠다고 했다.

● 국내에서 받는 달러종신보험의 혜택

국내에 살아도 달러종신보험은 장점이 많다. 달러종신보험에 가입한다고 추가로 비용을 더 부담하는 것은 없다. 환 손실의 위험만큼 환차익도 얻을 수 있다. 해외에 거주할 생각이라면 달러종신보험은 환율변동까지 커버해 주기 때문에 다른 리스크가 전혀 없다. 달러는 미국화폐라기보다는 세계의 통화이고 기축통화 역할을 한다. 미국 경제가어려워지면 달러가치는 오히려 상승한다. 세계경제가 불안해지면 안전자산으로 달러를 사 모으기 때문이다.

● 방법

과거 우리나라 환율 변화를 보면 내부문제로 발생한 IMF 때에 가장크게 상승했고 두 번째는 외부요인에 의한 금융위기 때 상승했다. 나머지 기간은 큰 변동 없이 안정적이다. 앞으로 외부요인이든 내부요인이든 큰 변동이 올 수 있을 텐데 그때 달러종신보험은 좋은 기회를 제공할 수 있다. 보험은 리스크에 대비하는 것이다. 원화가치가 불안해지는 것도 리스크가 될 수 있다. 그럴 때 보험의 리스크를 보장해 주는보험의 보험이라고 설득한다. 국가부도, 원화가치 폭락 등 가능성이낮은 리스크로 겁을 주기보다는 해외거주, 여행 등 달러의 안정성을부각시키는 것이 좋다. 달러종신보험은 주식보다 예측 가능하고 위험성이 작은 투자방법이다. 환차익이 없더라도 추가 적립금의 이자수익은 얻을 수 있다. 현재 기준 같은 금액을 10년 후에 받는다면 달러와 원화 중 어느 것을 원하느냐고 물어본다. 대부분 달러를 원한다.

● <u>보험의 보험</u>

세일즈맨: 고객님은 종신보험에 왜 가입하시죠?

고객: 내가 죽으면 가족들에게 엄청난 재앙이 닥칠 수 있어서죠.

세일즈맨: 그럴 확률은 얼마나 될까요?

고객: 사람은 언젠가 죽으니까 100% 아닌가요?

세일즈맨: 맞습니다. 그럼 자녀들이 다 크기 전에 사망할 확률은 어떻게 될까요?

고객: 높지는 않겠지만 가능성은 있죠.

세일즈맨: 국가와 국민 간에도 비슷한 리스크가 존재합니다.

고객: 어떻게요?

세일즈맨: IMF와 같은 사태가 다시 오지 말라는 법은 없습니다. 부모의 사망처럼 확률은 낮지만 그만큼 치명적이라는 얘기죠.

고객: 그렇겠네요.

세일즈맨: 그렇다면 사망보장을 준비하는 것과 같은 이치로 준비해야 되지 않을까요? 자녀가 가진 유학의 꿈을 환율 때문에 포기하라고 할 수 있을까요?

고객: 베네수엘라 사태를 보면 지금 준비한 모든 것이 물거품이 될 수도 있겠어요. 그런 것에 대비할 수 있는 보험이 있나요?

세일즈맨: 금덩어리를 가지고 있으면 됩니다.

고객: 금덩어리를 어떻게 구입하고 또 어떻게 보관해요? 현실적인 방법은 없나요?

세일즈맨: 금으로 바꿀 수는 없지만 비슷한 역할을 하는 것이 있습니다. 바로 달러입니다. 자산이나 보험도 10~20% 정도는 달러로 가지는 것이 안전합니다. 달러종신보험은 보험의 보험 역할을 합니다. 원화가치가 폭락하면 원화로 표시된 현찰, 부동산, 주식 등 모든 자산의 가치가 폭락하기 때문에 아무리 포트폴리오를 잘 해도 무용지물이죠.

고객: 정말 위험하군요. 달러가 그렇게 안정적인가요?

세일즈맨: 부자들의 금고에는 땅문서, 금, 달러가 들어 있습니다. 땅문서는 국내자산, 금은 현물자산, 달러는 해외 현금자산입니다. 이 세 가지는 서로의 리스크를 보완해 주는 역할을 합니다. 종신보험을 가지고 있는 경우에 달러종신보험을 추가로 준비하면 좋습니다.

고객: 종신보험이 없는 경우는요?

세일즈맨: 처음부터 달러종신보험으로 전체 보장을 준비하시는 것도 좋습니다. 경제가 어려워지면 유리해지고 경제가 안정되어도 손해 볼 것이 없습니다. 다른 자산이 대부분 원화자산이기 때문에 전체에서 달러자산이 차지하는 비중은 크지 않을 것입니다.

정리

초기 종이화폐는 금고의 금을 교환하는 증명서 형태로 사용되었다. 지폐를 들고 가면 그 지폐 액면가치만큼 금으로 바꿔주는 이른바 '골드스미스 노트(Goldsmith's note)'로 사용된 것이다. 지금은 국제경제에서 금의 역할을 하는 것이 달러다. 단, 달러종신보험은 원화가치를 지키는 안전장치로 적정한 수준의 준비를 권한다. 그러나 과도하게 중요성을 강조하면 달러자산 자체가 불안요인이 될 수도 있다. 달러로만 많이 가지고 있으면 환율변동에 신경이 쓰인다. 가능성이 낮은 국가부도 등의 과격한 표현은 자제하는 것이 좋다.

CI

● **교토삼굴**

교토삼굴이라는 말이 있다. 영리한 토끼는 굴을 3개 파서 죽음을 면한다는 뜻이다. 사냥꾼이나 맹수가 굴 하나를 지키고 있으면 다른 굴을 이용하면 된다. 만약 두 번째 굴에 호랑이가 지키고 있으면 세 번째 굴로 몸을 피할 수 있다. 이처럼 만일의 사태에 대비해야 인생의 큰 실패를 막을 수 있다. 종신보험은 죽어야만 받는다고 하니까 사람들은 살아서 받는 혜택을 요구한다. 그 욕구를 충족시켜 주는 것이 CI종신보험이다. 죽어서 나오는 것이 아니고 죽음과 비슷한 상황에서도 혜택을 받을 수 있다.

● 개념 및 필요성

CI종신보험은 생명의 위협을 받을 정도로 아플 경우 사망보험을 미리 할인해서 치료비로 사용할 수 있는 종신보험이다. 수명이 늘어나고 의술이 발달하면서 살아서 받는 혜택에 대한 고객들의 니즈가 증가하고 있다. 종신보험은 단순히 사망 후에만 받는 것이 아니다. 중대한 질병에 대한 보장도 종신토록 받다가 사망한 후에도 남겨 주는 보험이다. 요즘은 의술이 발달하고 정보가 공개되어 있다. 중대한 질병도 돈이 있으면 치료해서 살 수 있다. CI종신보험은 그럴 때 활용하고자 하는 고객의 니즈를 반영한 상품이다.

종신보험에서 가장 중요한 것은 사망이다. 그러나 사망에 준하는 보장을 살아서 받는 것도 중요하다. 차라리 어느 날 갑자기 사망하면 병원비는 들지 않는다. 그러나 중환자실에 오래있으면 많은 병원비가 필요하게 된다. CI종신보험은 그런 상황이 걱정되는 사람들을 위해 탄생했다. 당장 죽어가는 사람도 통장에 있는 돈을 치료비로 쓰는 것은 주저하게 된다. 자신이 떠난 후 남겨질 가족들에게 폐를 끼치는 것 같아서 혼자 앓다가 죽는 사람도 있다. 하지만 보험으로 받는 돈은 마음 편하게 치료비로 쓸 수 있다.

● 살아서 받는 보험 CI종신보험

강남에 사는 43세 주부의 사례다. 이미 경제적으로 안정되고 상당한 재산을 가지고 있었다. 건강특약에서 보장하는 정도의 의료비는 가진 재산으로 충분히 감당할 수 있다고 했다. 그래서 치명적이고 중대한 질병에 대해 집중적으로 보장받기를 원했다. 상담을 진행한 결과 중대한 질병 진단시 보장금액의 50~80%까지 선지급하는 3억 원 CI종신보험에 가입했다. 암, 급성심근경색, 뇌출혈 등의 건강보험은 보장기간이 한정되고 보장금액이 작다. CI종신보험이 그러한 단점을 해결해 준다고 만족해하며 가입했다.

중증질환의 경우 국민건강보험에서 대부분의 치료비를 보장해 준다. 하지만 비급여 부분은 제외된다. 치료기술이 발달하고 특별한 치료를 원할 경우 비급여 치료를 받을 가능성이 높다. 심각한 질병이 발생하면 치료비 외에 의료생활비도 많이 든다. 암, 뇌출혈, 급성심근경색은 대표적인 중증질환이다. 그러나 이 3가지를 동시에 경험하는 사람은 거의 없다. 그런 측면에서 CI종신보험은 진단받은 한 가지를 집중해서 크게 보장하기 때문에 매우 효율적이다. 중대한 질병이 발생하지 않아도 종신보험의 기능을 하니까 아까울 것이 없다. 보험료가 일반 종신보험보다 비싸지만 건강해서 쓸 일이 없다면 그 자체로 축복이고 이미 보장을 받은 것이나 다름없다.

● 방법

중환자실에 누워서 오늘내일 하고 있는데 죽어야만 보험금을 준다고 하면 얼마나 안타까울까? CI종신보험은 미리 사망보험금을 받아서 치료비로 쓸 수 있는 종신보험이다. 죽음이 임박한 상태에서는 치료비뿐만 아니라 죽기 전에 하고 싶은 것들이 있을 수 있다. 삶을 고귀하게 마감하는 용도로도 CI종신보험은 유용하게 활용할 수 있다고 설득한다. 날이 갈수록 의술이 발달하고 정보는 오픈된다. 예전에는 치료하기 힘들었던 질병도 돈만 있으면 생존확률이 높아진다. 즉 사망보험금을 미리 받을 수 있다면 살 확률도 높아진다는 의미이다.

● 선택과 집중

세일즈맨: 세 곳에서 동시에 전투가 벌어진다고 가정해 보겠습니다. 고객님께서 총사령관이라면 공평하게 3등분해서 지원하시겠습니까? 아니면 전투 상황을 지켜보다가 피해가 많은 곳에 집중적으로 지원하시겠습니까?

고객: 피해가 심각한 곳을 집중 지원해야겠죠.

세일즈맨: 맞습니다. 보험도 마찬가지입니다. 암, 뇌출혈, 급성심근경색은 대표적인 3대 중대질병입니다. 각각의 보장에 보험료를 따로 내면서 보험에 가입합니다. 그런데 제가 오랜 기간 보험세일즈를 하고 있는데 아직까지 3관왕을 하는 사람은 못 봤습니다. 암 진단을 받으

면 나머지 2가지 보장의 비용은 그냥 매몰되는 셈입니다. 운 좋게 한 가지 혜택도 못 받으면 전체 비용이 매몰되죠. 어떤 생각이 드시나요?

고객: 너무 허점이 많고 좀 부당하다는 생각도 드는데요.

세일즈맨: 그런 문제를 해결해 주는 것이 CI종신보험입니다.

고객: 어떻게 보장하는데요?

세일즈맨: 중대한 질병이 발생하면 종신보험의 주계약 보장금액의 50~80%를 먼저 지급해서 치료비로 사용할 수 있도록 합니다. 아무런 일이 발생하지 않으면 종신보험처럼 사망시 보장금액을 전액 지급합니다. 불필요하게 매몰되는 보험료가 없고, 중대한 질병으로 인해 큰 비용이 필요할 때 충분한 치료비를 보장받을 수 있습니다.

고객: 보장금액을 크게 하면 중대한 질병에 걸렸을 때의 보장금액도 커지겠네요.

세일즈맨: 맞습니다. 그런데 여러 가지 장점이 있는 대신 보험료는 조금 더 비쌉니다.

고객: 보험료를 좀 더 내더라도 효율적이고 좋은 방법이네요.

사망에는 육체적인 사망과 경제적인 사망이 있다. 육체적인 사망은 더 이상 비용이 들어가지 않는다. 그러나 병원 침대에 누운 상태로 경제적인 사망을 하면 추가 비용이 계속 들어간다. 산 사람이라도 살아야 하는데 이만저만 곤란한 상황이 아니다. CI종신보험은 살아서 받는 혜택에 초점이 맞춰진 상품이다. 중대한 질병에 걸리면 미리 치료비를 받을 수도 있고, 그렇지 않더라도 사망 후 보험금을 전액 받을 수 있으니 얼마나 합리적인가?

생활비 받는

● 가랑비의 중요성

　농사를 지을 때는 폭우보다 가랑비가 더 유용하다. 이스라엘 북서쪽 골란고원 부근의 엔 게브 농장의 바닥에는 검은 호스가 거미줄처럼 깔려 있다. 이곳에선 작물을 키울 때 물을 '뿌리지' 않는다. 대신 호스에 난 미세한 구멍을 통해 한 방울씩 물을 떨어뜨린다. 딱 필요한 만큼만 물을 공급하는 것이다. 이런 물 관리는 고스란히 수익으로 이어진다. 엔 게브의 오엘 벤 요셉은 "연간 6천t의 바나나를 생산하는데 순이익이 70%"라고 말했다. 마찬가지로 한 번에 목돈을 받는 것보다 적절한 액수의 생활비를 받는 것이 더 효율적이다. 장례식 때는 목돈이 들어가는 것이 가장 큰 걱정이다. 그러나 장례식이 끝나고 나면 생활비가 가장 크게 다가온다.

● 개념 및 필요성

생활비 받는 종신보험은 두 가지 종류가 있다. 살아서 받는 생활비와 죽은 다음에 가족들이 받는 생활비다. 살아서 받는 생활비는 지급 재원이 쌓여 있어야 지급이 가능하다. 그래서 은퇴 후에 종신보험의 노후소득 선지급 서비스를 활용하면 된다. 죽어서 가족들이 받는 생활비는 종신보험 주계약에 가족수입특약을 부가하는 방법이다.

부모가 동시에 사망하여 보험금 관리가 어려운 경우 어린 자녀에게 일시금으로 지급되면 한순간에 탕진되기 쉽다. 이러한 리스크를 해결하는 것이 생활비 받는 종신보험이다. 자금을 제대로 관리할 능력이 없는데 일시금을 받게 되면 큰돈을 가지고 있는 것 자체가 큰 리스크다. 부부가 동시에 사망했는데 아주 나이 많은 조부모만 있는 경우도 마찬가지다. 그 리스크 때문에 종신보험 가입을 망설일 수 있다. 생활비 받는 종신보험은 일확천금이 아니라 생활의 안정을 가져다주는 보험이다.

● 하늘나라에서 보내주는 엄마의 용돈

시골에 홀어머니가 계시는 33세 미혼 외아들의 사례다. 60대의 어머니는 관절염으로 경제활동을 할 수 없었다. 아들은 나중에 혹시 어머니의 생활비를 못 드릴 경우에 대비해 주계약 3천만 원, 가족수입 7천만 원의 보험에 가입했다. 2년 반이 지난 후에 아들은 출근 준비 중에 호흡곤란이 와서 병원에 가는 도중 사망했다. 계약대로 일시금 3천만 원이 지급되었고 매월 70만 원이 부모님의 생활비로 20년 동안 지급되고 있다. 어머니는 자식을 앞세우고 보험금을 받으니 얼굴을 들지 못했으나 아들은 평소의 바람대로 어머니의 노후 생활비를 하늘나라에서 계속 보내 줄 수 있게 되었다. 아들의 생활비 받는 종신보험이 60대 어머니의 생활비를 해결해 준 것이다.

● 방법

문제가 생기면 병원비, 대출금 등 목돈도 필요하지만 나중엔 생활비가 더 절실하게 다가온다. 요즘 같은 저금리 시대에는 매월 또박또박 나오는 생활비가 상당히 크게 느껴진다. 요즘 은행에서 매월 이자 받는 정기예금은 3억 원을 넣어도 100만 원이 안 나온다. 10억 원 이상을 넣어놔야 200만 원이 나온다. 따라서 매월 나오는 100만 원은 매우 큰 금액이라고 설득한다. 또한 일시불로 나오는 것은 생활을 더 위험하게 만들 수도 있지만 매월 생활비로 나오는 것은 생활을 안정시키는데 큰 역할을 한다고 설명한다.

● 생활비 보내 주고 싶어요!

세일즈맨: 고객님의 삶에서 가장 소중한 사람은 누구입니까?

고객:　　당연히 가족이죠.

세일즈맨: 그럴 일이야 없겠지만 고객님께서 갑자기 저승사자를 만났습니다. 저승사자가 같이 가자고 하는데 고객님께서 망설이시니까 가족들에게 인사하고 오라고 배려해 줍니다. 가족들을 만나면 어떤 말을 전하면서 떠나실 것 같아요?

고객:　　사랑해요, 고마워요, 미안해요라는 말이 아닐까요?

세일즈맨: 그 말은 무슨 뜻인가요?

고객:　　가족이니까 사랑하고, 함께해 줘서 고맙고, 먼저 떠나게 되어 미안하다는 겁니다.

세일즈맨: 혹시 물질적으로 남기고 싶으신 게 있다면 무엇을 남기고 싶으세요?

고객:　　할 수만 있다면 돈을 남기고 싶어요.

세일즈맨: 사랑을 돈으로 살 수는 없지만, 돈에 사랑을 담을 수는 있습니다. 목돈으로 크게 남길 수도 있고, 다달이 오랫동안 남길 수도 있습니다. 어떻게 남기고 싶으세요?

고객:　　매월 꾸준하게 주는 것이 좋겠네요.

세일즈맨: 저도 같은 생각입니다. 목돈을 남기는 것보다는 고객님을 훨씬 오랫동안 기억할거라고 생각하거든요. 지금은 생활비로 얼마씩 주고

계시나요?

고객: 월 350만 원씩 주고 있습니다.

세일즈맨: 만약 하늘나라에 계신다면 매월 얼마 정도씩 주고 싶으세요?

고객: 지금 주는 만큼 줄 수 있으면 좋겠네요.

세일즈맨: 제가 해 드릴 수 있습니다. 지금 월급이 얼마나 되시나요?

고객: 450만 원 정도 됩니다.

세일즈맨: 고객님께는 사망 시 병원비로 쓰라고 목돈 1천만 원과 매월 350만 원씩을 고객님이 60세가 될 때까지 하늘나라에서 가족에게 보내 줄 수 있습니다. 그 대신 월급은 지금보다 10만원 적은 440만 원씩 드린다면 어떻게 하시겠습니까?

고객: 10만 원으로 그렇게 할 수 있다면 당연히 해야죠.

세일즈맨: 제가 그렇게 해 드릴 수 있습니다.

고객: 그런데 제가 안 죽고 오래 살면 어떻게 되나요?

세일즈맨: 60세 이전에 사망하면 일시금 1천만 원과 매월 350만 원씩을 60세까지 지급하고 그 이후에 사망하면 매월 지급되는 것은 없고 일시금으로 장례비로 1천만 원만 지급됩니다. 어떠세요?

고객: 괜찮은데요. 하겠습니다.

● 우리 부부가 같이 죽으면 보험금은 어떻게 해요?

고객: 제가 죽은 후에 갑자기 수입이 끊기면 가족들의 생활비는 어떻게 하죠?

세일즈맨: 매월 생활비 형태로 보험금을 받는 종신보험이 있습니다.

고객: 혹시 우리 부부가 동시에 교통사고로 사망하면 보험금이 잘 관리될 수 있나요?

세일즈맨: 그런 걱정 때문에 보험금을 생활비 형태로 나누어 지급받는 것을 선호하기도 합니다. 부모가 경제활동 기간에 사망하면 병원비, 대출금 등의 목돈이 필요하지만 잘 보이지 않는 생활비가 더욱 필요합니다.

고객: 어떻게 설계하죠?

세일즈맨: 매월 필요한 생활비 수준, 생활비가 필요한 기간, 자녀의 독립시기 등을 고려해서 설계합니다. 매월 지급되는 생활비 100만 원은 몇 개 상가의 월세에 해당되기 때문에 요즘 같은 저금리 시대에 상당히 유용합니다.

고객: 종신보험은 다양하게 설계가 가능하군요. 실직한 경우에도 생활비를 받을 수 있나요?

세일즈맨: 종신보험은 사망한 경우에 생활비를 지급해 주는 것입니다. 실직의 경우는 보장해 주지 않습니다. 본인의 노력으로 얼마든지 생활비를 해결할 수 있으니까요.

연금을 받아서 생활하는 사람과 건물주가 만나면 밥은 연금 받는 사람이 산다. 건물주는 항상 힘들다는 소리만 입에 달고 산다. 연금으로 생활하는 사람은 그런 걱정이 없다. 행복은 별것 아니다. 사람들에게 밥을 살 수 있는 여유가 바로 행복이다. 생활 속의 작은 여유가 행복과 안정감을 좌우한다. 그것을 보장하는 것이 생활비 받는 종신보험이다. 생활비 받는 종신보험은 리스크가 발생하면 매월 필요한 생활비를 지급한다. 사막에서 식물들을 살리는 것은 폭우가 아니라 주기적으로 떨어지는 물 한 방울이다. 가장이 죽고 인생이라는 사막 속에 남겨질 가족들에게 매달 지급되는 생활비 100만 원은 말 그대로 가뭄 속의 단비와 같다.

연금 받는

● **아문센과 스콧**

역사상의 라이벌을 꼽으라면 남극 정복을 둘러싼 아문센(노르웨이)과 스콧(영국)을 빼놓을 수 없다. 이동수단으로 모터 썰매를 선택한 스콧과 달리 아문센은 에스키모의 조언에 따라 썰매개를 선택했다. 또한 식량 저장소에만 깃발을 꽂아 둔 스콧과 달리 아문센은 식량 저장소 외에도 총 20개의 깃발을 저장소 양쪽으로 1마일마다 설치했다. 결국 아문센은 최초로 남극점을 정복하는 영광을 누렸지만, 스콧은 아문센보다 늦게 남극점에 도착했을 뿐만 아니라 추위와 굶주림 속에서 팀원들과 함께 죽음을 맞이했다. 안타깝게도 그들이 동사한 장소는 식량 저장소에서 불과 16km 밖에 떨어져 있지 않은 곳이었다.

● 개념 및 필요성

연금 받는 종신보험은 은퇴시점에 사망보험금을 선지급받는 상품이다. 연금수령 후 사망 시에는 사망보험금에서 연금수령액을 공제하고 지급한다. 사망보장이 기본이고 연금기능은 부수적인 것이다. 사망보장의 니즈환기가 안 된 상태에서 연금기능을 강조하면 안 된다. 판매를 해도 유지하기 어렵고 자칫 고객의 신뢰를 잃기 쉽다. 오히려 종신보험의 연금전환기능을 연금 받는 종신으로 설명하는 것이 낫다. 종신보험을 연금으로 전환하면 사망보장은 없어진다. 요즘은 일부만 연금전환이 가능한 경우도 있기 때문에 절반은 연금전환, 나머지는 사망보장으로 나눌 수도 있다.

종신보험은 경제활동기에 가족을 보호하는 기능을 한다. 그러다가 자녀들이 독립하고 자신이 은퇴하게 되면 수입이 끊어진 상태로 오래 사는 것이 오히려 재앙일 수 있다. 종신보험은 경제활동 시기에는 사망보장의 기능을 하지만 은퇴 후에는 연금으로 활용할 수도 있다. 그러나 그럴 경우 사망보장의 기능은 못한다. 보장금액을 선지급 받는 것이지만 결국 쌓여 있는 환급금을 나누어서 받는 것뿐이다. 젊어서는 연금에 관심이 많으나 나이가 들면 보장에 관심을 갖는다. 모든 상품은 원래 목적대로 끝까지 사용될 때 가장 유리하다.

● 연금을 생각해서 두 배로 늘린 보장

35세 주부의 사례다. 100세 시대에 대책 없이 오래 사는 것이 걱정된다면서 노후에 연금을 받을 수 있는 상품을 원했다. 슬하에는 세 살 아들이 있었다. 종신보험 설명을 듣자 아들을 위해서 사망보장도 고민했다. 종신보험은 납입이 끝난 후 연금전환이 가능하다고 하니까 아주 좋아했다. 결국 연금기능을 고려해서 처음 생각했던 1억 원의 2배인 2억 원의 종신보험을 계약했다.

종신보험 세일즈는 상품을 파는 것이 아니라 삶을 파는 것이다. 문제를 헤집는 것이 아니라 솔루션을 제시하는 것이다. 고객이 연금을 원한다고 연금상품만 제시하면 안 된다. 왜 그 상품을 원하는지, 원하는 것이 그 상품으로만 가능한지를 함께 고민하고 최상의 솔루션을 제시해야 한다. 세 살 아들의 성장기간을 건너뛰고 바로 노후로 갈 수 있을까? 고객들은 트렌드에 휩쓸리기 쉽다. 노후 문제를 다룬 방송을 보면 노후준비에 집착하고 치아 관련 방송을 보면 치아보험을 문의한다. 그래서 세일즈맨이 인생 전체를 보고 고객의 삶이 녹아 있는 상품을 디자인해 주어야 한다.

● 인생 후반전을 위한 씨드머니

28세 미혼 남자가 연금 받는 종신 보험 2억 원에 가입했다. 급여는 한정되어 있는데 보험, 연금, 적금 등등 할 것이 너무 많아 고민했는데 연금 받는 종신보험은 세 가지를 동시에 가능하게 하니까 만족해했다. 60세가 된 자신을 위해서 지금의 돈을 60세 시점으로 보낸다는 생각으로 가입한다고 했다. 연금으로 받지 않더라도 1억 원이 넘는 환급금은 100세 시대 후반전을 위한 씨드머니가 될 수도 있다. 그전에 사망하면 사망보험금 2억 원은 가족을 위한 선물이 될 테니까 어떤 경우라도 후회할 일은 없다.

수입은 1순위: 리스크 관리를 위한 보험, 2순위: 은퇴 이후의 노후준비, 3순위: 각종 목적자금, 4순위: 생활비로 배분한다. 보험은 일찍 선택할수록 보장 코스트가 낮기 때문에 리스크 관리에 비중을 늘리면 그 돈이 첫 번째로 리스크 관리, 두 번째는 노후준비, 세 번째로는 목적자금까지 커버가 가능하다. 보통 20대에는 종신보험을 1억 원 정도에서 출발한다. 위 사례에서는 2억 원에서 출발하니까 노후준비와 인생 후반전의 종잣돈까지 마련할 수 있다. 아직 20대이기 때문에 종신보험의 활용 범위가 넓다. 죽어야만 받는 종신보험이라는 선입견 때문에 선택이 늦어지면 혜택은 줄고 보험료는 계속 올라간다.

● 방법

일찍 사망하는 것도 위험하지만 대책 없이 오래 사는 것도 그에 못지않게 위험하다. 안정적인 노후를 위해서는 은퇴한 시점에 은퇴자금이 모여 있어야 한다. 그러나 다른 저축이나 투자 수단으로 은퇴시점까지 자금을 안전하게 지키는 것은 어렵다. 이럴 때 연금을 받는 종신보험은 노후를 안정되게 보낼 수 있는 든든한 안전장치가 될 수 있다. 많은 고객들이 연금과 종신보험 사이에서 갈등한다. 종신보험은 연금 기능을 하지만 연금보험은 종신보험이 가진 리스크를 커버하지 못한다고 설득한다.

● 100세 시대 전천후 보험

고객: 노후까지 해결해 주는 종신보험은 없나요?

세일즈맨: 경제활동기의 사망 리스크도 크지만 대책 없이 오래 사는 리스크도 큽니다. 노후자금이 많이 필요한데 그 돈을 모으기는 점점 힘들어져요. 은퇴 시까지 유지된 종신보험이 노후자금의 해결책이 될 수 있습니다. 종신보험 가입 시에 연금을 받는 종신보험을 선택할 수도 있죠. 가입 당시의 경험생명표를 적용할 수 있는 연금전환 특약을 부가하기도 합니다.

고객: 가입 당시 연금전환 특약은 어떤 의미가 있죠?

세일즈맨: 가입 당시 경험생명표를 사용한다는 뜻입니다. 수명이 늘어나도

연금액이 줄어들지 않으니까 유리하죠.

고객: 그럼 그냥 연금상품에 가입하면 되지 않나요?

세일즈맨: 연금상품은 은퇴시점까지 유지하기가 어렵습니다. 중간에 사용할 이벤트들이 많기도 하고 본인의 의지와 관계없이 아파서 유지 못할 경우도 있죠. 종신보험은 사망 리스크를 커버해 주고 일을 못하면서 치료비가 필요할 정도, 즉 50% 이상 장해가 발생할 경우 납입면제가 됩니다. 연금상품의 경우는 아프면 해지해서 쓸 수밖에 없습니다.

고객: 종신보험은 잘 유지하면 중간에 연금으로 받을 수 있겠군요.

세일즈맨: 경제활동기에는 사망보장이 주목적이고 연금은 보조적인 기능입니다. 그래서 연금보험 같은 저축형상품보다는 수령액이 적습니다. 종신보험이 연금까지 커버하려면 연금수준 이상의 보험료가 납입되어야 가능하겠죠. 적은 금액으로 보장도 되고 연금도 만족스럽게 주는 상품은 없습니다.

고객: 충분하지 않더라도 연금을 따로 준비할 수 없을 때는 큰 도움이 되겠네요.

노후에는 식량을 찾아서 먹는 것이 아니라 가져다주는 것을 먹어야 한다. 창고에 식량을 잔뜩 쌓아 놓고 손도 못 대 보고 죽어가는 사람들이 얼마나 많은가? 아문센이 그 혹독한 남극에서 길을 잃지 않고 무사히 귀환할 수 있었던 비결은 촘촘한 간격으로 꽂은 깃발 때문이었다. 연금은 험난한 인생에서 길을 잃지 않고 생존해 나갈 수 있는 촘촘한 깃발과 같다. 노후에 목돈은 근심거리고 연금은 생명수다. 연금 받는 종신보험은 자산이라는 무거운 짐을 생존을 위한 생존수로 변환시켜 준다.

비유:
어려운 보험을
쉽게 파는 법

100

화이바

● 철모의 본질

옛날의 철모는 전립투다. 옛날의 전립은 오늘날의 철모처럼 쇠로 만들었는데 취사를 할 때면 병사들이 자기가 머리에 썼던 전립을 벗어 각각 음식을 끓여 먹었다. 이것이 민간에도 전해져 냄비를 전립 모양으로 만들어 고기와 채소를 넣어 끓여 먹게 되었는데, 이는 바로 전골 요리의 기원이다. 이처럼 철모는 여러 가지 용도로 사용될 수 있다. 의자로도, 냄비로도 사용이 가능하다. 그러나 가장 본질적인 기능은 적의 총탄으로부터 생명을 지켜 주는 것이다. 종신보험도 살아서 받는 여러 가지 혜택이 있지만 사망보장이 가장 본질적인 기능이다.

● 두 번을 비껴간 보험

두 자녀의 아버지는 건설 노동자였다. 새벽부터 일을 하기 시작해서 오후 4시면 끝나니까 그때부터 술을 마시며 고된 하루를 잊는다. 옷 수선하는 엄마는 돈벌이가 되지 않고 그 수입마저 줄어들고 있다. 40대 중반의 나이에 아빠는 간경화로 2년 투병생활을 하다 빚만 남기고 세상을 떠났다. 처음 종신보험을 권했을 때 보험은 제대로 준비되어 있다고 했다. 암 진단 시 5천만 원을 받을 수 있는 암보험 2개와 재해사망 시 2억 원을 받을 수 있는 보험이 그것이었다. 차라리 암이나 재해로 사망했으면 남은 가족들에게 빚은 물려주지 않았을 것이다. 그러나 간경화로 사망했으므로 남은 가족들은 힘들게 살 수밖에 없었다. 삶의 전투에서는 봐주는 것도 인정도 없다. 가족의 삶을 제대로 지키려면 제대로 된 화이바가 반드시 필요하다.

● 세상에 공짜 보장은 없다

강남부자에게 종신보험의 주계약과 특약을 설명했더니 암이나 수술, 입원 같은 것은 필요 없고, 주계약만 크게 해 달라고 했다. 몇 천만 원의 치료비는 가지고 있는 돈으로 해결할 수 있다고 했다. 소멸성 특약은 싫고 좀 비싸더라도 자산처럼 남겨 주고 싶다면서 사망보장 위주로 가입했다. 생활이 어렵고 힘든 사람일수록 주계약은 줄이고 특약 위주로 든다. 어렵게 납입을 해도 상황이 바뀌면 활용할 수 있는 것이 거의 없다. 차라리 제대로 된 보장을 하나만 가지고 있는 것만 못하다. 보험료는 적게 내면서 모든 보험의 혜택을 다 받겠다는 욕심이 앞서면 제대로 된 보장을 받을 수 없다.

● 핵심에 집중해야 생존한다

45세의 가장이 종신보험 5억 원을 유지하고 있었다. 34세에 가입한 후 11년 된 계약이다. 최근 보장분석 컨설팅을 받아 보니 보험료는 비싼데 건강특약 보장이 부족하다는 진단이 나왔다. 사망보장을 감액해서 보험료 부담을 줄이고 건강특약을 추가 가입해야 한다는 제안을 받았다고 했다. 그러나 연수입이 1억 원으로 보장수준은 연 수입의 5배로 적정수준이고 보험료도 월수입의 10% 이내였다. 중학생인 아들을 안전하게 지켜 주기 위한 안전장치로 사망보장은 꼭 필요하다고 설명했다. 건강특약은 혜택이 화려해 보이고 본인의 치료비를 커버해 줄지는 몰라도 가족을 보호하지는 못한다. 사망보장을 감액하고 가족의 건강특약 추가를 권하려 왔었는데 오히려 배우자와 아들의 종신보험 1억 원에 가입했다. 가족들의 보장내용을 살펴본 후에 사망보장은 없고 건강특약만 있다는 사실을 알았기 때문이다.

● 화이바는 의자가 아니다

세일즈맨: 군대에서 행군 많이 하셨죠? 행군이 어떠셨나요?

고객 : 정말 힘들었죠.

세일즈맨: 잘 아시는 내용이지만 옛날을 상기하면서 '방독면과 화이바' 이야기를 들어보세요. 오늘 말씀드리려는 내용과 관련이 있습니다. 기대되시나요?

고객: 옛날 생각도 나면서 벌써 긴장되는데요.

세일즈맨: 허리에 차는 방독면은 행군 시 걸리적거려서 무척 불편합니다. 하지만 저녁에 잠잘 때 베개 대용으로 사용하면 아주 좋습니다. 머리에 쓰는 화이바는 무겁기도 하고, 땀이 나면 벗어 버리고 싶을 정도로 괴롭습니다. 비가 올 때 행군하다가 휴식을 하면 땅이 젖어서 앉을 수 없습니다. 이 때 화이바를 엎어 놓고 앉으면 정말 편안합니다. 회전의자가 됩니다. 방독면이나 화이바의 진짜 용도는 뭘까요? 실전에서 독가스가 살포되면 방독면 없이는 몇 분도 못 버팁니다. 마찬가지로 총알이 빗발치는 전장에서는 화이바가 머리와 온몸을 보호해 줍니다. 제 말이 맞나요?

고객: 맞는 말입니다.

세일즈맨: 행군 시에 베개와 의자 대신에 '방독면과 화이바'를 활용하는 기능은 종신보험의 살아서 받는 건강특약의 혜택과 같습니다. 그러나 전시에 독가스와 총알을 피하기 위한 기능은 종신보험의 주계약인 일반사망보장입니다. 방독면과 화이바를 구입해야 한다면 행군용

과 전시용 중 어느 용도로 구입하시겠어요?

고객:　　　당연히 전시용을 구입해야겠죠.

세일즈맨:　그렇다면 건강특약이 중요할까요? 아니면 사망보장이 중요할까요?

고객:　　　사망보장이 먼저죠. 일반사망보장을 제대로 준비해야겠네요.

정리

여름에 행군할 때 화이바를 쓰면 덥고 무거워서 당장 벗어 버리고 싶다. 그러나 비 오는 날 행군을 하다가 10분간 휴식을 하면 땅이 온통 젖어 있어서 마땅히 앉을 곳이 없다. 그럴 때 화이바를 엎어 놓고 앉으면 회전의자가 된다. 전쟁 영화를 보면 총알이 날아올 때 무엇에 의지해서 총알을 피할까? 화이바에 온몸을 숨기고 의지한다. 화이바를 산다면 의자용으로 사겠는가? 총알을 막는 용도로 사겠는가?

종신보험은 팬티다

● 팬티 입은 개구리

어느 연못에서 물뱀이 헤엄치고 있었다. 연못 여기저기서 개구리들이 놀고 있는데 모두 벗고 있었다. 물뱀이 연못 맞은편에 도달하니 한 놈만 팬티를 입고 바위 위에 있는 것이 아닌가? 물뱀이 물었다. "넌 뭔데 팬티를 입고 있어?" 그러자 팬티 입은 개구리가 수줍은 듯 대답했다. "저는 때밀이인데요!"

● 자장면 배달과 브레이크 고장

자장면을 배달하는 알바생의 사례다. 오토바이로 자장면을 배달하다가 비탈길을 내려가는데 브레이크가 말을 듣지 않았다. 예전부터 문제가 있었지만 나중에 고쳐야지 하다가 드디어 일이 터진 것이다. 알바생은 박스를 줍는 할머니를 치고 상가 유리창을 들이 받고는 기억을 잃었다. 119에 실려 가서야 깨어났는데 사장님이 서 있었다. 사장님은 괜찮냐고 묻는 것이 아니라 "자장면 팔아서 얼마 남는다고 이런 큰 사고를 쳤냐?"고 눈알을 부라렸다. 가족을 태우고 가고 있는 여러분의 브레이크는 안전한가? 혹시 나중에 고쳐야지 하고 계속 타고 있는 것은 아닌가?

● 항상 바쁜 친구

항상 바쁘다는 말을 입에 달고 사는 친구가 있었다. 그렇게 바쁘게 살았으면 남들보다 이룬 것도 많아야 할 텐데 오히려 남들보다 뒤처졌다. 바쁘기 때문에 중요한 일들을 뒤로 미루다가 큰 손해를 보기 때문이다. 한번은 찌개 국물을 발등에 엎어서 발을 데었는데 회사일이 바빠서 제대로 치료를 받을 수 없었다. 결국 상처가 도져서 며칠 통원치료로 될 것을 몇 달 동안 병원에 입원한 적도 있었다.

그동안 항상 바쁘다고 해서 제대로 상담도 하지 못했다. 삶이 바쁘면 돈쓰는 것에도 똑같이 바쁜 것 같다. 결국 그 친구는 종신보험을 가입하지 못했고 나도 어느 순간부터 보험이야기를 하지 않게 됐다. 친구가 큰 수술 후 성인병으로 약을 먹고 있기 때문이다. 그 친구는 이제 할 일이 없어져서 바쁘다는 말을 하지 않는다. 팬티는 신체에서 가장 중요한 부위를 가려 준다. 가장 중요한 것을 뒤로 미루면 삶의 치부를 노출하게 된다.

● 인생의 치부는 종신보험으로

신문에서 병원비 800만 원을 내지 못한 삼남매가 엄마의 시신을 병원에 두고 사라졌다는 기사를 본 적이 있다. 시신을 병원에 두면 시신도 입원비를 내야 한다. 시간이 지나 병원비는 1천500만 원으로 늘어났다. 점점 더 병원에 나타나기 힘들어진다. 엄마가 하늘나라에서 이 모습을 본다면 뭐라고 할까? 세상에 남은 삼남매는 평생을 죄지은 자식으로 살아갈 것이다. 최소한 종신보험 1천만 원만 있었어도 이런 인생의 치부는 가려졌을 것이다. 어떻게 800만 원 병원비가 없어서 한 사람도 아니고 삼남매가 지명수배될 수 있을까? 일용직이나 식당일을 하면서 하루하루 어렵게 살아가는 사람에게는 100만 원 구하기도 힘들 때가 많다. 그런 사람들은 힘들게 일을 하고 돈을 못 받는 경우도 많다. 한 번뿐인 인생에서 가장 소중한 자식에게 삶의 치부를 적나라하게 드러내어서야 되겠는가?

● 슈퍼맨을 따라 하지 마라

할머니: 어휴~, 얘! 동네 창피하게 왜 팬티도 안 입고 돌아다니니?

손자: 싫어. 나 팬티 안 입을 거야!

할머니: 아니, 왜 팬티를 안 입어? 빨리 와서 팬티 입어!

손자: 그럼 입긴 입는데, 바지 위에 입을 거야.

할머니: 너 미쳤니? 왜 팬티를 바지 위에 입어?

손자: 할머니! 할머니는 슈퍼맨 못 봤어? 슈퍼맨은 바지 위에 팬티를 입잖아.

할머니: 네가 슈퍼맨이야? 왜 팬티를 바지 위에 입어?

    저축성 상품이 화려한 겉옷이라면 종신보험은 팬티와도 같다. 팬티는 치부를 가려 창피할 일을 막아 주는 기능을 한다. 그래서 옷을 입을 때 가장 먼저 입는다. 보험을 준비할 때는 생의 치부를 가려 주는 종신보험을 가장 먼저 준비해야 된다. 그러나 대부분의 사람들은 자식들 교육 다 시키고, 대출금 갚고, 바쁜 일 끝나고 나서 여유가 생기면 하겠다고 한다. 팬티를 바지 위에 입을 수 있는 사람은 오직 슈퍼맨뿐이다. 가족을 책임지는 아빠들은 종신보험을 제일 먼저 준비해야 한다.

팬티는 가장 작은 옷이지만 신체의 가장 부끄러운 곳을 가려 준다. 팬티를 입어야 다른 옷을 그 위에 입을 수 있다. 보험도 마찬가지다. 종신보험 1억 원에 가입하고 안하고의 문제가 아니라 2천만 원, 3천만 원부터라도 시작하는 것이 중요하다. 최소한의 돈만 있어도 삶의 치부를 가리고 인간답게 죽을 수 있다.

종신보험은 우산이다

● 우산 수집

우산을 들고 나가면 항상 깜빡하는 남자가 있었다. 어느 날 출근하는 지하철 안에서 무심코 앞에 있는 우산을 집어 들려고 했더니 옆에 앉아 있던 부인이 자기 우산이라고 말했다. 당황한 그는 부인에게 사과했다. 그날 저녁 회사에서 귀가할 때 그는 이제까지 회사에 놓아두었던 5개의 우산을 한꺼번에 가지고 나왔다. 그런데 하필 지하철에서 아침에 만난 부인을 또 만나게 될 줄이야! 남자를 알아본 부인은 생긋

미소를 띠며 말했다.

"오늘은 수확이 많으시네요."

● 종신보험이 심장이식의 우산

같이 일하는 동료에게 있었던 일이다. 충치가 있는데도 바빠서 치과에 못 갔다. 결국 바이러스가 치신경을 타고 침입하여 심장이 망가졌다. 심장이식 외에는 방법이 없다는 진단을 받았다. 대학병원에서 심장이식 대기번호 3번을 받았다. 제주도에 가 있을 때 병원에서 급하게 호출을 했다. 서울에 오면서 대기번호가 2번으로 바뀌고 도착할 때쯤 1번으로 바뀌었다. 교통사고로 사망한 30세 남자의 심장을 40세에 이식받았다.

갑자기 폭우가 왔을 때 종신보험이 없으면 그 비를 다 맞아야 한다. 그럴 때 종신보험이 있다면 비를 피할 수 있는 든든한 우산이 된다. 죽는 것은 두렵지만 돈이 없으면 서럽다. 종신보험은 죽는 두려움을 해결해 주지는 못하지만 서러운 것을 막아 주는 우산은 될 수 있다. 동료의 병원비는 종신보험 보장금액 2억 원에서 여명급부금으로 미리 받은 1억 원으로 해결했다. 만약 돈이 없었다면 심장이식 신청이 어려웠을 것이다.

● 폭풍우를 견뎌주는 작은 우산

20대 초반에 종신보험 일반사망 1억 원에 건강특약을 부가해서 가입한 고객의 사례다. 3년을 유지하다가 형편이 어렵다고 해약했다. 그리고 4년 후에 다시 계약을 했는데 이번에는 종신보험 5천만 원에 특약을 부가해서 가입했다. 보장은 절반으로 줄었는데 보험료는 더 많아졌다. 금리, 나이, 납입기간 등 세 방면에서 보험료 부담을 증가시키니까 그렇게 되었다. 현재는 유방암으로 2년째 치료를 받고 있다. 음악학원을 하는데 수입이 적어서 약관대출도 받고 있다. 단돈 1만 원도 아쉬운 상황이다.

작년에는 남편이 갑자기 머리가 아프다고 해서 병원에 갔는데 뇌에 문제가 있어서 아직까지 중환자실에 누워 있다. 남편의 병원비는 시댁 쪽에서 감당하고 있는데 시댁도 넉넉한 편이 아니었다. 남편은 보험이 전혀 없었다고 한다. 본인은 30대 후반이고 딸은 유치원생이다. 엄청난 폭우가 닥쳤는데 작은 우산으로나마 힘겹게 견뎌 내고 있다. 만약 종신보험이 없었으면 어떻게 되었을까? 아픈 남편과 어린 딸을 생각하면 종신보험이 폭우를 막아 주는 우산이 된 셈이다.

● 비가 안와도 우산은 필요하다

공기업을 다니는 사내커플인 고객이 있다. 각각 보장 위주로 종신보험 3억 원씩 보장을 가지고 있다. 특약이 없어서 보험의 혜택을 한 번도 받아 본 적이 없다. 종신보험이 사고가 나지 않게 하는 부적 역할을 하는 것 같아서 든든하다고 한다. 공기업이라 안정적이기 때문에 사망이나 사망에 준하는 문제만 해결되면 노후 걱정도 없다. 그 문제를 종신보험이 해결해 주기 때문에 종신보험이 그렇게 고맙고 좋다고 한다. 혜택을 받지 않고도 고마워하는 것은 날씨가 맑아서 우산을 펼 일이 없는데도 그냥 들고 다니면서 든든해하는 것과 같다.

● 우산은 맑은 날 사야 한다

세일즈맨: 고객님은 우산을 미리 준비해 놓나요? 아니면 비올 때 사시나요?

고객: 집과 사무실에 미리 준비한 우산이 몇 개씩 있죠.

세일즈맨: 제가 하는 역할은 미리 우산을 준비해서 비올 때 쓸 수 있게 하는 일입니다. 제 전 직장은 은행이었는데 은행은 그렇지 않더군요. 왜 그런지 아세요?

고객: 회사가 잘 될 때는 돈을 쓰라고 하고 회사가 어려워져서 추가로 대출을 받으려고 하면 쓰고 있는 대출까지 갚으라고 하는 경우를 많이 봤죠.

세일즈맨: 보험은 다릅니다. 아파서 일을 못하면서 치료비가 필요한 상황은 인생의 장마철 같잖아요. 종신보험은 그때 비를 피할 우산을 전해 드립니다.

고객: 그렇겠네요.

세일즈맨: 맑은 날 잔디밭에서 가족끼리 즐겁게 소풍을 즐기고 있었습니다. 어떤 사람이 "곧 폭우가 쏟아질지 몰라요! 우산을 준비하세요!" 하고 외치고 다닙니다. 사람들은 "재수 없다. 그럴 여유가 없다. 그럴 일이 없다."고 이야기합니다. 그런데 얼마 후 먹구름이 몰려오면서 비가 쏟아지기 시작하면 사람들의 생각이 달라집니다. 그때 뒤늦게 우산을 찾지만 우산을 구할 수 없습니다. 저는 비가 올 것을 걱정하면서 집을 나서려는 사람의 손에 우산을 쥐어 줍니다. 우산을 들고 다니는 것은 약간 불편하기는 하지만 비 맞을 걱정을 하지 않고 하루를 보낼 수 있습니다.

고객: 좋은 일 하시네요.

세일즈맨: 고객님 우산 하나 준비하시죠!

정리

비가 올 것을 걱정하면서 집을 나서려는 사람의 손에 우산을 쥐어 주는 사람이 세일즈맨이다. 우산을 들고 다니는 것이 불편하기는 하지만 비 맞을 걱정은 하지 않고 하루를 보낼 수 있다. 인생에서 폭우보다 더한 댐이 무너지거나 산사태가 날 수도 있지만 미리 대비하면 생각했던 대로 인생을 살 수 있다. 우산도 튼튼하고 커야 우산 역할을 제대로 할 수 있다. 은행은 맑은 날 우산을 준비하라고 했다가 비가 오면 우산을 빼앗아 간다. 보험회사는 우산을 준비하라고 했다가 비가 오면 우산을 돌려준다.

백업

● **백업배우**
....

영국의 어느 극단에 배우가 되고 싶은 소년이 있었다. 소년은 몇 년 동안 심부름과 청소 등 잡일을 했다. 그러던 어느 날 조연출자가 와서는 단역 배우 한 사람이 사정상 빠지게 되었으니 대역을 하라고 했다. 그 역은 임금이 궁중에서 만찬을 베풀고 있을 때 병사 하나가 들어와서 전쟁의 급보를 전하는 한 장면뿐이었다. 소년은 무대에 오르기 전 복장을 갖추고 무대 뒤뜰로 나가서 계속 뛰었다. 소년의 얼굴은 땀이 흘러 엉망이 되었고 신발이 먼지투성이가 되었다. 드디어 무대에 등장한 소년의 모습은 영락없이 전쟁터에서 며칠 밤낮을 달려온 병사였다. 이 소년이 바로 영국의 연극 수준을 한 단계 높여 놓은 연극배우 로렌스 올리비에다.

● 삶의 백업

40세 넘은 조카는 게임 관련 프로그램 개발 일을 하고 있다. 결혼에 부정적이라 아마 혼자 살 것 같다. 그러다 보니 종신보험 관련 설명 자체를 들으려 하지 않는다. 얼마 전에 만났는데 정신없이 바쁘다고 했다. 몇 년간 고생해서 만든 프로그램이 거의 완성 단계에 있었다. 만약 갑자기 정전이 돼서 프로그램이 날아가면 어떻게 하냐고 물어봤더니 0.1초도 망설이지 않고 백업해 놓는다고 대답하였다. 프로그램도 불의의 사태에 대비해서 백업을 한다. 갑자기 사람이 아프거나 쓰러지면 그 비용은 누가 댈 것인가? 본인을 위한 백업이 종신보험이다.

프로그래머들은 감정보다는 이성, 가슴으로 느끼기보다 머리로 생각하는 것이 습관화 되어 있다. 미혼의 남자 프로그래머는 종신보험의 가치를 느끼게 하기에는 최악의 조건이다. 공감하는 것은 심장을 서로 교체해야 되는데 심장이 요지부동이다. 심장을 교환하기는 힘들지만 고객의 관점으로 내가 이동해서 대화를 진행하면 가능성이 있다. 갑자기 프로그램이 망가지는 것에 대비한 안전장치로 백업이 있는 것처럼 인생의 리스크에 대한 백업은 종신보험이다.

● 백업 시스템을 유지 못한 친구

학원을 크게 운영하던 친구가 세무조사를 받아서 무척 힘들어졌다. 회사 사정이 안 좋아 종신보험 3억 원을 유지하기 어렵다고 이야기했다. 계속 유지하라고 몇 번 설득했지만 그 친구는 돈이 부족해서 잠을 잘 수가 없다고 했다. 결국 종신보험을 해지했다. 몇 년 후 그 친구는 출근 도중 심장마비로 사망했다. 자녀가 3명인데 막내아들은 중학생이었다. 자산보다 부채가 많아서 아내는 상속을 포기할 예정이라고 했다.

그 친구는 나름대로 열심히 살았는데 떠날 때는 무책임하다고 욕을 먹었다. 몇 년간 공들여 프로그램을 개발해 놓고도 백업을 해 놓지 않아 하룻밤 사이에 날려먹은 것이다. 삶을 백업하지 않았으므로 남겨진 배우자가 경제적으로 힘들어한다. 힘들수록 만약의 위험에 대비해야 한다. 힘들다고 안전장치를 파는 것은 가장 무모한 행위다.

● 종신보험으로 삶을 백업하라

세일즈맨: 고객님은 보험 있으세요?

고객: 저는 보험은 안 들어요. 저축할 돈도 없는데 무슨 보험을 들어요?

세일즈맨: 고객님이 생각하는 보험은 저축하고 돈이 남으면 가입한다는 말씀

이네요.

고객: 답도 없는 시험문제를 풀 필요는 없다고 생각하죠. 저는 인풋과 아웃풋이 정확한 것에만 돈을 투자합니다.

세일즈맨: 요즘은 보험을 선택이 아니라 필수품으로 많이 생각하는데요.

고객: 보험을 필수품으로 생각한다고요?

세일즈맨: 인생은 딱 한 번뿐이잖아요. 크게 성공하는 것보다 크게 실패하지 말아야 하니까요.

고객: 실패하지 않으려고 열심히 저축하잖아요.

세일즈맨: 고객님이 몇 년간 열심히 작업해서 거의 완성단계에 있는 프로그램이 갑자기 정전으로 날아간다면 어떨 것 같으세요?

고객: 미리 백업을 해 놓기 때문에 문제없어요.

세일즈맨: 실패하지 않기 위해서 안전장치를 해 놓는군요. 고객님! 지금까지 공부하고 성장하는 데 돈 많이 들었죠?

고객: 많이 들었죠.

세일즈맨: 혼자 감당했나요?

고객: 저도 노력했지만 부모님 도움이 컸죠.

세일즈맨: 본인뿐만 아니라 가족들의 도움으로 현재의 고객님이 되셨는데 질병이나 사고로 갑자기 쓰러진다면 어떻게 될까요?

고객: 정말 큰일이죠.

세일즈맨: 그럴 가능성이 있을까요?

고객: 쓰러지지 않는다고 장담은 할 수 없죠.

세일즈맨: 고객님에게 그런 일은 몇 년을 공들여 만든 프로그램 전체가 날아

간 것과 같지 않을까요?

고객: 같을 수 있겠네요.

세일즈맨: 만일 백업을 안 해 놨다면 고객님은 어떻게 될까요?

고객: 회사를 그만둬야겠죠.

세일즈맨: 고객님이 퇴사하는 경우와 큰 병으로 사망하는 경우 중 어느 것이 더 큰 리스크일까요?

고객: 비교가 안 되죠. 회사야 다시 들어가면 되죠.

세일즈맨: 그런데 고객님은 프로그램에 대해서는 백업이라는 안전장치를 당연하게 준비하면서 프로그램보다 몇 십 배 가치 있는 고객님 자신에 대한 백업은 왜 준비하지 않죠?

고객: 그렇네요. 어떻게 준비하면 되는데요?

정리

언더스터디는 앙상블 중 주연 및 조연 등의 특정 배역을 지닌 배우를 뜻한다. 평상시에는 앙상블로 무대 위에 오르며 특별히 배우가 불가피하게 공연을 소화하지 못할 시에만 언더스터디의 기능을 수행한다. 종신보험은 인생이라는 공연이 큰 사고 없이 진행되도록 안심할 수 있는 언더스터디이다. 종신보험은 가족을 위한 안전장치로 필요하고 가족이 없으면 자신을 지키는 안전장치로 필요하다. 삶의 백업인 종신보험을 준비하지 않는 것은 안전줄도 없이 번지점프를 하는 것과 같다.

혼수목록

● 추남의 사랑

한 곱사등이인 추남이 사랑에 빠진 아름다운 여인에게 물었다.

"사람은 태어나면서 신에 의해서 배우자가 이미 정해진다는 것을 믿습니까?"

"믿어요. 당신도 믿나요?"

"당연히 믿지요. 그런데 신이 저에게는 곱사등이인 신부를 맞이할 거라 했습니다. 그래서 제가 신에게 부탁했죠. 곱사등은 저에게 주시고 신부에게는 아름다움을 달라고요."

가장 중요한 혼수목록은 재물이 아니라 마음이다. 종신보험도 마음이 담긴 훌륭한 혼수목록이 될 수 있다.

● 배려가 최고의 혼수목록

결혼을 앞둔 32세 남자에게 종신보험을 설명했다. 관심을 가지고 듣더니 한 달 뒤에 2억 원 종신보험에 가입했다. 왜 2억 원인가 물었더니 친구 결혼식에 갔다가 평생 신부를 지켜 주겠다는 신랑의 맹세를 들었다고 했다. 자신도 얼마 후 결혼하는데 1억 원은 자기의 병원비로 쓰고 1억 원은 아내를 위한 안전장치로 쓰겠다고 했다. 나중에 아이가 태어나면 아이 몫으로 더 늘리겠다고 했다. 종신보험은 결혼식 때 평생을 지켜 주겠다는 약속을 보증하는 안전장치다. 또한 약속을 이행하기 위해 반드시 필요한 혼수목록이다.

결혼생활에서 가장 중요한 것은 상대를 사랑하고 배려하는 마음이다. 마음은 현실에서 행동으로 나타나야 한다. 위에서 예로 든 남자는 아내를 지켜 주겠다고 생각하고 종신보험증서로 실행에 옮겼다. 종신보험증서는 사랑하고 배려한다는 것을 증명하는 확실한 보증서이다. 생각만 했다면 혼수목록에 올리지 못했을 것이다. 결혼생활은 상대를 소유하려 해서는 행복할 수 없다. 행복은 소유에서 오는 것이 아니라 행동에서 나온다. 상대의 행복을 위해 구체적인 행동을 할 때 행복은 얼어진다. 상대의 행복을 위한 구체적인 행동 중 하나가 종신보험 가입이다.

● 결혼조건 VS 종신보험 가입조건

결혼에서 배우자를 판단하는 핵심적인 3가지 조건은 경제력, 건강, 배려심이다. 우선 종신보험은 용돈을 절약해서 가볍게 들 수 있는 것이 아니다. 수입의 10% 정도의 보험료를 준비해야 한다. 그러한 보험료를 장기간 낼 수 있으려면 경제적 능력이 있어야 한다. 그다음 조건은 건강이다. 심각한 질병 및 장해, 위험한 일, 위험한 지역 등의 문제가 있는 경우에는 종신보험에 가입할 수 없다. 다른 것이 아무리 좋아도 상대에게 맞춰 주려는 마음이 없이는 결혼생활이 정상적으로 이어질 수 없다. 마지막으로 상대방에 대한 배려심이다. 종신보험은 상대에 대한 배려심이 없이는 가입할 수 없다. 결국 종신보험 가입자격은 배우자를 고르는 조건하고도 일치한다.

● 자신의 미래가치가 혼수목록

결혼할 예정인 20대 후반의 아가씨가 종신보험에 가입했다. 집안은 어렵고 가진 돈이 없어서 혼수를 제대로 해 갈 형편이 아니었다. 그래도 열심히 노력해서 살면 준비 못한 혼수는 벌어서 보충할 자신이 있다며 당당했다. 그러나 중간에 본인이 쓰러지면 물거품이 될 수 있으니 그것에 대한 안전장치로 종신보험이 필요하다고 했다. 종신보험 증서가 가장 중요한 혼수목록이라고 했다. 신랑도 비슷한 처지라서 종신보험이 필요했다. 본인이 먼저 가입하고 말해야 설득력이 있을 것 같아서 신랑보다 먼저 가입한 후 신랑은 나중에 가입하도록 하겠다고 했다. 종신보험 증서가 서로를 위한 의미 있고 값진 혼수목록이 되었다.

● 자동차 브레이크와 종신보험

세일즈맨: 요즘 결혼 준비로 바쁘시죠?

고객: 네. 신경도 많이 쓰이고 준비할 것도 많아요.

세일즈맨: 결혼할 때 꼭 살펴봐야 할 리스트가 있습니다.

고객: 그게 뭐죠?

세일즈맨: 첫째 배우자에 대한 배려심이 있어야 합니다. 둘째 건강해야 합니다. 셋째 경제력이 있어야 합니다. 고객님도 배우자의 이런 조건을 살펴보지 않았나요?

고객: 당연히 보았죠. 그렇지만 살아보기 전까지는 완벽하게 알기는 힘들겠죠.

세일즈맨: 방법이 있습니다. 바로 종신보험증서입니다. 종신보험은 내가 사망했을 때 배우자나 자녀에 대한 배려 때문에 선택하죠. 건강해야 가입가능하고 납입할 경제력이 있어야 합니다. 그런 의미에서 최고의 혼수목록입니다.

고객: 보험은 결혼 후에 안정되면 검토해 보려고요.

세일즈맨: 가족용 자동차를 구입했는데 브레이크가 없어요. 지금 꼭 고쳐야 할까요? 나중에 고쳐도 될까요?

고객: 당장 고쳐야죠. 브레이크가 없는 차를 불안해서 어떻게 타요.

세일즈맨: 맞습니다. 종신보험은 고객님 부부가 타고 달려갈 자동차입니다. 기름을 가득 채우고 깨끗하게 세차를 해서 반짝반짝 빛이 납니다. 그런데 출발하려고 하는데 브레이크가 고장입니다. 그냥 출발할 수 있나요?

고객: 출발할 수 없죠.

세일즈맨: 신호등이 파란불만 계속된다면 문제없지만 빨간불이 켜질 수도 있고 갑자기 누가 차 앞으로 뛰어들 수도 있으니까요.

고객: 알겠습니다. 브레이크를 우선 고쳐야겠네요.

정리

종신보험을 거부하는 사람들이 공통적으로 하는 말이 있다. 나 죽은 다음에 누구 좋은 일시키냐는 것이다. 그러나 선진국 사람들은 마인드가 다르다. 자신이 죽고 난 후 종신보험으로 받는 돈이라도 있어야 재혼을 해도 더 좋은 상대와 재혼할 수 있다는 것이다. 자신을 사랑하고 믿어서 결혼을 했는데 자신이 죽은 이후까지 생각하는 것이야말로 진정한 배려다. 종신보험은 결혼생활의 밑바탕이며 배우자에 대한 진정한 배려다.

종신보험은 큰 돌이다

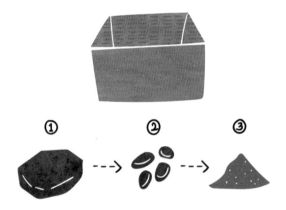

● 돌을 넣는 순서

어느 교수가 강의시간에 투명한 상자를 갖다 놓고 그 안에 제법 큰 돌 몇 개를 넣어서 가득 채웠다. 그리고 학생들에게 물었다. "이 상자가 가득 찼습니까?" 학생들이 대답했다. "네" 그러자 교수는 그 상자에 다시 작은 자갈들을 넣어 큰 돌 사이로 자갈들이 채워지게 했다. "이번에 도 상자가 다 찼습니까?" 학생들은 역시 대답했다. "네" 교수는 웃으며 그 상자에 이번에는 모래를 채우기 시작했다. 교수는 학생들에게 다시

한 번 물었다. "여러분 제가 지금 뭘 말하려고 하는지 아시나요?" 학생들은 아무 대답을 하지 못했다.

● 중요한 순서와 급한 순서

잡히는 대로 넣다 보면 시간이 지난 후 그것 때문에 더 바빠진다. 보험에도 우선순위가 필요하다. 그래서 보험의 의미를 제대로 아는 사람들은 사망보장위주로 선택하고 암이나 CI진단보장, 그리고 수술이나 입원특약순으로 준비한다. 한 가정의 보험을 분석해 보면 자녀들의 보험료가 부모의 보험료보다 큰 경우를 흔히 본다. 자녀들이 보험에 많이 가입하는 것이 자녀들을 위한 것으로 착각하기 때문이다. 하지만 부모에게 문제가 생기면 자녀들을 보살필 수 없다. 자녀들의 보험은 부모다. 자녀들에게 가장 값진 선물은 '어떤 상황에서도 자녀들의 꿈이 이루어지도록 지켜 주는 것'이다. 그 가장 확실한 안전장치가 부모의 종신보험가입이다.

● 시간도 미리 떼어 놓아야 한다

금요일 퇴근 후 집에 와 보니 지하실 보일러가 터져서 물이 흥건했다. 급히 사람을 불러 수리하고 물을 퍼냈다. 총 7시간이 소요되었다. 보일러가 터졌다고 가정하고 시간을 만들면 어떤 상황에서도 시간은 만들어진다. 나머지는 우선순위에서 뒤로 밀린다. 보험도 마찬가지다.

일어날 수 있는 상황 중에서 가장 치명적인 영향을 미치는 경우부터 준비해야 한다. 그것이 항아리에 큰 돌을 먼저 넣는 방법이다. 유능한 종신보험 세일즈맨은 고객에게 종신보험을 큰 돌로 인식시킨다. 나도 지금까지 수많은 계약을 했지만 고객이 여유가 있어서 계약한 경우는 별로 없다. 정말 필요하다고 간절하게 느끼면 어떻게든 여유를 만든다.

● 바빠서 손에 잡히는 대로 넣어요

소개받은 40대 후반의 부부와 상담한 사례다. 아내의 친구가 보험을 오랫동안 관리해 줬는데 최근에 그만두었다고 했다. 오랫동안 믿고 맡겼는데 담당자가 그만두어서 불안하다고 했다. 증권을 분석해 보니 운전자보험, 치아보험까지 종류별로 모든 보험이 골고루 가입되어 있었다. 그러나 부부는 그런 내용을 전혀 모르고 있었다. 그냥 친구가 권하는 대로 했다고 했다. 가장 큰 돌에 해당하는 종신보험의 사망보장은 남편이 5천만 원, 아내는 3천만 원이 전부였다. 남편은 고혈압과 당뇨병을 앓고 있었다.

어떤 것이 큰 돌이고 어떤 것이 자갈인지에 대한 설명 없이 가입했으니 기억이 날 리가 없다. 친구가 시키는 대로 넣었을 뿐이지 그것이 어떤 의미인지를 모르는 것이다. 보험을 가입할 수 없을 정도로 건강이 안 좋아져서 지금은 이미 넣은 것을 꺼내 봐야 소용이 없다. 그래서 보험은 전문가가 필요하다. 차근차근 의미를 설명하고 순서대로 가입해야 한다. 그렇게 준비하면 몇 개의 보험으로 인생이 흔들리지 않는다.

● 잘못 넣은 큰 돌은 꺼내기도 힘들다

자녀가 둘인 30대 부부를 소개로 만났다. 종신보험을 설명했더니 주택자금 대출 상환, 자녀 학원비, 직장의 불확실성 등을 이유로 거절했다. 그런데 몇 달 후 갑자기 연락이 와서 보장금액이 큰 것으로 가입하겠다고 했다. 왜 갑자기 마음이 변했는지를 물었더니 최근 직장 동료가 갑자기 사망했는데 자녀들이 아직 어린 것을 보고 느끼는 바가 많았다고 했다. 또한 전쟁위협이 있는 이라크로 발령이 나서 보험의 필요성을 느꼈다고 했다. 그러나 그 고객은 결국 고객이 되지 못했다. 위험 지역 출국예정이라는 고지 항목에 걸려서 보험가입이 안 되었다. 이라크 발령 전에 가입했다면 마음 편하게 발령지로 갈 수 있었을 것이다. 큰 돌을 가장 먼저 넣지 않으면 나중에는 넣기가 힘들거나 아예 넣지 못할 수도 있다.

● 큰 돌부터 넣어라

세일즈맨: 보험은 어떤 기준으로 선택해야 할까요?

고객:　　 얼마나 자주 발생하는 리스크인지를 기준으로 해야 할 것 같아요.

세일즈맨: 그럴 수도 있겠네요. 그런데 고객님께 일어나는 모든 위험을 보험으로 준비해야할까요? 감기몸살 또는 운동하다 골절되는 위험도

보험으로 준비해야 할까요?

고객:　　　그런 것까지 준비할 필요는 없겠죠.

세일즈맨:　빈도수보다는 내가 감당할 수 있는가가 중요합니다. 수조 원의 재산을 가진 대기업 오너에게 암보험이나 종신보험이 필요할까요? 감당할 돈이 있기 때문에 필요성을 못 느끼죠. 고객님이 감당할 수 없는 위험은 무엇일까요?

고객:　　　글쎄요.

세일즈맨:　서울에서 학원을 크게 운영했던 제 친구는 출근하다가 갑자기 쓰러져서 결국 못 일어났습니다. 자녀가 셋이고 막내는 중학생이었어요. 아내는 전업주부였죠.

고객:　　　정말 어려워졌겠어요.

세일즈맨:　고객님께도 그런 일이 안 일어난다고 장담할 수 없습니다. 고객님은 지금 어떤 보험에 가입하고 있나요?

고객:　　　암보험, 실손보험, 운전자보험이요.

세일즈맨:　항아리에 큰 돌, 자갈, 모래, 흙을 모두 넣어야 한다면 어느 것부터 넣으세요?

고객:　　　큰 돌부터 넣어야죠.

세일즈맨:　보험에서의 큰 돌은 어떤 보장일까요?

고객:　　　당연히 사망보장이겠네요.

작은 돌이나 모래를 먼저 넣는 사람들은 큰 돌을 넣을 수 없다고 이야기한다. 충분히 넣을 수 있는데도 시도 자체를 하지 못한다. 항아리 내용물에 의문이 생기고 문제가 되었을 때는 이미 늦었다. 다른 것들은 실패하면서 배운다지만 보험은 실패하면서 배울 만큼 한가하지 않다. 아무 때나 할 수 있는 건 지금 안 해도 되고, 아무 때나 할 수 없는 건 지금 당장 해야 한다. 그래야 인생이 꼬이지 않고 순탄하게 흘러간다.

종신보험은 주춧돌이다

● 허리케인 볼리바

    미국 텍사스의 볼리바 해변에는 허리케인이 자주 닥친다. 2004년 허리케인 '리타'가 상륙했을 때, 수천 명의 주민들은 긴급대피를 해야 했다. 허리케인은 순식간에 고급 주택가를 폐허로 만들었다. 멀쩡하게 남아 있는 집이 거의 없었을 정도였다. 그리고 2008년 허리케인 '아이크'가 다시 강타했을 때 멀쩡하게 남은 집은 '애덤스'의 집밖에 없었다. 2004년 리타에게 당한 이후 태풍에 견딜 수 있게 기초에 주춧돌을 놓고 튼튼하게 집을 지었기 때문이다.

● 종신보험이 없으면 재정안정도 없다

MDRT 연차 총회에 참석할 때마다 듣는 이야기가 있다. 머리가 하얀 70세가 넘어 보이는 선배들이 "종신보험이 준비되지 않은 재정안정계획은 존재할 수 없습니다."라고 외친다. 기둥이 부실한 집이 제대로 서 있을 수 있을까요? 그런 집에서 사랑하는 가족들이 편안하게 살 수 있을까요? 사람들은 자녀의 대학, 가족 음악회, 노후에 크루즈 여행 등의 계획을 세우고 돈을 모은다. 그러나 가장이 갑자기 쓰러지면 이 모든 것이 물거품이 된다. 종신보험을 준비하지 않고 인생계획을 세우는 것은 실패를 계획하는 것과 다름없다. 주춧돌 없이 지붕을 올린 집이 멀쩡할 리 있겠는가?

● 사망보장이라고 다 같지 않다

자녀가 둘인 40대 맞벌이 부부의 보험을 분석해 보았다. 월수입 800만 원 중 보험료는 총 150만 원이었다. 나머지는 저축 60만 원, 연금 50만 원, 자녀보험 15만 원, 아내 보험 5만 원, 남편보험 20만 원이다. 사망보장으로는 아내의 재해사망 1억 원이 있고 남편은 일반사망 6천만 원과 재해사망 2억 원이 있었다. 남편은 사망보장이 2억 원이 넘는 것으로 알고 있었다. 재해사망을 일반사망으로 착각했기 때문이다.

재해사망은 발생할 확률이 낮다. 별도로 준비하지 않아도 다른 데서 보상받는 경우가 많다. 반면 질병에 의한 경우는 발생 확률이 높고 비용을 본인이 전적으로 부담해야 한다. 위의 사례에서 남편은 재해사망 보장금액 2억 원을 일반사망보장으로 착각하고 있었다. 만약 가장이 질병으로 사망했을 때 2억6천만 원이 아닌 6천만 원만 지급되면 가족들은 얼마나 황당할까? 결국 분석내용을 들은 고객은 남편 2억 원, 아내 1억 원을 계약했다.

● 주춧돌이 빠진 집은 기운다

대기업에 다니는 친구가 있었다. 자녀 둘에 외벌이였다. 집으로 방문해서 종신보험을 권유했으나 혼자 벌어서 생활에 여유가 없다고 거절했다. 얼마 후 교통사고로 경추를 다쳤는데 병원에 늦게 가서 하반신 마비가 되었다. 치료비는 보상받았지만 경제활동을 하는 사람은 없고 자녀가 둘이다 보니 생활이 정말 어렵게 되었다. 혼자 지탱하던 큰 집의 주춧돌이 빠져서 집이 기운 것이다. 주춧돌은 집을 지탱하는 데 가장 중요한 역할을 하지만 평상시에는 모르고 지낸다. 없어져 봐야 그 가치를 알게 되지만 그때는 이미 늦었다.

● 주춧돌이 된 엄마

소아마비로 휠체어를 타는 후배가 있었다. 외국인과 늦게 결혼해서 딸과 아들을 낳았다. 아내와 자녀 2명 몫으로 1인당 1억 원이니까 총 3억 원의 보장이 필요하다는 것에 공감했다. 본인은 1억 원만 승인이 나고 아내는 그대로 3억 원에 가입했다. 5년 후 후배는 췌장암 판정을 받았고 발병 6개월 후에 사망했다. 아빠의 사망보험금은 가족들이 안정을 찾는 데 큰 도움이 되었다. 보험금 덕분에 살던 집을 팔지 않고 계속 살 수 있었다. 종신보험의 가치를 실감한 아내는 지금까지도 본인의 종신보험 3억 원을 잘 유지하고 있다. 이제는 엄마가 집안의 큰 주춧돌이 되었다.

● 태풍을 견디게 한 주춧돌

세일즈맨: 집이 안정되려면 지붕, 기둥, 주춧돌 중에서 무엇이 가장 중요할까요?

고객: 주춧돌이 기둥을 잘 받치고 있어야죠.

세일즈맨: 평상시에 주춧돌이 잘 보이나요?

고객: 주춧돌은 땅에 박혀 있어서 잘 안 보이죠.

세일즈맨: 주춧돌은 잘 보이지 않지만 집에서 얼마나 중요한지 아세요?

고객: 글쎄요.

세일즈맨: 미국 텍사스 볼리바 반도에 2004년 허리케인 '리타'로 해변이 황폐화되었어요. 2008년 '리타'보다 더 강력한 '아이크'가 다시 강타했는데 같은 위치에 지은 애덤스의 집만 그대로 서 있었죠. 주춧돌이 바닥에 견고하게 자리를 잡았기 때문이죠.

고객:　　　집에서 주춧돌이 그렇게 중요하군요.

세일즈맨:　주춧돌은 중요한 역할을 하지만 잘 보이지 않습니다. 보험에서도 주춧돌 같은 역할을 하는 보장이 있습니다. 종신보험의 주계약인 일반사망보장입니다. 사망은 가장 큰 리스크인데 남의 일 같고 보험료가 비싸니까 외면하는 경우가 많죠. 요즘 보험료를 줄여 준다고 하면서 이미 준비한 사망보장을 줄이는 컨설팅을 많이 합니다. 그러나 주춧돌이 빠지면 집이 제대로 서 있을 수 있을까요?

고객:　　　저도 죽어서 받는 보장이 무슨 소용이냐고 종신보험을 줄이라는 설명을 들은 적이 있어요.

세일즈맨:　집을 지을 때 비용이 많이 든다고 부실한 주춧돌에 기둥을 세운다면 폭풍우에 집이 견딜 수 있을까요? 확률이 1%라고 하더라도 나에게 닥치면 100%입니다. 가족의 문제는 확률로 계산할 문제가 아니죠. 딱 한 번뿐인 삶이니까요.

고객:　　　종신보험을 줄였으면 큰일 날 뻔했네요.

주춧돌이란 기둥 밑에 기초로 받쳐 놓는 돌을 말한다. 주춧돌을 놓기 위해서는 땅을 파고 무거운 돌을 심어야 한다. 힘들고 시간이 걸리는 일이다. 그러나 그렇다고 해서 주춧돌을 놓지 않고 기둥을 세우면 조금만 바람이 불어도 집이 무너져 버린다. 요즘 방송에 나오는 보험 컨설턴트들은 너도나도 보험료를 줄여 준다고 광고하고 있다. 그러나 이는 힘들게 놓은 주춧돌을 빼는 것과 마찬가지이다. 당장은 이익인 것 같지만 결국 인생에 허리케인이 불어올 때, 인생이라는 집이 무너질 수 있다. 언제 불어 닥칠지 모르는 인생의 허리케인에 대비하기 위해서는 무엇보다 기초를 튼튼히 다져야 한다.

종신보험은 소화기이다

● 소화기의 원리

불이 나려면 세 가지 조건이 있어야 한다. 연료, 열, 산소가 바로 그 것이다. 불을 끄려면 연료, 열, 산소의 세 조건 중 일부 또는 전부를 없 애면 된다. 가장 쉬운 방법은 물을 뿌리는 것이다. 그러나 전기시설이 있을 경우 물을 뿌리면 감전 위험도 있을 수 있다. 이런 경우에는 산소 공급을 차단하면 불이 꺼진다. 불을 '질식'시키는 셈이다. 현재 우리 주 변에서 가장 많이 볼 수 있는 분말소화기는 바로 이 같은 원리를 이용한 것이다. 화재처럼 인생을 덮쳐오는 재앙은 가난에 의한 것, 병에 의한 것, 죽음에 의한 것이 있다, 종신보험은 이 3가지의 재앙을 차단할 수 있는 소화기와 같다.

● 당신의 안전벨트는?

어느 PD의 실제 이야기다. 촬영 나갔던 PD가 놀란 얼굴로 새하얗게 질려서 사무실로 돌아왔다. 촬영 때문에 5층 건물의 옥상에 올라갔는데 촬영하다가 중심을 잃고 옥상 밖으로 떨어졌다는 것이다. 옆에서 함께 작업하던 스태프들도 놀라서 그 PD를 붙잡으려 했지만 너무나 순식간에 일어난 일이라 어쩔 도리가 없었다. 그런데 천만다행으로 몸에 안전벨트를 하고 있었기 때문에 비록 허공에 매달리게 되었지만 안전할 수 있었다.

만약 안전벨트가 없었다면 그는 지금쯤 이 세상 사람이 아니었을 것이다. 별로 두껍지도 않았던 밧줄, 그 밧줄이 그를 살려낸 것이다. 사실 우리가 살다 보면 위험에 노출될 때가 많다. 무서운 속도로 달려오는 자동차를 피해야 할 때도 있고, 심각한 병에 걸릴 수도 있다. 자동차에 타고 있을 때는 안전벨트를 한다고 하지만 그 외의 순간에는 안전벨트를 할 수도 없는 경우가 많다. 눈에 보이지는 않지만 항상 우리를 지켜주는 안전벨트가 어디 없을까?

● 20대는 작은 소화기 vs 50대는 소방차

20대에 결혼한 신혼부부가 종신보험에 가입했다. 일찍 가입하니까 납입기간을 길게 할 수 있었다. 수입이 늘다 보니 15년이 지난 지금은 부담이 없는 수준이고 납입기간도 이제는 내리막길이다. 반면 50대에 종신보험에 가입한 부부도 있다. 보험료를 은퇴 이후까지 납입해야 하고 보장이 크지 않았다. 늦게 시작하니까 보험료도 높아서 비탈길을 오르는 것처럼 힘들다. 회사가 어려워져서 명퇴를 하면서 보험도 해지했다. 늦게 가입해서 고생만 하고 보험의 혜택도 누리지 못했다. 작은 소화기라도 미리 준비하면 화재 초기에는 큰 빌딩의 불도 막을 수 있다. 그러나 화재가 심해진 이후에는 수백 대의 소방차와 소방헬기가 와도 불을 끌 수 없다. 설령 화재가 진압되어도 피해의 흔적은 그대로 남는다. 종신보험도 일찍 준비하면 소화기 정도의 비용으로 소방차 수준의 효과를 볼 수 있다.

● 아빠의 사망보험금은 소화기

운동기구를 수입해서 판매하는 사장님이 있었다. 어느 날 운동경기 심판을 보다가 갑자기 심장마비로 쓰러져서 사망했다. 사장이 사망하면 잘 운영되는 회사도 유동성에 위기가 온다. 줘야 할 돈은 연락을 안 해도 달라고 하는데 받을 돈은 연락을 해도 받기가 힘들다. 다행히 사장님의 사망보험금이 유동성 위기의 불을 끄는 소화기 역할을 했다. 잠깐의 위기를 못 넘기면 몇 십 년을 키워온 회사도 고목처럼 쓰러진다. 그 후로 엄마와 장남이 회사를 3년 정도 같이 운영하다가 지금은 장남 혼자 운영하고 있다. 엄마는 유학 간 막내와 함께 해외에서 편하게 지내고 있다. 아들도 아버지처럼 종신보험이라는 소화기를 준비했다.

● 소방차 보다 나은 소화기

세일즈맨: 혹시 집에 소화기를 가지고 계신가요?

고객: 아파트 복도에 있어요.

세일즈맨: 혹시 차에는 안가지고 계세요?

고객: 차에는 없는데요.

세일즈맨: 외딴곳에서 사고가 나서 차에 불이 나면 소방차나 구급대가 오기 전에 고객님의 목숨이 위험해집니다. 그때 고객님은 뭐가 생각날까요?

고객: 소화기요.

세일즈맨: 그때 휴대용 작은 소화기 하나만 있었어도 운전자를 구할 수 있었겠죠? 보험도 중요한 것을 제때 준비해 놓으면 적은 비용으로 큰 불행을 막을 수 있습니다. 예전에 세 모녀가 자살한 신문기사 보신 적 있으세요?

고객: 본 적 있죠. 그 사건 때문에 법이 새로 만들어졌어요.

세일즈맨: 아빠가 암에 걸렸는데 돈이 없어서 두 딸의 신용카드로 병원비를 해결했죠. 결국 신용불량자가 된 두 딸과 아내를 남기고 아빠는 사

망했어요. 제대로 된 종신보험 몇 천 만 원만 있었어도 그런 가슴 아픈 일은 없었겠죠. 차량용 소화기도 준비하시고 가족들을 화마에서 구할 수 있는 소화기인 종신보험 준비도 같이 검토하시죠!

고객:　　알겠습니다.

> **정리**
>
> 건물에 비치된 소화기를 평소에는 무관심하게 지나치지만 불이 났을 때 그만큼 필요한 것이 없다. 종신보험도 평상시에는 나와 상관없는 것으로 생각하지만 리스크가 발생했을 때는 불을 끄는 소화기처럼 중요한 역할을 한다. 위급 시에는 소화기 하나로 큰 건물과 수많은 인명을 구할 수도 있다. 종신보험도 소화기와 같다. 적은 비용으로 준비해서 가장 중요한 순간에 가족과 자녀의 미래를 구할 수 있다.

종신보험은 아파트다

● 아파트의 이름

옛날 아파트의 이름은 단순했다. 롯데아파트, 현대아파트, 삼성아파트 등등. 그러나 요즘 아파트 이름은 영어로 된 데다 길고 복잡하다. 타워팰리스, 미켈란쉐르빌, 현대하이페리온 등등. 그 이유는 무엇일까? 우스갯소리로 시골에 사는 시어머니가 서울에 사는 아들집을 쉽게 찾지 못하도록 며느리들을 배려한 것이라고 한다. 그런데 요즘은 다시 쉬운 이름이 인기를 끌고 있다. 그 이유는? 이름을 어렵게 했더니 시어머니들이 시누이 손을 잡고 찾아오기에 그렇다고 한다.

● 아파트보다 나은 자산, 종신보험

부모들은 자녀들에게 아파트 한 채를 물려줄 수 있으면 부모의 도리를 다했다고 생각한다. 이처럼 아파트나 상가는 물려주고 싶어 해도 종신보험을 물려주는 것에는 부정적이다. 눈에 보이는 아파트는 확실해 보이지만 불확실한 요소도 많다. 미래의 가치, 나중에 어디서 살게 될지도 불확실하다. 반면 종신보험은 가치가 확정되어 있고 해외에 살더라도 편하게 받을 수 있다. 종신보험은 죽어서 나오는 것이 아니라 살아서는 보장받다가 죽어서 남기는 것이다. 어떤 면에서 아파트로 남기는 것보다 낫다.

재산을 물려주려고 했는데 본인의 병원비가 많이 들면 물려주려는 재산을 병원비로 써야 한다. 그러나 종신보험은 유연하게 활용할 수 있다. 40대 중반의 한 부부는 장남에게는 본인들이 살던 아파트를 물려주고 차남에게는 종신보험을 물려주겠다고 했다. 종신보험은 상가나 회사를 물려줄 때도 유용한 방법이 된다. 회사를 자녀들에게 상속하면 회사 경영에 뜻이 없는 자녀는 회사의 지분을 매각한다. 이런 과정에서 다른 사람에게 회사가 넘어갈 수도 있다. 이런 문제는 종신보험으로 해결할 수 있다.

● 5억 원 종신보험 아파트

경기도에서 여의도로 출퇴근하는 펀드매니저가 아파트 가격이 떨어져서 고민을 했다. 기회비용 때문이다. 아파트 가격이 올라갈 때는 상관이 없지만 가격이 오르지 않으면 월세로 살면서 남는 돈을 투자해서 추가수익을 얻는 것이 낫겠다는 생각이 들었다. 이런 상황에서 5억원 아파트를 계속 보유하면 추가비용이 발생하거나 앞으로 가격이 떨어질 가능성도 있다. 그래서 나는 5억 원의 종신보험을 권유했다. 고객은 종신보험 5억 원이 5억 원 상당의 아파트보다 안전한 투자자산이라고 생각하고 계약했다.

고객을 우리의 관심사로 끌고 오면 안 된다. 세일즈맨이 고객의 관심사로 가야 한다. 고객의 머리 속은 아파트로 꽉 차있다. 아파트 이야기를 계속하니까 보험 이야기를 들었다는 생각이 안 든다. 종신보험이 아니라 아파트를 구입한 것이다. 아파트를 투자목적으로 생각하는 정도라면 죽을 때 자산을 남긴다. 쓰는 자산이 아니라 남기는 자산으로 보면 종신보험이나 아파트나 마찬가지다. 그렇게 생각하면 자산으로 아파트보다 보장자산인 종신보험이 유리한 점이 많다.

● 골프장에서 종신보험을 팔아라

골프장에 오는 사람들은 경제적으로 안정된 사람들이 많다. 골프 싱글 수준의 세일즈맨이 고민을 털어놓았다.

"같이 골프를 치는 사람들은 경제적으로 여유가 있는데 종신보험에는 관심이 없어요. 그나마 관심을 갖는 것은 아파트나 상가 정도예요. 뭐 좋은 세일즈 콘셉트 없을까요?"

부자들에게는 자녀들에게 물려줄 때 종신보험이 아파트보다 장점이 많다고 하면 성공할 확률이 높아진다. 나도 그런 콘셉트로 여러 건을 계약할 수 있었다.

자산가들은 어떤 것이든 획기적으로 유리한 것은 없다고 생각한다. 가난한 사람들이 욕심에 눈이 멀어서 단번에 부자가 되려고 무리수를 두다가 사기를 당한다. 욕심이 없으면 절대 사기를 당하지 않는다. 자산가들은 크게 유리하지 않지만 일리가 있고 자기 생각과 맞으면 선택한다. 다음은 골프장에서 아파트 콘셉트로 계약한 사례다.

● 남기는 자산 종신보험

세일즈맨: 살고 있는 아파트 때문에 고민 많으시죠?

고객: 가격은 떨어지는데 세금은 많고 오래돼서 관리비가 많이 들어요. 얼마 있으면 재건축을 해야 할 텐데 추가로 돈이 더 들어갈 것 같아서요. 이것 팔고 월세로 살면서 그 돈을 투자하면 어떨까 고민이에요.

세일즈맨: 아파트가 현재 얼마 정도 하는데요?

고객: 5억 원 정도 합니다.

세일즈맨: 제가 얼마 전 5억 원짜리 아파트를 하나 보고 왔습니다. 그 아파트는 일시금을 내고 사는 것이 아니고, 100만 원씩 할부로 20년, 총 2억4천만 원만 내면 됩니다. 그리고 20년이 되었을 때, 할부로 낸 돈이 너무 아깝다고 생각되면 월세로 내셨던 금액을 그대로 돌려줄 수도 있습니다. 이 아파트는 5억 원 이하로 내려갈 걱정도 없고, 세금이나 관리비도 들지 않습니다. 기존의 아파트는 20년 후 재건축 시 비용이 드는데 이것은 그럴 가능성도 없습니다.

고객: 그런 아파트가 있어요?

세일즈맨: 그런 아파트가 있으면 사겠어요?

고객: 그런 아파트라면 살게요.

세일즈맨: 그런 아파트가 있습니다. 실제 아파트는 아니지만 아파트 이상의 가치를 지니죠. 40세 정도의 남자가 월 100만 원 정도를 20년간 총 2억4천만 원을 납입하면 5억 원 정도의 종신보험 주계약 가입이 가능합니다. 종신보험에는 세금이 붙지 않습니다. 보통 아파트를 매매하면 양도소득세, 배당을 받으면 배당소득세, 근로자는 근로소득세, 사업을 하면 사업소득세, 퇴직금을 받으면 퇴직소득세를 냅니다. 그러나 종신보험은 2억4천만 원을 납입하고 사망보험금 5억 원을 받더라도 차익 2억6천만 원 소득에 대한 세금이 없습니다.

고객: 종신보험을 자녀들에게 물려줄 때도 비과세인가요?

세일즈맨: 소득세는 비과세인데 상속세 과표에는 포함됩니다.

고객: 그런데 5억 원은 죽어야 받는 돈이잖아요?

세일즈맨: 맞습니다. 그런데 사람은 죽을 때 빚이나 자산 둘 중 하나를 남깁니다. 고객님은 어떤 것을 남길 것 같으세요?

고객: 자산을 남기겠죠.

세일즈맨: 죽어서 받는다는 의미보다 죽었을 때 남기는 자산으로 생각하면 땅, 상가, 주식, 현찰, 아파트, 종신보험의 차이가 있을까요?

고객: 똑같겠네요.

정리

사람들은 현재 눈에 보이는 가치만 최고의 가치로 생각한다. 그러나 그러한 가치들은 변화될 수 있다. 보이지 않으면서 시간이 갈수록 가치를 발휘하는 것이 종신보험이다. 눈에 보이는 가치를 대표하는 것이 아파트이고 눈에 보이지 않지만 진정한 가치가 있는 것이 종신보험이다. 아파트를 물려받은 자녀들은 처음에는 고마워하지만 시간이 갈수록 관리나 비용부담 때문에 불평을 한다. 종신보험은 그와 반대다. 종신보험의 진정한 가치를 알면 종신보험에 가입할 수밖에 없다.

종신보험은 명당이다

● **진정한 명당**
....

옛날에 효성이 지극한 머슴의 아버지가 돌아가셨다. 머슴은 아버지의 시신을 지게에 지고 자기가 나무하러 잘 다니는 곳으로 올라갔다. 그리고 추운 겨울에도 자기가 편하게 쉬던 자리에 아버지를 묻었다. 명당을 쓴 덕분일까? 그 이후에 머슴은 마을의 큰 부자가 되었다. 머슴이 쉬던 자리가 명당인 이유는 추운 겨울에 추위를 피해 쉬던 자리이니 눈이 빨리 녹아 땅의 좋은 기운이 흐르는 토양이고 바람을 막아 주는 방풍이 잘된 곳이기 때문이다. 머슴이 워낙 효자니까 자기에게 가장 편하고 좋았던 자리를 부모님께 양보한 것이다.

● 보험의 명당 종신보험

후손에게 복을 주겠다고 명당자리 잡았는데 산맥에 터널이 뚫리면 소용없다. 요즘 시대에는 종신보험이 명당 역할을 한다. 잘 죽어야 잘 사는 것이고 잘 죽는 것은 죽을 때 돈이 있는 것이다. 유산은 과거로 끝나지만 전통은 현재로 계속 이어진다. 전통은 재해석되지 않으면 과거로 끝나는 유산이 되어 버린다. 마찬가지로 내가 가지고 있는 재산을 단지 물려주기만 하면 유산에 불과하지만, 종신보험으로 전해 주면 그것이 바로 자녀의 현재가 되고 또 미래가 된다. 부모가 전해 주는 종신보험은 자녀로 하여금 삶의 끝에서 현재를 바라볼 수 있는 명당이다.

● 엄마의 사망보험이 명당이다

LPGA에서 우승한 세계적인 골프선수 신지애는 어릴 때 집이 가난했다. 가장 힘들었던 시기는 중학교 3학년과 고등학교 1학년 사이에 어머니가 돌아가셨을 때였다. 신지애는 어머니의 사망보험금 1천700만 원으로 독하게 골프를 연습했다. 어머니가 돌아가시고 1년 만에 국가대표가 됐고 그 해에 4개 대회에서 우승했다. 엄마의 목숨과 바꾼 돈으로 골프 연습을 했으니 얼마나 열심히 했겠는가? 명당은 후손들이 뿌리를 잊지 않고 복을 누리며 잘 살게 하는 자리를 말한다. 종신보험은 부모를 생각하게 하는 명당이다. 사랑이 담긴 보험금은 자식들이 행복하게 살 수 있는 자양분이 된다.

● 명당 보다 명당같은 종신보험

60세까지 1억 원을 반드시 모으는 방법이다. 그 전에 아프거나 사망하더라도 그 돈은 있어야 한다. 반드시 1억 원을 모으는 방법은 종신보험밖에 없다. 아파서 일을 못할 정도, 즉 50% 이상 장해가 발생하면 납입이 면제되고, 중간에 사망하면 사망보험금이 지급된다. 적금이나 연금은 목표금액을 조금 빨리 모을 수는 있어도 아프거나 사망하면 유지가 불가능하다.

명당이라고 꼭 산에 묘지 형태로 만들 필요가 없다. 어떤 것이든 명당의 역할을 하면 명당이 된다. 조상을 중심으로 후손들이 모이게 하는 구심점을 만들고 만나서 행복하면 서로에게 도움을 줄 수 있다. 그러다 보면 복을 받고 잘된다. 묘지 속의 유골처럼 종신보험은 보이지 않지만 확실하게 부모를 기억시키고 자식들의 행복을 지켜 준다. 바로 명당의 역할을 하는 것이다.

● 종신보험만한 명당은 없다

세일즈맨: 사람들이 왜 명당을 찾아다닐까요?

고객: 명당에 묻히면 후손들이 복을 받기 때문 아닌가요?

세일즈맨: 맞습니다. 다른 또 한 가지가 있죠.

고객: 무엇인데요?

세일즈맨: 조상을 기억하라는 것이죠. 저는 고객님들 묏자리까지 봐 주려고 풍수지리를 6년간 공부했어요. 생각해 보니 보험 상품에도 명당에 해당하는 상품이 있습니다.

고객: 상품으로 명당을 찾는다고요?

세일즈맨: 상품 덕분에 부모님을 기억하며 행복하게 산다면 그 상품이 명당 아닐까요?

고객: 그렇기도 하네요.

세일즈맨: 보험은 명당의 두 가지 역할만 하면 됩니다.

고객: 어떻게 명당 역할을 하는데요?

세일즈맨: 명당처럼 종신보험도 자녀들을 생각해서 가입하기 때문에 자식들이 안전하게 삶을 살도록 설계해야 합니다. 일부는 유산으로 물려줄 수도 있죠. 그렇기 때문에 자녀들은 부모님을 오래 기억할 수 있습니다. 부모가 사망해도 꿈을 이룰 수 있으니까 이보다 더 큰 복은 없습니다. 본인들이 좋으니까 후대에도 같은 준비를 하죠. 이만하면 종신보험이 명당보다 낫지 않나요?

고객: 그렇네요.

종신보험은 명당이다. 부모를 생각하게 하고, 그 덕으로 자녀들이 잘 살 수 있게 한다. 미국의 명문대학교 UCLA의 1989년도 수석 졸업자는 수잔이라는 여자였다. 수잔의 아빠는 수잔이 여섯 살 때 사망했다. 그러나 지금까지 수잔을 키워 준 것도 아빠였다. 수잔은 아빠의 사망보험금으로 학업을 무사히 마칠 수 있었던 것이다. 그 보험의 보험증서에는 이런 메모가 있었다.

'수잔, 네가 성장하는데 나는 아버지로서 도리를 다할 것이다. 만약 그 도리를 다하지 못하게 됐을 땐 이 보험증서가 나를 대신해 너를 지켜줄 것이다. 그러니 너는 어떠한 상황에도 굴하지 말고 바른 사람이 돼 주길 바란다. 사랑하는 아버지로부터…….'

세일즈에도 레시피가 있으면 얼마나 좋을까? 20년차 보험세일즈맨이라고 하더라도 세일즈가 쉽다는 사람은 없다. 아무리 많은 강의를 듣고 책을 읽어도 손에 잡힐 듯 잡히지 않는다. 이 책은 바로 그럴 때 필요하다. 집에 요리책이 아무리 많아도 저녁에 집들이를 해야 한다면 당장 쓸 수 있는 레시피가 필요하다. 요리를 하다가 막히면 언제든지 옆에 펴 놓고 찾아볼 수 있어야 하듯이, 이 책은 보험세일즈를 하다가 막힐 때마다 간편하게 찾아볼 수 있는 종신보험 레시피다. 레시피의 장점은 누가 따라 해도 기본적인 수준의 맛을 보장할 수 있다는 점이다. 100개의 세일즈 레시피를 따라하다 보면 누구나 자기 입맛에 맞게, 맛이 보장된 세일즈 기법을 사용할 수 있다.

동료 세일즈맨이 이 책이 나오기를 학수고대하고 있다. '이 책만 나오면 끝났다. 이 책대로만 하면 먹고사는 데 지장이 없을 것이다.' 이런 말을 들을 때 기쁘기도 하지만 상당한 부담감으로 다가온다. 백과사전을 다 외운다고 해서 소설을 쓸 수는 없다. 밑바탕에 깔린 기본적인 세일즈 역량도 필요하다. 이 책 하나만 가지고 모든 것을 해결하겠다는 것은, 레시피만 들고 호텔 주방장이 되겠다는 것과 다름없다. 똑같은 레시피로 요리를 해도 백종원이 요리한 것과 내가 요리한 것이 차이가 있듯이, 각자의 기초 역량을 높이는 것도 매우 중요하다.

오랫동안 종신보험 세일즈를 하면서 책을 몇 권 쓰기도 했다. 이번 책을 쓰면서 종신보험의 개념에 대해 군더더기 없이 가볍고 심플하게 핵심에 집중하게 되었다. 세일즈 현장에서 벌어질 수 있는 온갖 경우의 수를 딱 100개의 심플한 스토리로 정리하니까 내 머릿속도 깔끔하게 정리되었다. 매번 느끼는 것이지만 책은 읽을 때보다 쓸 때 더 많은 걸 배운다. 종신보험은 보험을 파는 것이 아니라 삶을 파는 것이다. 사람들의 삶에 관한 스토리로 모든 것이 설명된다는 것을 다시 한 번 느꼈다. 종신보험을 파는 것은 단순한 보험 상품이 아니라 삶의 스토리를 파는 것이라는 점을 깨달았다.

지금까지 내가 행복하게 살아온 것은 나 혼자만의 노력과 능력 때문이 아니다. 같은 고민을 하면서 현장에서 세일즈를 해 온 많은 동료들의 노력과 도움 덕분이다. 내가 지금까지 쓴 5권의 책은 모두 세일즈와 관련이 있다. 이 책은 그 완결판이다. 하지만 이제 끝이 아니라 새로운 시작이다. 지난 20년의 시간을 종신보험 세일즈에 바쳤다. 앞으로의 20년은 받은 것을 다른 사람에게 나눠주고 도와주며 살고 싶다. 그 과정에 이 책이 중요한 도구가 되었으면 한다.

나는 이 책을 쓰기도 전에 650권을 팔았다. 많은 동료들이 책값도 모르면서, 아직 나오지도 않은 책을 사전 주문했다. 이미 팔린 책을 어떻게 쓰지 않을 수 있을까? 이번 책의 분량은 이전에 쓴 책의 2배 이상 많다. 사실 중간에 포기하고 싶은 순간도 있었다. 하지만 동료들의 뜨거운 염원을 생각하면 그럴 수 없었다. 내가 이 책을 마무리할 수 있었던 것은 결국 동료 세일즈맨 덕분이다. 이 책을 쓰는 데 많은 사람들의 도움을 받았다. 동료 정병화, 정영한, 신주섭, 이승환 그리고 아이디어 셀러 백건필 작가, 《특허받은 영어학습법》 작가인 친구 이강석이다. 한 사람의 가치는 그 사람과 가장 가까운 다섯 사람의 평균치라는 말이 있다. 나의 가치가 높아졌다면 이는 내가 잘난 것이 아니라 가치 있는 사람들을 주변에 둔 덕분일 것이다.

머리에서 가슴으로 가는 길은 멀지만, 가슴에서 머리로 가는 길은 가깝다. 이 책은 머리가 아니라 가슴으로 읽어야 한다. 이 책에 실린 100개의 스토리는 머리로만 읽으면 그저 그런 우화나 유머라고 볼 수도 있을 것이다. 그러나 가슴으로 느끼면서 읽는다면 이 책에서 전달하고자 하는 진정한 의미를 알 수 있을 것이다. 100개까지의 스토리는 내가 썼다. 하지만 그 이후의 스토리는 이 글을 읽고 있는 여러분들이 각자 써야 한다. 그 스토리들이 모일 때 세일즈 레시피 100은 1,000이 되고 10,000이라는 레시피가 되어 밤하늘의 별처럼 빛날 수 있을 것이다.

2019년 6월
일사 황선찬

종신보험 초강력
세일즈 레시피
100
SALES RECIPE 100

ⓒ 황선찬, 2019

초판 1쇄 발행 2019년 6월 5일
　　 2쇄 발행 2022년 1월 28일

지은이　　황선찬
펴낸이　　이기봉
편집　　　좋은땅 편집팀
펴낸곳　　도서출판 좋은땅
주소　　　서울특별시 마포구 양화로12길 26 지월드빌딩 (서교동 395-7)
전화　　　02)374-8616~7
팩스　　　02)374-8614
이메일　　gworldbook@naver.com
홈페이지　www.g-world.co.kr

ISBN　979-11-6435-383-5 (13320)

이 도서의 국립중앙도서관 출판예정도서목록(CIP)은 서지정보유통지원시스템 홈페이지(http://seoji.nl.go.kr)와 국가자료공동목록시스템
(http://www.nl.go.kr/kolisnet)에서 이용하실 수 있습니다. (CIP제어번호 : CIP2019021119)